21世纪全国高职高专物流管理系列实用规划教材

仓储与配送管理

主　编　吉　亮

副主编　钟茂林　杨　旭

内 容 简 介

本书基于仓储与配送管理的工作流程，紧密结合仓储与配送管理活动的需要，系统介绍了仓储与配送管理的基础知识。本书共 13 章内容：第 1 章至第 4 章是仓储部分，第 5 章至第 7 章是配送部分，第 8 章至第 13 章是仓储与配送共有部分。本书内容选材恰当，编写思路清晰，具有很强的适用性和操作性。

本书可作为高职院校物流管理及相关专业的教材，也可作为企业相关人员的培训教材和参考用书。

图书在版编目(CIP)数据

仓储与配送管理/吉亮主编. —北京：中国农业大学出版社；北京大学出版社，2010.5
(21 世纪全国高职高专物流管理系列实用规划教材)

ISBN 978-7-81117-995-8

Ⅰ. 仓… Ⅱ. 吉… Ⅲ. 仓库管理—物流—配送中心—企业管理—高等学校：技术学校—教材

Ⅳ. F253

中国版本图书馆 CIP 数据核字(2010)第 061894 号

书　　名：仓储与配送管理
著作责任者：吉　亮　主编
总　策　划：第六事业部
执 行 策 划：吴　迪
责 任 编 辑：蔡华兵　冯雪梅
标 准 书 号：ISBN 978-7-81117-995-8
出　版　者：北京大学出版社(地址：北京市海淀区成府路 205 号　邮编：100871)
网址：http://www.pup.cn　http://www.pup6.com　E-mail: pup_6@163.com
电话：邮购部 62752015　发行部 62750672　编辑部 62750667　出版部 62754962
中国农业大学出版社(地址：北京市海淀区圆明园西路 2 号　邮编：100193)
网址：http://www.cau.edu.cn/caup　E-mail: cbsszs@cau.edu.cn
电话：编辑部 62732617　营销中心 62731190　读者服务部 62732336
印　刷　者：北京大学印刷厂
发　行　者：北京大学出版社　中国农业大学出版社
经　销　者：新华书店
787 毫米×1092 毫米　16 开本　21.75 印张　507 千字
2010 年 5 月第 1 版　2014 年 2 月第 4 次印刷
定　　价：38.00 元

前　言

在经济全球化的今天，现代物流受到了日益广泛的关注，并面临着前所未有的发展机遇。作为物流重要环节之一的仓储与配送，在企业中的作用显得越来越重要，根据这一宏观背景，结合当前高职物流专业教学现状，我们组织编写了这本教材，以便于更多的人了解仓储与配送管理的基础知识。

本书按照仓储和配送职业岗位设计课程教学内容，并结合学生的实际情况和职业岗位要求，对课程教学内容进行合理的重构与整合，以帮助学生培养职业技能，从而使教学符合实际工作的需要。本书在编写中采取理论与实际相结合的方法，充分体现能力本位的思想，注重基础理论知识与实践能力的培养。学生通过系统的学习，能掌握完善的理论体系，又能培养实际操作技能。

本书充分突出了职业院校“基本理论、基础知识够用为度”、“突出学生基本技能培养，重视实践教育环节”的教学特点。本书实训教学环节不仅更新了实践教学内容，提高了实践教学比例，而且进行了教学模式的创新，有效地实现了课程教学内容与学生技能培养和岗位需求的结合。

本书共 13 章内容，其中第 1 章至第 4 章是仓储部分，包括仓储管理概述、仓库规划与布局、仓储经营管理和仓库作业管理；第 5 章至第 7 章是配送部分，包括配送概述、配送作业管理和配送运输管理；第 8 章至第 13 章是仓储与配送共有部分，包括仓储与配送中心设备、仓储与配送中心现场管理、仓储与配送库存管理、仓储与配送成本管理、仓储与配送安全管理和仓储与配送信息技术。

本书的编写人员都是来自教学第一线的教师，很多人曾在物流企业工作过，有丰富的实际工作经历，具备很强的实践技能。本书在编写过程中强调实用性和可操作性，力求内容与实际工作流程相一致；还吸收了当前仓储与配送管理理论和实践中的最新成果和技术，选取具有普遍性的案例。

本书由吉亮担任主编，负责编写大纲的制订，稿件的增删、修改、统稿和定稿；由钟茂林、杨旭担任副主编。本书的编写分工是：第 1、2、4 章由吉亮编写，第 3、12 章由杨旭编写，第 5 章由姚建风编写，第 6 章由张洪营编写，第 7 章由张中华编写，第 8、10 章由钟茂林编写，第 9 章由唐少艺编写，第 11 章由李凤燕编写，第 13 章由程镔编写。

本书在编写过程中借鉴了许多同行的教研成果，参阅了大量的国内外教材、期刊资料，利用了不少相关的网络资源，在此特向这些资料的作者表示深深的感谢。

由于编写时间仓促，编者水平有限，书中疏漏和不足之处在所难免，敬请广大读者批评并提出修改意见，以利于本书今后的改进。

编　者

2010 年 1 月

目　　录

第1章 仓储管理概述

知识目标

(1) 掌握仓储和仓储管理的概念;
(2) 掌握仓储的作用、种类及仓储的功能;
(3) 理解仓储管理的内容及任务。

技能目标

(1) 能区别各种仓储类型;
(2) 能根据仓储类型列出仓储管理的内容。

引导案例

我国战略石油储备进入实施阶段

2005 年第四季度我国向战略石油储备库注油，这表明中国战略石油储备进入实施阶段。

近几年来，世界油价风云变幻。1998 年年底，纽约商品交易所原油期货价格为 11 美元/桶左右。2000～2003 年间，原油期货价格曾两度冲击 37 美元/桶后出现调整。但从 2003 年 5 月份开始，原油期货价格便一路快速上扬，从 26 美元/桶一路涨至目前的 60 美元/桶以上，再创新高。随着恐怖事件的此起彼伏，石油安全问题更受各国关注。

1. 不断攀升的油价对我国构成严重威胁

发达国家在经历两次石油危机后，普遍建立了本国的战略石油储备体系，并制定了相应的法律法规和政策措施，因而可以应对进口石油供应突然中断的紧急情况。

近几年来，油价的不断攀升已对我国能源安全和经济发展构成严重的威胁。据我国海关统计，2004 年我国进口原油 1.23 亿吨，增长 34.8%，进口量增速为 4 年来最快。进口价值 339.1 亿美元，增长 71.4%。由于国际原油价格屡创新高，平均每吨进口价格比上年上涨 58.9 美元，全年共多支付外汇 70.68 亿美元。而这还只是直接损失，若考虑石油在国民经济中的地位，其他损失更难以估量。据有关部门粗略计算，油价上涨 10 美元/桶，我国 GDP 增速会下降 0.8 个百分点，CPI 会上涨 0.4 个百分点。

专家预言，只要国际市场原油需求继续上升，产油国的产量不能充分保证供应，油价就会进一步上扬。华盛顿著名的能源市场经济学家菲利普 · 弗勒格之前早有预言，2005 年的油价将突破 60 美元大关，而到 2006 年，油价甚至要突破 70 美元的大关。过几年油价很可能就会达到 80 美元甚至 100 美元。

目前，我国石油进口依存度已接近 50%，早已跨越国际警戒线。预计 2020 年前后，我国石油进口量有可能超过 3 亿吨，成为世界第一大油品进口国。届时，我国石油进口依存度将高达 60%。

在世界主要石油进口大国中，中国是唯一尚未建立战略石油储备的国家。而国际能源机构要求其成员国建立起至少维持各自消费 90 天的战略储备量。美国、日本和德国石油储备分别达到 158 天、161 天和 127 天。

2. 建立 4 个储备基地，保障国家能源安全

2003 年，我国批准建立石油储备，接着国家发改委成立战略石油储备办公室，负责统筹规划国家的石油储备工作，并决定作为一期工程投资 60 亿元在浙江镇海、浙江舟山、辽宁大连、山东黄岛建立 4 个国家战略石油储备基地，以保障国家能源和经济安全。

镇海是四大战略石油储备基地中规模最大、工程进度最快的一个。2005 年第三季度以前，包括综合配套设施在内的镇海基地一期工程将完成，届时东线的 4 组共 16 个油罐将可以正式进油。除了镇海，其他 3 个储备基地也在加紧建设之中，2008 年，它们基本竣工。四大石油储备基地建成后，总共能形成 10 余天的政府战略石油储备能力。再加上全国石油系统内部 21 天进口量的商用石油储备能力，中国总的石油储备能力将超过 30 天原油进口量。

3. 战略储备远期目标

石油储备的建立是个长期的战略工程，今后石油储备将采用一个可控的、渐进的方式来完成。国家发改委等相关部门已制定了初步的长期规划，计划总投资将超过 1 000 亿元，其中包括油库等硬件设施，以及储备油投入，这些项目将分 3 个“五年计划”完成。其中一期工程在 2003 年已经开始建设，计划到 2008 年竣工。与此同时，针对二期工程的选址工作也已经开始。而在更远的三期工程中，内陆腹地的石油战略储备油库亦在规划中。据发改委的一份报告指出，具体石油储备基地的选址和布局，将遵循进油方便、出路畅通、靠近炼厂、快速反应的原则。整个工程完成以后，中国石油战略储备基本上要跟国际接轨——将相当于 90 天的净进口量。届时，中国战略石油储备的远期目标可望实现。

分析

国家为什么要建立石油储备？

1.1 仓储概述

在物流系统中，仓储是一个不可或缺的构成要素。仓储业是随着物资储备的产生和发展而产生并逐渐发展起来的，又随着生产力的发展而发展。仓储是商品流通的重要环节之一，也是物流活动的重要支柱。在社会分工和专业化生产的条件下，为保持社会再生产过程的顺利进行，必须储存一定量的物资以满足一定时期内社会生产和消费的需要。

1.1.1 仓储的起源及概念

1. 仓储的起源

人类社会自从有剩余产品以来就产生了储存。原始社会末期，当某个人或者某个部落获得的食物自给有余时，就会把多余的产品储藏起来，同时还需要专门储存产品的场所和条件，于是就出现了“窑穴”。在西安半坡村的仰韶遗址，已经发现了许多储存食物和用具的窑穴，它们多密集在居住区内，和房屋交错在一起，这可以说是我国最早的仓库的雏形。在古籍中常常看到有“仓廪”、“窦窖”这样的词语。所谓仓廪，“仓”是指专门藏谷的场所，“廪”是指专门藏米的场所；所谓窦窖，是指储藏物品的地下室，椭圆形的叫做“窦”，方形的叫做“窖”。古代也有把存放用品的地方叫做“库”的情况，后人接着把“仓”和“库”两个概念合用，逐渐合成一个概念，即把储存和保管物资的建筑物叫做“仓库”，所以也就出现了仓库一词。

2. 仓储的定义

仓储是指通过仓库对暂时不用的物品进行储存和保管的活动。“仓”即仓库，为存放物品的建筑物和场地，可以是房屋建筑、洞穴、大型容器或特定的场地等，具有存放和保护物品的功能。“储”即储存、储备，表示收存以备使用，具有收存、保管、交付使用的意思，当适用有形物品时也称为储存。“仓储”则为利用仓库存放、储存未及时使用的物品的行为。简言之，仓储是将物品存放在特定场所的行为。

仓储具有静态和动态两种：当产品不能被及时消耗掉，需要专门场所存放时，就产生了静态的仓储；将物品存入仓库以及对于存放在仓库里的物品进行保管、控制、提供使用等的管理，形成了动态的仓储。可以说仓储是对有形物品提供存放场所，并在储存期间对存放物品进行保管、控制的过程。

仓储包括以下几个要点：仓储是物质产品的生产持续过程，物质的仓储也创造产品的价值；仓储既有静态的物品储存，也包括动态的物品存取、保管、控制的过程；仓储活动发生在仓库等特定的场所；仓储的对象既可以是生产资料，也可以是生活资料，但必须是实物动产。

1.1.2 仓储活动的意义

在社会生产与生活中，由于生产与消费节奏的不一致，总会存在“现在用不上”、“用不了”、“有必要留待以后用”的东西。如何在生产与消费或供给与需求的时间差距里，妥善地保持物质实体的有用性，是仓储环节所要解决的问题。也正是在这些不同步中发挥

了仓储活动的重要意义。

(1) 搞好仓储活动是实现社会再生产过程顺利进行的必要条件。

商品的仓储活动是由商品生产和商品消费之间的客观矛盾所决定的。商品在从生产领域向消费领域转移过程中，一般都要经过商品的仓储阶段，这主要是由于商品生产和商品消费在时间上、空间上及品种和数量等方面的不同步所引起。

商品由生产地向消费地转移是依靠仓储活动来实现的。可见，仓储活动的意义正是由于生产与消费在空间、时间及品种、数量等方面存在着矛盾引起的。尤其是在现代化大生产的条件下，专业化程度不断提高，社会分工越来越细，随着生产的发展，这些矛盾又势必进一步地扩大。这就不能在仓储活动中采取简单地把商品生产和消费直接联系起来的办法，而需要对复杂的仓储活动进行精心组织，拓展各部门、各生产单位之间相互交换产品的深度和广度，在流通过程中不断进行商品品种的组合，在商品数量上不断加以集散，在地域和时间上进行合理安排。通过搞活流通，搞好仓储活动，发挥仓储活动连接生产与消费的纽带和桥梁作用，借以克服众多的相互分离又相互联系的生产者之间、生产者与消费者之间在商品生产与消费地理上的分离，衔接商品生产与消费时间上的不一致，以及调节商品生产与消费在方式上的差异，使社会简单再生产和扩大再生产能建立在一定的商品资源的基础上，保证社会再生产的顺利进行。

(2) 搞好仓储活动是保持物资原有使用价值和合理使用物资的重要手段。

任何一种物资，从它生产出来以后至消费之前，由于其本身的性质、所处的条件，以及自然的、社会的、经济的、技术的因素，都可能使物资使用价值在数量上减少、在质量上降低，如果不创造必要的条件，就不可避免地对物资造成损害。因此，必须进行科学管理，加强对物资的养护，搞好仓储活动，以保护好处于暂时停滞状态的物资的使用价值。同时，在物资仓储过程中，努力做到流向合理，加快物资流转速度，注意物资的合理分配，合理供料，不断提高工作效率，使有限的物资能及时发挥最大的效用。

(3) 搞好仓储活动是加快资金周转、节约流通费用、降低物流成本、提高经济效益的有效途径。

仓储活动是物质产品在社会再生产过程中必然会出现的一种形态，这对整个社会再生产，对国民经济各部门、各行业的生产经营活动的顺利进行都有着巨大的作用。然而，在仓储活动中，为了保证物资的使用价值在时空上的顺利转移，必然要消耗一定的物化劳动和活劳动，尽管这些合理费用的支出是必要的，但由于它不能创造使用价值，因而在保证物资使用价值得到有效的保护及有利于社会再生产顺利进行的前提下，费用支出越少越好。搞好物资的仓储活动，就可以减少物资在仓储过程中的物质耗损和劳动消耗，加速物资的流通和资金的周转，从而节省费用支出、降低物流成本、开拓“第三利润源”，提高社会和企业的经济效益。

(4) 搞好仓储活动有利于维持市场稳定。

集中生产的产品如果即时全部推向市场销售，必然造成市场短时期内供求严重失衡，造成产品价格大幅降低，甚至无法消费而被废弃；相反，非批量供应季节，市场供应量少而价高，通过将产品暂时储存、均衡地向市场供给，才能稳定市场，有利于生产的持续进行。

(5) 搞好仓储活动有利于保障国家安全和社会稳定。

国家建立储备库可以有效地应对地震、水灾、旱灾、虫灾、风灾等自然灾害以及应对战争，保障国家安全和社会稳定。

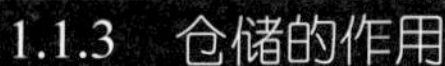

1.1.3 仓储的作用

1. 积极作用

作为社会生产发展的产物，仓储的出现对社会的发展具有极大的推动作用，其积极作用表现在以下几个方面。

(1) 仓储是保证社会生产顺利进行的必要过程。

现代社会生产的一个重要特征就是大规模的专业化生产。一方面，劳动生产率极高、产量巨大，绝大多数产品都不能在短期内消费掉，需要用仓储的手段进行储存才能避免生产过程被堵塞，保证生产过程能够继续进行；另一方面，生产所使用的材料、原料等需要有合理的储备，才能在需要时保证供应。

仓储本身是生产率提高的结果，同时仓储的发展又促进了生产率的提高。良好的仓储条件可以进一步扩大生产规模，促进专业化分工的进一步细化，使劳动生产率进一步提高。

(2) 协调生产和消费的时间差别，满足消费需求。

人们需求的持续性与产品生产的季节性、批量性生产的集中供给之间存在供需时差，只有通过仓储将集中生产的产品进行储存，持续不断地进行供给，才能保证满足消费需求。

(3) 保持劳动产品价值。

生产出的产品在消费之前必须保持其使用价值，否则将会被废弃。这项任务要由仓储来完成，在仓储过程中对产品进行管理、保护，防止价值的损失。

同时仓储是产品用于消费的最后一道环节，生产者可以根据市场对产品的需求偏好对产品进行最后加工改造和进行流通加工，提高产品的附加值，以促进产品的销售，从而增加收益。

(4) 提供现货交易的场所。

存货人要转让已在仓库存放的商品时，购买人可以到仓库查验商品取样化验，双方可以在仓库进行转让交割。国内众多的批发交易市场就是既有商品存储功能的交易场所，又有商品交易功能的仓储场所。众多具有便利交易条件的仓储都提供交易活动服务，甚至部分形成有影响力的交易市场。近年来我国大量发展的仓储商店(如各地的各类生产资料交易市场)，以及由原来的储运公司转变过来的仓储企业，就是仓储功能高度发展、仓储与商业密切结合的结果。

(5) 提供信用保证。

进行大批量实物交易时，购买方必须检验货物、确定货物的存在和货物的品质后方可成交。购买方可以到仓库查验货物。由仓库保管人出具的货物仓单可以作为实物交易的凭证，作为对购买方提供的保证。仓单本身还可以作为一种融资工具，即使用仓单进行质押。

(6) 衔接流通过程。

产品从生产到消费，需要经过分散—集中—分散的过程，还可能需要经过多种方式进行运输。为了有效率地利用各种运输工具、降低运输过程中的作业难度、实现经济运输，物品需要通过仓储进行候装、配载、包装、成组、分批、疏散等。为了更好地适应销售，可将商品在仓储中进行分类、整合、拆除包装以及配送等处理和存放。

(7) 市场信息的传感器。

任何产品的生产都必须满足社会的需要，生产者都需要把握市场需求的动向。把握社

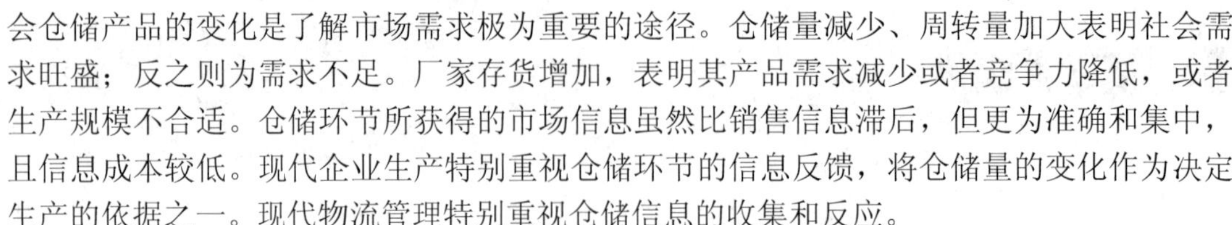

会仓储产品的变化是了解市场需求极为重要的途径。仓储量减少、周转量加大表明社会需求旺盛；反之则为需求不足。厂家存货增加，表明其产品需求减少或者竞争力降低，或者生产规模不合适。仓储环节所获得的市场信息虽然比销售信息滞后，但更为准确和集中，且信息成本较低。现代企业生产特别重视仓储环节的信息反馈，将仓储量的变化作为决定生产的依据之一。现代物流管理特别重视仓储信息的收集和反应。

2. 消极作用

仓储是物流系统中一种必要的活动，但也经常存在冲减物流系统效益、恶化物流系统运行的趋势。仓储会使企业付出巨大代价，这些代价主要包括以下几个方面。

1) 固定费用和可变费用支出

仓储使得企业在仓库建设、仓库管理、仓库工作人员工资及福利等方面支出大量的成本费用，开支增高。

2) 机会损失

储存物资占用的大量资金缺乏流动性，失去了用于投资其他可能会有更高收益项目的机会。

3) 陈旧损失与跌价损失

随着储存时间的增加，存货时刻都在发生陈旧变质，严重的更会完全丧失价值及使用价值。同时，一旦错过有利的销售期，又会因为必须低价贱卖而不可避免地出现跌价损失。

4) 保险费支出

为了分担风险，很多企业对储存物采取投保缴纳保险费的方法。保险费支出在仓储成本中占了相当大的比例。在信息经济时代，社会保障体系和安全体系日益完善，这个费用支出的比例还会呈上升的趋势。

上述各项费用支出都是降低企业效益的因素，再加上在企业全部运营中，仓储对流动资金的占用达到 40%～70%的比例，有的企业库存在某段时间甚至占用了全部流动资金，使企业无法正常运转。

由此可见，仓储既有积极的一面也有消极的一面。只有考虑到仓储作用的两面性、尽量使仓储合理化才能有利于仓储业务活动的顺利开展。

1.1.4 仓储的种类

仓储的本质是为了储藏和保管，但由于经营主体、仓储对象、仓储功能和仓储物处理方式的不同使得不同的仓储活动具有不同的特征。

1. 按仓储经营主体划分

1) 自营仓储

自营仓储主要包括生产企业仓储和流通企业仓储。生产企业为保障原材料供应、半成品及成品的保管需要而进行的仓储，包括原材料仓储、在制品仓储和成品仓储。其储存的对象较为单一，以满足生产为原则。流通企业自营仓储则为流通企业所经营的商品进行仓储保管，其目的是支持销售。

自营仓储不具有经营独立性，仅仅是为企业的生产或经营活动服务，相对来说规模小、数量众多、专业性强、仓储专业化程度低、设施简单。

2) 营业仓储

营业仓储是仓储经营人以其拥有的仓储设施向社会提供仓储服务。仓储经营人与存货人通过订立仓储合同的方式建立仓储关系，并且依据合同约定提供仓储服务并收取仓储费。

营业仓储面向社会，以经营为手段，实现经营利润最大化。与自用仓库相比，营业仓储的使用效率较高。

3) 公共仓储

公共仓储是公用事业的配套服务设施，为车站、码头提供仓储配套服务，其运作的主要目的是保证车站、码头等的货物作业，具有内部服务的性质，处于从属地位。但对于存货人而言，公共仓储也适用营业仓储的关系，只是不独立订立仓储合同，而是将仓储关系列在作业合同、运输合同之中。

4) 战略储备仓储

战略储备仓储是国家根据国防安全、社会稳定的需要，对战略物资进行储备。战略储备仓储特别重视储备品的安全性，且储备时间较长。所储备的物资主要有粮食、油料、有色金属等。

2. 按照仓储功能划分

1) 储存型仓储

储存型仓储指物资需较长时间存放的仓储。由于物资存放时间长，存储费用低廉就很必要。储存仓储一般在较为偏远的地区进行。储存仓储存放的物资较为单一，品种少，但存量大，且存期长，因此要特别注意物资的质量保管，如国家粮食储备。

2) 流通型仓储

(1) 物流中心仓储。

物流中心仓储是以物流管理为目的的仓储活动，是为了实现有效的物流管理，对物流的数量、过程、方向进行严格的控制，是实现物流的时间价值的环节。物流中心仓储一般设在经济发达地区，交通较为便利，储存成本较低。物流中心仓储品种较少，进库批量较大，按照一定批次分批出库，整体上周转能力强。

(2) 配送仓储。

配送仓储也称为配送中心仓储，是商品在交付消费者之前所进行的短期仓储，也是商品在销售或者进行生产使用前的最后储存，并在该环节进行销售或使用的前期处理。配送仓储一般在商品的消费经济区域内进行，以便迅速地将商品送达消费者和销售者。配送仓储物品种类繁多、批量小，往往需要进行拣选、拆包、组配等作业，主要目的是为了支持销售，注重对物品存量的控制。

(3) 运输转换仓储。

运输转换仓储指衔接不同运输方式的仓储，是在不同运输方式转换地进行的仓储(如港口、车站)，为了保证不同运输方式的高效衔接而减少运输途中装卸和停留时间。运输转换仓储具有大进大出、货物存期短、注重货物的周转作业效率和周转率等特点。

3. 按照仓储的对象划分

1) 普通物品仓储

普通物品仓储是指不需要特殊条件的物品仓储。其设备和库房建造都比较简单，使用范围较广。这类仓储有一般性的保管场所和设施，常温保管，自然通风，无特殊要求。

2) 特殊物品仓储

特殊物品仓储是在保管中有特殊要求和需要满足特殊条件的物品仓储。这类仓储必须配备有防火、防爆、防虫等专门设备，其建筑构造、安全设施都与一般仓库不同，如冷冻仓库、石油库、化学危险品仓库等。特殊物品仓储一般为专用仓储，按物品的物理、化学、生物特性以及相关法律法规规定进行仓库建设和实施管理。

4. 按照仓储物的处理方式划分

1) 保管式仓储

保管式仓储也称为纯仓储，是以保管物原样保持不变的方式所进行的仓储。存货人将特定的物品交由保管人进行保管，到期保管人原物交还存货人。保管物除了所发生的自然损耗和自然减量外，数量、质量、件数不发生变化。保管式仓储又分为仓储物独立保管仓储和将同类仓储物混合在一起的混藏式仓储。

2) 加工式仓储

加工式仓储是指保管人在仓储期间根据存货人的要求对保管物进行一定加工的仓储方式。保管物在保管期间，保管人根据委托人的要求对保管物的外观、形状、成分构成、尺寸等进行加工，使仓储物发生委托人所希望的变化。

3) 消费式仓储

消费式仓储是保管人在接受保管物的同时接受保管物的所有权，保管人在仓储期间有权对仓储物行使所有权，在仓储期满，保管人将相同种类、品种和数量的替代物交还给委托人所进行的仓储。消费式仓储特别适合于保管期较短(如农产品)、市场价格变化较大的商品的长期存放，具有商品保值和增值功能，已经成为仓储经营的重要发展方向。

1.1.5 仓储业及发展趋势

1. 仓储业

仓储业是指从事仓储经营活动的企业总称。我国仓储业虽然具有悠久的历史，从原始社会末期就出现了，但是由于中国经济长期受封建主义的束缚，到近代再加上帝国主义的侵略，使得旧中国的生产力水平极其低下，民族工业得不到正常发展，商品生产和交换的规模较小。因此，服务于商品交换又随商品生产的发展而发展的仓储业基本上处于一个低水平状态。新中国成立以后，社会生产力得到了极大的发展，特别是在改革开放后的几十年里，我国仓储业得到了飞快的发展，正在向现代仓储方向迈进。

仓 储 协 会

世界上第一个仓储协会是1891年美国成立的全美公共仓储行业协会(AWA)，该协会是美国最早成立的企业集团之一，也是全美公共仓储行业唯一的经营代表机构。

中国仓储协会(CAWS)是1997年在国家民政部登记成立的全国仓储行业跨部门、跨系统、跨地区的社团法人，协会会员涉及商业、外贸、物资、粮食、供销社、交通、军队、邮政、以及工业生产、设备制造等10多个系统或行业。中国仓储协会于

1998 年加入国际仓储与物流协会联盟(IFWLA)。中国仓储协会目前有“中转运输分会”、“冷藏库分会”、“危险品仓储分会”3 个分支机构。

2. 仓储业发展趋势

随着社会主义市场经济的发展，我国的仓储业越来越不适应现代化生产的需要。仓储业需要加快改造步伐，迅速提高质量和效率，满足社会经济发展的需要，同时实现仓储业的健康发展。我国仓储业发展的方向是：充分利用已有的仓储资源向社会提供服务，提高仓储效率和仓储业分工发展的专业化功能，加速满足社会生产发展和促进物流效率提高的仓储标准化，提高仓储自身效益，实现仓储管理的现代化。

1) 仓储社会化、功能专业化

我国仓储业目前的效率低、利用率不高、作业条件差、缺乏自身发展能力等问题，根源在于条块分割、处于附属的地位以及企业体制与产权的种种约束。在市场经济的环境中，任何社会资源只有在市场中自由交换才能充分体现其价值，也只有在自由交换体制的激励之下，才会更好地发挥其创造性。仓储业需要以“产权明晰、权责明确、政企分开、管理科学”为原则进行现代企业改造，建立科学先进的企业治理结构，成为自负盈亏、自主经营的市场竞争的主体，才能彻底改变我国仓储业的不良状况，真正成为市场资源，向更加完善的方向发展。

社会分工是生产力发展的结果，又是促进生产力发展的动力。我国仓储业的技术水平低和功能重复的现状只有通过分工和专业化的发展才能得以改变。社会对仓储的需要也同对其他社会资源的需要一样，向着专业化、特性化、功能化、个性化的方向发展，同时仓储业内部在市场竞争中也只有通过专业化的发展才能提高产品个性化的优势。

2) 仓储机械化、自动化

随着生产技术的发展，生产机械化已是现代企业生产的基本要求。机械具有承重能力强、效率高、工作时间久、损害低等多种特点。仓储作业大都负荷重、作业量大、作业环境恶劣、时间紧、存在着众多系统性不安全隐患，因而仓储机械化是仓储业发展的必然。仓储企业应通过机械化实现减少人力作业、加大企业集成度、减少人身伤害和货物损害、提高作业效率的目标。随着货物运输包装向大型化、托盘化的发展，仓储也必然要向机械化过渡。

仓储自动化是指由计算机管理控制仓库的仓储。在自动化仓库中，货物仓储管理、环境管理、作业控制等仓储工作是通过信息管理、扫描技术、条形码、射频通信、数据处理等技术完成的。这些技术可以实现的功能包括：指挥仓库堆垛机、传送带、自动导引车、自动分拣等设备自动完成仓储作业；自动控制空调、监控设备、制冷设备进行环境管理；向运输设备下达运输指令安排运输；同时完成单证、报表的制作和传递。对于危险品、冷库暖库、粮食等特殊仓储，都有必要采取自动化控制。

自动化仓库需要投入大量资金。建设自动化仓库和对原有仓库进行自动化改造都需要进行各种评估，保证有较大的仓储周转量才能分摊投资成本，否则会造成资源的严重浪费，导致经营困难。

3) 仓储标准化

仓储业为物资流通提供服务，是物流和商流具体操作中的重要环节。仓储与物流和商流的其他环节的相互配合，是提高整体物流和商流效率的重要方式，其中整体物流标准化是实现各环节无缝结合的重要手段。物流标准化要求仓储标准化。仓储标准化不仅是为了实现仓储与其他环节的紧密联系，同时也是仓储内部提高作业效率、充分利用仓储设施和设备的有效手段，是开展自动化、机械化、信息化仓储的前提条件。

仓储标准化主要包括包装标准化、标志标准化、托盘标准化、容器标准化、条形码的采用、计量标准化、作业工具标准化和仓储信息标准化等技术标准化，以及服务标准化和单证报表、合同格式、仓单等文件标准化。

标准化是指法律法规规定的标准或者社会普遍适用的习惯，主要包括国际标准化组织(ISO)的推荐标准、国家质量技术监督局发布的中华人民共和国国家标准(GB)、行业主管部门或者行业协会发布的各种行业标准、企业制定的企业标准等。

4) 仓储信息化、信息网络化

对于存货品种繁多、存量巨大的仓库，要提高仓库利用率、保持高效率的存货流转、实施精确的存货控制，没有计算机的信息管理和处理是不可能实现的。仓储信息化管理包括：通过计算机和相关信息输入输出设备，对货物识别、理货、入库、存放、出库等进行操作管理；进行账目处理、结算处理，提供实时的查询；进行货位管理、存量控制，制作各种单证和报表，甚至进行自动控制等。可以说，仓储要实现提高效率、降低损耗，从而降低成本就必须实现信息化。

仓储是物流的节点，是企业存货管理的核心环节。企业生产、经营的决策需要仓储及时地把存货信息反馈给管理部门，在充分掌握物品的存量、储备、存放地点、消费速度的情况下的才能进行准确的生产和经营决策。高效的物流管理是建立在对物流的实时控制和支配的基础上的，管理的决策迅速及时地传达给仓库，由仓库对物流进行控制和组织。要想实现高效的物流管理就需要仓库、厂商、物流管理者、物资需求者、运输工具之间建立有效的信息网络，实现仓储信息共享，通过信息网络控制物流，做到仓储信息网络化。

5) 科学管理化

仓储管理包括仓储的管理体制、治理结构、管理组织、管理方法和管理目标几个方面。根据不同的管理体制，仓储活动可以分为向社会提供仓储服务的商业仓储和为企业生产、经营服务的企业自营仓储。无论管理体制如何，仓储管理都需要进行科学化管理，实现高效益、高效率的仓储。

仓储企业(部门)内部应实施现代企业科学管理，建立高效的组织机构，实行规章化的岗位负责制，建立有利于提高生产率的动态的奖励分配制度，实施有效和系统的职工教育培训制度，采取科学化的管理方法，培育积极向上的优秀企业文化。

我国仓储业的发展变迁

中国仓储业具有悠久的历史，纵观中国仓储活动的发展历史，大约经历了下列4个阶段。

1. 中国古代仓储业

《中国通史》上记载的“邸店”可以说是商业仓库的最初形式，但由于受当时商品经济的局限，它既具有商品寄存的性质，又具有旅店的性质。随着社会分工的进一步发展和商品交换的不断扩大，专门储存商品的“塌房”从“邸店”中分离出来，成为带有企业性质的商业仓库。

2. 中国近代仓储业

中国近代商业仓储随着商品经济的发展和商业活动范围的扩大得到了相应的发展。19 世纪的中国把商业仓库叫做“堆栈”，即指堆存和保管物品的场地和设备。由于中国工业集中在东南沿海地区，因此堆栈业也是在东南沿海地区，如在上海、天津、广州等地区起源最早，也最发达。

堆栈业初期，只限于堆存货物，其主要业务是替商人保管货物，物品的所有权属于寄存人。随着堆栈业务的扩大、服务对象的增加，可以划分为码头堆栈、铁路堆栈、保管堆栈、厂号堆栈、金融堆栈和海关堆栈等。近代堆栈业的显著特点是建立起明确的业务种类、经营范围、责任业务、仓租、进出手续等。

3. 社会主义仓储业

新中国成立以后，接管并改造了旧中国留下来的仓库。当时采取对口接管改造的政策：对于私营仓库的改造是通过公私合营的方式逐步实现的，人民政府通过工商联合会加强对私营仓库的领导，制定仓储标准，相继在各地成立国营商业仓库公司(后改为仓储公司)，并加入到当地的仓库业同业工会，帮助整顿仓库制度。

随着工农业生产的发展、商品流通的扩大，商品储存量相应增加，但改建解放区原来仓库和接收旧中国的仓库大多是企业的附属仓库，在数量上和经营管理上都不能满足社会主义经济发展的需要。为此，党和政府采取了一系列措施改革仓库管理工作。例如，1952 年原中央贸易部颁发了《关于国营贸易仓库实行经济核算制的决定》。

1953 年召开的第一届全国仓储会议作出了《关于改革仓储工作的决定》，进一步明确国营商业仓库实行集中管理与分散管理相结合的仓库管理体制。根据这一决定，在全国 10 万人口以上的城市都丈量了仓库面积、查清当时仓容能力，在此基础上经过调整集中，成立了 17 个仓储公司。集中管理的仓库一般由仓储公司(或储运公司)经营，它是专业化仓储企业，实行独立经营核算；分散管理的仓库隶属于某个企业，只为该企业储存保管物品，一般不独立核算。集中管理和分散管理各具优缺点，一般情况下，一、二级批发企业比较集中的城市，大中型工业品仓库(除了石油、煤炭、危险品、鲜活、冷藏等特种仓库外)适宜集中管理；三级批发仓库，特别是批发机构和仓库在同一地点的，则适宜分散管理，以便购销业务。

同时，根据社会主义计划经济的需要，国家对重要的工业品生产资料逐步实行与生活资料不同的管理方法，即计划分配制度。在仓储方面，把中央各部设立中转仓库保管物资的做法，改由物资部门统一设库保管。1962 年成立了国家物资储运局(后改为物资储运总公司)，归属于国家物资管理总局，负责全国物资仓库的统管工作。根据 1984 年统计，国家物资储运总公司在各地设有 14 个直属储运公司，下属万余个仓库，拥有库房和料棚 195 万平方米，货场 446 万平方米，主要承担国家掌握的机动物资。国务院各部门中转物资及其他物资的储运任务，再加上各地物资局下属的储运公司及仓库，在全国初步形成了一个物资储运网。

在这一阶段，无论仓库建筑、装备，还是装卸搬运设施，都有很大发展，是旧中国商业仓库所无法比拟的。

4. 仓储业现代化发展阶段

中国在一个较长时期里，仓库一直是属于劳动密集型企业，即仓库中大量的装卸、搬运、堆码、计量等作业都是由人工完成的。因此仓库不仅占用了大量的劳动力，而且劳动强度大，劳动条件差，特别在一些危险品仓库，还极易发生中毒等事故。从劳动效率来看，人工作业效率低下，库容利用率不高。为迅速改变这种落后状况，中国政府在这方面下了很大力气。一方面，重视旧式仓库的改造工作，按照现代仓储作业要求改建旧式仓库，增加设备的投入，配备各种装卸、搬运、堆码等设备，减轻工人的劳动强度，改善劳动条件，提高仓储作业的机械化水平；另一方面，新建了一批具有先进技术水平的现代化仓库，特别是20世纪60年代以来，随着世界经济发展和现代科学技术的突飞猛进，仓库的性质发生了根本性变化，从单纯地进行储存保管货物的静态储存一跃而进入了多功能的动态储存新领域，成为生产、流通的枢纽和服务中心，特别是大型自动化立体仓库的出现使仓储技术上了一个新台阶。

1.2 仓储功能及其在物流中的作用

仓储的物资储存决定了仓储的基本功能是存储保管、存期控制、数量管理以及质量维护。同时，利用物资在仓库的存放，开展和开发多种服务是提高仓储附加值、加速物资的流通、提高社会资源效益的有效手段，也是仓储的主要任务。此外仓储作为物流体系中唯一的静态环节，也称为时速为零的运输，是物流中的重要环节，具有重要的作用。

1.2.1 仓储功能

1. 基本功能

1) 存储保管

存储是指在一定的场所将物品收存并进行妥善保管，确保被存储的物品不受损害，是仓储的最基本功能。存储的对象必须是有价值的物品。存储要在特定的场地进行，必须将存储物移到存储地。存储的目的是确保存储物的价值不受损害，保管人的主要义务就是妥善保管好存储物。存储物始终属于存货人所有，存货人有权处置存储物。

2) 流通控制

物资的存储有可能是长期的存储，也可能只是短时间的周转存储。对存期的控制自然就形成了对流通的控制。反过来，由于流通的需要，也就决定了物品是存储还是流通。这也就是可以把仓储看作一个“蓄水池”功能，当交易不利时，将物品储存，等待有利的交易机会。流通控制任务就是对物资是仓储还是流通作出安排，确定储存时机、存放时间，其中还包括储存地点的选择。

3) 数量管理

仓储的数量管理包括两个方面：一方面是存货人交付保管的仓储物的数量和提取仓储物的数量必须一致；另一方面是保管人可以根据存货人的要求分批收货和分批出货，严格控制存储物的数量，配合物流管理的有效实施，随时向存货人提供存货数量的信息服务，以便存货人控制存货。

4) 质量管理

根据收货时仓储物的质量交还仓储物是保管人的基本义务。为了保证仓储物的质量不发生变化，保管人需要采取先进的技术、合理的保管措施，妥善地保管仓储物。仓储物发生危险时，保管人不仅要及时通知存货人，还需要及时采取有效的措施减少损失。

2. 增值服务功能

1) 配送

对生产车间和销售点的配送成为设置在生产和消费较为集中地区附近的从事生产原材料、零部件或商品仓储的基本业务。配送是根据生产的进度和销售的需要由仓库分批、分量地将仓储物送到各个生产线和零售商店或收货人手上。仓储配送业务的发展有利于生产企业把存货成本降低、减少固定资金投入、实现准时生产，同时有利于商店减少存货，减少流动资金的数量，且能保证销售。

2) 配载

大多数运输转换仓储都具有配载的功能。货物在仓库中按照运输的方向分门别类地仓储，当运输工具到达时出库装运。配送中心要不断地对运输车辆进行配载，保证及时完成配送任务并充分利用运输工具。

3) 交易中介

仓储经营人利用存放在仓库的大量有形资产与物资使用部门开展广泛的业务联系、开展现货交易中介业务有利于加速仓储物的周转和吸引仓储。仓储经营人利用仓储物开展物资交易不仅会给仓储经营人增加利润，还能充分利用社会资源、加速资金运转、减少资金沉淀。交易功能的开发是仓储经营发展的重要方向。

4) 流通加工

加工本身属于生产的一部分，但是为了满足消费个性化、多样化，产品的更新极快。又为了严格控制物流成本的需要，生产企业将产品的定型、分装、组装、装饰等工序留到最接近销售的仓储环节进行，使得仓储成为流通加工的重要环节。

1.2.2 仓储在物流中的作用

在物流过程中，物品有相当一部分时间处在仓储之中：在仓储中重新进行整合，在仓储中进行配送准备，在仓储中进行流通加工，也在仓储中根据市场调整供给。仓储中的成本是物流成本的最重要的组成部分，因此仓储是物流的重要环节，在物流中有重要的作用。

1. 对货物质量起到把关作用

货物在物流过程中，通过仓储环节对进入下一环节前进行检查可以防止伪劣货物混入市场。因此，为保证货物的质量，把好仓储管理这一关，以保证货物不变质、不受损、不短缺和有效的使用价值是非常重要的。仓储管理的任务就是要最大限度地保证货物的使用价值。通过仓储来保证货物的质量主要反映在 3 个关键环节，一是货物入库时的质量检验关，二是货物储存期间的保质关，三是货物出库时的质量检验关。对于前者，应严格检查待入库货物是否满足仓储要求，严禁不合格货物混入仓库；对于中者则是对处于相对静止状态中的货物尽可能使其不发生物理、化学变化，保证在存货物的数量和质量；对于后者，出库货物应严格检查，使不符合要求的货物不流入市场。

2. 是实现物流增值服务的重要环节

优秀的物流管理不仅要做到满足产品销售、降低产品成本，更应该进行增值服务，提高产品销售的收益。产品销售的增值主要来源于产品质量的提高、功能的扩大、及时性的时间价值、削峰平谷的市场价值、个性化服务的增值等。

众多的物流增值服务在仓储环节进行，流通加工在仓储环节物资流动停止时开展：通过加工提高产品的质量、改变功能、实现产品个性化；通过仓储的时间控制，使生产节奏与消费节奏同步，实现物流管理的时间效用的价值；通过仓库的商品整合，开展消费个性化的服务等。

3. 是物流成本构成和控制的重要环节

虽然说物流管理是为了系统地降低物流成本，以降低产品的最终成本。但物流成本同样表现在具体的操作过程之中，分为仓储成本、运输成本、作业成本等。

仓储环节不仅是物流成本的组成部分，也是整体上对物流成本实施管理的控制环节。仓储成本的控制和降低直接实现物流成本的降低。产品在仓储中的组合、妥善配载和包装、成组等流通加工就是为了提高装卸效率，充分利用运输工具，从而降低运输成本的支出。合理和准确的仓储会减少商品的换装、流动，减少作业次数，采取机械化和自动化的仓储作业，都有利于降低作业成本。优良的仓储管理对商品实施优秀的保管和养护，准确的数量控制会大大降低风险成本。

4. 保障物流活动的顺利开展

产品从生产到消费需要经过多种运输方式，而各种运输方式的运力差别较大，如船舶数万吨、火车几千吨、汽车 10t 左右。为了有效率地利用各种运输工具、降低运输过程中的作业难度、实现经济运输，物品需要通过仓储进行候装、配载、包装、成组、疏散等。通过仓储保障了物流活动的顺利进行。

1.3 仓 储 管 理

1.3.1 仓储管理的含义

简单地说，仓储管理是指对仓库和仓库中货位和储存的货物进行的管理，是仓储企业为充分利用所拥有的仓储资源来提高仓储服务所进行的计划、组织、控制和协调的活动。

仓储管理是一门经济管理科学，同时也涉及应用技术科学，属于交叉学科。仓储管理将仓储领域内生产力、生产关系以及相应的上层建筑中的有关问题进行综合研究，以探索仓储管理的规律，不断促进仓储管理的科学化和现代化。

仓储管理的内涵随着其在社会经济领域中的作用不断扩大而变化。仓储管理已从单纯意义上的对货物存储的管理，发展成为物流过程中的中心环节。它的功能已不是单纯的货物存储，而是兼有包装、分拣、整理、简单装配等多种辅助性功能。因此广义的仓储管理应包括对这些工作的管理。

1.3.2 仓储管理的基本内容

仓储管理的对象是仓库及库存物资，具体包括如下几个方面。

(1) 仓库的选址与建筑问题。例如，仓库的选址、仓库建筑面积的确定、库内运输通道与作业区域的布置等。

(2) 仓库机械设备的选择与配置问题。例如，如何根据仓库作业特点和所储存物资的种类以及其理化特性选择机械装备以及应配备的数量，如何对这些机械进行管理等。

(3) 仓库的业务管理问题。例如，如何组织物资出入库，如何对在库物资进行储存、保管与养护。

(4) 仓库的库存管理问题。

此外，仓库业务的考核问题，新技术、新方法在仓库管理中的应用问题，仓库安全与消防问题等，都是仓储管理所涉及的内容。

1.3.3 仓储管理的原则

1. *效率原则*

效率是指在一定劳动要素投入量时的产品产出量。只有较小的劳动要素投入和较高的产品产出量才能实现高效率。高效率就意味着劳动产出大，劳动要素利用率高。高效率是现代生产的基本要求。仓储的效率表现在仓容利用率、货物周转率、进出库时间、装卸车时间等指标上，表现出“快进、快出、多存储、保管好”的高效率仓储。

仓储生产管理的核心就是效率管理，实现以最少的劳动量的投入获得最大的产品产出。劳动量的投入包括生产工具、劳动力的数量以及他们的作业时间和使用时间。效率是仓储其他管理的基础，没有生产的效率就不会有经营的效益，就无法开展优质的服务。

高效率的实现是管理艺术的体现，通过准确地核算、科学地组织、妥善地安排场所和空间、机械设备与人员合理配合，部门与部门、人员与人员、设备与设备、人员与设备之间配合默契，使生产作业过程有条不紊地进行。

高效率还需要有效管理过程的保证，包括现场的组织、督促、标准化、制度化的操作管理，严格的质量责任制的约束。现场作业混乱、操作随意、作业质量差甚至出现作业事故显然不可能有效率。

2. *经济效益原则*

企业生产经营的目的是为了追求利润最大化，这是经济学的基本假设条件，也是社会现实的反映。利润是经济效益的表现，其计算公式为

利润=经营收入-经营成本-税金

实现利润最大化则需要做到经营收入最大化和经营成本最小化。

社会主义企业的经营也不能排除为了追求利润最大化的动机。作为参与市场经济活动主体之一的仓储业，也应围绕着获得最大经济效益的目的进行组织和经营。但同时也需要承担部分的社会责任，履行环境保护、维护社会安定的义务，满足社会不断增长的需要等，实现生产经营的社会效益。

3. 服务原则

仓储活动本身就是向社会提供服务产品。服务是贯穿在仓储中的一条主线，仓储的定位、仓储具体操作、对储存货物的控制都围绕着服务进行。仓储管理就需要围绕着服务定位，对如何提供服务、改善服务、提高服务质量进行管理，包括直接的服务管理和以服务为原则的生产管理。

仓储的服务水平与仓储经营成本有着密切的相关性，两者互相对立。服务好，成本高，收费则高，仓储服务管理就是在降低成本和提高(保持)服务水平之间保持平衡。

1.3.4 仓储管理人员的基本要求

1. 仓储管理人员的基本素质要求

(1) 具有丰富的商品知识。对于所储存的商品要十分熟悉，掌握其理化性质和保管要求，能针对性地采取管理措施。

(2) 掌握现代仓储管理的技术。对仓储管理技术充分掌握，并能熟练运用，特别是现代信息技术的使用。

(3) 熟悉仓储设备。能合理和高效地安排使用仓储设备。

(4) 办事能力强。能分清轻重缓急，有条有理地处理事务。

(5) 具有一定的财务管理能力。能查阅财务报表，进行经济核算、成本分析，正确掌握仓储经济信息，进行成本管理、价格管理和决策。

(6) 具有一般的管理能力。

2. 仓库保管员的职责

(1) 认真贯彻仓库保管工作的法律法规和政策。仓库管理人员应严格执行仓库保管工作的方针、政策和法律法规，树立高度的责任感，忠于职守，廉洁奉公，热爱仓库工作，具有敬业精神；树立为客户服务、为生产服务的观点，具有合作精神；树立讲效率、讲效益的思想，关心企业的经营。

(2) 严格遵守仓库管理的规章制度和工作规范。严格履行岗位职责，及时做好物资的入库验收、保管保养和出库发运工作；严格遵守各项手续制度，做到收有据、发有凭，及时准确登记销账，手续完备，账物相符，把好收、发、管三关。

(3) 熟悉仓库布局和作业要求。熟悉仓库的结构、布局、技术定额；熟悉仓库规划；熟悉堆码、苫垫技术，掌握堆垛作业要求；在库容使用上做到妥善地安排货位，合理高效地利用仓容，堆垛整齐、稳固，间距合理，方便作业、清点、保管、检查、收发。

(4) 熟悉仓储物资的特性和保管要求。熟悉仓储物资的特性、保管要求，能针对性地进行保管，防止货物损坏，提高仓储质量；熟练地填写表账、制作单证，妥善处理各种单证业务；了解仓储合同的义务约定，完整地履行义务；妥善处理风、雨、热、冻等自然灾害对仓储物资的影响，防止和减少损失。

(5) 重视仓储成本管理，不断降低仓储成本。妥善保管好剩料、废旧包装，收集和处理好的脚货，做好回收工作；用具、苫垫、货板等妥善保管、细心使用，以延长其使用寿命；重视研究物资仓储技术，提高仓储利用率，降低仓储物耗损率，提高仓储的经济效益。

(6) 加强业务学习和训练。熟练地掌握计量、衡量、测试用品和仪器的使用；掌握分

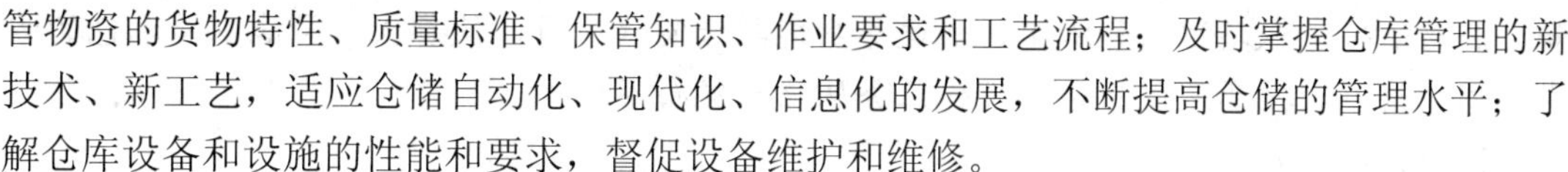

管物资的货物特性、质量标准、保管知识、作业要求和工艺流程；及时掌握仓库管理的新技术、新工艺，适应仓储自动化、现代化、信息化的发展，不断提高仓储的管理水平；了解仓库设备和设施的性能和要求，督促设备维护和维修。

(7) 安全管理永不放松。时刻保持警惕，做好防火、防盗、防坏、防虫鼠害等安全保卫工作，防止各种灾害和人身伤亡事故，确保人身、物资、设备的安全。

本 章 小 结

本章首先介绍了仓储的基本概念、仓储的作用和分类；其次介绍了仓储的功能和仓储在物流中的作用；最后介绍了仓储管理的概念、内容和基本原则，并提出了仓储管理中对管理人员的要求。通过本章学习，学生可了解仓储和仓储管理的有关基础知识，掌握仓储和仓储管理的基本概念、功能和内容，理解仓储管理的意义和原则，熟悉各相关概念之间的联系和区别，为以后各章的学习打下基础。

课后实训

仓储企业岗位要求调查

去本地某仓储企业参观，了解仓储企业对各工作岗位人员有哪些具体要求。调研前教师将这家仓储企业的相关信息告知学生，学生应带上笔记本和笔，在现场认真听讲和记录，必要时自己主动和相关岗位工作人员交流，了解信息，回来后做好书面材料并分组讨论。

案例思考

中储无锡：老仓库新生

2002 年，无锡中储物流有限公司把自己初步营造成了中储苏南金属材料区域物流中心，同时被无锡市政府纳入无锡生产资料区域物流基地，成为中储系统声名远播的品牌企业。

1. 货运代理

在中储各地分公司中，无锡公司是第一家搞货运代理业务的，这个转折与韩国浦项集团拓展中国业务密切相关。浦项集团相关人员曾到无锡公司打听，能不能为他们的产品提供运输，当时还没有物流这个概念。无锡公司马上意识到发展机会来了，于是派人去张家港与浦项接触。它是当时第一家找浦项洽谈承担运输业务的公司。

以当时无锡公司一己之力，拿下这个大单还有些费力。但背后有中储这棵大树，局面就大不一样了。后来一些地方运输企业回过味来，开始和浦项接触争取这个单子。浦项对中储储运功能大、网点多的特点显然印象深刻，而对地方保护则颇多戒心，使无锡公司最终胜出。

与浦项的合作不仅使无锡公司拿到了这张储运业务大单，也使“物流”和“外包”等理念开始进入无锡公司。根据外资客户的需求，无锡公司成立了货代公司，把自身的集装箱、公路运输、铁路运输和加工、配送等功能配进货代公司，使货代公司能以总承包的方式与客户谈判，提高了成功率。货代业务从此一发而不可收。

2. 现货市场

在向货代转型的同时，无锡公司又发现了另一个商机，那就是现货市场。

20 世纪 90 年代初，广东的地瓷砖通过铁路运输线销售到无锡。由于铁路车站装卸质量不好，瓷砖损失惨重，再加上铁路部门的服务态度也不好，厂家都希望能找到一家专业的物流服务商来解决这些问题。

无锡公司迅速把这部分客户定位为自己的目标客户。他们利用铁路专用线将广东的瓷砖运进了无锡的仓库。为了解决客户对销售场地的担心，无锡公司甚至承诺给客户提供交易场所，仓库把紧挨马路的一块货场改造成 108 间交易间。尽管当时只是简陋的交易间，却解了这群客户的后顾之忧，运输和交易相结合的方式，使无锡公司得以把这些目标客户牢牢抓在手中。

无锡公司后来拆除简易房，建成环境更优良的中储装饰材料城，成为无锡市的建筑材料一条街。此举不仅为无锡公司创造了不少利润，也为后来开办钢材市场积累了经验。

无锡公司的钢材现货市场是从 1998 年开始的。他们把原有的设施稍作改造，建了两个交易厅，迅速开业。这个市场定位为钢材现货交易，再加入运输储存加工等配套功能，市场发展和收益都“好得超乎想象”。不到一年时间，市场就开始扩大规模，如今已发展到 8 个交易厅、416 个交易房间、360 个客户，成为华东地区最大的交易市场之一，每年钢材成交 70 多个亿(不包括有色金属)。

2000 年，有色金属材料的到线量不断加大的现象又引起了无锡公司的关注。以前华东的有色金属交易地主要在上海，无锡厂家到上海拿货，增加了不少物流成本。无锡公司马上走访了中铝集团，以无锡市场对铝的庞大需求为由，建议铝厂把铝直接放在无锡销售，既节约成本又方便了客户，获得了铝厂认可。他们还向驻金属材料现货市场的有色客户取得了一致意见，在无锡开办有色金属材料现货市场。仅两年时间，货物到线量直线上升，2002 年年底仅金属材料月到线量就冲到了 1 000 车以上。

1996～2002 年开办的这 3 个现货市场，形成了无锡公司发展现代物流的功能中心。3 个市场中驻有陶瓷、钢材、有色金属等 500 多家客户。这些现货市场在未来极有可能成为依靠互联网进行金属材料交易的电子商务基地。目前，无锡公司的现货市场已经基本可以解决电子商务中商流、信息流、资金流和物流的问题。

3. 增值服务

钢材现货交易市场中，客户的冷板、不锈板、镀锌板等进场以后需要剪切。在无锡公司推出此项服务之前，客户要把货物拉到库外加工后发运，既不方便又增加了成本。无锡公司开始在库房里为客户提供钢材加工服务，加工货源充足，业务量“大大超出预期”。后来又引进一条板材剪切线，几乎每年增加一套剪切设备，现在已经有 3 台剪切设备在工作，2002 年收入增加了 100 万元。

4. 市场化生存

到 2002 年，无锡公司已经完成了运输、信息、仓储三大物流平台的建设工作。初步形成一个物流、信息流、资金流、商流四流合一的“物流生态小环境”，营造出了一个区域物流中心的雏形。这种物流服务的系统整合，使无锡公司能够经受同行的低价竞争的冲击。

面对恶意降价，无锡公司采取迂回的策略，把自己的价格也降到对方的水平线上，待客户稳定了以后再调回来，先降再调策略避免了硬碰硬过招，保证了自己毫发不伤。

目前无锡公司的主要竞争对手是新兴的民营物流企业，他们机制活、转轨快、实施力强，没有决策等待过程，所以发展起来很快。无锡新近发展起来的不锈钢市场也包括加工功能，已经被列入无锡市 51 个物流项目之中。无锡公司每年都有业务储备，第二年要突破什么都有打算和安排。这使无锡公司 7 年来的发展一直在步步上升。

有色市场价格波动不稳定，有时做现货划算，有候做期货合适，需要做个蓄水池。2003 年上半年，无锡公司成为上海期交所在无锡唯一的期货交割库。期货物流的收益比较大，有色比黑色效益好，无锡公司又趟出了一条效益增值的路。

中储无锡公司是怎样及时转型的？

思考与练习

一、单项选择题

1．生产企业中的原材料仓储属于(　　)。

A．企业自营仓储　　B．营业仓储　　C．公共仓储　　D．战略储备仓储

2．仓储具有(　　)和静态两种。

A．动态　　B．流动　　C．静止　　D．停滞

3．当某些库存承担起国家的安全使命时，这些库存通常被称为(　　)。

A．战略库存　　B．保险库存　　C．国家储备　　D．制造库存

4．注重货物周转作业效率和周转率的是(　　)。

A．储存仓储　　B．物流中心仓储　　C．保税仓储　　D．运输转换仓储

5．货物所有权随货物交付而转移的仓储是(　　)。

A．保管式仓储　　B．混藏式仓储　　C．消费式仓储　　D．加工式仓储

6．下列不能作为仓储物的是(　　)。

A．桌子　　B．电视机　　C．课本　　D．知识产权

二、多项选择题

1．仓储管理的内容包括(　　)。

A．仓库选址　　B．仓库机械选择　　C．仓库人员

D．库存管理　　E．质量维护

2．纵观中国仓储活动的发展历史，大致经过了(　　)几个阶段。

A．中国古代仓储业　　B．中国近代仓储业　　C．社会主义仓储业

D．仓储业现代化发展阶段　　E．古典仓储业

3．仓储的基本功能包括(　　)。

A．存储保管　　B．流通控制　　C．数量管理

D．质量管理　　E．交易中介

4．仓储的积极作用有(　　)。

A．调节供需　　B．满足生产和销售　　C．保值和增值

D．保证市场稳定　　E．现货交易

5．空调的生产厂家，通过储存来保证较短的热销季节的旺盛需求的做法，实现全年的稳定生产，体现了仓储作用中的(　　)。

A．降低生产成本　　B．调节供需　　C．降低运输成本

D．满足生产的需要　　E．满足消费的需要

三、判断题

1．仓储就是在特定的场所储存的物品，其对象必须是实物动产。　(　　)

2．无形资产可以作为仓储物。　(　　)

3．仓储既有积极的一面也有消极的一面。只有考虑到仓储作用的两面性，尽量使仓储合理化才能有利于物流业务活动的顺利开展。　(　　)

4．仓储连接了生产者和客户，其运作的好坏将直接影响整个物流系统的成本与效率。　(　　)

5．由于仓储消极作用的存在，应该完全取消仓储环节。　(　　)

四、填空题

1．仓储管理须遵循__________原则、___________原则、___________原则。

2．“仓”表示___________，“储”表示___________。

3．仓储物必须是___________。

4．仓储功能包括___________和___________。

5．仓储在物流中的作用是___________、___________、___________和___________。

五、思考题

1．仓储管理的作用体现在哪几个方面？

2．仓储的消极作用是如何表现的？

3．如何看待仓储业的发展方向？

4．仓储有什么功能？

5．仓储管理人员应该具备哪些基本素质和能力？

第2章 仓库规划与布局

知识目标

(1) 掌握仓库的类型；
(2) 掌握仓库的布局和构成；
(3) 掌握仓库的规划；
(4) 了解储位管理。

技能目标

(1) 能够识别仓库类型；
(2) 能对仓库进行规划；
(3) 能够按一定的规则对货位编码。

引导案例

某仓储企业新建一座仓库，准备用来储存的主要货物有农产品、果蔬、机电产品、金属材料、建筑材料和日用百货等。由于储存的货物比较多，并且各种货物需要的保管条件又有不同，因此必须分开存放。为了提高仓库的利用率，同时有利于仓库货物的保管养护并有利于仓库作业，要求对新仓库进行合理规划。

分析

对仓库如何规划和布置才能有利于货物的保管养护？

2.1 仓库功能与分类

2.1.1 仓库概述

1. 仓库的概念

仓库是保管、存储物品的建筑物和场所的总称。仓库的概念可以理解为是用来存放货物包括商品、生产资料、工具和其他财产，及对其数量和价值进行保管的场所或建筑物等设施，还包括用于防止减少或损伤货物而进行作业的土地或水面。从社会经济活动看，无论生产领域还是流通领域都离不开仓库。

2. 仓库的功能

仓库作为物流服务的节点，在物流作业中发挥着重要的作用。它不仅具有储存、保管等传统功能，而且还具有拣选、配货、检验、分类、信息传递等功能并具有多品种小批量、多批次小批量等配送功能以及附加标签、重新包装等流通加工功能。一般来讲，仓库具有以下功能。

(1) 储存和保管的功能。这是仓库最基本的传统功能。仓库具有一定的空间用于储存物品，并根据物品的特性，仓库内还配有相应的设备以保持储存物品的完好性，如储存精密仪器的仓库需要防潮、防尘、恒温等，应设置空调、恒温等控制设备。

(2) 配送和加工的功能。现代仓库的功能已由保管型向流通型转变，即仓库由原来的储存、保管货物的中心向流通、销售的中心转变。仓库不仅具有仓储、保管货物的设备，而且还增加分包、配套、捆装、流通加工、移动等设施。这样既扩大了仓库的经营范围、提高了物资的综合利用率，又方便了消费者，提高了服务质量。

(3) 调节货物运输能力的功能。各种运输工具的运输能力差别较大：船舶的运输能力很大，货运船舶一般都在万吨以上；火车的运输能力较小，每节车厢能装10～60t，一列火车的运量多达几千吨；汽车的运输能力相对较小，一般在10t左右。它们之间运输能力的差异也是通过仓库调节和衔接的。

(4) 信息传递的功能。信息传递功能总是伴随着以上3个功能而发生的。在处理有关仓库管理的各项事物时，需要及时而准确的仓库信息，如仓库利用水平、进出货频率、仓库的地理位置、仓库的运输情况、顾客需求状况，以及仓库人员的配置等，这对一个仓库管理能否取得成功至关重要。

2.1.2 仓库的分类

仓库的种类繁多，分类方法也有许多种，下面介绍几种主要的分类方法。

1. 根据仓库所处的领域分类

1) 生产性仓库

生产性仓库主要是为保证生产企业生产正常进行而建立的仓库。这类仓库主要存放生产企业生产所需要的原材料、设备、工具等，并存放企业生产的成品。按其存放物品性质的不同分为原材料仓库和成品仓库。

2) 中转性仓库

中转性仓库是专门从事储存和中转业务的仓库，如专业的储运仓库和铁路、公路、港口、码头等的货运仓库。

3) 储备性仓库

储备性仓库是政府为了防止自然灾害、战争及国民经济比例严重失调而设立的，一般储备的商品储存时间较长，对仓储条件、质量维护和安全保卫要求较高。

2. 根据仓库的用途分类

1) 自用仓库

自用仓库是指生产企业或流通企业为了本企业物流业务的需要而修建的附属仓库。这类仓库只储存本企业的原材料、燃料、产品或成品，一般工厂、企业、商店的仓库以及部队的后勤仓库多属于这一类。

2) 营业仓库

营业仓库是指专门为了经营储存业务而修建的仓库，它面向社会服务，或以一个部门的物流业务为主，兼营其他部门的物流业务，如商业、物资、外贸等系统的储运公司的仓库等。营业仓库由仓库所有人或者由分工的仓库管理部门独立核算经营。

3) 公用仓库

公用仓库属于公共服务的配套设施，是为社会物流服务的公共仓库，如铁路车站上的仓库。

3. 根据仓库的功能分类

1) 储存仓库

储存仓库主要对货物进行保管，以解决生产和消费的不均衡，如将季节性生产的大米储存到第二年卖，常年生产的化肥通过仓储在春、秋季节集中供应。

2) 流通仓库

流通仓库除具有保管功能之外，还具有进行装配、简单加工、包装、理货以及配送功能，具有周转快、附加值高、时间性强的特点，从而减少流通过程中商品停滞费用。

4. 根据建筑形态分类

1) 平房仓库

平房仓库构造简单，建筑费用便宜，人工操作比较方便。

2) 楼房仓库

楼房仓库是指二层楼以上的仓库，它可以减少土地占用面积，进出库作业可采用机械化或半机械化。

3) 高层货架仓库

采用高层货架存放货物，可实现机械化和自动化操作，减少土地占用面积，提高仓库利用率。

4) 罐式仓库

罐式仓库的构造特殊，成球形或柱形，主要用来储存石油、天然气和液态化工品等。

5) 简易仓库

简易仓库的构造简单、造价低廉，一般是在仓库库容不足而又不能及时建库的情况下采用的临时代用办法，包括一些固定或活动的简易货棚等。

6) 露天仓库

露天仓库俗称货场。货场最大的优点是装卸作业极其方便，适宜存放较大型、大批量的货物，以露天存储为主。

5. 按仓库保管条件分类

1) 普通仓库

普通仓库是指用于存放无特殊保管要求的物品的仓库。

2) 保温、冷藏、恒湿恒温仓库

它是指用于存放要求保温、冷藏或恒湿恒温的物品的仓库。

3) 特种仓库

特种仓库用于储存具有特殊性能、要求特殊保管条件的物品，如石油仓库、化工危险品仓库等。这类仓库必须配备有防火、防爆等专用设备，其建筑构造、安全设施都与一般仓库不同。特种仓库主要包括以下几种。

(1) 石油仓库。石油仓库是接受、保管、配给石油和石油产品的仓库。商业性石油仓库主要保管石油产品(汽油、润滑油等)。石油产品具有易燃易爆等特性，这类仓库被指定为危险品仓库。

(2) 化学危险品仓库。化学危险品仓库负责保管化学工业原料、化学药品、农药以及医药品。为了安全起见，根据物品的特性和状态以及受外部因素影响的危险程度进行分类，分别储藏。根据危险程度将危险品分为 10 类，即燃烧爆炸品、氧化剂、压缩气体、易燃气体、自燃物品、遇水易燃物品、易燃固体、有毒物品、腐蚀性物品和放射性物品。

4) 水上仓库

水上仓库是漂浮在水面上的储存货物的建船、趸船、浮驳或其他水上建筑，或者在划定水面保管木材的特定水域、沉浸在水下保管物资的水域。近年来，由于国际运输油轮的超大型化，许多港口因水深限制，大型船舶不能直接进港卸泊，往往采用在深水区设立大型水面油库(超大型油轮)作为仓库进行转驳作业。

2.2 仓库构成与布局

仓库不仅是存放商品的库房，根据仓库中各区域的主要用途，仓库可划分为几个区域。

2.2.1 仓库的总体构成

大型仓库通常由生产作业区、辅助生产区和行政生活区三大部分组成。

1. 生产作业区

生产作业区是仓库的主体部分，是商品储运活动的场所，主要包括储货区、铁路专用线、道路、装卸站台等。

1) 储货区

储货区是储存保管货物的场所，具体分为库房、货棚、货场。

(1) 库房是储存货物的封闭式建筑，根据建筑的结构不同，可以分为砖木结构的、水泥混凝土结构的和全钢结构的库房，主要用来储存受气候条件影响的商品或货物。

(2) 货棚是用于存放货物的设施，只有顶棚，四周并不是封闭的。货棚可以用来储存受气候影响不大的货物，如桶装液体货物、有色钢材、汽车及机械设备等。

(3) 货场是用于储存货物的露天堆场，主要用于储存不受气候条件影响的货物，如大

型钢材、水泥制品等。当然货场不仅可存放商品，同时还起着货位周转和调剂的作用。

2) 铁路专用线及道路

铁路专用线及道路是库内外的商品运输通道，商品的进出库、库内商品的搬运都要通过这些运输线路。专用线应与库内道路相通，保持畅通。

3) 装卸站台

装卸站台是供火车或汽车装卸商品的平台，一般有单独站台和库边站台两种，其高度和宽度应根据运输工具和作业方式而定。

2. 辅助生产区

辅助生产区是为了商品储运保管工作服务的辅助车间或服务站，包括车库、变电室、油库、维修车间、包装材料间等。辅助生产区应尽量靠近生产作业区。

3. 行政生活区

行政生活区是仓库的行政管理机构和生活区域，一般设在仓库入库口附近，便于业务接洽和管理。行政生活区应与生产作业区分开，并保持一定距离，以保证仓库的安全及行政办公和居民生活的安静。

2.2.2 仓库的结构

1. 库房设计应考虑的因素

仓库的结构对于实现仓库的功能起着很重要的作用。因此，仓库的结构设计应考虑以下几个方面。

1) 平房建筑和多层建筑

仓库的结构从出入库作业的合理化方面考虑，应尽可能采用平房建筑，这样储存产品就不必上下移动。因为利用电梯将储存产品从一个楼层搬运到另一个楼层费时费力，而且电梯往往也是产品流转中的一个瓶颈，许多材料搬运时通常都会竞相利用数量有限的电梯影响库存作业效率。但是在城市内，尤其是在商业中心地区，那里的土地有限或者昂贵，为了充分利用土地，采用多层建筑成为最佳的选择。在采用多层仓库时，要特别重视对上下楼通道的设计。

2) 仓库出入口和通道

仓库出入口的位置和数量是由“建筑的开建长度、进深长度”、“库内货物堆码形式”、“建筑物主体结构”、“出入库次数”以及“出入库作业流程”等因素所决定的。出入库口尺寸的大小是由载货汽车是否出入库内，所用叉车的种类、尺寸、台数、出入库次数，保管货物尺寸大小所决定的。库内的通道是保证库内作业的畅顺的基本条件。通道应延伸至每一个货位，使每一个货位都可以直接进行作业；通道需要路面平整和平直，减少转弯和交叉；作为大型载货汽车入库的通道应大于 3m，叉车作业通道应达到 2m。

3) 立柱间隔

库房内的立柱是出入库作业的障碍，会导致保管效率低下，因而立柱应尽可能减少。但当平房仓库梁的长度超过 25m 时，建立无柱仓库有困难，则可设中间的梁柱，使仓库成为有柱结构。一般仓库的立柱间隔，因考虑出入库作业的效率，以汽车或托盘的尺寸为基准，通常为 7m 的间隔比较适宜，它适合 2 台大型货车(宽度 2.5m×2)或 3 台小型载货车(宽

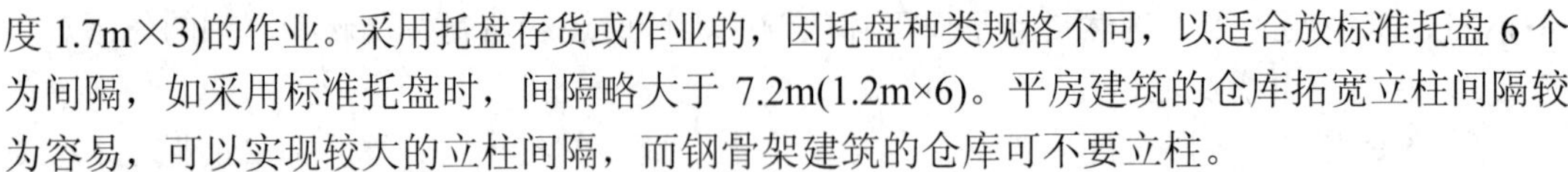

度 1.7m×3)的作业。采用托盘存货或作业的，因托盘种类规格不同，以适合放标准托盘 6 个为间隔，如采用标准托盘时，间隔略大于 7.2m(1.2m×6)。平房建筑的仓库拓宽立柱间隔较为容易，可以实现较大的立柱间隔，而钢骨架建筑的仓库可不要立柱。

4) 天花板的高度

由于实现了仓库的机械化、自动化，因此现在对仓库天花板的高度也提出了很高的要求。在使用叉车的时候标准提升高度是 3m，而使用多段式高门架的时候要达到 6m。另外，从托盘装载货物的高度看，包括托盘的厚度在内，密度大且不稳定的货物通常以 1.2m 为标准，密度小而稳定的货物通常以 1.6m 为标准。以其倍数(层数)来看，1.2 米/层×4 层=4.8m，1.6 米/层×3 层=4.8m，因此，仓库的天花板高度最低应该是 5～6m。

5) 地面

地面的构造主要是地面的耐压强度，地面的承载力必需根据承载货物的种类或堆码高度具体研究。通常，一般平房普通仓库 $1m^2$ 地面承载力为 2.5～3t，多层仓库层数加高，地面承受负荷能力减小，一层是 2.5～3t，二层是 2～2.5t，三层是 2～2.5t，越往高越小。地面的负荷能力是由保管货物的重量、所使用的装卸机械的总重量、楼板骨架的跨度等所决定的。流通仓库的地面承载力，则必须还要保证重型叉车作业的足够受力。

地面的形式有低地面和高地面两种。低地面式为防止雨水流入仓库，地面比基础地面高出 20～30cm，而且由于叉车的结构特点，出入口是较平稳的坡度；高地面式要与用于出入库的车厢的高度相符合，通常大型载货汽车(5t 以上)为 1.2～1.3m，小型载货汽车(3.5t 以下)为 0.7～1.0m，铁路货车站台为 1.6m。

2. 货场结构

1) 集装箱货场

(1) 集装箱及其作用。

集装箱等集装设施的出现给储存带来了新观念，集装箱本身便是一栋仓库，不需要再有传统意义的库房。在仓储过程中，以集装箱存放货物，形成集装箱货场，可以直接以集装箱作为媒介，使用机械装卸、搬运，从一种运输工具直接方便地转换到另一种运输工具，或从发货方的仓库经由海陆空等不同运输方式，无需开箱检验，也无需接触和移动箱内货物，直接运到收货人的仓库，省去了入库、验收、清点、堆垛、保管、出库等一系列储存作业。这样不仅装卸快、效率高，而且在某种程度上还可以减少包装费用，因此集装箱对改变传统储存作业有很重要的意义，是储运合理化的一种有效方式。

(2) 集装箱化的优点。

① 促使装卸合理化。与单个货物的逐一装卸处理比较，其优点主要表现在：缩短装卸时间，这是由于多次装卸转为一次装卸而带来的效果；使装卸作业劳动强度降低。采用集装箱后不但减轻了装卸劳动强度，而且增加了集装箱货物的保护作用，可以更有效地防止装卸时的碰撞损坏及散失、丢失。

② 使包装合理化。采用集装箱后，物品的单体包装及小包装要求可降低，甚至可以去掉小包装，从而节约包装材料。

③ 由于集装箱的大型化和防护能力有所增强，包装强度也大大提高，有利于保护货物。集装箱整体进行运输和保管，方便了运输及保管作业，便于管理，有效地利用了运输工具和保管场地的空间，改善环境。

④ 集装箱的最大效果还是以其为核心所形成的集装系统将原来分离的物流各环节有效地联合为一个整体，使整个物流系统实现合理化。物流的现代化进展是离不开集装的，可以说集装箱是物流现代化的重要标志。

⑤ 用集装箱分别堆存，避免箱子的随意摆放，而且减少倒箱。

(3) 集装箱货场布局结构设计。

集装箱货场是堆存和保管集装箱的场所。根据集装箱堆存量的大小，货场可分为混合型和专用型两种。专用型货场是根据集装箱货运站的生产工艺分别设置重箱货场、空箱货场、维修与修竣箱货场。设置货场时应满足发送箱、到达箱、中转箱、周转箱和维修箱等的生产工艺操作和不同的功能要求，并尽可能缩短运送距离，避免交叉作业，便于准确、便捷地取放所需集装箱，利于管理。

合理的集装箱堆场布局应符合下列原则。

① 中转箱区应布置在便于集装箱能顺利地由一辆车直接换装到另外一辆车的交通方便处。

② 周转和维修箱区应布置在作业区外围，靠近维修车间一侧，以便于取送和维修，减少对正常作业的干扰。

③ 合理布置箱位。既要充分利用堆场面积，又要留足运输通道和装卸机械作业区及箱与箱之间的距离，做到安全方便。

④ 合理利用与选择装卸机械和起重运输设备。除保证机械进出场区畅通和足够的作业半径外，应尽量减少机械设备的行走距离，提高设备利用率。

⑤ 场区内要有一定坡度，以利于排水。

⑥ 堆场场地必须耐用，应根据堆场层数进行设计与处理。

设计集装箱货场时，在考虑上述原则的同时，还应该尽量达到下面 3 项目标。

① 服务的精确性。由于集装箱存放货物无须拆箱，所以，箱内货物的质量和数量完全靠货物证件以及其他相关单据表示，同时在分类堆存时也完全依证件及其单据进行分类，所以应在集装箱货场的存放和管理过程中尽量做到认真细致，力求达到服务的精确性。

② 单位堆放和流转速度。操作要求尽可能快，与堆存区要求的服务水平相适应。为了尽量减小堆场的占地面积，在设计集装箱堆场的过程中，在选取存放堆垛方式过程中，应尽量增大单位堆存，同时尽量缩短保管时间、加快集装箱的流转速度，尽可能充分发挥集装箱的优越性。

③ 旺季储存能力。这与前面的因素有关，系统设计者应该满足一定时期内 95%的库存需求。这一定时期可以是一个月、一年，依服务类型确定。最后的 5%通常要花费巨大的代价才能满足。在集装箱码头中，泊位利用率是服务的一个重要因素。所以，及时抓住储运旺季，充分发挥集装箱货场的优势，最大限度地达到集装箱货场的优势，最大限度地达到集装箱货场的储存能力是非常重要的。

2) 杂货货场

杂货是指直接以货物包装形式进行流通的货物。货物的包装有袋装、箱装、桶装、箩装、捆装、裸装等，也包括采用成组方式流通的货物。杂货中的相当一部分可以直接在货场露天存放，如钢材、油桶、日用陶器、瓷器等。杂货在货场存放要考虑是否需要苫盖、垫垛，以便排水除湿。杂货的杂性使得杂货的装卸、堆垛作业效率极低，而且需要较大的作业空间，同时杂货容易混淆，需要严格地区分。

3) 散货货场

散货是指无包装、无标志的小颗粒直接以散装方式进行运输、装卸、仓储、保管和使用。在仓储中不受风雨影响的散货一般直接堆放在散货货场上，如沙、石、矿等。

散货货场根据所堆放货物的种类不同，地面的结构也不完全相同，可以是沙土地面、混凝土地面等。由于存量巨大，要求地面有较高的强度。由于散货都具有大批量的特性，散货货场往往面积较大。为了便于疏通，采取明沟的方式排水，并且通过明沟划分较大的面积货位。散装货场都采用铲车或者输送带进行作业，所堆的垛形较为巨大。

2.2.3 仓库库区布局

仓库库区布局是指一个仓库的各个组成部门，如库房、货棚、货场、辅助建筑物、铁路专用线、库内道路、附属固定设备等。在规定范围内进行平面和立体的全面合理的安排，即仓库总平面图，如图 2.1 所示。

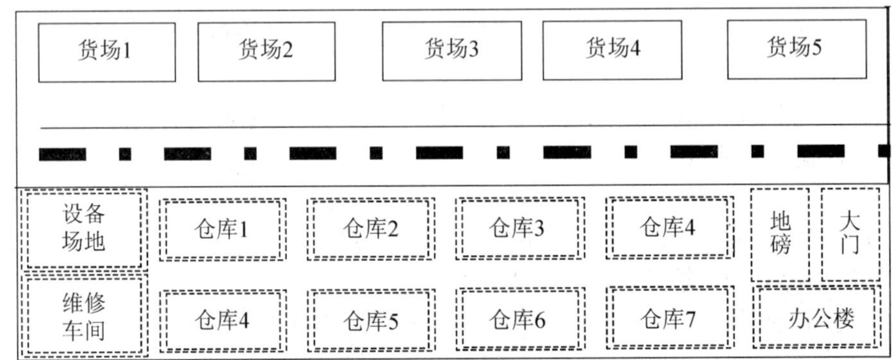

图 2.1 仓库总平面图

以下是仓库总平面布置的要求。

(1) 要适应仓储企业生产流程，有利于仓储企业生产正常进行。

① 单一的物流方向。仓库内商品的卸车、验收、存放地点之间的安排，必须适应仓储生产流程，按一个方向流动。

② 最短的运距。应尽量减少迂回运输，专用线的布置应在库区中部，并根据作业方式、仓储商品品种、地理条件等，合理安排库房、专用线与主干道的相对位置。

③ 最少的装卸环节。减少在库商品的装卸搬运次数和环节，商品的卸车、验收、堆码作业最好一次完成。

④ 最大地利用空间。仓库总平面布置是立体设计，应有利于商品的合理存储和充分利用库容。

(2) 有利于提高仓储经济效益。

① 因地制宜。充分考虑地形、地质条件，满足商品运输和存放上的要求，并能保证仓库充分利用。

② 平面布置应与竖向布置相适应。所谓竖向布置，是指建设场地平面布局中的每个因素，如库房、货场、专运线、道路、排水、供电、站台等，在地面标高线上的相互位置。

③ 有利于机械设备的充分利用。总平面布置应能充分、合理地利用我国目前普遍使用的门式、桥式起重机一类固定设备，合理配置这类设备的数量和位置，并注意与其他设备

的配套，便于开展机械化作业。

(3) 有利于保证安全生产和文明生产。

① 保证安全生产。库内各区域间、各建筑间应根据《建筑设计防火规范》的有关规定留有一定的防火间距，并有防火、防盗等安全设施。

② 保证文明生产。总平面布置应符合卫生和环境要求，既要满足库房的通风、日照等，又要考虑环境绿化、文明生产，有利于职工身心健康。

2.3　仓库规划与储货布置

仓库是仓库管理人员工作的主要场所，同时也是商品存储的主要空间。通过对仓库内的空间进行合理地规划，不仅能够增加仓库的存储容量，而且还能保证仓库活动中各项作业能够协调、高效地进行。

2.3.1　仓库规划

1. 仓库使用规划的意义

为了有效利用仓库的存货能力和加快周转货物的速度，使仓库的作业有条不紊地进行，必须对仓库进行合理规划，进行分区分类、专业化分工、储存和作业划分，提高仓库的效率和能力，促进仓储效率的提高。

仓库使用规划就是为了方便作业、提高库场利用率和作业效率、提高货物保管质量，依据专业化、规范化、效率化的原则对仓库的使用进行分工和分区，合理安排货位、布局作业路线，合理地使用仓库，以实现高效率和高效益。

仓库使用规划体现了实际的仓库设施特征和储存产品运动。在规划过程中要考虑 3 个因素，即设施、储藏利用空间以及作业流程。

现代仓库的使用规划建立在效率的基础之上，要充分利用每一个空间和可能利用的搬运设备。尽管现代的自动化多层仓库设施可利用的有效高度达 30m，但大多数仓库的高度一般都在 6～9m 之间。通过使用货架及其他硬件设施可以将产品放在建筑的最高限度。

2. 仓库使用规划的原则

1) 仓库专业化

分工和专业化是现代社会大生产的标志，分工和专业化促进了生产力的发展，提高了社会劳动生产率，为社会创造了巨大的财富。仓库管理同样需要分工和专业化。

分工和专业化的意义在于：可以促进有针对性的设施、场地建设，为实现机械化、自动化创造条件，提高作业效率和改善作业条件；促使管理和作业人员熟练地掌握专业和特定的技术和知识，提高效率和工作质量；有利于建立准确的定额、指标管理体系，便于考核、评判优劣、鼓励先进鞭策落后，便于明确责任；有利于降低仓库成本，减少损耗，提高经济效益和企业竞争力。

仓库的专业化分工是依据库场存放和作业的货物的种类、流向、数量，以及库场的结构、位置来确定的。对于只储存单一货物的专业仓库，其库场必然是单一货物的专业化存储和作业。而对综合性仓库，为了开展专业化分工，将库场专业化分区段，不同的区段只

承担某类货物和一种流向货物的存储和作业，实现局部的专业化分工。

2) 效率化

除了通过专业化的分工提高仓库管理的质量外，仓库规划的主要目的是实现高效率的仓库管理和使仓库作业能高效率地进行，实现货物周转速度的提高，减少压仓压库的现象。特别是中转型仓库，高效率的周转是仓库的生命。对任何仓库来说，快捷的货物进出、方便的作业、高效率的作业速度都会受到送货人、提货人的欢迎。稳定的仓库规划使仓位的使用固定化，方便员工熟悉和实现快捷的货物查询。

3) 充分利用仓库

仓库使用规划是在现有仓库的基础上进行的规划，要根据现有仓库的场地特性、设备条件，针对仓库的货物种类合理地进行规划，使仓库的每一个空间都可以得到充分利用。作业便捷的货位用于周转量大的货物仓储，而不便操作的货位用于保管长期存储的物资。作业路线合理规划，不仅要实现作业的快捷，还要使作业线路最少地占用仓库面积，提高利用空间。分散或者集中作业都能满足仓储作业的需要，但不同的仓储物、不同的作业方式对空间使用会有极大的差别，应根据仓储作业的需要规划作业区。

向高处发展是提高仓库使用空间的有效手段，在仓库使用规划中应尽可能地利用高度。

4) 从企业管理的原则进行规划

企业在生产单位和机构设定上要遵循以任务为目标，专业分工、管理幅度和管理层次合理的原则。将此原则运用到仓库管理之中，则会出现以专业分区、管理幅度划分仓库区间的仓库分段、分片的仓库管理和生产作业规划及机构的设定。对不同的生产过程进行专业分工和业务分类并由不同的生产单位承担是库场规划的一种重要方法。

通过合适的管理幅度的划分，使得人员管理到位、责任明确，员工激励和监督能有效进行，保证仓库管理有条不紊，员工的劳动业绩得以准确反映，便于考核，避免作业交叉、管理重叠或出现真空地带。信息技术的广泛使用、管理信息和管理手段的改进会使管理幅度增大，管理趋向于集中。

3. 仓库使用规划过程中应考虑的因素

(1) 仓库的现状和未来的发展。
(2) 仓库的经营方式和仓储对象。
(3) 仓库的机械化程度和未来的发展。
(4) 仓库的管理方法和能力，员工的素质。
(5) 仓库所面临的外部物流条件。
(6) 安全仓储和消防管理的需要。

4. 仓库使用规划的内容

1) 仓库的总体布局合理

根据仓库生产和管理的需要，对整个仓库所有设施进行用途规划，确定生产、辅助生产、行政等场所，仓库、作业、道路、门卫等分布，并对各类设施和建筑进行区别，如仓库货场编号、道路命名、行政办公区识别等。通过总体规划形成仓库的总体布置图，如图 2.1 所示。

2) 仓库的专业化分工

对所有仓库的用途和功能依据专业规划的原则进行用途确定，一般按照仓储物种类进行分类分区，对于专业化的仓库可以按照不同的作业方式进行划分。通过专业分区使得仓库形成如食品区、日用品区、机电区、物资区或者保管区、验货区、包装区等分区。

3) 仓库员工的分工和管理范围

按照仓库员工的管理幅度需要确定班组、管理范围，确定仓库工作岗位和岗位职责。

4) 仓库货位的安排和用途，作业道路和仓库的作业路程

为了实现安全保管和快捷作业，将仓库、货场划分为一定的货位，并对货位进行编号。确定仓库、货场内的作业通道，保证每一个货位都能与通道相通，并制定每一仓库和货场作业流程的进出口和运送方向。

5) 仓库的未来发展

包括仓库的发展战略和规模(仓库的扩建、改造、仓库吞吐、存储能力的增长等)以及仓库机械化发展水平和技术改造方向，如仓库的机械化、自动化水平等。

6) 仓库的主要经济指标

如仓库的主要设施利用率、劳动生产率、仓库吞吐存储能力、物资周转率、储存能力利用率、储运质量指标等。

因此，仓库规划是在仓库合理布局和正确选择库址的基础上对库区的总体设计。仓库建设规模以及仓库储存保管水平的确定使仓库形成相对稳定的布局和管理体系。

2.3.2 储货区的规划

1. 规划各储货区的位置

1) 确定库房的位置

库房位置的选择要按照其储存货物吞吐量大小、搬运的复杂程度和安全性质进行。例如，一般无火灾危险性、吞吐量较大和出入库频繁的库房，布置在库区中央靠近出入处的地方；吞吐量不大和出入不频繁的库房，布置在库区的两翼和后部；有火灾危险的库房，宜布置在库区的下风侧面。

2) 确定货棚的位置

货棚除了储存部分货物外，还可以作为卸货待检、出库待运的场所。因此，货棚的布置应紧靠库房。如果是站台库房，货棚与库房应连接起来，以便起到防雨的作用。

3) 确定货场的位置

货场布置应充分考虑铁路专用线的走向，专用线应尽量贯穿货场。同时，应尽量利用行车(用于装卸物资的大型起重设备)的跨度，实行跨线作业，以减少装卸作业环节。

2. 规划库区道路

规划合理的运输及搬运道路，可以减少货物装卸、搬运的时间，并防止出现车辆堵塞的现象。要想规划好仓库的道路，仓库管理人员必须注意以下3个问题。

(1) 道路要宽广。在规划仓库内的道路时，要尽可能地兼顾所有规格的货车，在不影响存储面积的情况下规划出宽广的道路，从而便于库区内车辆的行驶。

(2) 安排好停车的位置。在规划仓库的道路时要考虑可能会出现因暂时无法卸货而必须暂时停靠在库区的情况，并为这些车辆划出一定的停靠地点，避免因为车辆的胡乱停靠而造成道路的堵塞。

(3) 规划车辆的运行方向。为了使进入库区的车辆能够顺畅地运行、减少堵塞发生的可

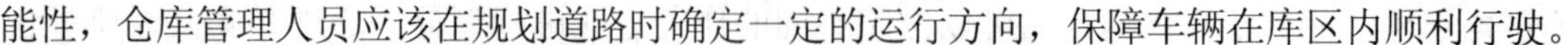

能性，仓库管理人员应该在规划道路时确定一定的运行方向，保障车辆在库区内顺利行驶。

3. 储货区域的分区分类

为了方便作业、提高作业效率、方便物品保管，必须对储货区进行分区分类，以便分类保管货物。

1) 分区分类的定义

仓库货物的分区分类储存是根据“四一致”(性能一致、养护措施一致、消防方法一致、作业手段一致)的原则，把仓库划分为若干保管区域，把储存商品划分为若干类别，以便统一规划储存和保管。

(1) 分区。根据仓库的建筑、设备等条件把仓库划分为若干保管区，以适应物资分类储存的需要，即在一定的区域内合理储存一定种类的商品，以便集中保管和养护。

(2) 分类。就是根据仓储物资的自然属性、养护措施、消防方法等将商品划分为若干类别，以便分门别类地将商品相对固定储存在某一货区内。

2) 分区分类的原则

对存储货物在“四一致”的前提下，把货场划分为若干保管区域，根据货物大类和性能等划分为若干类别，以便分类集中堆放。

3) 分区分类的方法

由于仓库的类型、规模、经营范围、用途各不相同，各种仓储商品的性质、养护方法也迥然不同，因而分区分类储存的方法也有多种，需统筹兼顾，科学规划。

(1) 按商品的种类和性质分区分类储存。按照物资的自然属性，把怕热、怕光、怕潮、怕冻、怕风等具有不同自然属性的物资分区分类储存。凡同类物资，性质相近，又有连带消费性的可尽量安排在同一库区、同一库位进行储存。但若性质完全不同，并且互有影响、互不兼容、不宜混存的物资则必须严格分库存放。

(2) 按商品的危险性质分区分类储存。危险性质主要是指易燃、易爆、易氧化、腐蚀性、毒害性和放射性等。仓库应根据物资的危险特性进行分区分类储存，以免发生相互接触，产生燃烧、爆炸、腐蚀、毒害等恶性事故。这种方法主要适用于特种仓库。

(3) 按商品的发运地分区分类储存。储存期较短的物资，在吞吐量较大的中转仓库或待运仓库，可按发运地、运输方式、货主进行分区分类储存。通常可按运输方式，如公路、铁路、水路、航空划分，再按到达站、点、港的线路划分，最后按货主划分。这种分区分类方法虽不划分物资的种类，但性能不兼容、运价不同的，仍应分开存放。

(4) 按仓储作业的特点分区分类储存。超长的、较大的、笨重的物资应与易碎的、易变形的商品分区存放；进出库频繁的物资应存放在车辆进出方便、装卸搬运容易、靠近库门的库区；储存期较长的物资则应储存在库房深处，或多层仓库的楼上。

(5) 按仓库的条件及商品的特性分区分类储存。一般情况下，怕热的物资存放在地下室、低温仓库或阴凉通风的货棚内；负荷量较小的轻薄物资可存放在楼上库房，而负荷较大的、笨重的物资，应存放在底楼库房内；价值较高的贵金属，如金银饰品等，须存放在顶楼库房，而价值较低的一般金属制品可存放在下层库房内。

2.3.3 储货区的布置

储货区的布置就是根据库区场地条件、仓库的业务性质和规模、商品储存要求以及设备的性能和使用特点等因素，对储存空间、作业区域、站台及通道进行合理安排和布置。

在进行商品储存场所布置时主要考虑两个方面的要素，一是充分提高储存空间的利用率，二是提高物流作业效率。储存区域是仓库的核心和主体部分，提高储存空间的利用效率是仓库管理的重要内容。储存空间在规划和布局时，首先必须根据储存货物的体积大小和储存形态来确定储存空间的大小，然后对空间进行分类，并明确其使用方向，再进行综合分析和评估比较，在此基础上进行布置。

1. 存储面积的确定

在进行仓位划分时，仓库管理人员首先需要正确地计算并规划出仓库中可以使用的、能够用于保存货物的面积。

1) 相关概念

一般来说，仓库的面积可以分为建筑面积、使用面积和有效面积 3 种。

(1) 建筑面积：库房所占用的土地面积，即库房外墙线所围的水平面积。

(2) 使用面积：库房内可供使用的面积，即库房内墙线所围成的面积除去库房内立柱、电梯、消防设施、办公设施等所占的面积。

(3) 有效面积：实际用来存放物资的面积，即货位和货架等所占的面积，同样也是使用面积除去过道、垛距、墙距及进行验收备货的区域后所剩的面积。

由此可见，仓库中能够真正用来摆放储存商品的面积是仓库的有效使用面积。因此必须正确地规划出仓库的有效区域。

2) 通道设计

应尽量扩大保管面积，缩小非保管面积。非保管面积包括通道、墙间距、收发货区、库内办公地点等。库房内的通道分为运输通道(主通道)、作业通道(副通道)和检查通道。

(1) 运输通道供装卸设备在库内走行，其宽度主要取决于装卸搬运设备的外形尺寸和单元装卸的大小。运输通道的宽度一般为 1.5～3m。

如果库内安装有桥式起重机，运输通道的宽度可为 1.5m，甚至更窄些。如果使用叉车作业，其通道宽度可通过计算求得。当单元装载的宽度不太大时，其计算公式为

$$A=P+D+L+C$$

式中　A——通道宽度；

P——叉车外侧转向半径；

D——货物至叉车驱动轴中心线的间距；

L——货物长度；

C——转向轮滑行的操作余量。

(2) 作业通道是供人员存取搬运物品的行走通道，其宽度取决于作业方式和货物的大小。当通道内只有一人作业时，其宽度的计算方式为

$$a=b+l+2c$$

式中　a——作业通道的宽度；

b——作业人员身体的厚度；

l——货物的最大长度；

c——作业人员活动的余量。

如果使用手动叉车进入作业通道作业，则通道宽度应视手动叉车的宽度和作业特点而定。一般情况下，作业通道的宽度为 1m 左右。

(3) 检查通道是供仓库管理人员检查库存物品的数量及质量而走行的通道，其宽度只要能使检查人员自由通过即可，一般为 0.5m 左右。

3) 其他非保管区

(1) 墙间距。一方面是使货垛和货架与库墙保持一定的距离，避免物品受潮，同时也可作为检查通道或作业通道。

墙间距一般宽度为 0.5m 左右，当兼做作业通道时，其宽度需增加一倍。墙间距兼做作业通道是比较有利的，它可以使库内通道形成网络，方便作业。

(2) 收发货区。收发货区是指供收货、发货时临时存放物品的作业场地，可分为收货区和发货区，也可以规定一个收发货区收货、发货共用。

收发货区的位置应靠近库门和运输通道，可设在库房的两端或适中的位置，并要考虑到收货、发货互不干扰。对靠近专用线的仓库，收货区应设在专用线的一侧，发货区应设在靠近公路的一侧。如果专用线进入库房，收货区应在专用线的两侧。

(3) 库内办公地点。仓库管理人员需要一定的办公地点，可设在库内也可设在库外。最好设在库外另建办公室，使仓库存放更多的物品。

2. 存储区域的划分

根据仓库作业的需要，将仓库中可存储商品的区域划分为待检区、处理区、合格品储存区、不合格品储存区，各区域可以用颜色加以区分。

3. 仓库货区布置

货区布局的目的一方面是提高仓库平面和空间利用率，另一方面是提高物品保管质量，方便进出库作业，从而降低物品的仓储处置成本。

1) 平面布置

平面布置是指对货区内的货垛、通道、垛间(架间)距、收发货区等进行合理的规划，并正确处理它们的相对位置。平面布置的形式有垂直式布置和倾斜式布置两种。

(1) 垂直式布置。货垛或货架的排列与仓库的侧墙互相垂直或平行，具体包括横列式布局、纵列式布局和纵横式布局。

① 横列式布局。是指货垛或货架的长度方向与仓库的侧墙互相平行。这种布局的主要优点是主通道长且宽、副通道短、整齐美观、便于存取查找，如果用于库房布局还有利于通风和采光，如图 2.2 所示。

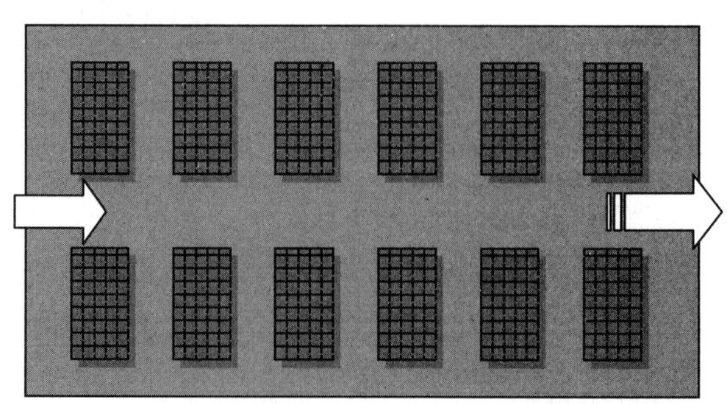

图 2.2　仓库横列式布置

② 纵列式布置。是指货垛或货架的长度方向与仓库侧墙垂直。这种布局的优点主要是可以根据库存物品在库时间的不同和进出频繁程度安排货位：在库时间短、进出频繁的物品放置在主通道两侧，在库时间长、进库不频繁的物品放置在里侧，如图 2.3 所示。

③ 纵横式布局。是指在同一保管场所内横列式布局和纵列式布局兼而有之，可以综合利用两种布局的优点，如图 2.4 所示。

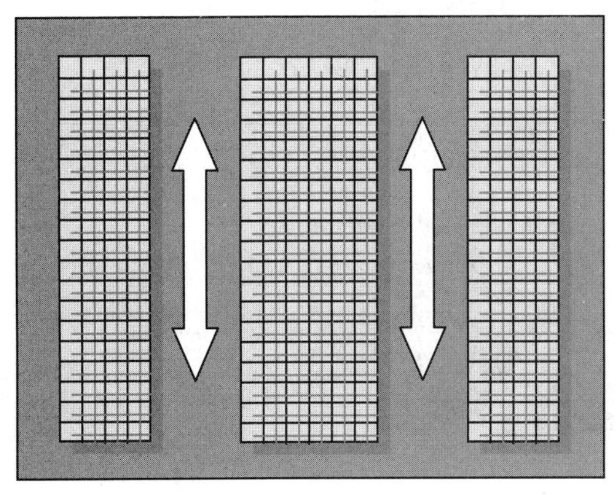

图 2.3　仓库纵列式布局

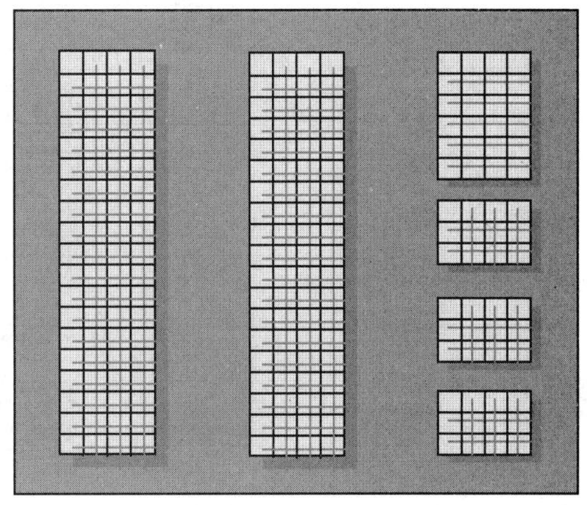

图 2.4　纵横式布局

(2) 倾斜式布局。是指货垛或货架与仓库侧墙或主通道成 60°、45° 或 30° 夹角。具体包括货垛倾斜式布局和通道倾斜式布局。

① 货垛倾斜式布局。是横列式布局的变形，它是为了便于叉车作业、缩小叉车的回转角度、提高作业效率而采用的布局方式，如图 2.5 所示。

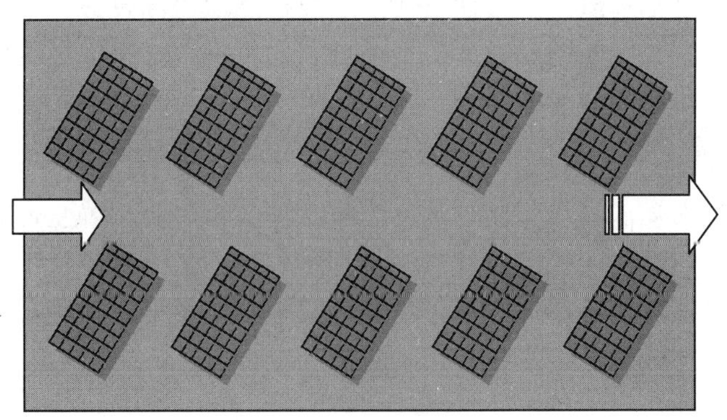

图 2.5　货垛倾斜式布局

② 通道倾斜式布局。是指仓库的通道斜穿保管区，把仓库划分为具有不同作业特点的区域，如大量存储和少量存储的保管区等，以便进行综合利用。这种布局形式，仓库内形式复杂，货位和进出库路径较多，如图 2.6 所示。

2) 空间布局

空间布局是指库存物品在仓库立体空间上布局，其目的在于充分有效地利用仓库空间。空间布局的主要形式有就地堆码、上货架存放、加上平台、空中悬挂等。

其中使用货架存放物品有很多优点，概括起来有以下几个方面。

(1) 便于充分利用仓库空间，提高库容利用率，扩大存储能力。

(2) 物品在货架里互不挤压，有利于保证物品本身和其包装完整无损。

(3) 货架各层中的物品可随时自由存取，便于做到先进先出。

(4) 物品存入货架可防潮、防尘，某些专用货架还能起到防损伤、防盗、防破坏的作用。

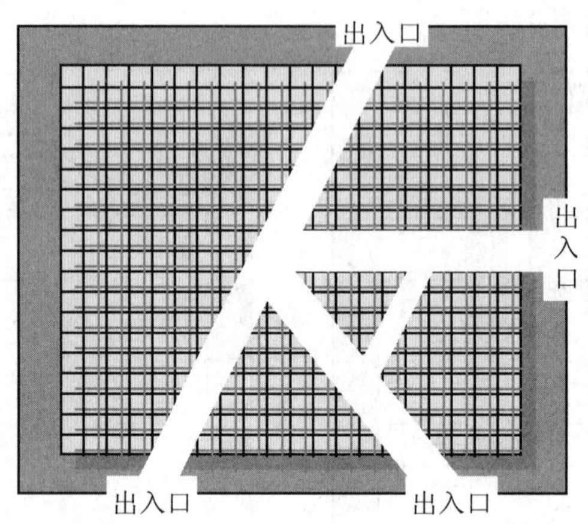

图 2.6 通道倾斜式布局

2.3.4 货位编号

货位是货物存放的位置，它是在分区分类和划分好货位的基础上，将仓库范围的房、棚、场以及库房的楼层、仓间、货架等按地点、位置顺序编列号码，并做出明显标识。一封信只有在住址、姓名都写清楚的条件下才能迅速正确地送到收信人手中。货位编号好比商品的地址，而货物编码就如同姓名一般，通过它们可以在仓库中迅速地找到商品，为货物存取工作方便、快捷地开展提供了条件。

1. 货位编号的要求

在品种、数量很多和商品进出频繁的仓库里，保管员必须正确掌握每批商品的存放位置，货位编号就好比商品在库的“住址”。做好货位编号工作，应从不同的仓库条件、商品类别和经营方式等情况出发，搞好标记位置、货位画线及编号秩序，以符合“标记明显易找，编排循规有序”的要求。

1) 标志设置要适宜

货位编号的标记设置要因地制宜，采取适当方法，选择适当位置。例如，仓库标记可在库门外挂牌，仓间标记可写在库门上，货场货位标志可竖立标牌，多层建筑库房的走道、支道、段位的标记一般都刷置在地坪上(但存放粉末类、软性笨重商品的仓间，其标记也有印置在天花板上的)，泥土地坪的简易货棚内的货位标记可利用柱、墙、顶梁刷置或悬挂标牌。

2) 标记制作要规范

统一使用阿拉伯字码制作货位编号标志。在制作库房和走道、支道的标志时，可在阿拉伯字码外再辅以圆圈，并且可用不同直径的圆表示不同处的标志。

3) 编号顺序要一致

仓库范围的房、棚、场以及库房内的走道、支道、段位的编号基本上都以进门的方向左单右双或自左而右的规则进行。

4) 段号间隔要恰当

段号间隔的宽窄取决于储存商品批量的大小。编排段号时，管理人员可沿着货位画线，通常保持间隔 1m 或 2m。整个仓间段号间隔应该等距，这除了有利于管理人员正确掌握存货位置、加速发货和据此填报空仓外，还有利于其从间隔的段号上推算出仓间或走支道的深度和宽度。

知识链接

货位画线

在货棚、货场上的货位上，因铺垫枕木、花岗石等垫垛用品，一般不再画线。但在库房内，货位画线是严格区分货物与走支道、墙距的界线的，因此必须做到以下几点。

(1) 画线保持径直。画线是否径直直接关系到商品堆垛是否整齐。管理人员画线时首先用线绳拉直，再以粉笔沿直线绳画出线条，然后按线条刷上白漆；

(2) 货位画线的宽度一般以 3cm 为宜；

(3) 画线应刷置在走支道或墙壁面上，并相应要求货垛不压货位画线。

2. 货位编号和仓库编号的方法

1) 货位编号的方法

(1) 区段法。区段编号法就是把存储区分成几个区段，再对每个区段进行编号。这种方法以区段为单位，每个号码代表的储区较大，适用于单位化货物和量大而保管期短的货物。区域大小根据物流量大小而定，进出货暂存区的货位编码可采用区段法。

(2) 品项群法。品项群法是把一些相关性货物经过集合后，区分成几个品项群，再对每个品项群进行编码。这种方式适用于容易按商品群保管的场合和品牌差距大的货物，如服饰群、五金群、食品群。

(3) 地址法。地址法是利用保管区中现成的参考单位，如建筑物第几栋、区段、排、行、层、格等，按相关顺序编号，如同邮政地址的区、胡同、号一样。较常用的编号方法一般采用“四号定位法”，实际编号时可根据具体情况在“四号定位法”的基础上，采用“三号定位法”或者“五号定位法”，甚至“六号定位法”，至于采用几号要以能区别每个具体号位为标准。“四号定位法”是采用四组数字号码对库房(货场)、货架(货区)、层次(排次)、货(垛位)进行统一编号。

2) 仓库内部的编号

目前仓库内部编号主要涉及库房、货棚、货场及货位等的编号。

(1) 仓库内储存场所的编号。整个仓库内的储存场所若有库房、货棚、货场，则可以按一定的顺序(自左往右或自右往左)，各自连续编号。

库房的编号一般写在库房的外墙上或库门上，字体要统一、端正，色彩鲜艳、清晰醒目、易于辨认。对于多层库房的编号，可采用“三号定位法”编号，即用 3 组数或字母依次表示库房、楼层和仓间，如“131”表示 1 号库房、3 层楼、1 号仓间。

货场的编号一般写在场地上，书写的材料要耐摩擦、耐雨淋、耐日晒。货棚编号书写的地方则可根据具体情况而定，有的写在场地上，有的写在立柱上，也有的写在棚顶上，总之应让人一目了然。

此外为了防止库房、货棚、货场在相同编号的情况下造成错觉，可在第一位数字前加上拼音的第一个字母“K””、“P”或“C”来区别。

(2) 货架货位编号。货架货位一般采用地址法编号，由库房号、货架号、货架层号及货架列号构成，下面以“四号定位法”为例说明货架货位的编号。第一组数字代表库房号，第二组数字代表货架号，第三组数字代表货架层号，第四组数字代表货架列号。如“3—4—5—9”就是指3号库房、4号货架、第5层、9号位。

货架号编号顺序为面向货架从左至右编号；货架层次号编号顺序为从下层向上层依次编号；货架列号编号顺序为面对货架从左侧起横向依次编号。

(3) 货场货位编号。货场货位编号常见的有两种方法：一种是在整个货场内先按排编上排号，然后再在排内按顺序编上货位号；另一种是不分排号，直接按货位顺序编号。

对于集装箱堆场，应对每个箱位进行编号，并画出箱门和四角位置标记。

3) 绘制物资货位表

为便于管理及提高工作效率，仓库内储存区域与货架分布情况在编号的基础上可绘制物资货位表，见表2-1。

表2-1　物资货位表

品名	编号	库区号	货架号	货架层	列号
玩具熊	0015	A	1	3	1
积木	0021	A	2	1	1

知识链接

商品的编码

商品编码又称商品货号或商品代码，它赋予商品具有一定规律的代表性符号。符号可以由字母、数字以及特殊标记等构成。商品编码与商品分类关系密切，一般商品分类在前，商品编码在后，所以实践中称之为商品分类编码。2002年，国务院批准发布了《全国主要产品分类与代码　第1部分：可运输产品》(GB/T 7635.1—2002)和《全国主要产品分类与代码　第2部分：不可运输产品》(GB/T 7635.2—2002)，规定了全国产品的分类和代码。

本部分采用层次码，代码分6个层次，各层分别命名为大部分、部类、大类、中类、小类和细类。代码用8位阿拉伯数字表示。第一至五层各用1位数字表示，第一层代码为0～4，第二、五层代码为1～9，第三、四层代码为0～9，第六层用3位数字表示，代码为001～999，采用了顺序码和系列顺序码，顺序码为011～999，系列顺序码为个位数是0(或9)的3位代码。第五层和第六代码之间用圆点(·)隔开，信息处理时应省略圆点符号。

2.3.5 储位管理

1. 储位管理的基本原则

储位管理与库存管理、商品管理一样，它们的管理方法就是原理原则的灵活运用，但储位管理就没有像库存管理、商品管理那样被定义明确，所以要了解储位管理，首先要了解其基本原则。储位管理的基本原则如下。

(1) 储存位置必须很明确地被指示出来。先将储存区域经过详细规划区分并标示编号，让每一项预备储放的货物均有位置可以储放。此位置必须是很明确的，而且经过储位编码的，不可是边界含混不清的位置，例如走道、楼上、角落、或某某货物旁等。很多物流中心习以为常地把走道当成储区位置来使用，这是不对的，虽然短时间内会有一些方便，但会影响作业的进出，违背了储位管理的基本原则。

(2) 货物有效地被定位。依据货物保管区分方式的限制，寻求合适的储存单位、储存策略、指派法则与其他储存的考虑因素，把货物有效地配置在先前所规划的储位上。所谓“有效地”就是刻意地，经过安排地，例如冷藏的货就该放冷藏库，是高流通的货就该放置靠近出口处，香皂就不应该和香烟放一起，这就是此原则的基本应用。

(3) 异动要确实登录。当货物有效地被配置在规划好的储位上后，剩下的工作就是储位的维护(Maintenance)，也就是说不管是因拣货取出、产品汰旧换新，或是受其他作业的影响，使得货物的位置或数量有了改变时，就必须确实地把变动情形加以记录，以使料账与实际数量能够完全吻合，如此才能进行管理。由于此项变动登录工作非常繁琐，仓管作业人员在忙碌工作中的“刻意惰性”，使得这个原则是进行储位管理最困难的部分，也是目前各仓库储位管理作业成败的关键所在。

2. 储位管理的对象

储位管理的对象有两类，一是保管货物，二是其他资材。

1) 保管货物

在保管区域中的保管货物，由于它的作业需求、储放搬运需求、拣货需求等特性使得其在保管时会有很多种的保管形态出现，例如托盘、箱、散品或其他包装方式。虽然这些在保管单位上有很大差异，但都必须加以管理。

2) 其他资材

其他资材可区分为下列 3 项。

(1) 包装材料。包装材料就是一些标签、包装纸等包装需求材料。随着卖场促销、特卖及赠品等活动的增加，使得仓库的贴标(Labeling)、重新包装(Repacking)、组合包装(Copacking)等流通加工比例增加。流通加工比例越高，相对地对于包装材料的需求就越大。一旦有了量就必须加以管理，如果管理不善，将出现在必要的时候欠缺必要东西的情况，影响到整个作业的进行。

(2) 辅助材料。辅助材料就是一些托盘、容器等搬运载具。目前由于流通载具的普及化使得物流中心对这些栈板等辅助材料的需求越来越多，依赖也越来越重，一旦对它有了依赖，就更迫切需要管理。为了不影响货物的搬运流通，就必须对这些辅助材料进行管理。有很多仓库已发觉辅助材料管理的重要性，而定有专门的托盘管理办法。

(3) 回收材料。回收材料就是经出库作业而剩下的空纸箱。虽然这些空纸箱都有回收利用(卖给资源回收者，或出货装箱用)，但是这些纸箱形状不同，大小不一，若不保管起来，很容易造成混乱，影响其他作业。为了避免由于回收材料的保管不善而影响其他作业就必须对这些回收材料加以管理。

这些材料要如何管理呢？其实很简单。因为它没有像在库货物品种那么多，数量也没那么多，只要划分一些特定储位来对这些材料进行管理即可。其管理方式可比照保管储区的管理内容。

3. 储存策略

储存策略主要是制定储位的指派原则。良好的储存策略可以减少出入库移动的距离、缩短作业时间，甚至能够充分利用储存空间。一般常见的储存策略有定位储存(Dedicated Location)、随机储存(Random Location)、分类储存(Class Location)、分类随机储存(Random Within Class Location)和共用储存(Utility Location)。

1) 定位储存

每一储存货物都有固定储位，货物不能互用储位，因此须规划每一项货物的储位容量不得小于其可能的最大在库量。选用定位储存的原因如下。

(1) 储区安排要考虑物品尺寸及重量(不适随机储存)；

(2) 储存条件对货物储存非常重要，例如有些品项必须控制温度；

(3) 易燃物必须限制储存于一定高度以满足保险标准及防火法规；

(4) 依货物物理特性，由管理或其他政策指出某些品类必须分开储存，例如化学原料和药品；

(5) 保护重要物品；

(6) 储区能被记忆，容易提取。

优点：每种货物都有固定储存位置，拣货人员容易熟悉货物储位；货物的储位可按周转率大小或出货频率来安排，以缩短出入库搬运距离；可针对各种货物的特性作储位的安排调整，将不同货物特性间的相互影响减至最小。

缺点：储位必须按各项货物的最大在库量设计，因此储区空间平时的使用效率较低。

总的来说，定位储存容易管理，所需的总搬运时间较少，但却需较多的储存空间。所以除上述原因外，此策略较适用于以下两情况。

(1) 库房空间大；

(2) 多种少量商品的储存。

2) 随机储存

每一个货物被指派储存的位置都是经由随机的过程所产生的，而且可经常改变。也就是说，任何货物可以被存放在任何可利用的位置。此随机原则一般是由储存人员按习惯来储存，且通常按货物入库的时间顺序储存于靠近出入口的储位。

优点：由于储位可共用，因此只需按所有库存货物最大在库量设计即可，储区空间的使用效率较高。

缺点：进行货物的出入库管理及盘点工作的困难度较高；周转率高的货物可能被储存在离出入口较远的位置，增加了出入库的搬运距离；具有相互影响特性的货物可能相邻储存，造成货物的伤害或发生危险。

一个良好的储位系统中，采用随机储存能使料架空间得到最有效的利用，因此储位数目得以减少。由模拟研究显示出，随机储存系统与定位储存比较，可节省35%的移动储存时间及增加了 30%的储存空间，但较不利于货物的拣取作业。因此随机储存较适用于以下两种情况。

(1) 厂房空间有限，尽量利用储存空间；

(2) 种类少或体积较大的货物。

表 2-2 为随机储存人工储存记录表，能将随机储存的资讯详细予以记录。

表 2-2　随机储存人工储存记录表

储位号码：	储位空间：		货物名称：	货物代号：	
存取日期/时间	采购单号码	进货量	拣货单号码(订单号码)	拣取量	库存量

若能运用计算机协助随机储存的记忆管理，将仓库中每种货物的储存位置交由计算机记录，则不仅进出货查询储区位置时可使用，也能借助计算机来调配进货储存的位置空间，依计算机所显示的各储区各储位剩余空间来配合进货物类别作安排，必要时也能调整货物储存位置作移仓的动作规划。随机储存的计算机配合记录形式见表 2-3。

表 2-3　随机储存的计算机记录表

储位号码	储位空间	货物名称	货物代号	货物库存	储位剩余空间

此记录表要随时与进货、出货、退货资料配合更改。

(1) 进货：该货物进货量→加至货物库存→扣减储位剩余空间；

(2) 出货：该货物出货量→由货物库存扣减→增加储位剩余空间；

(3) 退货：该货物维修后再入库量→加至货物库存→扣减储位剩余空间。

3) 分类储存

所有的储存货物按照一定特性加以分类，每一类货物都有固定存放的位置，而同属一类的不同货物又按一定的法则来指派储位。分类储存通常按下列几种情况来分类。

(1) 产品相关性；

(2) 流动性；

(3) 产品尺寸、重量；

(4) 产品特性。

优点：便于畅销品的存取，具有定位储存的各项优点；各分类的储存区域可根据货物特性再作设计，有助于货物的储存管理。

缺点：储位必须按各项货物最大在库量设计，因此储区空间的平均使用效率低。

分类储存较定位储存具有弹性，但也有与定位储存同样的缺点。因而较适用于以下情况。

(1) 产品相关性大者，经常被同时订购；

(2) 周转率差别大者；

(3) 产品尺寸相差大者。

4) 分类随机储存

每一类货物有固定存放位置，但在各类的储区内每个储位的指派是随机的。

优点：既具有分类储存的部分优点，又可节省储位数量提高储区利用率。

缺点：货物出入库管理及盘点工作的进行困难度较高。

分类随机储存兼具分类储存及随机储存的特色，需要的储存空间介于两者之间。

5) 共用储存

在确定知道各货物的进出仓库时刻，不同的货物可共用相同储位的方式称为共用储存。共用储存在管理上虽然较复杂，但所需的储存空间及搬运时间却更经济。

4. 储位指派方法

在完成储位确定、储位编号等工作之后，需要考虑用什么方法把商品指派到合适的储位上。指派的方法有人工指派法、计算机辅助指派法和计算机指派法 3 种。

1) 人工指派法

人工指派法是指商品的存放位置由人工进行指定，其优点是计算机等设备投入费用少，缺点是指派效率低、出错率高。

2) 计算机辅助指派法

计算机辅助指派法是利用图形监控系统收集储位信息，并显示储位的使用情况，把这作为人工指派储位依据进行储位指派作业。采用此法需要投入计算机、扫描仪等硬件设备及储位管理软件系统支持。

3) 计算机指派法

计算机指派法是利用图形监控储位管理系统和各种现代化信息技术，如条形码自动阅读机、无线电通信设备、网络技术、计算机系统等，收集储位有关信息，通过计算机分析后直接完成储位指派工作。

本 章 小 结

本章首先介绍了仓库的功能和分类、仓库的构成、布局与结构；其次重点介绍了仓库规划的相关知识如储货区的规划和布置、货位编码及储位管理。通过本章的学习，学生需要理解和掌握仓库及仓库规划的知识，以便今后从事实际工作能够应用这些知识。

课后实训

库区分区分类

选定一个仓库，要求学生完成仓库的分区分类和布局。首先将学生分组，一般一组 5 人左右。要求每组同学首先测量仓库的长、宽，计算仓库的建筑面积。然后根据仓库的现场情况，去除一些不能存储货物的场所，计算仓库的有效面积。在此基础上对仓库进行规划，将仓库划分成若干区域，并对每个区域进行合理的编号。最后完成仓库的平面布局图。

案例思考

沃尔玛的选址方法

选址对于零售企业来说是关系到企业成败的一个重要环节。商店选址可以说是零售战略组合中灵活性最差的要素，因为零售商店的选址本身资金投入大，同时又与企业后期经营战略的制定，以及适应消费趋向变动所作的经营决策的调整都息息相关，很容易受到长期约束。

沃尔玛在进入中国之前，就对中国市场进行了长达数年的深入细致的市场调查。随着越来越多的店铺的开发，沃尔玛总结出了一套自己的选址经验，并在新店的选址过程中遵循这些经验。

1. 从连锁发展计划出发

沃尔玛设立门店要从发展战略出发，通盘考虑连锁发展计划，以防设店选址太过分散。沃尔玛门店分布有长远规划，并且具有一定的集中度，这有利于总部实行更加精细科学的管理，节省人力、物力、财力，而且每一个门店的设立都为整个企业的发展战略服务。

2. 选择经济发达的城镇

经济发达、居民生活水平较高的城市是零售商店的首选地。因为在这些城市人口密度大、人均收入高、需求旺盛、工商业发达，零售店在当地有较高的发展水平。有研究报告指出，有沃尔玛折扣店的小镇一般比没有折扣店的小镇经济更发达。在这样的城镇中沃尔玛会保证自己有充足的客源。

3. 选择城乡结合部

以中小零售店和居民作为主要目标市场的山姆会员店，其店址一般都选在远离市中心的城乡结合部，或在次商业区或新开辟的居民区中，在该商场周围要有 20 万～30 万人的常住人口。这样的地点也一般应具备这样两个条件：第一，该地点土地价格和房屋租金要明显低于市中心，土地价格一般为市中心的 1/10 以下，这样减少了零售店投资，降低运营成本，为沃尔玛仓储式零售店的低价格销售创造条件；第二，要符合城市发展规划，与城市拓展延伸的轨迹相吻合，这样由于城市的发展会给仓储式零售店带来大量客流量，降低投资风险。

4. 交通便利性

主要需要了解两方面的情况：一是该地是否接近主要公路，交通网络能否四通八达，商品从火车站、码头运至商店是否方便，白天能否通过大型货车(因为大城市普遍对大型货车实行运输管制，中心区许多街道不允许货车通过，有的只允许夜间通行)；二是该地是否有较密集的公交汽车路线，商店附近各条公交路线的停靠点能否均匀全面地覆盖整个市区。

5. 可见度

可见度用来衡量店铺被往来行人或乘车者所能看到的程度。该店的可见度越高，就越容易引起客流的重视，他们来店里购物的可能性就越大。所以，沃尔玛选址时要选择可见度高的地点，一般都会选在两面临街的十字路口或三岔路口。

6. 适用性

如果要征用土地建房子，沃尔玛就要考虑土地面积形状与商店的类型能否相符。若租用现成的房子，就要考虑建筑的构造、材料、立面造型及其可塑性。沃尔玛仓储式零售店货架比一般商场的要高，相应的要求建筑物的层高也比较高。同时还要了解城市建设发展规划有关要求，详细了解该区点的交通、市政、绿化、公共设施、住宅建设或改造项目的近期和远期规划。

在以上这些原则的指导下，沃尔玛对事先拟定的地点做市场调查分析。调查的主要方面包括以下内容。

(1) 城市结构：交通条件，地形地貌。

(2) 商业结构：销售动态，零售商店的种类和经营方式，竞争的饱和度情况分析。

(3) 人口特征：人口的数量和密度，年龄分布，文化水平，职业分布，人口变化趋势，人均可支配收入，消费习惯。

这样复杂的决策过程使许多地点方案难以通过，但是通过这些分析决策的选址都使沃尔玛取得了很好的业绩。正如山姆•沃尔顿说的："我们不仅希望处于一条合适的街道上，而且还要求位于这条街道的合适的一侧"。山姆认为，在某个小镇里开店并不意味着市场范围就只局限于这个小镇之内。实际上，假如店址选的对，它还将吸引更多的外地顾客。比如，人们最初只是驱车经过而发现了沃尔玛的招牌，接着就会开始认识这家商店，最后往往就变成了沃尔玛的顾客。这一结果也许在很短的时间内就发生了，也可能要等上一段时间，但不管怎么说，它几乎总能实现。所以当沃尔玛进入一些所谓的新市场时，实际上这些地区往往已经存在着一批它的忠实顾客了。

在每一个选址前的考察，是调研时选址的关键。这种详尽的选址计划使沃尔玛拥有了大量的客流。可以说，每一个店址的选择，沃尔玛都占尽了天时、地利、人和。

思考

沃尔玛选址考虑的因素有哪些？

思考与练习

一、单项选择题

1. 铁路货车站台距地面(　　)。

A. 2m　　B. 1.8m　　C. 1.2m　　D. 1.6m

2. 有关仓库的库位布置及选择问题，属于仓库管理内容中的是(　　)。

A. 现代库存控制问题

B. 仓库的业务管理问题

C. 现代仓库的选址与建筑问题

D. 现代化仓库机械作业的选择与配置问题

3. 按照仓库的功能，可将仓库分为周转仓库和(　　)。

A. 营业仓库　　B. 自用仓库　　C. 公共仓库　　D. 流通仓库

4. 纸包装的货物一般放在(　　)。

A. 库房　　B. 货棚　　C. 货场　　D. 都可以

5. 仓库货区布置中通风和采光最好的是(　　)。

A. 纵横式　　B. 横列式　　C. 纵列式　　D. 倾斜式

6．对化学品的储存，应依据(　　)分区分类储存。

A．不同货主　　B．商品的流向

C．商品的危险性　　D．货物的种类和性质

7．对于整个仓库的各储存场所进行编号时，一般货场的编号位于(　　)。

A．场地上　　B．外墙上　　C．货架上　　D．库门上

8．在对货架上的各货位进行编号时，顺序应是(　　)。

A．从下到上，从左到右，从外到里　B．从上到下，从左到右，从里到外

C．从上到下，从右到左，从里到外　D．从下到上，从右到左，从外到里

9．多层仓库的货架货位编号一般采用(　　)。

A．三号定位法　　B．四号定位法　　C．五号定位法　　D．六号定位法

10．仓容利用率最高的是(　　)。

A．定位储放　　B．随机储放　　C．分类储放　　D．分类随机储放

二、多项选择题

1．按照仓库功能的不同，可将仓库分为(　　)。

A．周转仓库　　B．自用仓库　　C．储备仓库

D．冷藏仓库　　E．营业仓库

2．以下各仓库中，其存储时间短，主要追求周转效益的有(　　)。

A．流通仓库　　B．中转仓库　　C．集配仓库

D．生产仓库　　E．储备仓库

3．按照仓库用途的不同，可将仓库分为(　　)。

A．普通仓库　　B．公共仓库　　C．自用仓库

D．营业仓库　　E．特种仓库

4．按照仓库保管条件不同，可将仓库分为(　　)。

A．普通仓库　　B．特种仓库　　C．冷藏仓库

D．恒温仓库　　E．周转仓库

5．现代仓库设备配置原则主要有(　　)。

A．适应性　　B．及时性　　C．经济性

D．先进性　　E．标准化

6．现代化仓库设备设置选用时应考虑的因素主要有(　　)。

A．商品特性　　B．出入库量　　C．信息系统

D．库房架构　　E．商品的存取性

7．仓库通常由(　　)组成。

A．生产作业区　　B．辅助生产区　　C．行政生活区

D．专用线　　E．堆场

8．仓库总平面布置的要求有(　　)。

A．单一的物流方向　　B．最短的运距　　C．最少的装卸环节

D．最大的利用空间　　E．以上都是

9．仓库货物分区分类储存的原则是(　　)。

A．性能一致　　B．作业手段一致　　C．消防方法一致

D．货物种类一致　　E．养护方法一致

10．货物分区分类的方法主要包括(　　)。
A．按商品的流向分区分类储存　　B．按商品的危险性分区储存
C．按货物的种类和性质分区分类储存　　D．按不同货主分区分类储存
E．按所使用的仓储设备分区分类储存

11．下面(　　)是属于仓库货区平面布置中的垂直式布置。
A．纵横式　　B．横列式　　C．纵列式
D．倾斜式　　E．通道倾斜式布局

12．常见的货位编号的方法有(　　)。
A．区段法　　B．三号定位法　　C．四号定位法
D．地址法　　E．品项群法

三、判断题

1．良好的仓库管理可以提高客户服务水平，但也会相应提高物流成本。(　　)
2．仓储是物流系统最主要的核心功能之一。(　　)
3．仓储是商品在使用之前的保管，是商品到达客物之前，供应和消费之间的中间环节。(　　)
4．在仓储环节中，不能进行拼装、组装、包装、贴标签、销售展示等业务。(　　)
5．仓库是保管、储存货物的建筑物和场所的总称。(　　)
6．现代仓库的功能只是防止货物的丢失和货物的损伤。(　　)
7．储备仓库的功能是较长时间储存保管，其主要追求储存效益。(　　)
8．按照仓库的功能不同，可将仓库分为自用仓库、营业仓库和公共仓库。(　　)
9．按仓库的结构和构造进行分类，可将其分为多层仓库、立体仓库和散装仓库 3 种。(　　)
10．仓储业务流程主要由入库、保管、出库 3 个阶段组成。(　　)
11．仓库保管业务包括：分区、分类和货物编号，合理堆码和苫垫，货账保管、盘点和商品养护等工作。(　　)
12．仓库业务流程中的养护阶段，由验收和保管保养两个作业环节组成。(　　)
13．仓库工作是一项组织严密的工作，但技术要求不高。(　　)
14．仓库信息管理是现代仓储管理中的核心部分。(　　)
15．选择仓库设备时，必须注重其适应性、经济性、先进性。(　　)
16．仓库根据货物保管和仓储作业需要也会配备抽风机、各式电扇、防爆式电灯等设备。(　　)
17．仓库的高度、梁柱的位置等因素不会影响仓库设备的选择。(　　)
18．要保证仓库设备能保持良好的技术状况，最关键的是检测与维修。(　　)

四、简答题

1．仓库由哪些部分组成？
2．仓库有哪些功能？
3．仓库货区布置的形式有哪些？
4．仓库布局时应考虑的因素及功能要求有哪些？
5．库房结构考虑哪些因素？
6．货位编码的方法有哪些？

第3章 仓储经营管理

知识目标

(1) 掌握仓储经营管理的内容及仓储多种经营方法;
(2) 掌握仓储合同的条款、订立、变更、解除以及合同双方当事人的权利与义务;
(3) 仓单的概念、性质、功能、形式与内容。

技能目标

(1) 能够熟练填写一份仓单;
(2) 能够起草一份仓储合同。

引导案例

月山啤酒集团的仓储管理

月山啤酒集团在几年前就借鉴国内外物流公司的先进经验，结合自身的优势，制订了自己的仓储物流改革方案。首先，成立了仓储调度中心，对全国市场区域的仓储活动进行重新规划，对产品的仓储、转库实行统一管理和控制。由提供单一的仓储服务，到对产成品的市场区域分布、流通时间等全面的调整、平衡和控制，仓储调度成为销售过程中降低成本、增加效益的重要一环。其次，以原运输公司为基础，月山啤酒集团注册成立具有独立法人资格的物流有限公司，引进现代物流理念和技术，并完全按照市场机制运作。作为提供运输服务的“卖方”，物流公司能够确保按规定要求，以最短的时间、最少的投入和最经济的运送方式，将产品送至目的地。再次，筹建了月山啤酒集团技术中心。月山啤酒集团应用建立在 Internet 信息传输基础上的 ERP 系统，筹建了月山啤酒集团技术中心，将物流、信息流、资金流全面统一在计算机网络的智能化管理之下，建立起各分公司与总公司之间的快速信息通道，及时掌握各地最新的市场库存、货物和资金流动情况，为制定市场策略提供准确的依据，并且简化了业务运行程序，提高了销售系统工作效率，增强了企业的应变能力。

通过这一系列的改革，月山啤酒集团获得了很大的直接和间接经济效益。首先，集团的仓库面积由7万多平方米下降到不足3万平方米，产成品平均库存量由12 000t

降到 6 000t。其次，这个产品物流体实现了环环相扣。销售部门根据各地销售网络的要货计划和市场预测，制订销售计划；仓储部门根据销售计划和库存及时向生产企业传递要货信息；生产厂有针对性地组织生产；物流公司则及时地调度运力，确保交货质量和交货期。再次，销售代理商在有了稳定的货源供应后，可以从人、财、物等方面进一步降低销售成本，增加效益。经过一年多的运转，月山啤酒物流网取得了阶段性成果。实践证明，现代物流管理体系的建立，使月山集团的整体营销水平和市场竞争能力大大提高。

分析

月山集团是如何通过仓储管理降低成本的？

3.1 仓储经营管理概述

仓储经营管理是指在先进的管理理论的指导下，运用科学的方法，对仓储经营活动进行的计划、组织、指挥、协调、控制和监督，以降低仓储成本，提高仓储经营效益的活动过程。

3.1.1 仓储经营管理的意义

对于物流企业而言，仓储经营管理的全过程是改变传统的经营理念、运用新技术、充分利用仓储资源、开发新的服务方式的过程。仓储经营管理的好与坏直接关系到物流企业的经济利益。

(1) 搞好仓储经营管理能保证企业再生产活动的顺利进行。

企业的原材料的生产、采购和使用在时间和空间上都存在矛盾，为了保证原材料的按时、按量供应和现代化生产的连续进行，必然要求对原材料保有一定的储备。储备量过少，必然会影响生产的顺利进行；储备量过多，导致资金占用过大，增加资金使用成本，而且会增大市场风险，降低企业效益；从企业内部生产环节来看，由于专业化程度的不断提高，社会分工的深化，生产的各单位之间的产品交换在时间和空间上也存在同样的矛盾，为了保证各单位生产活动的顺利进行，也必须在各环节之间保有一定的储备才能保证大规模的现代化生产的连续进行；从企业的产品销售来看，生产和消费之间也存在同样的时间和空间矛盾。有些产品的消费具有季节性，生产却必须常年进行，有些产品的生产具有季节性，而消费却具有常年性。要解决这些时间矛盾，唯一的办法就是进行产品储存。同样生产和消费之间的空间矛盾必然要求运输，运输的规模经济要求必须在运输的前后对产品进行集散，无论是“集”还是“散”都意味着储存。而这种衔接生产与生产、生产与消费的仓储是有成本的，因此对仓储活动的计划、组织、协调、指挥、控制与监督等管理活动的好坏直接影响到仓储活动的效率，是企业再生产活动高效、低成本、连续进行的必要条件。

(2) 搞好仓储经营管理，是提高仓储能力、加快资金周转、节约费用、降低成本、提高经济效益的有效途径。

要搞好仓储经营活动，必须要充分利用仓储设施和资源，提高仓储服务能力、提升仓储经营的层次、提高仓储服务的附加值、提高仓储企业的收益。通过仓储经营管理减少物资资产在仓储过程中的沉淀，盘活资金，增加收益，减少物质耗损和劳动消耗。从而可以加速物资和资金的周转，节省费用支出、降低物流成本，开发“第三利润源泉”，提高社

会的、企业的经济效益。

(3) 仓储经营是物流发展的需要，可将仓储设施向社会开放，开展多样化经营，提高效益。

在物流高速发展的今天，对仓储的技术要求越来越高，加上市场竞争的加剧、符合仓储要求的地理位置的土地供给的减少，地价的大幅度上升以及规模经济对仓储面积要求的增大等都使仓储经营设施的投资增大。因此为满足社会对仓储的需求，尤其是大量中小企业对仓储的需求，盘活仓储企业的资本、提高仓储设施的使用率、增加效益，必须将现有的仓储经营设施向社会开放，开展多样化经营。具体内容有：设施开放、商品种类开放、地区开放、行业开放、服务对象开放、经营项目开放及服务时间放开等。

(4) 开展仓储经营管理可以加强企业基础工作，提高管理水平。

经营管理是仓库管理的最高阶层，经营管理需要良好的生产管理、财务管理、人事管理等的支持，同时良好的经营管理又能促进各项管理水平的提高。仓储管理的基础工作包括建立仓储管理指标体系、制定仓容定额、折算商品储存吨数与计量等内容，是仓储管理工作的基石。为适应仓储管理的功能的变化，物流企业要以提高仓储经济效益为目标，加强各项基础工作，健全仓储管理体系，为提高仓储经营管理水平创造良好条件。

3.1.2　仓储经营管理的内容

仓储经营管理既包括仓储企业对内部仓储业务活动的管理，也包括对整个企业资源的经营活动的管理，即仓储商务活动的管理。

1. 仓储业务管理

仓储业务管理是指对仓库和仓库中储存的物资进行管理。这种业务管理是仓储经营管理的基础，是各种公共仓储、营业仓储和自营仓储都必须进行的管理活动。这种对仓库和仓库中储存的物资的管理工作，是随着储存物资的品种多样化和仓库设计结构、技术设备的科学化而不断变化发展的。仓储管理的手段既有经济的，也有纯技术的，具体包括以下几个方面。

(1) 仓库的选址与建筑决策管理。企业在仓库选址时要依据企业生产经营的运行和发展来考虑；应保证所建仓库各种设备的有效利用，不断提高仓库的经济效益；要能保证仓库运营的安全，一方面要保证储存物资不受各种可能的自然灾害或人为破坏，另一方面要保证储存物资对企业及周围环境的安全。

(2) 仓库的机械作业的选择与配置。企业根据实际需要以及自身的实力要决定是否采用机械化、智能化设备。若要使用，就要对智能化的程度、投资规模、设备选择、安装、调试与运行维护等进行管理。

(3) 仓库的日常业务管理。例如如何组织物资入库前的验收，如何存放入库物资，如何对物资进行有效的保养，如何出库等。

(4) 仓库的库存管理。库存管理包括对库存物资的分类、库存量、进货量、进货周期等的确定。

(5) 仓库安全管理。仓库安全管理是其他一切管理工作的基础和前提，包括仓库的警卫和保卫管理、仓库的消防管理、仓库的安全作业管理等内容。

(6) 其他业务管理。除了以上的业务管理外，仓库业务考核问题、新技术和新方法在仓库管理中的运用问题等都是仓储业务管理所涉及的内容。

2. 仓储商务管理

仓储商务是指仓储经营人利用所具有的仓储保管能力向社会提供仓储产品和获得经济收益所进行的交换行为。仓储商务是仓储企业对外的基于仓储经营而进行的经济交换活动，是一种商业性的行为。因此，仓储商务发生在公共仓储和营业仓储之中，企业自营仓储则不发生仓储商务。

仓储商务管理的目的是仓储企业为了充分利用仓储资源，最大限度地获得经济收入和提高经济效益。仓储商务管理涉及企业的经营目标、经营收益，因而更为重视管理的经济性、效益性。相对于其他企业项目管理，商务管理具有外向性，围绕着仓储企业与外部发生的经济活动的管理；商务管理又有整体性的特征，商务工作不仅是商务职能部门的工作，由于涉及仓储企业整体的经营和效益，因而也是其他部门能否获得充足工作量的保证。其具体内容有以下几个方面。

(1) 仓储经营组织管理。仓储经营组织管理包括仓储经营管理机构的设定，经营管理人员的选用和配备，经营管理制度、工作制度的制定与实施等。

(2) 仓储企业经营战略管理。经营战略管理包括企业经营战略的制定、经营环境跟踪、战略调整、战略实施等内容。在制定企业经营战略时，要综合考虑企业自身的人力、财力和物力以及市场对仓储产品的需求和供给状况，以实现可持续发展和利润最大化为原则，合理制定企业经营发展目标和经营发展方法。仓储企业可以在总体经营战略的基础上选择租赁经营、公共仓储、物流中心或者配送中心的经营模式，或者采用单项专业经营或者综合经营，实行独立经营或者联合经营的经营定位。另外要根据经营环境因素的变化以及根据战略实施的结果反馈进行分析后对战略进行相应的调整，并对战略规划的实施进行管理。

(3) 市场管理。仓储企业要广泛开展市场调查和研究，对市场环境因素以及仓储服务的消费者行为进行分析，细分市场以发现和选择市场机会；向社会提供能满足客户需求的仓储服务、制定合理的价格策略；加强市场监督和管理，广泛开展市场宣传，巩固和壮大企业的客户队伍。

(4) 资源管理。仓储企业需要充分利用仓储资源，为企业创造和实现更多的商业机会。因此，要合理利用仓储资源，做到物尽其用。

(5) 制度管理。高效的商务管理离不开规范、合理的管理制度。仓储企业应该在资源配置、市场管理、合同管理等方面建立和健全规范的管理制度，做到权力、职责明确。

(6) 成本管理。一方面，企业应该准确进行仓储成本核算，确定合适价格，提高产品或服务的竞争力；另一方面，企业应该通过科学合理的组织，充分利用先进的技术来降低交易成本。

(7) 合同管理。仓储企业应该加强商务谈判和对合同履行的管理，做到诚实守信、依约办事，创造良好的商业信誉。

(8) 风险管理。仓储企业通过细致的市场调研和分析、严格的合同管理以及规范的商务责任制度，妥善处理商务纠纷和冲突，防范和减少商务风险。

(9) 人员管理。商务人员的业务素质和服务态度在很大程度上影响着企业的整体形象。因此，商务管理还应该包含对商务人员的管理。仓储企业应该以人为本，重视商务人员的培训和提高，通过合理的激励机制调动商务人员的积极性和聪明才智，同时还要加强对商务人员的监督管理，创建一支高效、负责的商务队伍。

3.2　仓储经营方法

随着各企业购、销、存经营活动连续不断地进行，商品的仓储数量和仓储结构也在不断变化。为了保证商品的仓储趋向合理化，必须采用一些科学的方法，对商品的仓储及仓储经营进行有效的动态控制。如何确定科学的、先进的、有效的仓储经营方法，使仓储资源得以充分利用是仓储企业搞好经营管理的关键。现代仓储经营方法主要包括保管仓储、混藏仓储、消费仓储、仓库租赁经营、流通加工经营等。

3.2.1　保管仓储经营

1. 保管仓储的经营方法

保管仓储是指存货人将储存物交付给仓储经营人储存，并支付仓储费的一种仓储经营方法。

在保管仓储经营中，仓储经营人一方面需要尽可能多地吸引仓储，获得大量的仓储业务，实现仓储保管费收入的最大化；另一方面还需在仓储保管中尽量降低保管成本来获取经营成果。仓储保管费取决于仓储物的数量、仓储时间以及仓储费率。其计算公式为

$$C=Q\times T\times K \tag{3.1}$$

式中　C——仓储保管费；

Q——存货数量；

T——存货时间；

K——仓储费率。

仓储总收入可按下式计算

$$\text{仓储总收入}=\text{总库容量}\times\text{仓容利用率}\times\text{平均费率} \tag{3.2}$$

2. 保管仓储的经营特点

(1) 保管仓储的目的在于保持保管物原状。寄存人交付保管物于保管人，其主要目的在于保管。也就是说，他主要是将自己的货物存入仓储企业，仓储企业必须对仓储物实施必要的保管从而达到最终维持保管物原状的目的。它与存货企业是一种提供劳务的关系，所以在仓储过程中，仓储物的所有权不转移到仓储过程中，仓储企业没有处分仓储物的权力。

(2) 仓储物一般都是数量大、体积大、质量高的大宗货物、物资等。例如粮食、工业制品、水产品等。

(3) 保管仓储活动是有偿的。保管人为存货人提供仓储服务，存货人必须支付仓储费。仓储费是保管人提供仓储服务的价值表现形式，也是仓储企业赢利的来源。

3. 保管仓储的经营管理

如何使仓储物品质量保持完好，需要加强仓储的管理工作。

(1) 要加强仓储技术的科学研究，根据商品的性能和特点提供适宜的保管环境和保管条件，保证仓储商品的数量正确，质量完好。

(2) 要不断提高仓储员工的业务水平，培养出一支训练有素的员工队伍，在养护、保

管工作中发挥其应有的作用。

(3) 要建立和健全仓储管理制度，加强市场调查和预测，搞好客户关系，组织好商品的收、发、保管保养工作，掌握库存动态，保证仓储经营活动的正常运行。

3.2.2 混藏仓储经营

1. 混藏仓储的经营方法

混藏仓储是指存货人将一定品质、数量的储存物交付给仓储经营人储存，在储存保管期限届满时，仓储经营人只需以相同种类、相同品质、相同数量的替代物返还的一种仓储经营方法。

混藏仓储主要适用于农业、建筑业、粮食加工等行业中对品质无差别、可以准确计量的商品。在混藏仓储经营中，仓储经营人应寻求尽可能控制品种的数量和大批量混藏的经营模式，从而发挥混藏仓储的优势。混藏仓储经营方法的收入主要来源于仓储保管费，存量越多、存期越长收益越大。仓储保管费的计算公式见式(3.1)。

2. 混藏仓储的经营特点

(1) 混藏仓储的对象是种类物。混藏仓储的目的并不是完全在于原物的保管，有时寄存人仅仅需要实现物的价值的保管即可，保管人以相同种类、相同品质、相同数量的替代物返还，并不需要原物返还。因此当寄存人基于物之价值保管的目的而免去保管人对原物的返还义务时，保管人减轻了义务负担，也扩大了保管物的范围，种类物成为保管合同中的保管物。保管人即以种类物为保管物，则在保存方式上失去各保管物特定化的必要，所以可将所有同种类、同品质的保管物混合仓储保存。

(2) 混藏仓储的保管物并不随交付而转移所有权。混藏保管人只需为寄存人提供保管服务，而保管物的转移只是物的占有权转移，与所有权的转移毫无关系，保管人无权处理存货的所有权。例如，农民将玉米交付给仓储企业保管，仓储企业可以混藏玉米，仓储企业将所有收存的玉米混合储存于相同品种的玉米仓库，形成一种保管物为混合物(所有权的混合)状况，玉米的所有权并未交给加工厂，各寄存人对该混合保管物按交付保管时的份额，各自享有所有权。在农民需要时，仓储企业从玉米仓库取出相应数量的存货交还该农民。

(3) 混藏仓储是一种特殊的仓储方式。混藏仓储与消费仓储、保管仓储有着一定的联系，也有一定的区别。保管仓储的对象是特定物，而混藏仓储和消费仓储的对象是种类物。

混藏仓储在物流活动中发挥着重要的作用，在提倡物尽其用、发展高效物流的今天，混藏仓储被赋予了更新的功能，配合以先进先出的运作方式，使得仓储物资的流通加快，有利于减少耗损和过期变质等风险。另外，混藏方式能使仓储设备投入最少，仓储空间利用率最高。存货品种增加会使仓储成本增加，所以在混藏仓储经营中尽可能开展少品种、大批量的混藏经营。因此，混藏仓储主要适用于农村、建筑施工、粮食加工、五金等行业，对品质无差别、可以准确计量的商品。

3.2.3 消费仓储经营

1. 消费仓储的经营方法

消费仓储是指存货人不仅将一定数量、品质的储存物交付仓储经营人储存，而且双方约定将储存物的所有权也转移到仓储经营人处，在合同期满时，仓储经营人以相同种类、相同品质、相同数量替代物返还的一种仓储经营方法。

存放期间的商品所有权由保管人掌握，保管人可以对商品行使所有权。消费仓储的经营人一般具有商品消费的能力，如面粉加工厂的小麦仓储、加油站的油库仓储、经营期货交易的保管人等。消费仓储合同的不同之处是涉及仓储物所有权转移到保管人，自然地保管人需要承担所有人的权利和义务。

2. 消费仓储的经营特点

(1) 消费仓储是一种特殊的仓储形式，具有与混藏仓储相同的基本性质。消费仓储保管的目的是对保管物的保管，主要是为寄存人的利益而设定，原物虽然可以消耗使用，但其价值得以保存。寄存人交付保管物于保管人，只求自己的物品在需要时仍然能够得到等同于原样的输出。

(2) 消费仓储以种类物作为保管对象，仓储期间转移所有权于保管人。在消费仓储中，寄存人将保管物寄于保管人处，保管人以所有人的身份自由处理保管物，保管人在他所接收的保管物于转移之时便取得了保管物的所有权，这是消费仓储最为显著的特征。在保管物返还时，保管人只需以相同种类、相同品质、相同数量的物品代替原物返还即可。

(3) 消费仓储以物的价值保管为目的，保管人仅以种类、品质、数量相同的物进行返还。在消费仓储中不仅转移保管物的所有权，而且必须允许保管人使用、收益、处分保管物。即将保管物的所有权转移于保管人，保管人无需返还原物，而仅以同种类、品质、数量的物品返还，以保存保管物的价值即可。保管人通过经营仓储物获得经济利益，通过在高价时消费仓储物、低价时购回获取差价。当然最终需要买回仓储物归还存货人。

3. 消费仓储的经营

消费仓储经营有两种主要模式。

(1) 仓储保管人直接使用仓储物进行生产、加工。如仓储经营人直接将委托仓储的水泥用于建筑生产，在保管到期前从市场购回相同的水泥归还存货人。

(2) 仓储经营人在仓储物的价格升高时将仓储物出售，在价格降低时购回。

4. 消费仓储的意义

消费仓储经营人的收益主要来自于对仓储物消费的收入。当该消费的收入大于返还仓储物时的购买费用时，仓储经营人获得了经营利润；反之，消费收益小于返还仓储物时的购买费用时就不会对仓储物进行消费，而依然原物返还。在消费仓储中，仓储费收入是次要收入，有时甚至采取无收费仓储。

可见消费仓储是仓储经营人利用仓储物停滞在仓库期间的价值进行经营，追求利用仓储财产经营的收益。消费仓储的开展使得仓储财产的价值得以充分利用，提高了社会资源的利用率。消费仓储可以在任何仓储物中开展，但对于仓储经营人的经营水平有极高的要求，现今在期货仓储中广泛开展。

3.2.4 仓库租赁经营

1. 仓库租赁的经营方法

仓库租赁经营是通过出租仓库、场地，出租仓库设备，由存货人自行保管货物的仓库经营方式。进行仓库租赁经营时，最主要的一项工作是签订一个仓库租赁合同，在合同条款的约束下进行租赁经营，取得经营收入。仓库出租经营既可以是整体性的出租，也可以采用部分出租、货位出租等分散出租方式。目前采用较多的是部分出租和货位出租方式。

2. 仓库租赁经营的特点

(1) 出租的收益所得高于自身经营收益所得。采取出租仓库经营方式的前提条件为出租的收益所得高于自身经营收益所得。一般以式(3.3)计算为依据。

$$租金收入>仓储保管费-保管成本-服务成本 \tag{3.3}$$

(2) 租赁合同确定租赁双方的权利和义务。出租人的权利是对出租的仓库及设备拥有所有权，并按合同收取租金。同时必须承认承租人对租用仓库及仓库设备的使用权，并保证仓库及仓库设备的性能完好。承租人的权利是对租用的仓库及仓库设备享有使用权(不是所有权)，并有保护设备及按约定支付租金的义务。

3. 仓库租赁的方式

仓储租赁经营可以是整体性的出租，也可以采用部分出租、货位出租等分散方式进行。在分散出租形式下，出租人需要承担更多的仓库管理工作，如环境管理、保安管理等。采用整体性的出租方式虽然减少了管理工作量，却同时也放弃了所有自主经营的权力，不利于仓储业务的开拓和对经营活动的控制。

知识链接

箱柜委托租赁保管业务

目前，箱柜委托租赁保管业务在许多国家发展较快。在日本，从事箱柜委托租赁保管业务的企业数目和仓库营业面积在迅速上升。

箱柜委托租赁保管业务是仓库经营者以一般城市居民和企业为服务对象，向他们出租体积较小的箱柜来保管非交易物品的一种仓库业务，对一般居民和家庭的贵重物品，如金银首饰、高级衣料、高级皮毛制品、古董、艺术品等提供保管服务，对企业以法律或规章制度规定必须保存一定时间的文书资料、磁带记录资料等物品为对象提供保管服务。箱柜委托租赁保管业务强调安全性和保密性，它为居住面积较小的城市居民和办公面积较窄的企业提供了一种便利的保管服务。箱柜委托租赁保管业务是一种城市型的仓库保管业务。

许多从事箱柜委托租赁保管业务的仓库经营人专门向企业提供这种业务，他们根据保管物品、文书资料和磁带记录资料的特点建立专门的仓库。这种仓库一般有3个特点：一是注重保管物品的保密性，因为保管的企业资料中许多涉及企业的商业秘密，所以仓库有责任保护企业秘密，防止被保管的企业资料流失到社会上去；二是注重保管物品的安全性，防止保管物品损坏变质，因为企业的这些资料如账目发票、交易合同、会议记录、产品设计资料、个人档案等需要保管比较长的时间；三是注重快速服务反应。当企业需要调用或查询保管资料时，仓库经营人能迅速、准确地调出所要资料，及时地送达企业。

3.2.5 仓储多种经营和增值服务

仓储多种经营是指仓储企业为了实现经营目标采用多种经营的经营方式，如在开展仓储业务的同时还开展流通加工、商品交易、配载与配送等仓储增值服务及运输中介。下面介绍流通加工和运输中介。

1. 流通加工

流通加工是指物品从生产地到使用地的过程中，根据需要施加包装、分割、裁剪、计量、分拣、刷标志、拴标签、组装等简单作业的总称。

流通加工是为了提高物流速度和物品的利用率，在物品进入流通领域后，按客户的要求进行的加工活动。即在物品从生产者向消费者流动的过程中，为了促进销售、维护商品质量和提高物流效率对物品进行一定程度的加工。流通加工通过改变或完善流通对象的形态来实现“桥梁和纽带”的作用，因此流通加工是流通中的一种特殊形式。随着经济增长，国民收入增多，消费者的需求出现多样化，促使在流通领域开展流通加工。目前，在世界许多国家和地区的物流中心或仓库经营中都大量存在流通加工业务，在日本、美国等物流发达国家则更为普遍。仓储中常见的流通加工有以下几种。

(1) 包装：产品的包装环节由仓储企业或和仓储部门来完成，并且把仓储的规划与相关的包装业务结合起来综合考虑，有利于整个物流效益的提高。

(2) 贴标签：在仓储过程中完成在商品上或商品包装上贴标签的工序。

(3) 简单的加工生产：一些简单的加工生产业务本来是在生产过程中作为一道单独的工序来完成的。把这些简单加工过程放到仓储环节来进行，可以从整体上节约物流流程、降低加工成本，并使生产企业能够专心于主要的生产经营业务活动，如把对商品的涂油漆过程放到仓储环节来进行可以达到缩短物流流程、节约物流成本、提高仓储企业的效率。

2. 运输中介

运输中介即运输服务中间商，他们通常不拥有运输设备，但向其他厂商提供间接服务。他们的职能类似营销渠道中的批发商。他们从各种托运人手中汇集一定数量的货源，然后购买运输。运输中介主要有货运代理人、经纪人。

1) 货运代理人(简称货代)

货运代理人是以赢利为目的的。他们把来自各种顾客手中的小批量装运整合成大批量装载，然后利用专业承运人进行运输。到达目的地后，货代把大批量装载拆成原来的小批量装运。货代的主要优势在于大批量的装运可以获得较低的费率，而且在很多时候可以使小批量装运的速度快于个别托运人直接和专业承运人打交道的速度。

货运代理人有以下优点：

(1) 使专业承运人的规模经济效益提高，货代使小批量货物可以集中到发运地，便于整合运输；

(2) 缩短专业承运人发出货物的时间，减少货物在专业承运人处的储存时间，提高作业效率；

(3) 使托运人的发货时间缩短，货代收集的大批量货物可以让专业承运人快速发货而不必等待集货发运；

(4) 货代收集的大量货物可以集中一次发运到目的地，不用中途重新装运，减少工作量，减少货物二次装运的破损率；

(5) 货运代理人具有熟练的运输专业技能，充分掌握运输市场的信息，且与众多的实际承运人有着密切的关系和简单而有效的业务流程。

2) 经纪人

经纪人实际上是运输代办，他以收取服务费为目的。

经纪人对整个物流活动来说相当于润滑油，它使托运人和承运人有机结合，并方便了小型托运人的托运活动，因为小型托运人无法得到承运人的较好服务。经纪人同时也简化承运人的作业行为，使无数的小托运人不再涌到承运人处办理托运。经纪人会根据托运人的要求，最合理地安排运输方式，节约费用，可以避免物流浪费。

3.3 仓储合同

仓储合同又称仓储保管合同，是指保管人储存存货人交付的仓储物，存货人支付仓储费的合同。在仓储合同关系中，存入货物的一方是存货人，保管货物的一方是保管人，交付保管的货物为仓储物。

3.3.1 仓储合同的标的和标的物

仓储合同的标的是仓储保管行为，是仓储合同关系中存货人与保管人的民事权利义务共同指向的对象，包括仓储空间、仓储时间和保管要求，仓储人要为此支付仓储费。仓储合同的标的物是仓储物，是仓储合同标的的载体和表现。仓储合同的标的物是动产，而不能为不动产。至于一些易燃、易爆、易腐烂、有毒的危险品，以及一些易渗漏、超限的特殊货物等，只需存货人与保管人在订立仓储合同时约定一些必要的特别仓储事项即可。另外，货币、知识产权、数据、文化等无形资产和精神产品也不能作为标的物。

3.3.2 仓储合同的特征

仓储合同具有以下法律特征。

(1) 仓储合同为诺成合同。为约束仓储合同双方的行为，更好地维护双方利益，法律规定仓储合同自双方达成合意时起就成立，而不需以存储货物的实际交付。《中华人民共和国合同法》(下文简称《合同法》)第 382 条规定：“仓储合同自成立时起生效。”

(2) 保管人必须是拥有仓储设备并具有从事仓储保管业务资格的人。仓储合同中为存货人保管货物的一方必须是仓库营业人。仓库营业人可以是法人，也可以是个体工商户、合伙人、其他组织等，但必须具备一定的资格，即必须具备仓储设备和专门从事仓储保管业务的资格。所谓仓储设备，是指可以用于储存和保管仓储的必要设施，是保管人从事仓储经营业务必不可少的基本物质条件。仓储保管人应具备的仓储设备虽然没有什么特别要求，但是该设备须能充分保证仓储能实现对存货人所存放货物进行保管的基本目的，即应当至少满足储藏和保管物品的需要。所谓从事仓储业务的资格，是指保管人必须取得专门从事或者兼营仓储业务的营业许可，这是国家对保管人从事仓储经营业务的行政管理要求。

在我国，仓储保管人应当是在工商行政管理机关登记，从事仓储保管业务并领取营业执照的法人或其他组织。根据《仓储保管合同实施细则》的规定，经工商行政管理机关核准是一切民事主体从事仓储经营业务的必要资格条件。

诺成合同和实践合同的区别

诺成合同与实践合同是从合同成立条件的角度对其所做的分类。诺成合同是指以缔约当事人意思表示一致为充分成立条件的合同，即一旦缔约当事人的意思表示达成一致即告成立的合同。实践合同是指除当事人意思表示一致以外尚需交付标的物才能成立的合同。在这种合同中仅有人的合意，合同尚不能成立，还必须有一方实际交付标的物的行为或其他给付才能成立合同关系。实践中，大多数合同均为诺成合同，实践合同仅限于法律规定的少数合同，如保管合同、自然人之间的借款合同。

诺成合同与实践合同的主要区别在于两者成立的要件不同。诺成合同自当事人意思表示一致时即告成立，而实践合同则除当事人达成合意之外，尚需交付标的物或完成其他给付才能成立和生效。因此，在诺成合同中，交付标的物或完成其他给付是当事人的合同义务，违反该义务便产生违约责任；在实践合同中，交付标的物或完成其他给付只是先合同义务，违反该义务不产生违约责任，可构成缔约过失责任。

(3) 仓储合同是双务、有偿合同。《合同法》第 381 条规定：“仓储合同是保管人储存存货人交付的仓储物，存货人支付仓储费的合同。”双务、有偿性显而易见。《合同法》第 392 条规定，如果存货人或者仓单持有人逾期提取仓储物，那么，保管人应当加收仓储费。因此，仓储合同为双务性、有偿性的合同。

(4) 仓储合同的标的物须为动产。在仓储合同中，存货人应当将仓储物交付给保管人，由保管人按照合同的约定进行储存和保管，因此，依合同性质而言，存货人交付的仓储对象必须是动产。换言之，不动产不能成为仓储合同的标的物。

(5) 存货人的货物交付或行使返还请求权以仓单为凭证。在仓储合同中，存货人按照合同约定将仓储物交付保管人时，保管人应当给付仓单。仓单是表示一定数量、品种的货物已经交付的法律文书，是有价证券的一种，其性质当为记名的物权凭证。

3.3.3　仓储合同的主要条款

当事人可以根据需要商定仓储合同的条款。一般来说，仓储合同包括以下方面的条款。

1. 存货人、保管人的名称和地址

合同当事人是履行合同的主体，需要承担合同责任，需要采用完整的企业注册名称和登记地址或者主办单位地址。主体为个人的必须明示个人的姓名和户籍地或常住地(临时户籍地)。有必要时可在合同中增加通知人，但通知人不是合同当事人，仅仅履行通知当事人的义务。

2. 保管物的品名或品类、数量、质量、包装

在仓储合同中，要明确地标明仓储物的品名或品类。货物的数量应使用标准的计量单位，而且计量单位应准确到最小的计量单位，如以包、扎、捆、把等计算的就必须明确每包、扎、捆、把有多重或多少根(块)。仓储物的质量应当使用国家或有关部门规定的质量标准，也可以使用经过批准的企业标准，还可以使用行业标准，上述质量标准均可以由存货人与保管人在仓储合同中约定，而在没有质量标准时，双方当事人可自行约定质量标准。如果双方在仓储合同中没有约定质量标准，则依《合同法》第 61 条，可以进行协议补充；不能达成补充协议的，按照合同有关条款或者交易习惯确定。仓储物的包装一般应由存货人负责。有国家或专业标准的按照国家或者专业标准的规定执行，没有国家或专业包装标准的应当根据仓储物便于保管的原则而由存货人与保管人商定。

3. 仓储物验收的内容、标准、方法、时间

保管人验收仓储物的项目有仓储物的品种、规格、数量、外包装状况以及无需开箱、拆捆而直观可见可辨的质量情况。包装内的货物品名、规格、数量以外包装或货物上的标记为准；外包装或货物上无标记的，以供货方提供的验收资料为准。散装货物按国家有关规定或合同规定验收。依照惯例验收期限，国内货物不超过 10 日，国外到货不超过 30 日，法律另有规定或当事人另有约定的除外。

货物验收期限，是指自货物和验收资料全部送达保管人之日起，至验收报告送出之日止。货物验收期限的日期均以运输或邮政部门的戳记或送达的签收日期为准。超过验收期限所造成的实际损失由保管人负责。如果保管人未能按照合同约定或者法律法规规定的项目、方法和期限验收仓储物或验收仓储物不准确，应当承担因此造成的损失。存货人未能提供验收资料或提供资料不齐全、不及时，所造成的验收差错及贻误索赔期由存货人负责。

4. 仓储条件和要求

合同双方当事人应根据货物性质、要求的不同，在合同中明确规定保管条件。保管人如因仓库条件所限，不能达到存货人要求，则不能接受。对某些比较特殊的货物，如易燃、易爆、易渗漏、有毒等危险物品，保管人保管时应当有专门的仓库、设备，并配备有专业技术知识的人负责管理。必要时，存货人应向保管人提供货物储存、保管、运输等方面的技术资料，防止发生货物毁损、仓库毁损和人身伤亡事故。存货人在交存特殊货物时应当明确告知保管人货物有关保管条件、保管要求，否则保管人可以拒绝接收存货人所交付的危险货物。

5. 货物进出库手续、时间、地点、运输方式

仓储合同的当事人双方应当重视货物入库环节，防止将来发生纠纷。因此在合同中，要明确入库应办理的手续、理货方法、入库的时间和地点以及货物运输、装卸搬运的方式等内容。出库时间由仓储合同的当事人双方在合同中约定，当事人对储存期间没有约定或者约定不明确的，存货人可以随时提取仓储物，保管人也可以随时要求存货人提取仓储物，但是应当给予必要的准备时间。另外提货时应办理的手续、验收的内容、标准、方式地点、运输方式等也要明确。

6. 仓储物的损耗标准及损耗的处理

仓储物的损耗标准是指货物在储存过程中由于自然原因(如干燥、风化、散失、挥发、

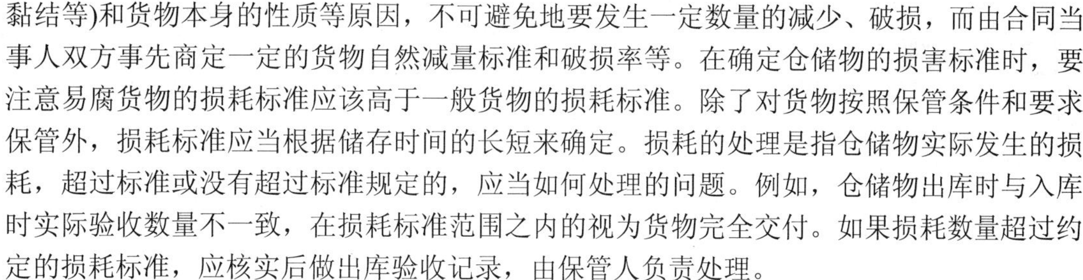

黏结等)和货物本身的性质等原因，不可避免地要发生一定数量的减少、破损，而由合同当事人双方事先商定一定的货物自然减量标准和破损率等。在确定仓储物的损害标准时，要注意易腐货物的损耗标准应该高于一般货物的损耗标准。除了对货物按照保管条件和要求保管外，损耗标准应当根据储存时间的长短来确定。损耗的处理是指仓储物实际发生的损耗，超过标准或没有超过标准规定的，应当如何处理的问题。例如，仓储物出库时与入库时实际验收数量不一致，在损耗标准范围之内的视为货物完全交付。如果损耗数量超过约定的损耗标准，应核实后做出库验收记录，由保管人负责处理。

7. 计费项目、标准和结算方式、银行、账号、时间

计费项目包括保管费、转仓费、出入库装卸搬运费、车皮、站台、专用线占有、包装整理、商品养护等费用。此条款中除明确上述费用由哪一方承担外，还应明确各种费用的计算标准、支付方式、支付时间、地点、开户银行、账号等。

8. 责任划分和违约处理

仓储合同中可以从货物入库、货物验收、货物保管、货物包装、货物出库等方面明确双方当事人的责任，同时应规定违反合同时应承担的违约责任。承担违约责任有支付违约金、损害赔偿以及采取其他补救措施。

9. 合同的有效期限

合同的有效期限即货物的保管期限。合同有效期限的长短也与货物本身的有效储存期有关。所谓有效储存期，是指某些货物由于本身的特性不能长时间存放，如药品、胶卷、化学试剂等，一般都注明了有效使用期限。根据有效使用期限确定的储存保管期限称为有效储存期。对于仓库保管人员来说，保管这种产品不仅要注意仓库温度、湿度的变化，还应注意其储存期限。特别是对一些接近失效期的产品，应及时通知存货人要按时出库，出库前还要注意留给产品调运、供应和使用的时间，以使其在失效之前能够进入市场，投入使用。根据有关规定，储存的货物在临近失效期时，保管人未通知存货人及时处理，因超过有效储存期限所造成的货物损失，保管人负有赔偿责任。保管人通知后，如果存货人不及时处理，以致超过有效储存期限而造成货物损坏、变质的，保管人不负赔偿责任。

10. 变更和解除合同

仓储合同的当事人如果需要变更或解除合同，必须事先通知另一方，双方一致即可变更或解除合同。变更或解除合同的建议和答复必须在法律规定或者合同约定的期限内提出。如果发生了法律或合同中规定的可以单方变更或解除合同的情形，那么，拥有权利的一方可以变更或解除合同。

上述内容，一般为通常的仓储合同所应具备的主要条款。但是，合同毕竟是当事人双方的合意，签订合同是当事人自己所为的法律行为。因此，基于双方的利益考虑，当事人之间还可以就更多的、更为广泛的事项达成一致，充实仓储合同的具体内容，如争议的解决方式、合同的履行地点、是否允许转仓保管储存等。只要是一方要求必须规定的条款而又与另一方达成一致意思表示都应当是仓储合同的重要条款。

知识链接

仓储合同

合同编号：________

保管人：________________ 签订地点：________

存货人：________________ 签订时间：________

第一条 仓储物

名称	品种规格	性质	数量	质量	包装	件数	标记	仓储费
合计人民币金额(大写)								

第二条 储存场所、储存物占用仓库位置及面积：________________。

第三条 仓储物(是/否)有瑕疵。瑕疵是：________________。

第四条 仓储物(是/否)需要采取特殊保管措施。特殊保管措施是：________。

第五条 仓储物入库检验的方法、时间与地点：________________。

第六条 存货人交付仓储物后，保管当给付仓单。

第七条 储存期限：从______年_____月_____日至______年_____月_____日。

第八条 仓储物的损耗标准及计算方法：________________。

第九条 保管人发现仓储物有变质或损坏的，应及时通知存货人或仓单持有人。

第十条 仓储物(是/否)已办理保险，险种名称：________保险金额：________保险期限：________________保险人名称：________________。

第十一条 仓储物出库检验的方法与时间：________________。

第十二条 结算方式与时间及期限：________________。

第十三条 储存期间届满，存货人或者仓单持有人应当凭仓单提取仓储物。存货人或者仓单持有人逾期提取的，应当加收仓储费具体如下：________________。提前提取的，不减收仓储费。

第十四条 存货人未向保管人支付仓储费的，保管人(是/否)可以留置仓储物。

第十五条 违约责任：________________。违约损失赔偿额计算方法：________________。

第十六条 合同争议的解决方式：本合同项下发生的争议，由双方当事人协商解决，也可以由当地工商行政管理部门调解；协商或调解不成的，按下列第________种方式解决。

(一) 提交________________仲裁委员会仲裁。

(二) 依法向________________人民法院起诉。

第十七条 其他约定事项：________________。

存货方(章)	保管方(章)：	鉴(公)证意见：
地 址：	地 址：	
法定代表人：	法定代表人：	
委托代理人：	委托代理人：	

电　话:	电　话:	
电　挂:	电　挂:	
开户银行:	开户银行:	鉴(公)证单位(章)
账号:	账号:	经办人:
邮政编码:	邮政编码:	年　　月　　日

3.3.4 仓储合同中当事人的权利和义务

1. 存货人的权利与义务

1) 存货人的义务

(1) 告知义务。存货人的告知义务包括两个方面：对仓储物的完整告知和瑕疵告知。

所谓完整告知，是指在订立合同时存货人要完整细致地告知保管人仓储物的准确名称、数量、包装方式、性质、作业保管要求等涉及验收、作业、仓储保管、交付的资料，特别是危险货物，存货人还要提供详细的说明资料。存货人寄存货币、有价证券或者其他贵重物品的，应当向保管人声明，由保管人验收或者封存。存货人未声明的，该物品毁损、灭失后，保管人可以按照一般物品予以赔偿。存货人未明确告知的仓储物属于夹带品，保管人可以拒绝接受。

所谓瑕疵，包括仓储物及其包装的不良状态、潜在缺陷、不稳定状态等已存在的缺陷或将会发生损害的缺陷。保管人了解仓储物所具有的瑕疵可以采取针对性的操作和管理，以避免发生损害和危害。因存货人未告知仓储物的性质、状态造成的保管人验收错误、作业损害、保管损坏由存货人承担赔偿责任。

(2) 妥善处理和交存货物。存货人应对仓储物进行妥善处理，根据性质进行分类、分储，根据合同约定妥善包装，使仓储物适合仓储作业和保管。存货人应在合同约定的时间向保管人交存仓储物，并提供验收单证。交存仓储物不是仓储合同生效的条件，而是存货人履行合同的义务。存货人未按照约定交存仓储物，构成违约。

(3) 支付仓储费和偿付必要费用。存货人应根据合同约定按时、按量地支付仓储费，否则构成违约。如果存货人提前提取仓储物，保管人不减收仓储费；如果存货人逾期提取，应加收仓储费。由于未支付仓储费的，保管人有对仓储物行使留置权的权利，即有权拒绝将仓储物交还存货人或应付款人，并可通过拍卖留置的仓储物等方式获得款项。

仓储物在仓储期间发生的应由存货人承担责任的费用支出或垫支费，如保险费、货物自然特性的损害处理费用、有关货损处理、运输搬运费、转仓费等，存货人应及时支付。

(4) 及时提货。存货人应按照合同的约定按时将仓储物提离。保管人根据合同的约定安排仓库的使用计划，如果存货人未将仓储物提离会使得保管人已签订的下一个仓储合同无法履行。

2) 存货人的权利

(1) 查验、取样权。在仓储保管期间存货人有对仓储物进行查验、取样查验的权利，能提取合理数量的样品进行查验。虽然查验会影响保管人的工作，取样还会造成仓储物的减量，但存货人合理进行的查验和取样保管人不得拒绝。

(2) 保管物的领取权。当事人对保管期间没有约定或约定不明确的，存货人可以随时要求寄存人领取保管物；保管期间明确约定的，保管人无特别事由，不得要求寄存人提前领取保管物，但存货人可以随时领取保管物。

(3) 获取仓储物孳息的权利。《合同法》第 377 条规定："保管期间届满或者寄存人提前领取保管物的，保管人应当将原物及其孳息归还寄存人。"可见，如果仓储物在保管期间产生了孳息，存货人有权获取该孳息。

2. 保管人的权利和义务

1) 保管人的义务

(1) 提供合适的仓储条件。仓储保管人经营仓储保管的先决条件就是具有合适的仓储保管条件，有从事保管货物的保管设施和设备，包括适合的场地、容器、仓库、货架、作业搬运设备、计量设备、保管设备、安全保卫设施等条件。同时还应配备一定的保管人员、商品养护人员，制定有效的管理制度和操作规程等。此外保管人所具有的仓储保管条件还要适合所要进行保管的仓储物的相对仓储保管要求，如保存粮食的粮仓、保存冷藏货物的冷库等。保管人若不具有仓储保管条件，则构成根本违约。

(2) 验收货物。保管人应该在接受仓储物时对货物进行理货、计数、查验，在合同约定的期限内检验货物质量，并签发验货单证。验收货物按照合同约定的标准和方法，或者按照习惯的、合理的方法进行。保管人未验收货物推定为存货人所交存的货物完好，保管人也要返还完好无损的货物。

(3) 签发仓单。保管人在接受货物后，根据合同的约定或者存货人的要求，及时向存货人签发仓单。在存期届满，根据仓单的记载向仓单持有人交付货物，并承担仓单所明确的责任。保管人根据实际收取的货物情况签发仓单。保管人应根据合同条款确定仓单的责任事项，避免将来向仓单持有人承担超出仓储合同所约定的责任。

(4) 返还仓储物及其孳息。保管人应在约定的时间和地点向存货人或仓单持有人交还约定的仓储物。仓储合同没有明确存期和交还地点的，存货人或仓单持有人可以随时要求提取，保管人应在合理的时间内交还存储物。作为一般仓储合同，保管人在交返仓储物时应将原物及其孳息、残余物一同交还。

(5) 危险告知义务。当仓储物出现危险时，保管人应及时通知存货人或仓单持有人，并有义务采取紧急措施处置，防止危害扩大。包括在货物验收时发现不良情况、发生不可抗力损害、仓储物的变质、仓储事故的损坏以及其他涉及仓储物所有权的情况，都应该告知存货人或仓单持有人。

2) 保管人的权利

(1) 收取仓储费的权利。仓储费是保管人订立合同的目的，是对仓储物进行保管所获得的报酬，是保管人的合同权利。保管人有权按照合同约定收取仓储费或在存货人提货时收取仓储费。

(2) 保管人的提存权。储存期间届满，存货人或者仓单持有人不提取货物的，保管人可以催告其在合理期限内提取，逾期不提取的，保管人可以提存仓储物。所谓提存，是指债权人无正当理由拒绝接受履行或下落不明，或数人就同一债权主张权利，债权人一时无法确定，致使债务人难于履行债务，经公证机关证明或法院的裁决，债务人可将履行的标的物提交有关部门保存。一经提存即认为债务人已经履行了其义务，债权债务关系即行终止。债权人享有向提存物的保管机关要求提取标的物的请求权，但须承担提存期间标的物损毁灭失的风险并支付因提存所需要的保管或拍卖等费用，且提取请求权自提存之日起 5 年内不行使则消灭。

一般来说，提存程序包含以下几项。

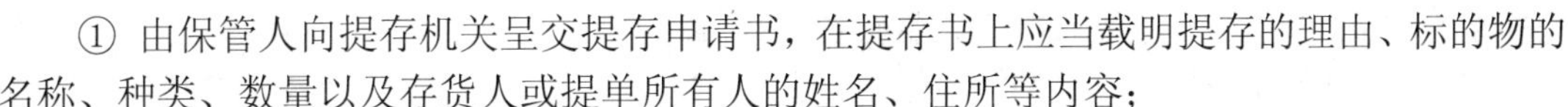

① 由保管人向提存机关呈交提存申请书，在提存书上应当载明提存的理由、标的物的名称、种类、数量以及存货人或提单所有人的姓名、住所等内容；

② 保管人应提交仓单副联、仓储合同副本等文件，以此证明保管人与存货人或提单持有人的债权债务关系；

③ 保管人还应当提供证据证明自己催告存货人或仓单持有人提货而对方没有提货，致使该批货物无法交付其所有人。

(3) 验收货物的权利。验收货物不仅是保管人的义务，也是保管人的一项权利。保管人有权对货物进行验收，在验收中发现货物溢短，对溢出部分可以拒收，对于短少的有权向存货人主张违约责任。对于货物存在的不良状况，保管人有权要求存货人更换、修理或拒绝接收，否则需如实编制记录，以明确责任。

3.3.5　仓储合同的纠纷预防

(1) 注意仓储合同与保管合同的区别。如前所述，仓储合同有其法定的特点，所以在签订履行时要注意自己权利义务的内容、起始时间，这决定着承担责任的内容和开始时间。例如合同生效时间二者不同，前者为成立时生效，后者为交付时生效；前者均为有偿，而后者有偿与否则由当事人自行约定。

(2) 认真审查仓储保管人的资格。仓储合同对保管人的资格严格限制，存货人在签订合同之前应对仓储营业人的资格和保管能力有所了解，防止无资质的营业人签订合同以骗取保管费。

(3) 特别注意货物品名、种类与数量。不同的货物有着不同的保管条件和保管要求，针对不同的保管难度，仓储营业人有着不同的收费标准，存货人往往因想少交保管费而在品名、数量、质量等项目中填写模糊或与实际情况不符，这就为日后发生纠纷埋下祸端，因此存货人在填写时一定要注意准确清楚，不要产生歧义。

(4) 充分行使检查仓储物或提取样品的权利。合同法赋予了货物所有人随时检查或提取样品的权利，有的仓储合同期限较长，仓储物在仓储过程中可能发生某些变化，若等到提取时才发现问题不仅不能避免损失还会发生损失承担的争议，所以行使该权利无疑为避免纠纷打下良好基础。

(5) 存货人应防止仓储营业人在合同中滥用免责条款。免责条款是指当事人以协议排除或者限制其未来责任的合同条款，这与法律规定的不可抗力致使合同不能履行的免责不同。根据《合同法》及《仓储保管合同实施细则》规定的法定免责事由只能是不可抗力、自然原因和货物本身的性质引起的货损，当事人也可以对免责条款进行协商达成协议。由于仓储合同往往采用格式合同的形式，免责条款的问题应尤加注意。存货人要仔细阅读合同中的免责条款事项，如果发现对方利用其优势地位未经己方同意加入了超出法定范围的免责事由，应及时表示异议，要求予以修改或拒绝签订合同，以防步入免责陷阱，对自己的利益造成损害。

3.3.6　仓储合同中的违约责任

1. 仓储合同中保管人的违约责任

(1) 保管人验收仓储物后，在仓储期间发生仓储物的品种、数量、质量、规格、型号不符合合同约定的，保管人承担违约赔偿责任；

(2) 仓储期间，因保管人保管不善造成仓储物毁损、灭失，保管人承担违约赔偿责任；

(3) 仓储期间，因约定的保管条件发生变化而未及时通知存货人，造成仓储物的毁损、灭失，保管人承担违约损害责任。

2. 仓储合同中存货人的违约责任

(1) 存货人没有按合同的约定对仓储物进行必要的包装或该包装不符合约定要求，造成仓储物的毁损、灭失，自行承担责任，并承担由此给仓储保管人造成的损失；

(2) 存货人没有按合同约定的仓储物的性质交付仓储物，或者超过储存期，造成仓储物的毁损、灭失，自行承担责任；

(3) 危险有害物品必须在合同中注明，并提供必要的资料，存货人未按合同约定而造成损失，自行承担民事和刑事责任，并承担由此给仓储人造成的损失；

(4) 逾期储存，承担加收费用的责任；

(5) 储存期满不提取仓储物，经催告后仍不提取，存货人承担由此提存仓储物的违约赔偿责任。

3.4 仓　单

3.4.1 仓单概述

1. 概念

《合同法》第 385 条规定："存货人交付仓储物的，保管人应当给付仓单。"所谓仓单，是指由保管人在收到仓储物时向存货人签发的表示已经收到一定数量的仓储物的法律文书。仓单实际上是仓储物所有权的一种凭证。

仓单既是存货人已经交付仓储物的凭证，又是存货人或者持单人提取仓储物的凭证，因此仓单实际上是仓储物所有权的一种凭证。同时，仓单在经过存货人的背书和保管人的签署后可以转让，任何持仓单的人都拥有向保管人请求给付仓储物的权利，因此仓单实际上又是一种以给付一定物品为标的的有价证券。

2. 仓单的性质

《合同法》第 387 条规定："仓单是提取仓储物的凭证。存货人或者仓单持有人在仓单上背书并经保管人签字或者盖章的，可以转让提取仓储物的权利。"因此，从性质上而言，仓单应该是一种有价证券，它代表着与仓储物同值的财产权利。作为一种有价证券，仓单具有如下主要性质。

(1) 仓单是要式证券。要式证券的基本要求是证券上所记载的事项应当符合法律的规定。通常而言，仓单上所记载的事项也同样应当符合法律的规定，应有必要的记载事项，否则仓单不能产生效力。因此，仓单是要式证券。

(2) 仓单是文义证券。文义证券是指证券上的权利和义务仅依证券上记载的文义而确定的证券。仓单所创设的权利和义务是依仓单所记载的文义予以确定的，不能以仓单记载以外的其他因素加以认定或变更。因此，仓单是文义证券。

(3) 仓单是无因证券。所谓无因证券，是指证券权利的存在和行使不以作成证券的原因为要件，证券的效力与作成证券的原因完全分离。

(4) 仓单是背书证券。背书证券，又称指示证券，是指凡是可以依据背书进行合法转让的证券。仓单可以通过背书加以转让，因此是一种背书证券。

(5) 仓单是一种换取证券。换取证券又称自付证券、缴还证券，是指有价证券的签发人自己为给付义务后，权利人须将证券返还给义务人的证券。仓单由保管人在收到存货人交付的仓储物时签发，与仓单持有人提取仓储物时由保管人自己履行给付义务。同时，要求存货人缴还保管人自己发的仓单。因此，仓单是一种换取证券。

(6) 仓单是不完全物权证券。物权证券是以物权为证券权利内容的证券，仓单是提取仓储物的凭证。存货人取得仓单后，也就意味着取得了仓储物的所有权，仓单发生转移，仓储物的所有权也发生转移。因此，仓单又是一种物权证券。但是，根据《合同法》的规定，仓单上权利的移转在背书转让时尚需保管人签字或盖章，因此仓单应当是一种不完全的物权证券。

3. 仓单的功能和作用

仓单作为仓储保管的凭证，其作用是显而易见的，主要表现在以下几个方面。

(1) 保管人承担责任的证明。仓单是保管人向存货人出具的货物收据。当存货人交付的仓储物经保管人验收后，保管人就向存货人填发仓单。仓单是保管人已经按照仓单所载状况收到货物的证据。保管期间因保管人保管不善造成保管物毁损、灭失的，保管人应当承担赔偿责任。

(2) 物权证明。它代表仓单上所列货物，谁占有仓单就等于占有该货物，仓单持有人有权要求保管人返还货物，有权处理仓单所列的货物。仓单的转移也就是仓储物所有权的转移。因此，保管人应该向持有仓单的人返还仓储物。也正由于仓单代表着其项下货物的所有权，所以仓单作为一种有价证券也可以按照《中华人民共和国担保法》(下文简称《担保法》)的规定设定权利质押担保。

(3) 提货凭证。仓单持有人向保管人提取仓储物时，应当出示仓单。保管人一经填发仓单，则持单人对于仓储物的受领不仅应出示仓单，而且还应缴回仓单。仓单持有人为第三人，而该第三人不出示仓单的，除了能证明其提货身份外，保管人应当拒绝返还仓储物。

(4) 物权交易。存货人拥有仓储物所有权，有权对仓储物进行买卖，但提货时需仓单才可，因而存储物交易必须将仓单转让。通过转让仓单的方式转让仓储物，而货物保管责任由保管人承担，存货人无须操心。

(5) 金融工具。存货人拥有货物所有权，占有货物价值。因而仓单是一种有价证券，可以作为抵押、质押、财产保证等金融工具和其他信用保证。

(6) 仓单是仓储合同存在的证明。仓单是存货人与保管人双方订立的仓储合同存在的一种证明，只要签发仓单，就证明了合同的存在。

4. 仓单的内容

(1) 保管人的签字或者盖章；

(2) 存货人的名称及住所；

(3) 仓储物的品种、数量、质量、包装、件数和标记等；

(4) 仓储物的损耗标准；

(5) 储存场所和储存期间；

(6) 仓储费及仓储费的支付与结算事项；

(7) 若仓储物已经办理保险的，仓单中应写明保险金额、保险期间及保险公司的名称；

(8) 仓单的填发人、填发地和填发的时间。

目前仓单是由各仓储单位自行编制的，因此没有统一的格式。表 3-1 是某仓储企业仓单的正面，表 3-2 是该仓单的反面。

表 3-1　仓单样图(正面)

<table>
<tr><td colspan="7">公司名称：
公司地址：</td></tr>
<tr><td colspan="4" rowspan="2">电话：
账号：
储货人：
银主名称：</td><td colspan="3">传真：</td></tr>
<tr><td colspan="3">批号：
发单日期：
起租日期：</td></tr>
<tr><td colspan="7">兹收到下列货物依本公司条款(见后页)储仓</td></tr>
<tr><td>唛头及号码</td><td>数量</td><td>所报货物</td><td>每件收费</td><td>每月仓租</td><td>进仓费</td><td>出仓费</td></tr>
<tr><td></td><td></td><td></td><td></td><td></td><td></td><td></td></tr>
<tr><td></td><td></td><td></td><td></td><td></td><td></td><td></td></tr>
<tr><td colspan="4">总件数：</td><td colspan="3">经手人：</td></tr>
<tr><td colspan="7">总件数(大写)：</td></tr>
<tr><td colspan="7">备注：
核对人：</td></tr>
</table>

表 3-2　仓单样图(反面)

存货记录

日期	提单号码	提货单位	数量	结余	备注

储货条款

1．本仓库所载之货物种类、唛头、箱号等，均系按照储货人所称填列，本公司对货物内容、规格等概不负责。

2．货物在入仓交接过程中，若发现与储货方填列内容不符，我公司有权拒收。

3．本仓库不储存危险物品，客户保证入库货物绝非为危险品，如果因储货人的货物品质危及我公司其他货物造成损失时，储货方必须承担因此而产生的一切经济赔偿责任。

4．本仓单有效期一年，过期自动失效。已提货之分仓单和提单档案保留期亦为一年。期满尚未提清者，储货人须向本公司换领新仓单。本仓单须经我公司加印硬印方为有效。

5．客户（储货人）凭背书之仓单或提货单出货。本公司收回仓单和分提单，证明本公司已将该项货物交付无误，本公司不再承担责任。

3.4.2　仓单业务

1. 仓单的签发

根据《合同法》规定，存货人交付仓储物的，保管人应当给付仓单。这是保管人的一项义务。

保管人填发仓单的条件是存货人交付仓储物，一般是在验收之后。填发仓单时，根据《合同法》第 386 条规定："保管人应当在仓单上签字或者盖章。"未经保管人签字或者盖章的，该仓单应无效。

由于仓单是一种有价证券，代表其下的货物所有权，可以转让，也可以出质(权利质押)，所以在实际生活中有些不法分子便利用它来进行违法犯罪活动。若保管人与存货人互相勾结虚构仓储合同，在存货人并未实际交付仓储物的情况下签发仓单，用于骗取第三人(主要是买卖合同中的买受人)的钱财的，属于诈骗行为，不仅仓储合同无效，而且存货人与第三人之间签订的相应合同(如买卖合同)也无效，保管人和存货人应当依法承担法律责任(构成犯罪的，应追究其刑事责任)。

仓单一经依法签发就具有法律效力。仓单上所载明的权利与仓单是不可分离的，因此仓单主要具有以下两方面的效力。

(1) 提取仓储物的效力。保管人一经填发仓单，则仓单持有人对于仓储物的受领，不仅应出示仓单，而且还应缴回仓单。

(2) 移转仓储物的效力。仓单上所记载的货物，非由货物所有人在仓单上背书并经保管人签名的不发生所有权转移的效力。

2. 仓单转让

根据《合同法》第 387 条规定，存货人行使转让提取仓储物的权利，应具备以下两个条件。

(1) 存货人或仓单的合法持有人须在仓单上背书转让。由于记名仓单保管人只对仓单上记名的人员有返还仓储物的义务，所以存货人转让仓储物时还必须由存货人在仓单上进行背书。存货人之后的仓单合法持有人如转让仓单也须背书。仓单持有人凭借背书的连续性证明自己合法持有仓单的事实。

(2) 保管人须在仓单上签名或盖章。仓单是基于保管人和存货人之间存在合同关系而签发的，存货人如转让仓单必须由保管人在仓单上签字或盖章，以示其知悉有关情况，并由此确认买受人已经取得了存货人在仓储合同中的地位。在买受人持仓单提取仓储物同时，保管人员有返还仓储物的义务。仓单转让的每一次背书都须经保管人盖章后才能生效。保管人未签字或盖章的，仓单转让不生效。签字或者盖章只要有一项即可，不必同时具备。

知识链接

世界各国的仓单立法主义

从世界各国立法来看，关于仓单有 3 种立法主义。其一，以法国为代表的"两单主义"，又称"复券主义"。采取这种立法主义的，保管人应同时填发两个仓单，一个为提取仓单，用以提取保管物，并可转让；另一个为出质仓单，可用于担保。其二，为以德国商法为代表的“一单主义”。采取“一单主义”的，保管人仅填发一个仓单，该仓单既可用以转让，又可用于出质。其三，为以日本商法为代表的“两单与一单并用主义”。采取此种立法主义的，保管人应存货人的请求填发两个仓单或者一个仓单。

我国《合同法》实际上采用的就是“一单主义”，即保管人仅填发一个仓单，而不能同时填发两个仓单；该仓单既可转让，也可用于质押。

3. 仓单质押

仓单质押是以仓单为标的物而成立的一种质权。存货人以仓单出质，应当与质权人签订质押合同，在仓单上背书并经保管人签字或者盖章，将仓单交付质权人，质押合同生效。当债务人不履行被担保债务时，质权人就享有提取仓储物的权利。

根据《担保法》的规定，仓单质押应属于权利质押。设定仓单质押，出质人应当与质权人以书面形式订立质押合同，并应当在合同约定的期限内交付仓单，仓单质押合同自仓单交付之日起生效。可见，仓单质押与动产质押一样，也以仓单的交付为成立要件，没有仓单的交付，质权就不能成立。

仓单质押和仓单抵押的区别

抵押是指债务人或第三人不转移对其特定财产的占有，将该财产作为对债券的担保，在债务人不履行债务时，债权人有权依法就该财产折价或以拍卖、变卖的价金优先受偿的物权。

质押是指债务人或第三人将其特定财产移交给债权人占有，作为债权的担保，在债务人不履行债务时，债权人有依法以该财产折价或拍卖、变卖的权利。

仓单抵押：由存货人占有货物，支付仓储费，保管人对存货人负责。

仓单质押：由银行占有货物，并支付仓储费，保管人对银行负责。

4. 仓单分割

为了转让的需要，仓单的持有人可以请求保管人将保管的货物(仅适用在数量上可以分割的货物，特别是大宗货物)分割为数部分，分别填发仓单，同时持有人须交还原仓单，这在学术上称为仓单的分割。其目的是为了便于存货人处分仓储物(如将 1 000t 水泥分割成 10 份，分别出卖给不同的买受人)。由于仓单的分割纯粹是为了仓单持有人的利益，因此仓单分割的费用(包括分割货物的费用和填发新仓单的费用)应由仓单持有人负担。

本 章 小 结

本章首先介绍了仓储经营管理基础知识，其次在此基础上介绍了仓储的多种经营方法，特别探讨了目前仓储企业常提供的几种业务，然后详细介绍了仓储合同的基本内容特点以及仓单的相关内容。通过本章学习，学生应了解仓储经营管理有关基础知识，熟悉仓储合同的条款，掌握仓单的内容。

课后实训

仓储合同的起草及仓单的签发

实训一：仓储合同

1. 实训目的：了解仓储合同签订时的注意事项，掌握合同签订的过程。
2. 实训方式：模拟操作。
3. 实训内容：把学生分组，模拟仓储合同内容拟定、洽谈及仓储合同的书写与签订。

实训二：仓单

1. 实训目的：掌握仓单的签发过程和仓单的使用。
2. 实训方式：模拟操作。
3. 实训内容：让学生模拟填制并签发仓单及如何使用仓单。

案例思考

2004 年 6 月 3 日，某市盛达粮油进出口有限责任公司(下称盛达公司)与该市东方储运公司签订了一份仓储保管合同。合同主要约定：由东方储运公司为盛达公司储存保管小麦 60 万公斤，保管期限自 2004 年 7 月 10 日至 11 月 10 日，储存费用为 50 000 元，任何一方违约，均按储存费用的 20%支付违约金。合同签订后，东方储运公司即开始清理其仓库，并拒绝其他单位存货的要求。同年 7 月 8 日，盛达公司书面通知东方储运公司：因收购的小麦尚不足 10 万公斤，故不需存放贵公司仓库，双方于 6 月 3 日所签订的仓储合同终止履行，请谅解。东方储运公司接到盛达公司书面通知后，遂电告盛达公司：同意仓储合同终止履行，但贵公司应当按合同约定支付违约金 10 000 元。盛达公司拒绝支付违约金，双方因此而形成纠纷，东方储运公司于 2004 年 11 月 21 日向人民法院提起诉讼，请求判令盛达公司支付违约金 10 000 元。

思考

在上述案例中，盛达公司尚未向东方储运公司交付仓储物的情况下，是否应承担违约金 10 000 元？

思考与练习

一、单项选择题

1. 仓储租赁经营人的收益主要来自于(　　)。

   A．租金　　　　B．仓储费

   C．租金和仓储费　　　　D．货物价值

2. 仓储经营者以其拥有的仓储设施，向社会提供商业性仓储服务的储存行为称为(　　)。

   A．企业自营仓储　　　　B．商业营业仓储

   C．公共仓储　　　　D．战略储备仓储

3．仓单灭失后，存货人可通过人民法院的公示催告使仓单失效来提取货物，其公示期一般是(　　)。

A．60 天　　B．50 天　　C．70 天　　D．80 天

4．运输中介中的货运代理人主要是通过(　　)来赢利的。

A．运输费　　B．佣金　　C．运费差价　　D．租金

5．关于仓库租赁经营，下列说法不正确的是(　　)。

A．仓储经营者将仓库或仓库设备租给存货人使用，由存货人自行储存货物的仓储经营方法

B．关键是签订一份仓库租赁合同

C．仓库无须承担任何仓库管理工作

D．既可以是整体性的出租，也可以采用部分出租、货位出租等分散进行方式

6．仓储保管人的权利不包括(　　)。

A．拒收权　　B．要求提货权　　C．提存权　　D．检查权

7．根据客户的需要，为客户提供超出常规的服务，或者是采用超出常规的服务方法提供的服务称为(　　)。

A．仓储经营　　B．仓储增值服务

C．仓储多种经营　　D．仓储商务管理

8．关于仓单的性质，下列说法不正确的是(　　)。

A．仓单是提货凭证　　B．仓单是有价证券

C．仓单是所有权的法律文书　　D．仓单是仓储合同

9．货物所有权随货物交付而转移的仓储是(　　)。

A．保管式仓储　　B．混藏式仓储　　C．消费式仓储　　D．加工式仓储

10．通过对储存物的保管保养，可以克服产品的生产与消费在时间上的差异，创造物资的(　　)。

A．时间效用　　B．增值效用　　C．空间效用　　D．附加效用

二、多项选择题

1．混藏仓储的特点是(　　)。

A．保管对象是种类物　　B．保管对象是特定物

C．原物返还，所有权不转移　　D．替代物返还，所有权不转移

E．原物返还，所有权转移

2．仓储合同是(　　)。

A．行为合同　　B．实践性合同　　C．双务合同

D．要式合同　　E．诺成性合同

3．甲乙双方签订一份仓储合同后，约定由甲方为乙方储存一批货物，乙方的该批货物属易燃品，乙方未在合同中注明。货物入库后，因温度过高，发生自燃，造成甲方库房烧毁，经济损失达 50 多万元，并造成甲方死亡一人重伤两人。根据法律规定，下列表述正确的是(　　)。

A．乙方应赔偿甲方的经济损失　　B．乙方向甲方只支付违约金

C．乙方负责人应承担刑事责任　　D．乙方和甲方共同承担经济损失

E．乙方没有责任

4．存货人的义务包括(　　)。

A．告知义务　　B．按约定时间交付货物

C．及时提货　　D．支付仓储费

E．获取仓储物孳息

5．保管人的义务包括(　　)。

A．提供合适的仓储条件　　B．验收货物

C．签发仓单　　D．返还仓储物及其孳息

E．危险告知

三、判断题

1．运输中介中的货运代理人和经纪人都是提供服务，以收取佣金为目的。　(　　)

2．保管期限届满时，保管人严格承担归还原物的责任，但仓储物在仓储期间自然增加的孳息可自行留存，不用归还。　(　　)

3．仓储合同的标的是仓储保管行为，但标的物是仓储物。　(　　)

4．预约合同并不是仓储合同本身，仅仅是双方达成了将要订立仓储合同的协议，因此它不是有效的合同。　(　　)

5．如果存货人提前提取仓储物，保管人可适当减少仓储费用。　(　　)

6．仓单转让时，由出让人进行背书，则仓单受让人就可获得提取仓储物的权利。(　　)

7．仓单灭失后，存货人就失去了货物的所有权。　(　　)

8．仓储合同的标的是仓储物。　(　　)

9．仓单是有价证券，这种有价证券的价值是固定不变的。　(　　)

10．签订消费式仓储合同，存货人存放商品时，同时将商品所有权转移给保管人。(　　)

11．仓储合同是诺成性合同，在合同成立时就生效。　(　　)

12．在格式合同中，存货人有签署或不签署合同的权利，以及商定格式合同条款的权利。　(　　)

13．作为一般仓储合同，保管人在交还仓储物时应将原物及其孳息、残余物一同交还。　(　　)

14．保管人对已签发出的仓单进行分割后，原有仓单自动失效，不用收回。　(　　)

15．如果没有仓储物的所有权，就不能成为存货人。　(　　)

四、简答题

1．仓储商务有何基本内容？仓储商务管理要遵循哪些原则？

2．什么是仓储商务管理？有何任务？

3．仓储合同有哪些种类？合同标的是什么？

4．订立仓储合同要遵循哪些原则？合同何时生效？

5．仓储合同有什么条款？根据实例编制合同。

6．仓储合同如何变更与解除？会产生什么后果？

7．存货人和保管人分别有什么合同权利和义务？

8．违约责任有何承担方式？

9．仓储保管人具有哪些免责事项？

10．仓单有什么功能？有什么内容？

11．仓单如何签发？怎样凭仓单提货？仓单灭失时如何提货？

第4章 仓库作业管理

知识目标

(1) 掌握仓库入库作业；
(2) 掌握仓库在库作业；
(3) 掌握仓库出库作业。

技能目标

(1) 入库单证的制作与填写；
(2) 根据货物的要求检验货物；
(3) 根据货物的性能选择适当的堆码方式；
(4) 会对货物垫垛和苫盖；
(5) 出库货物的准备。

引导案例

中储某地分公司 2009 年 5 月 25 日收到某客户要求寄存物品的入库通知单，其中包括 1 000 台 34 英寸长虹彩色电视机、300 台 242L 海尔电冰箱、500 箱饼干、1 000 箱快食面、600 箱可口可乐饮料、400 箱矿泉水、500 袋洗衣粉等商品，需入库存放。

分析

分析：应如何合理安排这批货物？

4.1 入库作业管理

商品入库业务也叫收货业务，它是仓储作业的开始。商品入库管理是根据商品入库凭证在接受入库商品时所进行的卸货、查点、验收、办理入库手续等各项业务活动的计划和组织。

4.1.1 入库前的相关事项

当接到到货通知时，仓库管理人员在货物到库之前必须做好以下事项。

1. 入库凭证的审查

仓库管理人员核对仓储合同、入库单或入库计划等入库凭证上的信息，及时进行库场准备，保证物资按时入库。

2. 熟悉入库物资的相关信息

仓库管理人员需了解入库物资的品种、规格、数量、包装状态、单体体积、到库确切时间、物资存期、物资的理化特性以及保管的要求，精确、妥善地进行库场安排、准备。

3. 根据仓库库场情况准备货位

(1) 全面掌握仓库库场情况。了解物资入库确切时间、保管期间，仓库的库容、设备、人员的变动情况，安排好工作。必须使用重型设备操作的物资要确保可使用设备的货位。必要时对仓库进行清查，清理归位，以便腾出仓容。

(2) 妥善安排货位。根据入库物资的性能、数量和类别，结合仓库分区分类保管的要求，核算货位的大小。根据货位使用原则，严格验收场地，妥善安排货位，确定苫垫方案和堆垛方法等。

(3) 做好货位准备。彻底清洁货位，清理残留物，清理排水管道(沟)，必要时安排消毒、除虫、铺地。详细检查照明、通风等设备，发现损坏及时通知修理。

4. 合理组织人力和设备

根据入库物资的数量和时间以及库内货位、设备条件和人员等情况合理科学地制定装卸搬运工艺。安排好物资验收人员、搬运堆码人员以及物资入库工作流程，确定各个工作环节所需要的人员和设备。

5. 准备相关材料

在物资入库前，根据所确定的苫垫方案准备相应材料以及所需用具，并组织衬垫铺设作业。此外仓库管理员应妥善保管物资入库所需的各种报表、单证和记录簿等，如入库记录、理货检验单、存卡和残损单等，以备使用。

知识链接

货位选择的原则

(1) 根据货物的货量、尺寸、特性、保管要求选择货位。货位的通风、光照、温度、排水、刮风、雨雪等条件要满足货物保管的需要；货位尺寸与货物尺寸匹配，特别是大件、长件货物能存入所选货位；货位的容量与货量相一致；选择货位时要考虑相近货物的情况，防止与相近货物互相影响；对需要经常检查的货物，应存放在便于检查的位置。

(2) 出入库频率高的货物使用方便作业的货位。对于有持续入库或者持续出库的货物最好安排在离出入口较近的地方，以方便出入。流动性差的货物可以离出入口较远。同样道理，存期短的货物安排在出入口附近。

(3) 小票集中、大不围小、重近轻远。多种小批量货物最好尽可能地合用一个货位或者集中在一个货位区，避免夹存在大批量货物的货位中，以便查找。重货应离装卸作业区最近，减少搬运次数或者直接采用装卸设备进行堆垛作业。使用货架时，重货放在货架下层，需要人力进行搬运的货物存放在人体腰部高度的货位。

(4) 方便操作。所安排的货位能保证搬运、上架、堆垛的作业方便，有足够的机动作业场地，能使用机械进行操作。

(5) 作业分布均匀。所安排的货位尽可能避免仓库内或者同作业线路上多项作业同时进行，避免相互发生影响。

(6) 保证先进先出、缓不围急。"先进行出"是仓储保管的重要原则，能避免货物过期变质。在货位安排时要避免后进货物围堵先进货物。存期较长的货物不可妨碍存期较短的货物。

4.1.2 入库作业

1. 货物接运

由于货物到达仓库的形式不同，除了一小部分由供货单位直接运到仓库交货外，大部分要经过铁路、公路、航运、空运和短途运输等运输工具转运。凡经过交通运输部门转运的商品都必须经过仓库接运后才能进行入库验收。因此，货物的接运是入库业务流程的第一道作业环节，也是仓库直接与外部发生的经济联系。它的主要任务是及时而准确地向交通运输部门提取入库货物，要求手续清楚、责任分明，为仓库验收工作创造有利条件。因为接运工作是仓库业务活动的开始，如果接收了损坏的或错误的商品将直接导致商品出库装运时出现差错。

商品接运是商品入库和保管的前提，接运工作完成的质量直接影响商品的验收和入库后的保管保养。因此，在接运由交通运输部门(包括铁路)转运的商品时，必须认真检查、分清责任、取得必要的证件，避免将一些在运输过程中或运输前就已经损坏的商品带入仓库，造成验收中责任难分的局面和增加保管工作中的困难或损失。

做好商品接运业务管理的主要意义在于防止把在运输过程中或运输之前已经发生的商品损害和各种差错带入仓库，减少或避免经济损失，为验收和保管、保养创造良好的条件。

商品接运的主要方式有以下几种。

1) 提货

(1) 到车站、码头提货。

这是由外地托运单位委托铁路、水运、民航等运输部门或邮局代运或邮递货物到达本埠车站、码头、民航站、邮局后，仓库依据货物通知单派车提运货物的作业活动。此外，在接受货主的委托，代理完成提货、末端送货的活动的情况下也会发生到车站、码头提货的作业活动。这种到货提运形式大多是零担托运、到货批量较小的货物。

对所提取的商品，提货人员应了解其品名、型号、特性和一般保管知识以及装卸搬运注意事项等，在提货前应做好接运货物的准备工作，如装卸运输工具、腾出存放商品的场地等。提货人员在到货前应主动了解到货时间和交货情况，根据到货多少组织装卸人员、机具和车辆，按时前往提货。

提货时应根据运单以及有关资料详细核对品名、规格、数量，并要注意商品外观，查看包装、封印是否完好，有无沾污、受潮、水渍、油渍等异状。若有疑点或不符应当场要求运输部门检查。对短缺损坏情况，凡属铁路方面责任的应做出商务记录，属于其他方面责任需要铁路部门证明的应做出普通记录，由铁路运输员签字。注意记录内容与实际情况要相符。

在短途运输中要做到不混不乱，避免碰坏损失。危险品应按照危险品搬运规定办理。

商品到站后，提货员应与保管员密切配合，尽量做到提货、运输、验收、入库、堆码成一条龙作业，从而缩短入库验收时间，并办理内部交接手续。

(2) 到供货单位提货。

这是仓库受货主的委托直接到供货单位提货的一种形式。其作业内容和程序主要是当仓库接到提货通知单后，做好一切提货准备，并将提货与物资的初步验收工作结合在一起进行。最好在供货人员在场的情况下当场进行验收。因此，接运人员要按照验收注意事项提货，必要时可由验收人员参与提货。

2) 到货

(1) 送货到库的到货。

送货到库是指供货单位或其委托的承运单位将商品直接运送到仓库的一种到货形式。当商品到达仓库后，接货人员及验收人员应直接与送货人员办理接货验收手续，检查外包装、清点数量，做好验收记录。如有质量和数量问题，应该会同送货人查实，并由送货人出具书面证明、签章确认，以留作处理问题的依据。

(2) 铁路专用线到货。

接到专用线到货通知后应立即确定卸货货位，力求缩短场内搬运距离。组织好卸车所需要的机械、人员以及有关资料，做好卸车准备。

车皮到达后，引导对位，进行检查。看车皮封闭情况是否良好(即车厢、车窗、铅封、苫布等有无异状)；根据运单和有关资料核对到货品名、规格、标志和清点件数；检查包装是否有损坏或有无散包；检查是否有进水、受潮或其他损坏现象。在检查中发现异常情况应请铁路部门派员复查，做出普通或商务记录，记录内容应与实际情况相符，以便交涉。

卸车时要注意为商品验收和入库保管提供便利条件，分清车号、品名、规格，不混不乱；保证包装完好，不碰坏，不压伤，更不得自行打开包装；应根据商品的性质合理堆放，以免混淆。卸车后在商品上应标明车号和卸车日期。

编制卸车记录，记明卸车货位规格、数量，连同有关证件和资料，尽快向保管员交代清楚，办好内部交接手续。

知识链接

接运中异常问题及处理

1. 破损

(1) 物资本身的破损影响其价值或使用价值，甚至导致物质报废。

(2) 包装的破损影响物资的储存保管。造成破损的原因主要是接运前和接运中的责任。应索取有关的事故记录，并交给保管员，作为向供应商或承运单位进行索赔的依据。

破损责任如因接运过程中的装卸不当等原因造成的破损，签收时应写明原因、数量等，报仓库主管处理，一般由责任方负责赔偿。

2. 短少

短少也分接运前和接运中两种情况。因接运前短少的，可按上述办法处理。如因接运中的装卸不牢而导致物资丢失的，或因无人押运被窃等原因造成的，在签收时报告保卫部门进行追查处理。

3. 变质

(1) 生产或保管不善、存期过长等原因导致物资变质。如责任在供应方，可退货、换货或索赔。保管员在签收时应详细说明数量和变质程度。

(2) 承运中因受污染、水渍等原因导致物资变质，责任在承运方。保管员签收时应索取有关记录，交货主处理。

(3) 提运中，因物资混放、雨淋等原因造成变质的，是接运人员的责任。

4. 错到

(1) 因发运方的责任，如错发、错装等导致错到的，应通知发运方处理。

(2) 因提运、接运中的责任，如错发、错装等导致错到的，保管员在签收时应详细注明，并报仓库主管负责追查处理。

(3) 因承运方责任，错发、错装等导致错到的应索取承运方记录，交货主交涉处理。

(4) 对于无合同、无计划的到货应及时通知货主查询，经批准后才能办理入库手续。同时，货主要及时将订货合同、到货计划送交仓库。

2. 入库验收

货物到库后，仓库收货人员首先要检查货物入库凭证，根据入库凭证开列的收货单位和货物名称与送交的货物内容和标记进行核对，然后才可以与送货人员办理交接手续。如果在以上工序中无异常情况出现，收货人员在送货回单上盖章表示货物收讫；如发现有异常情况，必须在送货单上详细注明并由送货人员签字，或由送货人员出具差错、异常情况记录等书面材料，作为事后处理的依据。

凡商品进入仓库储存必须经过检查验收，只有验收后的商品方可入库保管。货物入库验收是仓库把好“三关”(入库、保管、出库)的第一道。抓好货物入库质量关能防止劣质商品流入流通领域，划清仓库与生产部门、运输部门以及供销部门的责任界限，也为货物在库场中的保管提供第一手资料。

1) 商品验收的基本要求

(1) 及时。到库商品必须在规定的期限内完成验收入库工作。这是因为商品虽然到库，但未经过验收的商品没有入账，不算入库，不能供应给用料单位。只有及时验收，尽快提出检验报告才能保证商品尽快入库入账，满足用料单位的需求，加快商品和资金的周转。同时商品的托收承付和索赔都有一定的期限，如果验收时发现商品不合规定要求，要提出退货、换货或赔偿等请求，均应在规定的期限内提出。否则，供方或责任方不再承担责任，银行也将办理拒付手续。

(2) 准确。验收应以商品入库凭证为依据，准确地查验入库货物的实际数量和质量状况，并通过书面材料准确地反映出来。做到货、账、卡相符，提高账货相符率，降低收货差错率，提高企业的经济效益。

(3) 严格。仓库的各方都要严肃认真地对待商品验收工作。验收工作的好坏直接关系到企业的利益，也关系到以后各项仓储业务的顺利开展。因此，仓库领导应高度重视验收工作，直接参与验收人员要以高度负责的精神来对待这项工作，明确每批商品验收的要求和方法，并严格按照仓库验收入库的业务操作程序办事。

(4) 经济。商品在验收时，多数情况下，不但需要检验设备和验收人员，而且需要装卸搬运机具和设备以及相应工种工人配合。这就要求各工种密切协作，合理组织调配人员与设备，以节省作业费用。此外在验收工作中，尽可能保护原包装、减少或避免破坏性试验也是提高作业经济性的有效手段。

2) 商品的验收程序

商品验收包括验收准备、核对凭证、确定验收比例、实物检验、做出验收报告及验收中发现问题的处理。

(1) 验收准备。验收准备是货物入库验收的第一道程序。仓库接到到货通知后，应根据商品的性质和批量提前做好验收的准备工作，包括以下内容。

① 全面了解验收物资的性能、特点和数量，根据其需求确定存放地点、垛形和保管方法。

② 准备堆码苫垫所需材料和装卸搬运机械、设备及人力，以便使验收后的货物能及时入库保管存放，减少货物停顿时间；若是危险品则需要准备防护设施。

③ 准备相应的检验工具，并做好事前检查，以便保证验收数量的准确性和质量的可靠性。

④ 收集和熟悉验收凭证及有关资料。

⑤ 进口物资或上级业务主管部门指定需要检验质量者，应通知有关检验部门会同验收。

(2) 核对凭证。入库商品须具备下列凭证。

① 货主提供的入库通知单和订货合同副本，这是仓库接收商品的凭证。

② 供货单位提供的验收凭证，包括材质证明书、装箱单、磅码单、发货明细表、说明书、保修卡及合格证等。

③ 承运单位提供的运输单证，包括提货通知单和登记货物残损情况的货运记录、普通记录以及公路运输交接单等，作为向责任方进行交涉的依据。

核对凭证就是将上述凭证加以整理后全面核对。入库通知单、订货合同要与供货单位提供的所有凭证逐一核对，相符后才可以进入下一步的实物检验。如果发现有证件不齐或不符等情况，要与存货、供货单位及承运单位和有关业务部门及时联系解决。

(3) 检验货物。检验货物是仓储业务中的一个重要环节，包括检验数量、检验外观质量和检验包装3方面的内容，即复核货物数量是否与入库凭证相符、货物质量是否符合规定的要求、货物包装能否保证在储存和运输过程中的安全。

① 数量检验。数量检验是保证物资数量准确不可缺少的措施，要求物资入库时一次进行完毕，一般在质量验收之前由仓库保管职能机构组织进行。按商品性质和包装情况，数量检验分为3种形式，即计件、检斤、检尺求积。

a．计件法。计件是按件数供货或以件数为计量单位的商品在做数量验收时的清点件数。计件商品应全部清查件数(带有附件和成套的机电设备须清查主件、部件、零件和工具等)。

固定包装的小件商品，如包装完好、打开包装对保管不利，国内货物可采用抽验法，按一定比例开箱点件验收，可抽验内包装 5%～15%，其他只检查外包装，不拆包检查。贵重商品应酌情提高检验比例或全部检验。进口商品则按合同或惯例办理。

b．检斤法。检斤是对按重量供货或以重量为计量单位的商品做数量验收时的称重。商品的重量一般有毛重、皮重、净重之分。毛重是指商品重量包括包装重量在内的实重；净重是指商品本身的重量，即毛重减去皮重。通常所说的商品重量多是指商品的净重。

金属材料、某些化工产品多半是检斤验收。按理论换算重量供应的商品，如金属材料中的板材、型材等，先要通过检斤，然后按规定的换算方法换算成重量验收。对于进口商品，原则上应全部检斤，但如果订货合同规定按理论换算重量交货，则按合同规定办理。所有检斤的商品都应填写磅码单。

c．检尺求积法。检尺求积是对以体积为计量单位的商品，如木材、竹材、沙石等，先检尺，后求体积所做的数量验收。

凡是经过数量检验的商品都应该填写磅码单。

② 质量检验。质量检验一般与数量验收同时进行，包括外观质量检验和内在质量检验。

a．外观质量检验。外观质量检验包括外表质量检验、包装检验及尺寸精度检验。

外表检验。是指通过人的感觉器官检查商品外观质量。主要检查货物的自然属性是否因物理及化学反应而造成表面的改变，是否受潮、沾污、腐蚀、霉烂等；检查商品包装的牢固程度；检查商品有无损伤，如撞击，变形，破碎等。对外观检验有严重缺陷的商品要单独存放，防止混杂，等待处理。凡经过外观检验的商品都应该填写“检验记录单”。

包装检验。物资包装的好坏、干潮直接关系着物资的安全储存和运输，所以对物资的包装要进行严格验收。凡是产品合同对包装有具体规定的都要严格按规定验收，如箱板的厚度，纸箱、麻包的质量等。对于包装的干潮程度，一般是用眼看、手摸方法进行检查验收。

尺寸精度检验。商品的尺寸精度检验由仓库的技术管理职能机构组织进行。进行尺寸精度检验的商品主要是金属材料中的型材、部分机电产品和少数建筑材料。不同型材的尺寸检验各有特点，如椭圆材主要检验直径和圆度，管材主要检验壁厚和内径，板材主要检验厚度及其均匀度等。对部分机电产品的检验一般请用料单位派员进行。尺寸精度检验是一项技术性强、很费时间的工作，全部检验的工作量大，并且有些产品质量的特征只有通过破坏性的检验才能测到，所以一般采用抽验的方式进行。

b．内在质量检验。内在质量检验包括机械物理性能检验和化学成分检验，此外有些商品还涉及尺寸检验。

内在质量检验是对货物的内容进行检验，包括物理结构、化学成分、使用功能等进行鉴定。内在质量检验由专业技术检验单位进行，经检验后出具检验报告说明货物质量。

③ 外观质量检验的方法。仓库一般只做外观质量检验，内在质量检验如果有必要，则由仓库委托专门检验机构或部门检验。仓库外观质量检验一般采用的方法为感官检验，具体包括视觉检验、听觉检验、触觉检验和嗅觉、味觉检验。

a．视觉检验。这是对商品外观质量检验的最主要方法，它通过观察商品的外观，确定其质量是否符合要求。

b．听觉检验。这是通过轻敲某些商品，细听发声，鉴别其质量有无缺陷。如原箱未开的热水瓶，可以通过转动箱体，听其内部有无玻璃碎片撞击之声，从而辨别有无破损。

c．触觉检验。这是指用手触摸商品，以判断其是否有受潮、变质等异常情况。

d. 嗅觉、味觉检验。这是指用鼻嗅闻商品是否已失应有的气味，或有串味及有无漏臭异味的现象。

(4) 商品验收方式。商品验收方式分为全检和抽检，在进行数量和外观验收时一般要求全检。在质量验收时，当批量小、规格复杂、包装不整齐或要求严格验收时可以采用全检。全检需要大量的人力、物力和时间，但是可以保证验收的质量。当批量大、规格和包装整齐、存货单位的信誉较高或验收条件有限的情况下，通常采用抽检的方式。商品验收方式和有关程序应该由存货方和保留方共同协商，并通过协议在合同中加以明确规定。

(5) 验收中发现问题的处理。在物品验收过程中，如果发现物品数量或质量的问题，应该严格按照有关制度进行处理。验收过程中发现的数量和质量问题可能发生在各个流通环节，可能是由于供货方或交通运输部门或收货方本身的工作造成的。按照有关规章制度对问题进行处理，有利于分清各方的责任，并促使有关责任部门吸取教训、改进今后的工作。所以对验收过程发现的问题进行处理时应该注意以下几个方面。

① 在物品入库凭证未到齐之前不得正式验收。如果入库凭证不齐或不符，仓库有权拒绝验收或暂时存放，待凭证到齐再验收入库。

② 发现物品数量或质量不符合规定，要会同有关人员当场做出详细记录，交接双方应在记录上签字。如果是交货方的问题，仓库应该拒绝接收；如果是运输部门的问题就应该提出索赔。

③ 在数量验收中，计件物品应及时验收，发现问题要按规定的手续在规定的期限内向有关部门提出索赔要求。否则超过索赔期限，责任部门对形成的损失将不予负责。

知识链接

进口物资的检验

进口物资的验收涉及对外索赔，其验收标准应严于国内物资的检验。国家规定进口物资的验收内容和方法原则上与国内物资相同，但对下列几项内容与国内物资验收的检验工作有所不同。

1. 按照订货合同验收

进口物资的验收依据是订货合同，到库物资及其资料必须与订货合同相一致，物资的质量、包装必须符合合同规定。订货合同、技术资料、各项证件与到货核对完全相符后方可开始验收。

订货合同、技术资料、明细码单等是进口到货检验、对外出证索赔的法律依据，要认真查对清楚备用。若缺少必要的单证和技术资料要向有关方面索取。入库单和资料不齐不得验收。

2. 数量要全验

进口物资原则上要100%逐渐验收。但对到货规格整齐、包装完整或因批量大、打开包装对销售与保管不利的，可以抽验10%～20%，抽验合格按正常手续验收入库。

3. 按合同规定的计量方法计重

进口金属材料原则上规定过磅计重。若合同规定按理论换算计重则按合同规定办理。对一些轻化工产品，合同规定按定量计件点收的，在抽检定量无出入的前提

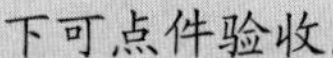

下可点件验收。

4. 按商检规定检验外观质量

进口物资外观检验原则上与国内物资相同。在检验中发现外观有缺陷时，要扩大抽验率到20%～30%，以最后检验结果作为判断依据。

进口物资包装和残损检验，应于开箱前核对包装或货件上的标识、号码、件数与收货单证记载的批次、件数是否相符。注意查验包装有无油污、水渍、破损和修补等情况。开箱后应先检查箱内物资的衬垫、保护情况是否符合保护物资质量要求。发现影响物资质量的情况要详细记录，拍下照片，保持好原包装状态。对于表面已经出现缺损的物资，要逐件检查残损情况并做好查验记录。

5. 对外索赔

通过验收，若发现存在数量短缺、外观缺陷等问题，由仓库负责填写验收记录单和明细对照码单等交货主，再由货主报商检部门复验之后出证索赔。

3. 入库交接

入库物品经过点数、查验之后，可以安排卸货、入库堆码，表示仓库接受物品。在卸货、搬运、堆垛作业完毕后与送货人办理交接手续，并建立仓库台账。

1) 交接手续

交接手续是指仓库对收到的物品向送货人进行的确认，表示已接受物品。办理完交接手续意味着划分清运输、送货部门和仓库的责任。完整的交接手续包括以下几项。

(1) 接受物品。仓库通过理货、查验物品，将不良物品剔出、退回或者编制残损单证等明确责任，确定收到物品的确切数量、物品表面状态良好。

(2) 接受文件。接受送货人送交的物品资料、运输的货运记录、普通记录等，以及随货的在运输单证上注明的相应文件，如图纸、准运证等。

(3) 签署单证。仓库与送货人或承运人共同在送货人交来的送货单、交接清单(见表4-1)上签署和批注，并留存相应单证。提供相应的入库、查验、理货、残损单证、事故报告由送货人或承运人签署。

表4-1 到接货交接单

收货人	发站	发货人	品名	标记	单位	件数	重量	号车	运单号	货位	合同号
备注											

送货人　　　　　　接收人　　　　　　经办人

2) 登账

货物查验中，仓库根据查验情况制作入库单，详细记录入库货物的实际情况。对短少、破损等要注明。

物品入库，仓库应建立详细反映物品仓储的明细账，登记物品入库、出库、结存的详细情况，用以记录库存物品动态和入出库过程。

登账的主要内容有：物品名称、规格、数量、件数、累计数或结存数、存货人或提货人、批次、金额，注明货位号或运输工具、接(发)货经办人。

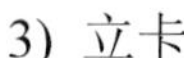

3) 立卡

物品入库或上架后，将物品名称、规格、数量或出入状态等内容填在料卡上称为立卡。料卡又称为货卡、货牌，插放在货架上物品下方的货架支架上或摆放在货垛正面明显位置。

4) 建档

建档就是将物资入库作业全过程的有关资料证件进行整理、核对，建立资料档案，以便物资保管和保持客户联系，并为将来发生争议时提供凭据。同时也有助于积累仓库管理经验，提高仓管人员的业务素质。

存货档案应一货一档设置，将该货位入库、保管和缴付的相应凭证、报表、记录、作业安排、资料等的原件或者附件、复印件存档。存货档案应该统一编号、妥善保管，长期保存。存货档案的内容包括以下几个方面。

(1) 货物入库时的资料。

① 货物的各种技术资料、合格证、装箱单、质量标准、送货单、发货清单等；

② 货物运输单据、普通记录、货运记录、残损记录、装载图等；

③ 入库通知单、验收记录、磅码单、技术检验报告。

(2) 货物在库保管时的资料。

保管期间的检查、保养作业、通风除湿、翻仓、事故等直接操作记录；存货期间的温度、湿度、特殊天气的记录等。

(3) 货物出库时的资料。

出库凭证，如领料单、出库单、调拨单等。

4.2　在库作业管理

物资经验收合格入库后，就进入了物资在库作业。物资在库作业是对物资进行清理的同时采取合理的堆码方式，以确保物资数量无误和在库期间的质量完好。

4.2.1　理货

在对商品进行堆码前，应先对商品进行整理，确保商品达到以下要求。

(1) 商品的数量、质量已彻底查清；

(2) 商品包装完好，标识清楚；

(3) 外表的沾污、尘土、雨雪等已清除，不影响商品质量；

(4) 对受潮、锈蚀以及已发生某些变质或质量不合格的部分，已经加工恢复或者已剔除另行处理，与合格品不相混杂；

(5) 为便于机械化操作，金属材料等该打捆的已经打捆，机电产品和仪器仪表等可集中装箱的已装入适用的包装箱。

4.2.2　堆码作业

物品堆码是指根据物品的包装、外形、性质、特点、种类和数量，结合季节和气候情况，以及储存时间的长短，将物品按一定的规律码成各种形状的货垛。合理堆码能保证物资的完好，提高仓容的利用率，便于对物品进行维护、盘点等管理。

1. 堆码的基本原则

1) 分类存放

分类存放是仓库储存规划的基本要求，是保证物品质量的重要手段，因此也是堆码需要遵循的基本原则。

(1) 不同类别的物品分类存放，甚至需要分区分库存放；

(2) 不同规格、不同批次的物品也要分位、分堆存放；

(3) 残损物品要与原货分开；

(4) 对于需要分拣的物品，在分拣之后应分位存放，以免混串。

此外，分类存放还包括不同流向物品、不同经营方式物品的分类分存。

2) 选择适当的搬运活性

为了减少作业时间、次数，提高仓库物流速度，应该根据物品作业的要求合理选择物品的搬运活性。对搬运活性高的入库存放物品也应注意摆放整齐，以免堵塞通道、浪费仓容。

3) 面向通道，不围不堵

货垛以及存放物品的正面尽可能面向通道，以便查看；另外，所有物品的货垛、货位都应有一面与通道相连，处在通道旁，以便能对物品进行直接作业。只有在所有的货位都与通道相同时才能保证不围不堵。

4) 尽可能向高处码放

为充分利用仓容，存放的货物要尽可能码高，使货物占用地面面积尽可能少，包括采用堆码堆高和使用货架存放。在码高时要注意货垛的稳定，只有在稳定的情况下才能码高。同时为保护货物还要考虑可承受的压力。

5) 根据出入库频率选定货位

出入库频率高的货物应放在靠近出入口、易于作业的地方；出入库频率低的货物放在距离出入口稍远的地方。

6) 重下轻上

当货物叠放堆码时，应将重的货物放在下面，轻的货物放在上面。

7) 便于点数

每垛货物按一定的数量存放，如按 5 或 5 的倍数存放，方便清点计数。

8) 依据货物的形状安排堆码方法

如长条形货物就以货物的长度作为货垛的长度。

搬运活性指数

所谓物料装卸搬运的活性，是指在装卸作业中的物料进行装卸作业的难易程度。所以，在堆放货物时，事先要考虑到物料装卸搬运作业的方便性。

物料装卸搬运的活性，根据物料所处的状态，即物料装卸搬运的难易程度，可分为不同级别的活性指数。

0 级：物料杂乱地堆在地面上的状态；

1 级：物料装箱或经捆扎后的状态；

2级：箱子或被捆扎后的物料，下面放有枕木或其他衬垫后，便于叉车或其他机械作业的状态；

3级：物料被放于台车上或用起重机吊钩钩住，即刻移动的状态；

4级：被装卸搬运的物料，已经被启动、直接作业的状态。

从理论上讲，活性指数越高越好，但也必须考虑到实施的可能性。例如，物料在储存阶段中，活性指数为4的输送带和活性指数为3的车辆，在一般的仓库中很少被采用，因为大批量的物料不可能存放在输送带和车辆上。为了说明和分析物料搬运的灵活程度，通常采用平均活性指数的方法。这个方法是对某一物流过程物料所具备的活性情况，累加后计算其平均值，用δ表示。δ值的大小是确定改变搬运方式的信号，如：

当$\delta<0.5$时，指所分析的搬运系统半数以上处于活性指数为0的状态，即大部分处于散放情况，其改进方式可采取料箱、推车等存放物料；

当$0.5<\delta<1.3$时，则是大部分物料处于集装状态，其改进方式可采用叉车和动力搬动车；

当$1.3<\delta<2.3$时，装卸搬运系统大多处于活性指数为2，可采用单元化物料的连续装卸和运输；

当$\delta>2.7$时，则说明大部分物料处于活性指数为3的状态，其改进方法可选用拖车、机车车头拖挂的装卸搬运方式。

装卸搬运的活性分析，除了上述指数分析法外，还可采用活性分析图法。活性分析图法是将物流过程通过图示来表示出装卸搬运活性程度。

2. 确定货物堆码方式

货物堆码方式主要有下列4种。

1) 散堆方式

散堆方式适用于露天存放的没有包装的大宗物品，如煤炭、矿石等，也可适用于库内少量存放的谷物、碎料等散装物品。

散堆方式是直接用堆扬机或者铲车在确定的货位后端起，直接将物品堆高，在达到预定的货垛高度时，逐步后推堆货，后端先形成立体梯形，最后成垛。由于散货具有流动、散落性，堆货时不能堆到太近垛位四边，以免散落使物品超出预定的货位。

2) 堆垛方式

对于有包装的物品(如箱、桶)，包括裸装的计件物品，采取堆垛的方式储存。堆垛方式储存能够充分利用仓容，做到仓库内整齐，方便作业和保管。物品的堆码方式主要取决于物品本身的性质、形状、体积、包装等。一般情况下多采取平放，使重心最低，最大接触面向下，易于堆码，稳定牢固。

常见的堆垛方式包括重叠式、纵横交错式、仰伏相间式、压缝式、通风式、栽柱式、衬垫式等。

(1) 重叠式。重叠式也称直堆法，是逐件、逐层向上重叠堆码，一件压一件的堆码方式。为了保证货垛稳定性，在一定层数后改变方向继续向上，或者长宽各减少一件继续向上堆放。该方法方便作业、计数，但稳定性较差。适用于袋装、箱装、箩筐装物品，以及平板、片式物品等，如图4.1所示。

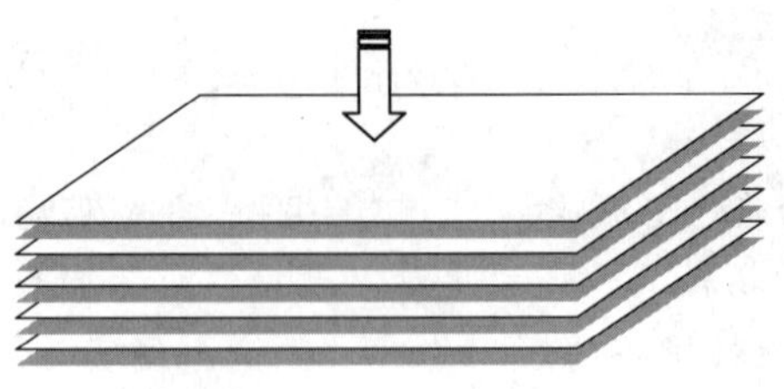

图 4.1　重叠式堆码

(2) 纵横交错式。纵横交错式是指每层物品都改变方向向上堆放。适用于管材、捆装、长箱装物品等。该方法较为稳定，但操作不便，如图 4.2 所示。

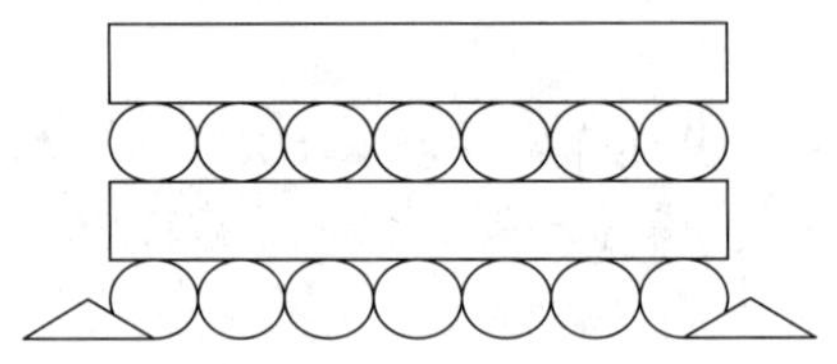

图 4.2　交错式堆码

(3) 仰伏相间式。对上下两面有大小差别或凹凸的物品，如槽钢、钢轨等，将物品仰放一层，在反一面伏放一层，仰伏相向相扣。该垛极为稳定，但操作不便，如图 4.3 所示。

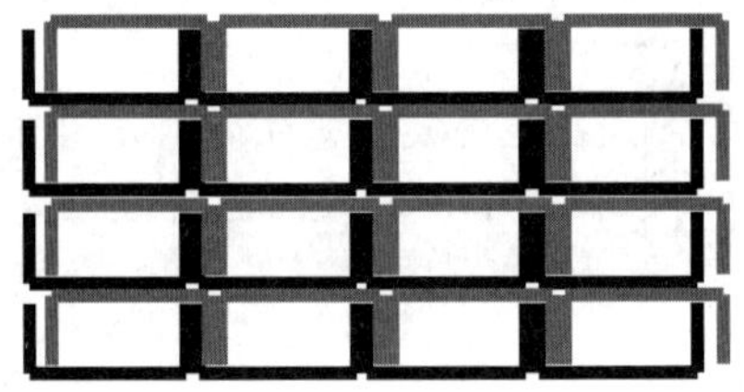

图 4.3　仰伏相间式

(4) 压缝式。将底层并排摆放，上层放在下层的两件物品之间，如图 4.4 所示。

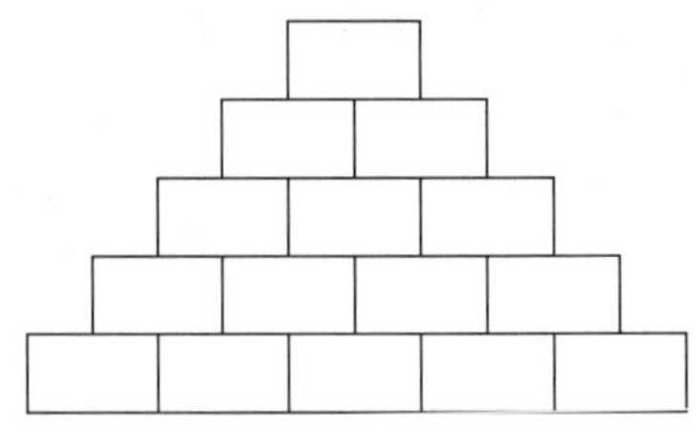

图 4.4　压缝式

(5) 通风式。物品在堆码时，任意两件相邻的物品之间都留有空隙，以便通风。层与层之间采用压缝式或者纵横交错式。通风式堆码可以用于所有箱装、桶装以及裸装物品堆码，起到通风防潮、散湿散热的作用，如图 4.5 所示。

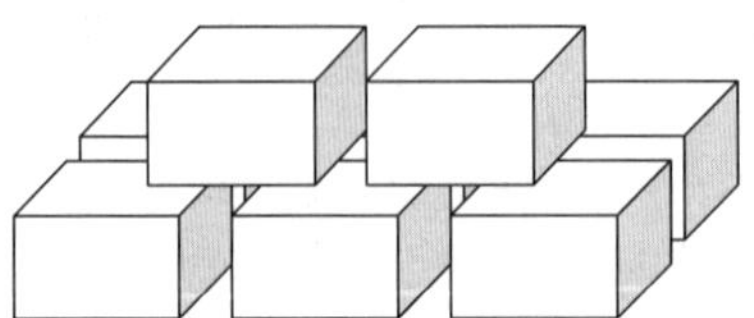

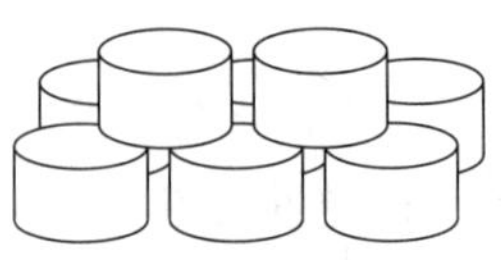

图 4.5　通风式堆码

(6) 栽柱式。码放物品前先在堆垛两侧栽上木桩或者铁棒，然后将物品平码在桩柱之间，几层后用铁丝将相对两边的柱拴连，再往上摆放物品。此法适用于棒材、管材等长条状物品，如图 4.6 所示。

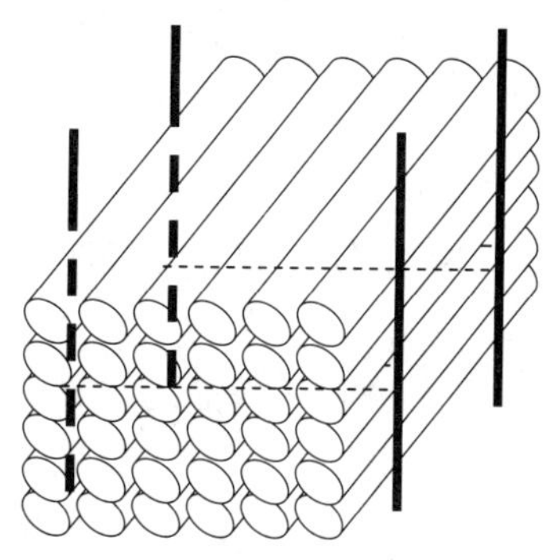

图 4.6 栽柱式堆码

(7) 衬垫式。码垛时，隔层或隔几层铺放衬垫物，衬垫物平整牢靠后，再往上码。适用于不规则且较重的物品，如无包装电机、水泵等。

3) 货架方式

采用通用或者专用的货架进行货架堆码，适用于小五金、小百货、交电零件等小件商品或不宜堆高的货物。

4) 成组堆码方式

采用成组工具使货物的堆存单元扩大。常见的成组工具有货板、托盘、网格等。成组堆垛一般每垛 3～4 层，这种方式可以提高仓库利用率，实现货物的安全搬运和堆存，提高劳动效率，加快货物周转。

3. 堆垛作业

1) 货垛“五距”要求

货垛“五距”应符合安全规范要求。货垛的“五距”指的是垛距、墙距、柱距、顶距和灯距。堆垛货垛时，不能依墙、靠柱、碰顶、贴灯，不能紧挨旁边的货垛，必须留有一定的间距。无论采用哪一种垛型，房内必须留出相应的走道，方便商品的进出和消防用途。

(1) 垛距。货垛与货垛之间的必要距离称为垛距，常以支道作为垛距。垛距能方便存取作业，起通风、散热的作用，方便消防工作。库房垛距一般为 0.3～0.5m，货场垛距一般不少于 0.5m。

(2) 墙距。为了防止库房墙壁和货场围墙上的潮气对商品的影响，也为了散热通风、消防工作、建筑安全、收发作业，货垛必须留有墙距。墙距可分为库房墙距和货场墙距，其中，库房墙距又分为内墙距和外墙距。内墙距是指货物离没有窗户墙体的距离，此处潮气相对少些，一般距离为 0.1～0.3m；外墙距是指货物离有窗户墙体的距离，这里湿度相对大些，一般距离为 0.1～0.5m。

(3) 柱距。为了防止库房柱子的潮气影响货物，也为了保护仓库建筑物的安全，必须留有柱距。柱距一般为 0.1～0.3m。

(4) 顶距。货垛堆放的最大高度与库房、货棚屋顶横梁间的距离称为顶距。顶距能便于装卸搬运作业，能通风散热，有利于消防工作，有利于收发、查点。顶距一般为 0.5～0.9m，具体视情况而定。

(5) 灯距。货垛与照明灯之间的必要距离称为灯距。为了确保储存商品的安全，防止照明灯发出的热量引起靠近商品燃烧而发生火灾，货垛必须留有足够的安全灯距。灯距按规定应有不少于 0.5m 的安全距离。

货位存货量的确定

(1) 确定库场货物单位面积定额，即单位仓容定额 p。

单位仓容定额 p 通过库场单位面积技术定额 $p_{库}$ 和货物单位面积堆存定额 $p_{货}$ 两指标来确定。

库场单位面积技术定额 $p_{库}$ 是指库场地面设计和建造所达到的强度，单位用 t/m^2 表示，如某仓库标注 $3t/m^2$，该指标确定了该货位的最大允许存放货物数量。一般仓库的地面单位面积技术定额为 $2.5 \sim 3t/m^2$，楼层增高则相应减小。加强型地面为 $5 \sim 10t/m^2$。

货物单位面积堆存定额 $p_{货}$ 则是由货物本身的包装及其本身强度所确定的堆高限定。如某电冰箱注明限高 4 层，每箱底面积为 0.8m × 0.8m，每箱重 80kg，则该电冰箱的单位面积堆存定额为

$$p_{货} = (80 \times 4) \div (0.8 \times 0.8 \times 1000) = 0.5(t/m^2)$$

库场货物单位面积定额则由以上两者确定，取较小的数值，这样才能同时保证库场地面不会损坏及货物本身不会被压坏。

即如果 $p_{库} < p_{货}$，则 $p = p_{库}$；如果 $p_{库} > p_{货}$，则 $p = p_{货}$。

如上例中 $p_{库} > p_{货}$，因而库场货物单位面积定额就为 $0.5t/m^2$。

(2) 货位存货量计算。

货位存货量是计算所选用的货位能堆存拟安排货物的总数量，即货位的存储能力，计算式为

$$q = p \times s$$

式中 q——某货位的储存能力(t)；

p——单位仓容定额(t/m^2)；

s——某类货物所存放货位的有效占用面积(m^2)。

2) 堆垛设计

为了达到堆码的基本要求，必须根据保管场所的实际情况、物品本身的特点、装卸搬运条件和技术及作业过程的要求，对物品堆垛进行总体设计。设计的内容包括垛基、垛形、货垛参数、堆码方式、货垛苫盖、货垛加固等。

(1) 垛基。垛基是货垛的基础，其主要作用是：承受整个货垛的重量，将物品的垂直压力传递给地基；将物品与地面隔开，起防水、防潮和通风的作用；垛基空间为搬运作业提供方便条件。因此，对垛基的基本要求是：将整垛货物的重量均匀地传递给地坪；保证良好的防潮和通风；保证垛基上存放的物品不发生变形。

(2) 垛形。垛形是指货垛的外部轮廓形状。

① 按垛底的平面形状可以分为矩形、正方形、三角形、圆形、环形等。按货垛立面的形状可以分为矩形、正方形、三角形、梯形、半圆形，另外还可组成矩形—三角形、矩形—梯形、矩形—半圆形等复合形状，如图4.7所示。

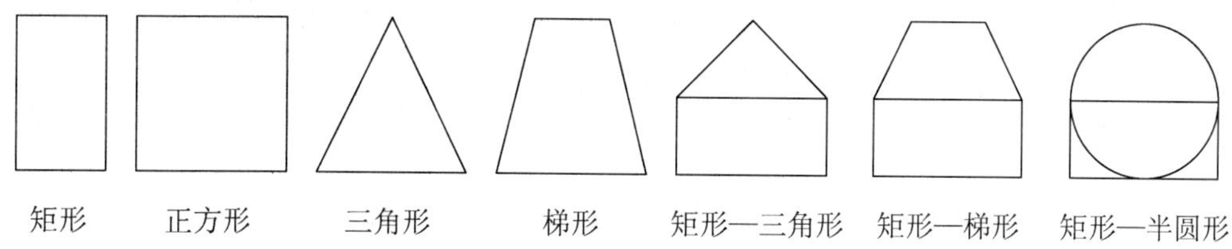

图4.7 货垛立面示意图

不同立面的货垛都有各自的特点。矩形、正方形垛易于堆码，便于盘点计数，库容整齐，但随着堆码高度的增加货垛稳定性就会下降；梯形、三角形和半圆形垛的稳定性好，便于苫盖，但是不便于盘点计数，也不利于仓库空间的利用；矩形—三角形等复合货垛恰好可以整合它们的优势，尤其是在露天存放的情况下更须加以考虑。

② 仓库常见的垛形。

a．平台垛。平台垛是先在底层以同一个方向平铺摆放一层货物，然后垂直继续向上堆积，每层货物的件数、方向相同，垛顶呈平面，垛形呈长方体。实际操作中并不都是采用层层加码的方式，往往从一端开始，逐步后移。平台垛适用于单一包装规格大批量货物，以及包装规则、能够垂直叠放的方形箱装货物、大袋货物、规则的软袋成组货物、托盘成组货物。平台垛可以用于仓库内和无需遮盖的堆场堆放的货物码垛，如图4.8所示。

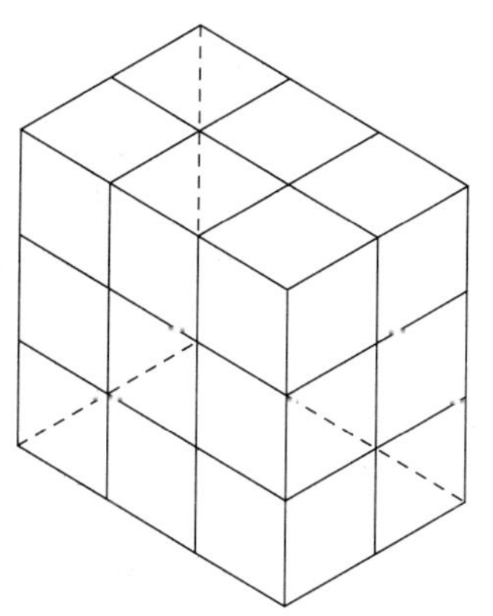

图4.8 平台垛示意图

平台垛具有整齐、便于清点、占地面积小、方便堆垛操作的优点。但该垛形的稳定性不太好，特别是硬包装、小包装的货物有货垛端头倒塌的危险，所以在必要时(如太高、长期堆存、端头位于主要通道等)要在两端采取一定的加固措施。对于堆放很高的轻质货物，往往在堆码到一定高度后，向内收半件货物后再向上堆码，从而使货垛更加稳固。

标准平台垛的货物件数为

$$A=L\times B\times H$$

式中　A——总件数；

L——长度方向件数；

B——宽度方向件数；

H——层数。

b．起脊垛。先按平台垛的方法码垛到一定的高度，以卡缝的方式将每层逐渐缩小，最后顶部形成屋脊形。起脊垛是堆场场地堆货的主要垛形，货垛表面的防雨遮盖从中间起向下倾斜，方便排泄雨水，防止水淋湿货物。有些仓库由于陈旧或建筑简陋有漏水现象，仓内的怕水货物也应采用起脊垛堆垛并遮盖。

起脊垛是平台垛为了适应遮盖、排水的需要的变形，具有平台垛操作方便、占地面积小的优点，适用平台垛的货物同样可以适用起脊垛堆垛。但是起脊垛由于顶部压缝收小，以及形状不规则，造成清点货物的不便，顶部货物的清点需要在堆垛前以其他方式进行。另外，由于起脊的高度使货垛中间的压力大于两边，因而采用起脊垛时库场使用定额要以脊顶的高度来确定，以免中间底层货物或库场被压损坏。起脊垛的货物件数为

$$A=L\times B\times H+\text{起脊件数}$$

式中　A——总件数；

L——长度方向件数；

B——宽度方向件数；

H——未起脊层数。

c．立体梯形垛。立体梯形垛是在最底层以同一方向排放货物的基础上，向上逐层同方向减数压缝堆码，垛顶呈平面，整个货垛呈下大上小的立体梯形形状。立体梯形垛适用于包装松软的袋装货物和上层面非平面而无法垂直叠码的货物的堆码，如横放的卷形、桶装、捆包货物。立体梯形垛极为稳固，可以堆放得较高，仓容利用率较高。对于在露天堆放的货物采用立体梯形垛，为了排水需要可以起脊变形，如图4.9所示。

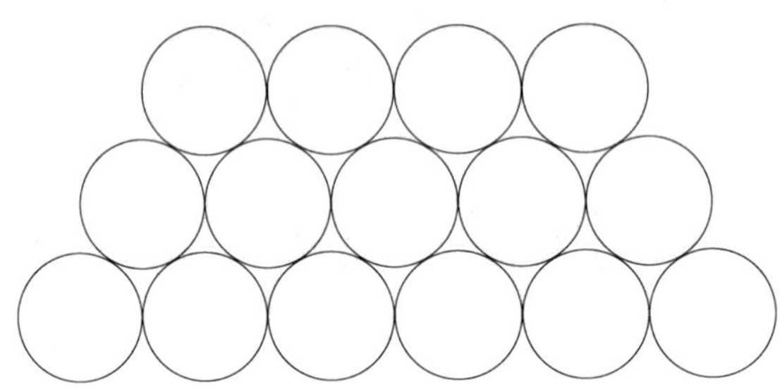

图4.9　立体梯形垛

为了增加立体梯形垛的空间利用率，在堆放可以立直的筐装、矮桶装货物时，底部数层可以采用平台垛的方式堆放，在码放到一定高度后再使用立体梯形垛。

每层两侧面(长度方向)收半件(压缝)的立体梯形垛件数为

$$A=(2L-H+1)\times H\times B\div 2$$

式中　A——总件数；

L——长度方向件数；

B——宽度方向件数；

H——层数。

d．井形垛。井形垛用于长形的钢管、钢材及木材的堆码。它是在以一个方向铺放一层

货物后，以垂直方向进行第二层的码放，货物横竖隔层交错逐层堆放，垛顶呈平面。井形垛垛形稳固，但每垛边上的货物可能滚落，需要捆绑或者收进。井形垛的作业较为不方便，需要不断改变作业方向。

井形垛的货物件数为

$$A=(L+B)\times B\div 2$$

式中　A——总件数；

L——纵向方向件数；

B——横向方向件数。

e．梅花形垛：对于需要立直存放的大桶装货物，将第一排(列)货物排成单排(列)，第二排(列)的每件靠在第一排(列)的两件之间卡缝，第三排(列)同第一排(列)一样，然后每排(列))依次卡缝排放，形如梅花形垛。梅花形垛货物摆放紧凑，充分利用了货件之间的空隙，更好利用仓容面积。

对于能够多层堆码的桶装货物，在码放第二层时，将每件货物压放在下层的三件货物之间，四边各收半件，形成立体梅花形垛。

单层梅花形货垛货量为

$$A=(2B-1)\times L\div 2$$

式中　A——总件数；

L——长度方向件数；

B——宽度方向件数。

(3) 货垛参数。货垛参数是指货垛的长、宽、高，即货垛的外形尺寸。通常情况下，需要首先确定货垛的长度，例如长形材料的尺寸长度就是其货垛的长度，包装成件物品的垛长应为包装长度或宽度的整数倍。货垛的宽度应根据库存物品的性质、要求的保管条件、搬运方式、数量多少以及收发制度等确定，一般多以 2 个或 5 个单位包装为货垛宽度。货垛高度主要根据库房高度、地坪承载能力、物品本身和包装物的耐压能力、装卸搬运设备的类型和技术性能，以及物品的理化性质等来确定。在条件允许的情况下应尽量提高货垛的高度，以提高仓库的空间利用率。

知识链接

货垛大小的确定(定脚桩)

现有罐头食品 5 000 箱，箱尺寸为 50cm × 25cm × 20cm，限高 10 层。拟安排在长度为 10m 的货位堆垛，采用纵横交叉式平台垛，需要开多宽的脚桩？

设底层采用纵向摆放，第二层横向交叉。则底层纵向可摆放

$$10\div 0.5=20$$

$$20\times B\times 10=5\ 000$$

$$B=25(箱)$$

宽度方向开桩 25 箱，占用 25 × 0.25=6.25(m)。堆成长 10m、宽 6.25m、高 2m 的平台垛。

4. 商品堆码操作要求

对垛码后的商品，仓库管理人员要对其检查，确保堆垛达到以下 6 个要求。

1) 牢固

操作人员必须严格遵守安全操作规程，防止建筑物超过安全负荷量。码垛必须稳定结实，不偏不斜，不歪不倒，必要时采用衬垫物固定，不压坏底层货物或外包装，不超过库存地坪承载能力。货垛较高时，上部适当向内收小。易滚动的货物，使用木楔或三角木固定，必要时使用绳索、绳网对货垛进行绑扎固定。

2) 合理

不同商品其性能、规格、尺寸不相同，应采用各种不同的垛形。不同品种、产地、等级、批次、单价的商品应分开堆码，以便收发、保管。货垛的高度要适度，不能压坏底层商品和地坪，并与屋顶、照明灯保持一定距离为宜；货垛的间距、走道的宽度以及货垛与墙面、梁柱的距离等都要合理、适度，符合作业要求和防火安全要求，大不压小、重不压轻，缓不围急，确保货物质量和货物的“先进先出”。

3) 整齐

货垛应按一定的规格、尺寸叠放，排列整齐、规范。商品包装标识应一律向外，便于查找。货垛垛形、垛高、垛距标准化和统一化，货垛上每件货物都排放整齐、垛边横竖成列，垛不压线。

4) 定量

每一货垛的货物数量保持一致，便于货物的清点。一般采用固定的长度和宽度，且为整数，如尽量采用“五五化” 堆码方法，便于记数和盘点，能做到过目知数。

知识链接

“五五化”堆垛

“五五化”堆垛就是以五为基本计算单位，堆码成各种总数为五的倍数的货垛，以五或五的倍数在固定区域内堆放，使货物“五五成行、五五成方、五五成包、五五成堆、五五成层”，堆放整齐，上下垂直，过目知数。便于货物的数量控制、清点盘存，如图 4.10 所示。

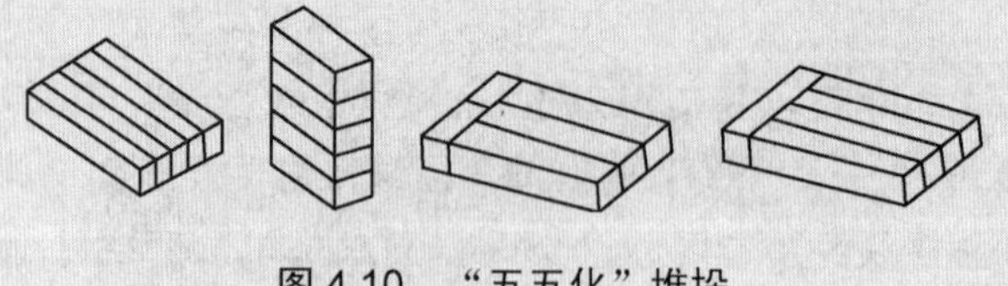

图 4.10 “五五化”堆垛

5) 节约

堆垛时应注意节省空间位置，尽量堆高，适当、合理地安排货位的使用，提高仓容利用率；妥善组织安排，做到一次作业到位，避免重复搬运，节约劳动消耗；合理使用苫垫材料，避免浪费。

6) 方便

选用的垛形、尺寸、堆垛方法应便于堆垛作业、装卸搬运作业，提高作业效率；垛形方便点数、查验货物，便于通风、苫盖等保管作业。

4.2.3　垫垛和苫盖

1. 垫垛

垫垛是指在货物码垛前，在预定的地面货位位置，使用衬垫材料进行铺垫。常见的衬垫物有枕木、废钢轨、货架板、木板、钢板、芦席等。

1) 垫垛的目的

(1) 使地面平整；

(2) 使堆垛货物与地面隔开，防止地面潮气和积水浸湿货物；

(3) 通过强度较大的衬垫物使重物的压力分散，避免损害地坪；

(4) 使地面杂物、尘土与货物隔开；

(5) 形成垛底通风层，有利于货垛通风排湿；

(6) 使货物的泄漏物留存在衬垫之内，防止流动扩散，以便于收集和处理。

2) 垫垛的基本要求

(1) 所使用的衬垫物与拟存货物不会发生不良影响，并具有足够的抗压强度；

(2) 地面要平整坚实、衬垫物要摆放平整，并保持同一方向；

(3) 衬垫物间距适当，直接接触货物的衬垫面积与货垛底面积相同，衬垫物不伸出货垛外；

(4) 要有足够的高度，露天堆场要达到 0.3～0.5m，库房内 0.2m 即可。

3) 垫垛物数量和衬垫面积的确定

一些单位质量大的货物在仓库中存放时，如果不能有效分散货物对地面的压力，则有可能会对仓库地面造成损害，因此要考虑在货物底部和仓库地面之间衬垫木板或钢板。衬垫物的使用量除考虑将压力分散在仓库地坪载荷限度之内外，还需要考虑这些库用耗材所产生的成本。因此，需要确定使压力小于地坪载荷的最少衬垫物数量。

【例 4.1】某仓库内存放一台自重 30t 的设备，该设备底架为两条 2m×0.2m 的钢架。该仓库库场单位面积技术定额为 $3t/m^2$。问需不需要垫垛？如何采用 2m×1.5m、自重 0.5t 的钢板垫垛？

解　货物对地面的压力强度为 $30\div(2\times2\times0.2)=37.5(t/m^2)$，这一压力强度远远超过库场单位面积技术定额 $3t/m^2$，因此必须垫垛。

假设需要 n 块钢板，根据上述公式 $n=30\div(2\times1.5\times3-0.5)\approx3.5$(块)。

所以需要使用 4 块钢板衬垫。将 4 块钢板平铺展开，设备的每条支架分别均匀的压在两块钢板上。

2. 苫盖

苫盖是指采用专用苫盖材料对货垛进行遮盖，以减少自然环境中的阳光、雨雪、风、尘土等对货物的侵蚀、损害，并使货物由于自身物理化学性质所造成的自然损耗尽可能地减少，保护货物存储期内的质量。

常用的苫盖材料有：帆布、芦席、竹席、塑料膜、铁皮铁瓦、玻璃钢瓦、塑料瓦等。

1) 苫盖的基本要求

苫盖的目的是给货物遮阳、避雨、挡风、防尘，具体的要求如下。

(1) 选择合适的苫盖材料。选用防火、无害的安全苫盖材料；苫盖材料不会对货物发生不良影响；成本低廉，不易损坏，能重复使用，没有破损和霉变。

(2) 苫盖要牢固。每张苫盖材料都需要牢固稳定，必要时在苫盖物外用绳索、绳网绑扎或者用重物镇压，确保刮风吹不开。

(3) 苫盖接口要紧密。苫盖的接口要有一定深度的互相叠盖，不能迎风叠口或留空隙，苫盖必须拉挺、平整，不得有折叠和凹陷，防止积水。

(4) 苫盖的底部与垫垛齐平。不腾空或拖地，并牢固地绑扎在垫垛外侧或地面的绳桩上，衬垫材料不露出垛外，以防雨水顺延渗入垛内。

(5) 要注意材质和季节。使用旧的苫盖物。在雨水丰沛季节，垛顶或者风口需要加层苫盖，确保雨淋不透。

2) 苫盖方法

(1) 就地苫盖法。直接将大面积苫盖材料覆盖在货垛上遮盖，一般采用大面积的帆布、油布、塑料膜等。就地苫盖法操作便利，但基本不具备通风条件。

(2) 鱼鳞式苫盖法。将苫盖材料从货垛的底部开始，自下而上呈鱼鳞式逐层交叠围盖。该法一般采用面积较小的瓦、席等材料苫盖。鱼鳞式苫盖法具有较好的通风条件，但每件苫盖材料都需要固定，操作比较繁琐复杂。

(3) 活动棚苫盖法。将苫盖物料制作成一定形状的棚架，在货物堆垛完毕后，移动棚架到货垛加以遮盖。或者采用即时安装活动棚架的方式苫盖。该法较为快捷，具有良好的通风条件，但活动棚本身需要占用仓库空间，也需要较高的购置成本。

4.2.4 货垛牌

为了在保管中能及时了解货物情况，需要在货垛上张挂有关该垛货物的资料标签。该记载货物资料的标签称为货垛牌或者货物标签、料卡等。货物码垛完毕，仓库管理人员就应按照入库货物资料、接受货物情况制作货垛牌，并摆放或拴挂在货垛(货架)正面明显的位置。

货垛牌的主要内容有：货位号、货物名称、批号、规格、进货日期、来源、存货人、该垛数量、接货人(制单人)等。此外根据不同特点的仓库可以设置其他项目。

4.3 出库作业管理

商品出库与发运是商品储存阶段的终止，也是仓库作业的最后一个环节，它使仓库工作与运输部门、商品使用单位直接发生联系。商品出库直接影响运输部门和使用单位，因此做好出库工作对改善仓库经营管理、降低作业费用、提高服务质量有一定的作用。做好出库工作必须遵循“先进先出”的原则，对有保管期限的商品要在限期内发放完毕；对可以回收复用的商品在保证质量的前提下，按先旧后新的原则发放；对零星用料要做到“分斤破两”；对专用材料要做到保证重点，照顾一般。商品出库要及对准确，出库工作尽量一次完成，防止差错。出库商品的包装要符合交通运输部门的要求。另外，仓库必须建立严格的商品出库和发运程序，把商品的出库和发运工作搞好。

4.3.1　出库作业的依据和要求

商品出库业务是仓库根据业务部门或存货单位开出的商品出库凭证(提货单、调拨单)，按其所列商品编号、名称、规格、型号、数量等项目，组织商品出库一系列工作的总称。出库发放的主要任务是：所发放的商品必须准确、及时、保质保量地发给收货单位，包装必须完整、牢固、标记正确清楚，核对必须仔细。

1. 商品出库的依据

商品出库必须依据出库凭证进行。无论在何种情况下，仓库都不得擅自动用、变相动用或者外借货主的库存商品。

出库凭证的格式不尽相同，不论采用何种形式，都必须是符合财务制度要求的有法律效力的凭证，要坚决杜绝凭信誉或无正式手续的发货。

2. 商品出库的要求

商品出库要求做到“三不”、“三核”和“五检查”。

1) “三不”

即未接单据不翻账，未经审单不备货，未经复核不出库。

2) “三核”

即在发货时，要核实凭证、核对账卡、核对实物。

3) “五检查”

即对单据和实物要进行品名检查、规格检查、包装检查、件数检查、重量检查。

具体地说，商品出库要求严格执行各项规章制度，提高服务质量，使用户满意。它包括对品种规格要求，积极与货主联系，为用户提货创造各种方便条件，杜绝差错事故。

4.3.2　商品出库的形式

1. 送货

仓库根据货主单位预先送来的出库凭证把应发商品送达收货单位指定的地点，这种发货形式就是通常所说的送货制。仓库实行送货要划清交接责任。仓储部门与运输部门的交接手续是在仓库现场办理完毕的；运输部门与收货单位的交接手续是根据货主单位与收货单位签订的协议，一般在收货单位指定的到货地办理。

送货具有“预先付货、接车排货、发货等车”的特点。仓库实行送货具有多方面的好处：仓库可预先安排作业，缩短发货时间；收货单位可避免因人力、车辆等不便而发生的取货困难；在运输上，可合理使用运输工具，减少运费。仓储部门实行送货业务，应考虑到货主单位不同的经营方式和供应地区的远近，既可向外地送货，也可向本地送货。

2. 自提

由收货人或其代理人持出库凭证直接到库提取，仓库凭单发货，这种发货形式就是通常所说的提货制。它具有“提单到库，随到随发，自提自运”的特点。为划清交接责任，仓库发货人与提货人在仓库现场对出库商品当面交接清楚并办理签收手续。

3. 过户

过户是一种就地划拨的形式，商品虽未出库，但是所有权已从原货主转移到新货主。仓库必须根据原货主开出的正式过户凭证才予办理过户手续。

4. 取样

货主单位出于对商品质量检验、样品陈列等需要到仓库提取货样。仓库也必须根据正式取样凭证才予发给样品，并做好账务记载。

5. 转仓

货主单位为了业务方便或改变储存条件，需要将某批库存商品自甲库转移到乙库，这就是转仓的发货形式。仓库也必须根据货主单位开出的正式转仓单才予办理转仓手续。

6. 代办托运

仓库接受客户的委托，先根据客户所开的出库凭证办理出库手续，再通过运输部门把物资发运到需方指定的地方。

代办托运的操作方式：由业务部门事先将发货凭证送到运输部门，运输部门经过制单托运，经运输部门批票或派车派船之后，运输部门委托搬运部门，或使用自有车辆向仓库办理提货手续。

这种物资出库方式常用于内、外贸储运公司所属的仓库和产地，口岸批发企业所属仓库，是仓库推行优质服务的措施之一。适用于大宗、长距离的货物运输。

代运方式的特点：代办代提、整批发出，与承运部门直接办理物资交接手续。

4.3.3 商品出库作业的程序

不同仓库在商品出库的操作程序上会有所不同，操作人员的分工也有粗有细，但就整个发货作业的过程而言，一般都是跟随着商品在库内的流向，或出库凭证的流转而构成各工种的衔接。出库程序一般包括“核单→备货→复核→包装→点交→登账→现场”和档案的清理等过程。

1. 核单

发放商品必须有正式的出库凭证，严禁无单或白条发货。保管员接到出库凭证后，应仔细核对，这就是出库业务的核单(验单)工作。

(1) 要审核出库凭证的合法性和真实性；

(2) 核对商品品名、型号、规格、单价、数量、收货单位、到站、银行账号；

(3) 审核出库凭证的有效期等。

凡在证件核对中，有货物名称、规格型号不对的，印签不齐全、数量有涂改、手续不符合要求的，均不能发货出库。如属自提商品还须检查有无财务部门准许发货的签章。

2. 备货

在对出库凭证所列项目进行核查之后才能开始备货工作。出库商品应附有质量证明书或副件、磅码单、装箱单等。机电设备等配件产品，其说明书及合格证应随货同到。备货时应本着“先进先出、易霉易坏先出、接近失效期先出”的原则，根据领料数量下堆备货或整堆发货。备料的计量实行“以收代发”，即利用入库检验时的一次清点数，不再重新过磅。备货后要及时变动料卡余额数量，填写实发数量和日期等。

3. 复核

为防止差错，备料后应立即进行复核。出库的复核形式主要有专职复核、交叉复核和环环复核3种。除此之外，在发货作业的各道环节上都贯串着复核工作，如理货员核对单货、守护员(门卫)凭票放行、账务员(保管会计)核对账单(票)等。这些分散的复核形式起到分头把关的作用，都有助于提高仓库发货业务的工作质量。

复核的主要内容包括品种、规格、型号、数量是否准确，商品质量是否完好，配套是否齐全，技术证件是否齐备，外观质量和包装是否完好等。复核后保管员和复核员应在出库凭证上签名。

4. 包装

出库的货物如果没有符合运输方式所要求的包装应进行包装。根据商品外形特点，选用适宜包装材料，其重量和尺寸应便于装卸和搬运。出库商品包装要求干燥、牢固。如有破损、潮湿、捆扎松散等不能保障商品在运输途中安全的，应负责加固整理，做到破包破箱不出库。此外，各类包装容器，若外包装上有水湿、油迹、污损，均不许出库。另外，在包装中严禁互相影响或性能互相抵触的商品混合包装。包装后要写明收货单位、到站、发货号、本批总件数、发货单位等。

5. 点交

商品经复核后，如果是本单位内部领料，则将商品和单据当面点交给提货人，办清交接手续；如系送货或将商品调出本单位办理运输的，则与送货人员或运输部门办理交接手续，当面将商品交点清楚。交清后，提货人员应在出库凭证上签章。

6. 登账

点交后，保管员应在出库单上填写实发数、发货日期等内容，并签名。然后将出库单连同有关证件资料及时交给货主，以使货主办理货款结算。保管员把留存的一联出库凭证交给实物明细账登记人员登记做账。

7. 现场和档案的清理

经过出库的一系列工作程序之后，实物、账目和库存档案等都发生了变化，应及时对现场和档案进行清理。现场清理包括清理库存商品、库房、场地、设备和工具等；档案清理是指对收发、保养、盈亏数量和垛位安排等情况进行分析。具体应按下列几项工作彻底清理，使保管工作重新趋于账、物、资金相符的状态。

(1) 按出库单核对结存数。

(2) 如果该批货物全部出库，应查实损耗数量，在规定损耗范围内的进行核销，超过损耗范围的查明原因，进行处理。

(3) 一批货物全部出库后，可根据该批货物入出库的情况、采用的保管方法和损耗数量总结保管经验。

(4) 清理现场，收集苫垫材料，妥善保管，以待再用。

(5) 代运货物发出后，收货单位提出数量不符时，属于重量短少而包装完好且件数不缺的，应由仓库保管机构负责处理；属于件数短少的，应由运输机构负责处理。若发出的货货物种、规格、型号不符，由保管机构负责处理；若发出货物损坏，应根据承运人出具的证明，分别由保管及运输机构处理。

(6) 由于提货单位任务变更或其他原因要求退货时，可经有关方同意，办理退货。退回的货物必须符合原发的数量和质量，要严格验收，重新办理入库手续。当然，未移交的货物则不必检验。

在整个出库业务程序过程中，复核和点交是两个最为关键的环节。复核是防止差错的重要和必不可少的措施，而点交则是划清仓库和提货方两者责任的必要手段。

催　提

仓库的使用需要有良好的计划性，只有在确定有空余货位时才能接受存货人的仓储委托。空余货位包括已经提空的货位和将要到期提空的货位。对将要到期的仓储物，要做好催提工作。

到期催提应在到期日的前一段时间进行。合同有约定的，在约定期通知；原合同有续期条款的，在续期日前通知；合同没有约定通知期的，仓库应在合理的提前时间内催提，以便提货人有足够的时间准备。

催提是直接向已知的提货人发出通知，可以用信件、传真、电话等方式。当不知道确切提货人时，可以向存货人催提。

另外，对于在仓储期间发生损害、变质的仓储物，质量保存期就要到期的货物，或者剩余的少量残货、地脚货也应进行催提，以免堆积占用仓库仓容，同时减少或避免存货人的损失。

4.3.4 商品出库过程中出现的问题及处理

1. 出库凭证上的问题及处理

(1) 凡出库凭证超过提货期限，用户前来提货的，必须先办理手续，按规定缴足逾期仓储保管费，然后方可发货。任何非正式凭证都不能作为发货凭证。提货时，若用户发现规格开错，保管员不得自行调换规格发货，必须通过制票员重新开票方可发货。

(2) 凡发现出库凭证有疑点，或者情况不清楚，以及出库凭证发现有假冒、复制、涂改等情况时，应及时与仓库保卫部门及出具出库凭证的单位或部门联系，妥善处理。

(3) 商品进库未验收，或者期货未进库的出库凭证，一般暂缓发货并通知货主，待货到并验收后再发货，提货期顺延，保管员不得代验。

(4) 如客户因各种原因将出库凭证遗失，客户应及时与仓库发货员和账务员联系挂失。如果挂失时货已被提走，保管员不承担责任，但要协助货主单位找回商品；如果货还没有被提走，经保管员和账务员查实后，做好挂失登记，将原凭证作废，缓期发货。

2. 提货数与实存数不符

若出现提货数量与商品实存数不符的情况，一般是实存数小于提货数，造成这种问题的原因主要有以下几个方面。

(1) 商品入库时，由于验收问题，增大了实收商品的签收数量，从而造成账面数大于实存数。

(2) 仓库保管员和发货人员在以前的发货过程中，因错发、串发等差错而形成实际商品库存量小于账面数。

(3) 货主单位没有及时核减开出的提货数，造成库存账面数大于实际储存数，从而开出的提货单提货数量过大。

(4) 仓储过程中造成的货物的毁损。

当遇到提货数量大于实际商品库存数量时，无论是何种原因造成的，都需要和仓库主管部门及货主单位及时取得联系后再做处理。如属于入库时错账，则可以采用报出报入方法进行调整，即先按库存账面数开具商品出库单销账，然后再按实际库存数重新入库登账，并在入库单上签明情况；如果属于仓库保管员串发、错发引起的问题，应由仓库方面负责解决库存数与提单数的差数；属于货主单位漏记账而多开出库数的，应由货主单位出具新的提货单，重新组织提货和发货；如果是仓储过程中的损耗，需考虑该损耗数量是否在合理的范围之内，并与货主单位协商解决。合理范围内的损耗应由货主单位承担，而超过合理范围之外的损耗则应由仓储部门负责赔偿。

3. 串发和错发货

所谓串发和错发货，主要是指在发货人员对商品种类规格不很熟悉的情况下，或者由于工作中的疏漏，把错误规格、数量的商品发出仓库的情况。如提货单开具甲规格的某种商品出库，而在发货时错把乙规格的该种商品发出，造成甲规格账面数小于实存数，乙规格账面数大于实存数。在这种情况下，如果商品尚未离库，应立即组织人力重新发货；如果商品已经被提出仓库，保管员要根据实际库存情况，如实向本库主管部门和货主单位讲明串发和错发货的品名、规格、数量、提货单位等情况，会同货主单位和运输单位共同协商解决。一般在无直接经济损失的情况下由货主单位重新按实际发货数冲单(票)解决，如果形成直接经济损失应按赔偿损失单据冲转调整保管账。

4. 包装破漏

包装破漏是指在发货过程中因商品外包装破散、砂眼等现象引起的商品渗漏、裸露等问题。这些问题主要是在储存过程中因堆垛挤压、发货装卸操作不慎等情况引起的，发货时都应经过整理或更换包装方可出库，否则造成的损失应由仓储部门承担。

5. 漏记和错记账

漏记账是指在商品出库作业中，由于没有及时核销商品明细账而造成账面数量大于或少于实存数的现象；错记账是指在商品出库后核销明细账时没有按实际发货出库的商品名称、数量等登记，从而造成账物不相符的情况。无论是漏记账还是错记账，一经发现，除及时向有关领导如实汇报情况外，同时还应根据原出库凭证查明原因调整保管账，使之与实际库存保持一致。如果由于漏记和错记账给货主单位、运输单位和仓储部门造成了损失应给予赔偿，同时应追究相关人员的责任。

本 章 小 结

本章介绍了仓库作业，首先介绍了货物入库作业中主要环节的内容和要求；其次介绍了货物在库作业主要环节的内容和要求；最后介绍了货物出库作业主要环节的内容和要求。通过本章的学习，学生能够熟悉仓库作业的各个环节，并通过实训项目训练培养仓库作业的基本操作技能。

课后实训

货物堆码技能的训练

在仓库现场要求学生在选定的货位上堆码空纸箱。在堆码之前，先测算出货位的大小，再根据纸箱的尺寸大小，计算出该货位能存放纸箱的数量。在堆码前要考虑什么样的垛型，拟定好货垛参数。进行堆码作业时，练习重叠式堆码、纵横交错式堆码、压缝式堆码、通风式堆码、五五式堆码等方法，对比各种方法的优缺点。

案例思考

大连恒新零部件制造公司配件出入库管理

大连恒新零部件制造公司在总结多年实践经验的基础上，制定出下述的出入库管理制度，取得了很好的效果。

1. 验货接运

到货接运是配件入库的第一步。它的主要任务是及时而准确地接收入库配件。在接运时，要对照货物运单认真检查，做到交接手续清楚，证件资料齐全，为验收工作创造条件。避免将已发生损失或差错的配件带入仓库，造成仓库的验收或保管出现困难。

2. 验收入库

凡要入库的配件，都必须经过严格的验收。物资验收是按照一定的程序和手续，对物资的数量和质量进行检查，以验证它是否符合订货合同的一项工作。验收为配件的保管和使用提供可靠依据，验收记录是仓库对外提出换货、退货和索赔的重要凭证。因此，要求验收工作做到及时、准确，在规定期限内完成，要严格按照验收程序进行。验收作业程序是：“验收准备→核对资料→实物检验→验收记录”。

(1) 验收准备。收集和熟悉验收凭证及有关订货资料，准备并校验相应的验收工具，准备装卸搬运设备、工具及材料，配备相应的人力，根据配件数量及保管要求，确定存放地点和保管方法等。

(2) 核对资料。凡要入库的零部件，应具备下列资料：入库通知单，供货单位提供的质量证明书，发货明细表、装箱单，承运部门提供的运单及必要的证件。仓库需对上述各种资料进行整理和核对，无误后即可进行实物检验。

(3) 实物检验。主要包括对零部件的数量和质量两方面的检验。数量验收是查对所到配件的名称、规格、型号和件数等是否与入库通知单、运单和发货明细表一致。需进行技术检验来确定其质量的，则应通知企业技术检验部门检验。

(4) 验收记录。如果配件验收准确无误，则相关当事人在入库单上签字，以确定收货。如果发现配件验收有问题，则应另行做好记录和签字，并且交付有关部门处理。

3. 办理入库手续

经验收无误后即应办理入库手续，进行登账、立卡、建立档案、妥善保管配件的各种证件、账单资料。

(1) 登账。仓库对每一品种规格及不同级别的物资都必须建立收、发、存明细账，它是及时、准确地反映物资储存动态的基础资料。登账时必须要以正式收发凭证为依据。

(2) 立卡。料卡是一种活动的实物标签，它反映库存配件的名称、规格、型号、级别、储备定额和实存数量。一般是直接挂在货位上。

(3) 建档。历年来的技术资料及出入库有关资料应存入档案，以备查阅，积累零部件保管经验。档案应一物一档，统一编号，以便查找。

4. 出库

为保证配件出库的及时性和准确性，应使出库工作尽量一次完成。同时，要认真实行“先进先出”的原则，减少物资的储存时间，严格按照出库程序进行。出库程序是“出库前准备→核对出库凭证→备料→复核→发料→清理”。

5. 配件出库前的准备

仓库要深入实际，掌握用料规律，并根据出库任务量安排好所需的设备、人员及场地等。

(1) 核对出库凭证。仓库发出的配件，主要是车间所领用，有少部分对外销售、委托外单位加工或为基建工程所领用。为了确定出库配件的用途，计算新产品成本，防止配件被盗，出库时必须有一定的凭证手续，严禁无单或白条发料。配件出库凭证主要有：领料单、外加工发料单等。保管员接到发料通知单，必须仔细核对，无误后才能备料。

(2) 备料。按照出库凭证进行备料。同时变动料卡的余存数量，填写实发数量和日期等。

(3) 复核。为防止差错，备料后必须进行复核。复核的主要内容：出库凭证与配件的名称、规格、数量和质量是否相符。

(4) 发料。复核无误后即可发料。

(5) 清理。发料完毕，当日登、销料账，清理单据、证件，并清理现场。

仓库出、入库工作的好坏直接影响企业的秩序，影响配件的盈亏、损耗和周转速度，因此，仓库应努力做好出、入库工作。

思考

该公司出入库程序有哪些？有何优缺点？如何改进？

思考与练习

一、单项选择题

1. 以下对商品验收的作用，描述不正确的是(　　)。

A. 验收是做好商品保管保养的基础

B．验收有利于维护货主利益

C．验收记录是买方提出退货、换货和索赔的依据

D．验收是避免商品积压，减少经济损失的重要手段

2．如对砂石进行数量检验，应采用的形式是(　　)。

A．计件　　B．检斤　　C．检尺求积　　D．尺寸检验

3．在仓库中，质量验收主要进行的是(　　)。

A．商品外观检验　　B．化学成分检验

C．商品的尺寸检验　　D．机械物理性能检验

4．以下各种检验中，直接通过人的感觉器官进行检验的是(　　)。

A．数量检验　　B．商品外观检验

C．商品的尺寸检验　　D．理化检验

5．检查商品有无潮湿、霉腐、生虫等属于(　　)。

A．商品外观检验　　B．理化检验

C．机械物理性能检验　　D．化学成分检验

6．仓库根据货主预先送来的“商品调拨通知”，通过发货作业，把商品交由运输部门送达收货单位，这种发货形式称为(　　)。

A．过户　　B．自提　　C．转仓　　D．送货

7．以下不属于出库程序的是(　　)。

A．包装　　B．加工　　C．核单　　D．清理

8．商品出库程序中的清理环节，可分为现场清理和(　　)。

A．库位清理　　B．商品清理　　C．废品清理　　D．档案清理

9．商品入库业务流程的第一道作业环节是(　　)。

A．接运　　B．内部交接　　C．验收　　D．保管保养

10．某仓库内要存放一台自重 40t 的设备，该设备底架为两条 2m×0.2m 的钢架，该仓库库场单位机积技术定额为 $3t/m^2$，如采用 2m×1m 自重为 1t 的钢板垫垛，需(　　)块。

A．4 块　　B．6 块　　C．8 块　　D．10 块

11．现有罐头食品 6 080 箱，纸箱尺寸为 50cm×25cm×20cm，限高 8 层，拟安排在长度为 10m 的货位堆垛，采用平台垛，则需要(　　)宽的货位。

A．6.25m　　B．8.5m　　C．7.25m　　D．9.5m

12．在堆码货物时，遵循(　　)原则，可使货物出入库更容易，方便在仓库内移动。

A．重下轻上　　B．尽可能地向高处堆码

C．面向通道进行保管　　D．依据形状安排保管方法

13．适应于煤炭等大宗货物的堆码方式是(　　)。

A．垛堆方式　　B．货架方式　　C．散堆方式　　D．成组堆码方式

14．若包装物损坏严重，则需要进行重新包装，即(　　)。

A．改装　　B．修装　　C．换装　　D．拼装

15．为便于商品的销售，将大的货物单元改装成一定规格、数量小的货物单元的过程称为(　　)。

A．分装　　B．改装　　C．拼装　　D．配装

二、多项选择题

1. 在商品入库操作中，商品接运的方式有(　　)。
A. 站、码头接货　B. 产地接货　C. 仓库内接货
D. 专用线接货　E. 仓库自行接货

2. 商品验收作业包括的主要作业环节有(　　)。
A. 验收准备　B. 核对证件　C. 内容登记
D. 检验实物　E. 数值分析

3. 仓库接到货通知后，所做的验收准备工作包括(　　)。
A. 人员准备　B. 器具准备　C. 资料准备
D. 设备准备　E. 货位准备

4. 以下作为仓库接受商品凭证的是(　　)。
A. 装箱单　B. 入库通知　C. 发货明细表
D. 订货合同副本　E. 承运单位提供的运单

5. 对货物进行质量检验的形式有(　　)。
A. 商品外观检验　B. 商品的尺寸检验　C. 商品的数量检验
D. 化学成分检验　E. 机械物理性能检验

6. 以下各项中属于商品入库单证的有(　　)。
A. 货卡　B. 磅码单　C. 领料卡
D. 入库通知单　E. 实物明细账

7. 商品出库的形式主要有(　　)。
A. 自提　B. 送货　C. 转仓
D. 过户　E. 取样

8. 商品自提出库的特点是(　　)。
A. 提单到库　B. 随到随发　C. 预先付货
D. 自提自运　E. 发货等车

9. 货物出库的方式主要有(　　)。
A. 客户自提　B. 委托发货　C. 代理提货
D. 承运人提货　E. 仓储企业派自己的货车给客户送货

10. 出库业务的核单工作即保管员接到出库凭证后，应仔细核对(　　)。
A. 商品明细　B. 提货单位相关事宜
C. 出库凭证的真实性　D. 出库凭证的有效期
E. 自提商品，还需要检查有无财务部门准许发货的签单

11. 复核的主要内容包括货物的(　　)。
A. 配套是否齐全　B. 品种数量是否准确　C. 技术证书是否齐备
D. 商品质量是否完好　E. 外观质量和包装是否完好

12. 在整个出库业务过程中，最为关键的两个环节是(　　)。
A. 核单　B. 复核　C. 点交
D. 登账　E. 现场和档案的清理

13．造成出库商品提货数与实存数不符的原因主要有(　　)。
A．验收问题　　B．错法、串法　　C．货物的毁损
D．进货不及时　　E．没有及时核减开出的提货数

14．主要的商品出库单证有(　　)。
A．货卡　　B．出库单　　C．领(送)料单
D．磅码单　　E．实物明细账

15．商品在出库时的主要管理作业包括(　　)。
A．货物保管作业　　B．货物养护作业　　C．货物维修作业
D．货物整理作业　　E．装卸搬运作业

16．对货物进行合理的堆码，其优点主要体现在(　　)。
A．有利于降低管理成本　　B．有利于提高仓容利用率
C．有利于提高收发作业的效率　　D．有利于提高养护工作的效率
E．有利于提高入库货物的储存保管质量

17．有关仓库中货物堆码的原则，主要有便于识别原则、便于点数原则、重下轻上原则和(　　)。
A．面向通道进行保管原则　　B．根据出库频率选定位置原则
C．同一商品在同一地方保管原则　　D．尽可能地向高处堆码原则
E．依据形状安排保管方法原则

18．对货物进行堆码的方式主要有(　　)。
A．散堆方式　　B．货价方式　　C．垛堆方式
D．成组堆码方式　　E．独立个体方式

19．在货物入库后，要做好货物质量变化的预防措施，应(　　)。
A．健全仓库货物保养组织　　B．保持仓库的清洁卫生
C．妥善进行堆码和苫垫　　D．认真控制库房温湿度
E．做好货物在库质量检查

20．装卸、搬运作业的特点包括(　　)。
A．工作量小　　B．对象复杂　　C．作业量大
D．作业不均匀　　E．安全性要求高

21．在对货物进行拼、配装时应特别注意(　　)。
A．货物的性质不能相互抵触　　B．拼、配装组合要经济合理
C．货物规格必须一致　　D．应为同一品牌货物
E．必须满足安全操作的需要

22．以下各项中，属于仓储入库阶段的是(　　)。
A．接运　　B．验收　　C．出库
D．保管保养　　E．内部交接

23．货垛的“五距”指的是(　　)。
A．垛距　　B．墙距　　C．柱距
D．顶距　　E．灯距

三、判断题

1．仓储连接了生产者与客户，其运作的好坏将直接影响整个物流系统的成本与效率。 ( )

2．入库验收是商品入库业务流程的第一道作业环节。 ( )

3．凡商品进入仓库储存必须经过检查验收，只有验收后的货物方可入库保管。 ( )

4．验收虽然有利于维护货主利益，但并不能避免商品积压，进而减少经济损失。 ( )

5．仓库接受商品的凭证是供货单位提供的货物凭证。 ( )

6．按照商品性质和包装情况，数量检验分为3种形式：计件、检斤、检尺求积。 ( )

7．进行数量检验时，一般情况应进行抽检。 ( )

8．在仓库中，质量验收主要是进行理化检验。 ( )

9．大批量商品的尺寸检验一般采用全部检验的方式进行。 ( )

10．有关商品的出库要求做到“三不四核五检查”。 ( )

11．虽然过户是一种商品出库的形式，但此形式下，商品并未真正出库。 ( )

12．不同仓库在商品出库时的操作程序都是相同的。 ( )

13．出库程序包括核单、点交、登账和清理四个环节。 ( )

14．在商品出库备料时应本着“先进先出，易霉易坏先出、接近失效期先出”的原则，根据领料数量下堆备料或整堆发料。 ( )

15．在整个出库业务过程中，点交和登账是两个最为关键的环节。 ( )

16．在商品出库过程中，任何白条都不能作为发货凭证。 ( )

17．货物保管只是对货物进行合理的保存即可。 ( )

18．只有对货物进行合理的苫垫，才能使货物避免受潮、淋雨、暴晒等。 ( )

19．流动性差的货物在堆码时根据出库频率应堆放在距离出入口稍远的地方。( )

20．在仓库中，为避免提错货，不同批的同一货物或类似货物不能放在同一地方保管。 ( )

21．成组堆码方式中常有的成组工具包括货板、集装箱、托盘、网格等。 ( )

22．货物保管明细账是在库货物清查盘点的依据。 ( )

23．货物保管明细账在登账时一律使用蓝、黑色墨水笔登记，使用红墨水冲账。( )

24．妥善进行堆码和苫垫是把好货物仓储质量的第一关。 ( )

25．为了防止在库货物的质量发生变化，只需对货物进行妥善的堆码和苫垫，认真控制库房温湿度，并做好货物在库质量检查就可以了。 ( )

26．装卸是指商品在空间上发生的垂直位移；搬运是指在空间上发生的水平位移。 ( )

27．仓库的作业组织工作不能影响装卸搬运距离。 ( )

28．货物的成组包装运输虽然能缩短作业时间、减小劳动强度、提高机械化作业的效能、使运输工具得到充分的利用，但是会使货物的运输成本提高。 ( )

29．货物的包装使货物在交接时的质量检查变得更困难。 ( )

30．包装应符合货物性能的要求，对于液体货物，采用密闭、牢固的包装材料。( )

31．作为商品的货物包装，一定要美观、华丽，对其可以不计成本。 ( )

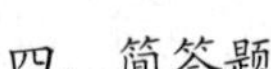

四、简答题

1．简述商品的入库流程。

2．简述验收作业流程及其内容。

3．简述商品出库的流程。

4．商品出库过程中容易出现哪些问题？

5．在对货物进行盘点时应注意哪些问题？

6．库场中常见的包装业务有哪些？

五、计算题

1．已知一井型货垛的纵向方向摆放200根钢管，横向方向摆放50根钢管，共堆放20层，则该货垛的钢管总数为多少根？

2．某仓库单位面积技术定额为3t/m^2，现有10m×6m×6m仓库货位，计划堆存某商品一批，已知该商品为纸箱包装，箱尺寸为30cm×30cm×60cm，每箱重20kg，问该货位能堆放多少箱？

3．某仓库有两个货位，第一个货位预计存放电视机，限高6层，每箱重60kg，每箱底面积为0.6m×0.6m，有效占用面积为100m^2。第二个货位预计存放机器零件，限高7层，每箱重100kg，每箱底面积为0.4m×0.5m，有效占用面积为20m^2。请估算该仓库的储存能力(注该仓库地面的单位面积定额为2.5t/m^2)。

4．某仓库内要存放一台自重40t的设备，该设备底架为两条2m×0.2m的钢架。该仓库库场单位面积技术定额为3t/m^2。如采用2m×1m自重1t的钢板垫垛，需多少块？应如何垫垛？

第5章 配送概述

知识目标

(1) 掌握配送的概念、分类和功能；
(2) 了解配送的要素及其一般流程，熟悉各类配送模式的特点；
(3) 掌握配送中心的概念、分类及功能等基本内容。

技能目标

(1) 配送组织能力；
(2) 配送中心的选址、合理布局与规划的能力。

引导案例

王某是江西省新华书店联合有限公司下属的一家连锁书店的进货员，他每天的采购流程十分简单：登录江西新华的网站，输入连锁店用户名和密码，查看当日最新书目、本店和总店各类图书的销售和库存情况，填写网上订单并确认，总部在24h内就能够完成配货。或者，王某还可驱车 4km，来到南昌市京东开发区宽敞的连锁物流配送中心展示大厅挑选陈列样书，把通过PDA掌上电脑无线订货系统传送的配货信息上传到总部的计算机中心，24h内图书将准确配货到位。

这种全新的采购方式得益于江西省新华书店联合有限公司的(以下简称“江西省店”)连锁物流配送系统。上述订货信息经过商流系统软件(NVS 软件)与物流系统软件(EXCEED 软件)的数据转换，自动在各库区形成拣货单，进而在电子标签的引导下快速执行拣货和配货。入库上架的商品由物流系统进行管理，采用了储位管理的方法——所有储位以储位码为作业判断的依据，物流系统收到商流系统转来的批销单进行确认，作业人员根据电子标签进行拣货作业。这套现代化的物流配送系统使得江西省店在面对新的市场竞争时有了底气。

分析

江西省店的连锁物流配送系统是如何作业的？

5.1 配送的概念及分类

根据《中华人民共和国国家标准物流术语》(GB/T 18354—2001)，“配送”被定义为：“在经济合理区域范围内，根据用户要求，对物品进行拣选、加工、包装、分割、组配等作业，并按时送达指定地点的物流活动。”

5.1.1 配送的概念

从物流角度来说，配送几乎包括了所有的物流功能要素，是物流在小范围内全部活动的体现。一般来说，配送集装卸、包装、保管、运输于一身，通过这一系列活动达到将物品送达客户的目的。特殊的配送则还要以加工活动为支撑，包含的面更广。

从商流来讲，配送和物流不同之处在于，物流是商物分离的产物，而配送则是商物合一的产物，配送本身就是一种商业形式。虽然配送具体实施时，也有以商物分离形式实现的，但从配送的发展趋势看，商流与物流越来越紧密的结合，是配送成功的重要保障。

从配送的实施形态角度来看，对配送表述如下：按用户订货要求，在配送中心或其他物流结点进行货物配备，并以最合理方式送交用户。这个概念的内容概括了以下几点。

(1) 配送的实质是送货。

配送是一种送货，但和一般送货有区别：一般送货可以是一种偶然的行为，而配送却是一种固定的形态，甚至是一种有确定组织、确定渠道，有一套装备和管理力量、技术力量，有一套制度的体制形式。所以，配送是高水平送货形式。

(2) 配送是一种以现代送货形式来实现资源最终配置的经济活动。

在社会再生产过程中，配送处于接近用户的那一段流通领域，由于配送的主要经济活动是现代送货，因此它是以现代生产力、劳动手段为支撑，依靠科技手段来完成的。

(3) 配送是一种“中转”形式。

配送是从物流结点至用户的一种特殊送货形式。从送货功能看，其特殊性表现为：从事送货的是专职流通企业，而不是生产企业；配送是“中转”型送货，而一般送货尤其从工厂至用户的送货往往是直达型；一般送货是生产什么，有什么送什么，配送则是企业需要什么送什么。所以，要做到需要什么送什么，就必须在一定中转环节筹集这种需要，从而使配送必然以中转形式出现。当然，广义上，许多人也将非中转型送货纳入配送范围，将配送外延从中转扩大到非中转，仅以“送”为标志来划分配送外延，也是有一定道理的。

(4) 配送是“配”和“送”有机结合的形式。

配送与一般送货的重要区别在于，配送利用有效的拣选、配货等理货工作，使送货达到一定的规模，以利用规模优势取得较低的送货成本。如果不进行拣选、配货，有一件运一件，需要一点送一点，就会大大增加动力的消耗，使送货并不优于取货。所以，追求整个配送的优势，拣选、配货等工作是必不可少的。

(5) 配送以用户要求为出发点。

在定义中强调“按用户的订货要求”明确了用户的主导地位。配送是从用户利益出发、按用户要求进行的一种活动，因此，在观念上必须明确“用户第一”、“质量第一”，配送企业的地位是服务地位而不是主导地位，不能从本企业利益出发而应从用户利益出发，在满足用户利益基础上取得本企业的利益。更重要的是，不能利用配送损伤或控制用户，不能利用配送作为部门分割、行业分割、割据市场的手段。

(6) 以最合理方式送交用户。

概念中“以最合理方式”的提法是基于这样一种考虑：过分强调“按用户要求”是不妥的，用户要求受用户本身的局限，有时实际会损失自我或双方的利益。对于配送者讲，必须以“要求”为据，但是不能盲目，应该追求合理性，进而指导用户，实现共同受益的商业原则。

5.1.2 配送类型

随着配送的发展，为满足不同产品、不同用户和不同市场环境的要求，已有多种形式的配送。主要有以下几种分类方式：

1. 按配送主体不同划分

1) 配送中心配送

组织者是专职从事配送业务的配送中心，规模较大，专业性强，和用户有固定的配送关系，一般实行计划配送。由于配送中心设施及工作流程是按配送需要而专门设计的，所以配送能力强，配送距离较远，配送品种多，配送数量大，可以承担工业企业生产用主要物资的配送及向商店实行补充性配送等。配送中心配送是配送的主体形式。

2) 仓库配送

即以一般仓库为据点进行配送的形式，在仓库保持原有功能前提下，增加配送功能。由于不是专门按配送中心要求建设的，所以仓库配送规模较小，专业化程度低，是一种中等规模的配送形式。

3) 商店配送

组织者是商业或物资经营网点，它们承担零售业务，规模一般不大，但经营品种齐全，容易组织配送。由于网点多，配送半径小，比较机动灵活，可承担生产企业非主要生产用物资的配送，是配送中心配送的辅助及补充形式。

4) 生产企业配送

组织者是生产企业，尤其是进行多品种生产的企业，可以直接由企业配送，而无须再将产品运到配送中心进行中转配送。生产企业配送在地方性较强的生产企业中应用较多，如某些不适应中转的化工产品与地方建材产品大多采用生产企业配送。

2. 按配送品种和数量划分

1) 单(少)品种大批量配送

由于配送的品种少，批量大，不需要与其他商品搭配，即可使车辆满载，配送中心内部设施、组织计划等工作也较简单，因而配送成本较低。

2) 多品种少批量配送

它按用户要求，将所需各种物资配备齐全，凑整装车，由配送员送运到用户。这种配送，水平要求高，配送中心设备较复杂，配送计划难度大，要有高水平的组织工作保证配送。在配送方式中，这是一种高技术、高水平的方式，也符合现代“消费多样化”、“需求多样化”的新观念，是许多国家推崇的一种方式。

3) 配套配送或成套配送

按照企业生产的需要，尤其是装配型企业生产的需要，将生产每台产品所需的全部零部件配齐，准时送到企业的生产线，便于企业进行产品的装配。采用这种配送方式，配送企业承担了生产企业的大部分供应工作，生产企业专注于生产，与多品种少批量配送的效果相同。

知识链接

雅芳的物流配送标准

雅芳公司1886年创立于美国纽约，如今已发展成为世界上最大的美容化妆品公司之一，年销售总收入高达62亿美元，拥有4.3万名员工，向140个国家和地区的女性提供两万多种产品。雅芳于1990年进入中国，中国雅芳年销售总额达到20多亿元。浙江的年销售量1 300t左右，其中温州每月的物流配送1 000多笔。温州邮政担负起了雅芳公司产品在温州地区的物流配送任务。作为美国的500强企业，雅芳公司对物流配送的高标准要求将是对温州邮政物流配送的一次考验。

雅芳对物流配送的标准严格到什么程度呢？该项目的工作人员介绍说，在准时到达率方面，雅芳要求从上海的配送中心开始，72h内一定要到达用户手中。在对配送人员的行为规范方面，雅芳要求配送人员统一着装，佩戴胸卡；在与收件人办理交接时，应主动、热情、礼貌，使用文明用语、微笑服务；做到仪表端庄、举止大方、亲切和蔼；语言简明、通俗、清晰，回答问题迅速、准确、耐心，有问必答；对待客户一视同仁，认真及时处理客户的意见和建议；不喝收件人一口水，不抽收件人一支烟，不说一句闲话。这些要求不能不说是对邮政配送人员的一种考验。

3. 按配送时间和数量不同划分

1) 定时配送

按规定时间和时间间隔进行的配送活动，如数天、数小时一次等，每次配送品种及数量可按计划进行，也可在配送前商定。由于时间固定，易于安排工作计划，易于计划调度车辆，对用户来说，也易于安排接货力量。

2) 定量配送

按事先供需双方协议规定的批量进行配送。由于数量固定，配货工作简单，可按托盘、集装箱等集装方式备货，也可做到整车配送，配送效率高。由于时间没有严格的规定，可将不同用户所需物资集零为整后配送，运力利用较好。对用户来讲每次接货都是同等数量，有利于仓位、人力、物力的准备。

3) 定时定量配送

即按规定的时间和数量进行配送。兼有上述两种方式的优点，组织难度较大，适合采用的用户不多，不会成为普遍方式。

4) 定时定线路配送

在规定运行路线上制定到达时间表，按运行时间进行配送，用户在规定的路线站及规定时间接货和提出配送要求。这种方式有利于安排车辆和人员，在配送用户较多的地方，亦可免于复杂的组织工作。

5) 即时配送

完全按用户要求的时间和数量进行配送的方式。要求在充分掌握需要量和品种的前提下，及时安排最佳路线和相应车辆，实时配送。即时配送是水平较高的配送方式，但组织难度大，需事前做出计划。

5.1.3 配送合理化

1. 不合理配送表现形式

1) 资源筹措不合理

配送是利用较大批量筹措资源，通过筹措资源的规模效益来降低资源筹措成本，使配送资源筹措成本低于用户自己筹措资源的成本，从而取得优势。如果不是集中多个用户需要进行批量筹措资源，而仅仅是为某一两户代购代筹，对用户来讲，就不仅不能降低资源筹措费，相反却要多支付一笔配送企业的代筹代办费，因而是不合理的。资源筹措不合理还有其他表现形式，如配送量计划不准，资源筹措过多或过少，在资源筹措时不考虑建立与资源供应者之间长期稳定的供需关系等。

2) 库存决策不合理

配送应充分利用集中库存总量低于各用户分散库存总量，从而大大节约社会财富，同时降低用户实际平均分摊库存负担。因此，配送企业必须依靠科学管理来实现一个低总量的库存，否则就会出现只是库存转移，而并没有实际降低库存总量的情况。配送企业库存决策不合理还表现在存储量不足，不能保证随机需求，失去应有的市场。

3) 价格不合理

总的来讲，配送的价格应低于不实行配送时，用户自己进货时产品购买价加上自己提货、运输、进货的成本总和，这样才会使用户有利可图。有时候由于配送有较高服务水平，价格稍高，用户也是可以接受的，但这不能是普遍的原则。如果配送价格普遍高于用户自己进货价格，损伤了用户利益，就是一种不合理现象。价格制定过低，使配送企业处于无利或亏损状态下运行，也是不合理的。

4) 配送与直达的决策不合理

一般说来配送总是增加了环节，但是这个环节的增加，可降低用户平均库存水平，为此不但抵消了增加环节的支出，而且还能取得收益。但是如果用户使用批量大，可以直接通过社会物流系统均衡批量进货，较之通过配送中转送货则可能更节约费用，在这种情况下，不直接送货而通过配送，就属于不合理范畴。

5) 送货中不合理运输

配送与用户自提比较，尤其对于多个小用户来讲，可以集中配装一车送几家，这比一家一户自提可大大节约运力和费用。如果不能利用这一优势，仍然是一户一送，而车辆达不到满载(即时配送过多过频时会出现这种情况)，则属于不合理。此外，不合理运输的若干表现形式在配送中都可能出现，会使配送变得不合理。

6) 经营观念不合理

在配送实施中有许多经营观念不合理，使配送优势无法发挥，相反却损害了配送的形象。这是在开展配送时尤其需要注意克服的不合理现象。例如，配送企业利用配送手段，向用户转嫁资金、库存困难，在库存过大时强迫用户接货以缓解自己的库存压力，在资金紧张时长期占用用户资金，在资源紧张时将用户委托资源挪用获利等。

2. 配送合理化的判断标志

对于配送合理化与否的判断，是配送决策系统的重要内容，目前国内外尚无一定的技术经济指标体系和判断方法。按一般认识，以下若干标志是应当纳入的。

1) 库存标志

库存是判断配送合理与否的重要标志。具体指标有以下两方面。

(1) 库存总量。库存总量在一个配送系统中，从分散于各个用户转移给配送中心，配送中心库存数量加上各用户在实行配送后库存量之和应低于实行配送前各用户库存量之和。

(2) 库存周转。由于配送企业的调剂作用，以低库存保持高的供应能力，库存周转一般总是快于原来各企业库存周转。

2) 资金标志

总的来讲，实行配送应有利于资金占用降低及资金运用的科学化。主要判断标志如下。

(1) 资金总量。用于资源筹措所占用流动资金总量，随储备总量的下降及供应方式的改变必然有一个较大的降幅。

(2) 资金周转。从资金运用来讲，由于整个节奏加快，资金充分发挥作用。同样数量资金，过去需要较长时期才能满足一定供应要求，配送之后，在较短时期内就能达此目的。所以资金周转是否加快，是衡量配送合理与否的标志。

3) 成本和效益

总效益、宏观效益、微观效益、资源筹措成本都是判断配送合理化的重要标志。对于不同的配送方式，可以有不同的判断侧重点。例如，配送企业、用户都是各自独立的以利润为中心的企业，则不但要看配送的总效益，而且还要看对社会的宏观效益及两个企业的微观效益，不顾及任何一方，都必然出现不合理。又如，如果配送是由用户自己组织的，配送主要强调保证能力和服务性，那么，效益主要从总效益、宏观效益和用户企业的微观效益来判断，不必过多顾及配送企业的微观效益。

由于总效益及宏观效益难以计量，在实际判断时，常以按国家政策进行经营、完成国家税收及配送企业和用户的微观效益来判断。对于配送企业而言，企业利润反映配送合理化程度。对于用户企业而言，在保证供应水平或提高供应水平(产出一定)前提下，供应成本的降低反映了配送的合理化程度。成本及效益对合理化的衡量，还可以具体到储存、运输具体配送环节，使判断更为精细。

4) 供应保证标志

配送必须提高而不是降低对用户的供应保证能力，才算实现了合理。供应保证能力可以从以下方面判断。

(1) 缺货次数。实行配送后，对各用户来讲，该到货而未到货以致影响用户生产及经营的次数，必须下降才算合理。

(2) 配送企业集中库存量。对每一个用户来讲，其数量所形成的保证供应能力高于配送前单个企业保证程度，从供应保证来看才算合理。

(3) 即时配送的能力及速度是用户出现特殊情况的特殊供应保障方式，这一能力必须高于未实行配送前用户紧急进货能力及速度才算合理。

配送企业的供应保障能力是一个科学的合理的概念，而不是无限的概念。具体来讲，如果供应保障能力过高，超过了实际的需要，属于不合理。所以追求供应保障能力的合理化也是有限度的。

5) 社会运力节约标志

末端运输是目前运能、运力使用不合理，浪费较大的领域，因而人们寄希望于配送来解决这个问题，这也成了配送合理化的重要标志。

(1) 社会车辆总数减少，而承运量增加为合理；

(2) 社会车辆空驶减少为合理；

(3) 一家一户自提自运减少，社会化运输增加为合理。

6) 用户企业仓库、供应、进货人力物力节约标志

实行配送后，各用户库存量、仓库面积、仓库管理人员减少为合理；用于订货、接货、搞供应的人应减少才为合理。真正解除了用户的后顾之忧，配送的合理化程度则可以说是一个高水平了。

7) 物流合理化标志

物流合理化的问题是配送要解决的大问题，也是衡量配送本身的重要标志。这可以从以下几方面判断：是否降低了物流费用，是否减少了物流损失，是否加快了物流速度，是否发挥了各种物流方式的最优效果，是否有效衔接了干线运输和末端运输，是否不增加实际的物流中转次数，是否采用了先进的技术手段。

3. 配送合理化可采取的做法

国内外推行配送合理化有一些可供借鉴的办法，简介如下。

(1) 推行一定综合程度的专业化配送。通过采用专业设备、设施及操作程序，取得较好的配送效果并降低配送过分综合化的复杂程度及难度，从而追求配送合理化。

(2) 推行加工配送。通过加工和配送结合，充分利用本来应有的这次中转，而不增加新的中转求得配送合理化。同时，加工借助于配送，加工目的更明确和用户联系更紧密，更避免了盲目性。这两者有机结合，投入不增加太多却可追求两个优势、两个效益，是配送合理化的重要经验。

(3) 推行共同配送。通过共同配送，可以以最近的路程、最低的配送成本完成配送，从而追求合理化。

(4) 实行送取结合。配送企业与用户建立稳定、密切的协作关系。配送企业不仅成了用户的供应代理人，而且承担用户储存据点，甚至成为产品代销人。在配送时，将用户所需的物资送到，再将该用户生产的产品用同一车运回，这种产品也成了配送中心的配送产品之一，或者作为代存代储，免去了生产企业库存包袱。这种送取结合使运力充分利用，也使配送企业功能有更大的发挥，从而追求合理化。

(5) 推行准时配送系统。准时配送是配送合理化重要内容。配送做到了准时，用户才有资源把握，放心地实施低库存或零库存，可以有效地安排接货的人力、物力，以追求最高效率的工作。另外，保证供应能力也取决于准时供应。从国外的经验看，准时供应配送系统是现在许多配送企业追求配送合理化的重要手段。

(6) 推行即时配送。即时配送是最终解决用户企业担心断供之忧，大幅度提高供应保证能力的重要手段。即时配送是配送企业快速反应能力的具体化，是配送企业能力的体现。即时配送成本较高，但它是整个配送合理化的重要保证手段。此外，用户实行零库存，即时配送也是向客户保证供应的重要手段。

配送业务中的三全服务

(1) 全天候——指配送商应在24h内都能提供服务，包括紧急服务、特殊服务(人

力手提直送)。

(2) 全方位——指服务商应准时、准量、准价、按质提供商品。

(3) 全过程——指对配送业务的各个环节进行全面责任管理。

5.2 配送的功能及模式

5.2.1 配送的作用

(1) 推行配送有利于物流实现合理化。

配送不仅能促进物流的专业化、社会化发展，还能以其特有的运动形态和优势调整流通结构，促使物流活动向“规模经济”发展。从组织形态上看，它是以集中的、完善的送货取代分散性、单一性的取货；从资源配置上看，则是以专业组织的集中库存代替社会上的零散库存，衔接了产需关系，打破了流通分割和封锁的格局，很好地满足社会化大生产的发展需要，有利于实现物流社会化和合理化。

(2) 完善了运输系统。

干线运输一般是长距离、大批量，使用载重量大的运输工具才有可能实现运输的高效率、低成本；支线运输一般是小批量，运输频次高、服务性强，要求比干线运输具有更高的灵活性和适应性。配送环节通过与其他物流环节的配合，灵活性、适应性、服务性都比较强，因此，只有配送与运输的密切结合，使干线运输与支线运输有机统一起来，才能实现运输系统的合理化。

(3) 提高了末端物流的效益。

采取配送方式，通过增大经济批量来达到经济的进货。它采取将各种商品配齐集中起来向用户发货和将多个用户小批量商品集中在一起进行发货等方式，以提高末端物流的经济效益。

(4) 提高供应保证程度，实现企业低库存或零库存。

生产企业自己保持库存、维持生产，供应保证程度很难提高(受库存费用的制约)。采取配送方式，配送中心可以比任何企业的储备量都大，可使企业减少缺货风险。

实现了高水平配送之后，尤其是采取准时制配送方式之后，生产企业可以完全依靠配送中心的准时制配送而不需要保持自己的库存，或生产企业只需保持少量保险储备而不必留有经常储备，这就可以实现生产企业多年追求的“零库存”，将企业从库存的包袱中解脱出来，同时释放出大量储备资金，从而改善企业的财务状况。实行集中库存，集中库存总量远低于不实行集中库存时各企业分散库存之总量。同时增加了调节能力，也提高了社会经济效益。此外，采用集中库存可利用规模经济的优势，使单位存货成本下降。

(5) 简化事务，方便用户。

采用配送方式，用户只需要从配送中心一处订购就能达到向多处采购的目的，只需组织对一个配送单位的接货便可替代现有的高频率接货，因而大大减轻了用户工作量和负担，也节省了订货、接货等的一系列费用开支。

(6) 配送为电子商务的发展提供了基础和支持。

5.2.2 配送的功能要素

1. 备货

备货是配送的准备工作或基础工作，备货工作包括筹集货源、订货或购货、集货、进货及有关的质量检查、结算、交接等。配送的优势之一就是可以集中用户的需求进行一定规模的备货。备货是决定配送成败的初期工作，如果备货成本太高，会大大降低配送的效益。

2. 储存

配送中的储存有储备及暂存两种形态。

储备是按一定时期的配送经营要求，形成对配送的资源保证。这种类型的储备数量较大，储备结构也较完善，视货源及到货情况可以有计划地确定周转储备和保险储备的结构及数量。配送的储备保证有时在配送中心附近单独设库解决。

暂存是具体执行日配送时，按分拣配货要求，在理货场地所做的少量储存准备。由于总体储存效益取决于储存总量，所以，这部分暂存数量只会对工作方便与否造成影响，而不会影响储存的总效益，因而在数量上控制并不严格。还有另一种形式的暂存，即是拣选、配货之后形成的发送货的暂存，这个暂存主要是调节配货与送货的节奏，暂存时间不长。

3. 拣选及配货

拣选及配货是配送不同于其他物流形式的有特点的功能要素，也是配送成败的一项重要支持性工作。拣选及配货是完善送货、支持送货的准备性工作，是不同配送企业在送货时进行竞争和提高自身经济效益的必然延伸，也是一般送货向配送发展的必然要求。有了拣选及配货就会大大提高配送服务水平。所以，拣选及配货是决定整个配送系统水平的关键要素。

4. 配装

在单个用户配送数量不能达到车辆的有效载运负荷时，就存在如何集中不同用户的配送货物，进行搭配装载以充分利用运能、运力的问题，这就需要配装。和一般送货不同之处在于，通过配装送货可以大大提高送货水平及降低送货成本。所以，配装是配送系统中有现代特点的功能要素，也是现代配送与已往送货的重要区别之处。

5. 配送运输

配送运输属于运输中的末端运输、支线运输，和一般运输形态主要区别在于：配送运输是较短距离、较小规模、频率较高的运输形式，一般使用汽车做运输工具。

与干线运输的另一个区别是，配送运输的路线选择问题是一般干线运输所没有的，干线运输的干线是唯一的运输线。而配送运输由于配送用户多，一般城市交通路线又较复杂，所以如何组合成最佳路线、如何使配装和路线有效搭配等成为配送运输的特点，也是难度较大的工作。

6. 送达服务

配好的货运输到用户还不算配送工作的完结，这是因为送达货和用户接货往往还会出现不协调，使配送前功尽弃。因此，要圆满地实现运到之货的移交，并有效地、方便地处理相关手续并完成结算，还应讲究卸货地点、卸货方式等。送达服务也是配送独具的特殊性。

7. 配送加工

在配送中，配送加工这一功能要素不具有普遍性，但是往往是有重要作用的功能要素。主要原因是通过配送加工可以大大提高用户的满意程度。配送加工是流通加工的一种，但配送加工有它不同于一般流通加工的特点，即配送加工一般只取决于用户要求，其加工的目的较为单一。

【例 5.1】浙江报喜鸟服饰股份有限公司成立于 2001 年，注册资本 7 200 万元，深交所上市企业，主要从事报喜鸟品牌西服和衬衫等男士系列服饰产品的设计、生产和销售。公司坚持走国内高档精品男装的发展路线，在国内率先引进专卖连锁特许加盟的销售模式，目前已拥有形象统一、价格统一、服务统一、管理统一的专卖店 500 多家，建立了我国运作最为规范、网络最为健全的男装专卖零售体系之一，是浙江省重点骨干企业。为了实现报喜鸟总体物流运作最优化、降低物流运作成本和支持未来发展的总体目标，报喜鸟启动物流配送中心规划与建设项目，在新工业园规划建设报喜鸟全国物流配送中心，支持未来 5～8 年的物流发展需求。从物流配送中心物流能力定义、合理规划布置和物流科技应用 3 个层面，开发实施具备高操作性和高效果的物流实施方案。

报喜鸟有两套物流配送中心联合向全国专卖店进行订单配送。一套设施是西服正装物流配送中心，位于报喜鸟工业园；另一套设施位于工业园约 500m 外的新工业园内的一栋两层建筑内，负责休闲服饰的储存、订单分拣和配送。两处设施采用“分单拣货、集货合单、统一配送”的方式服务所有专卖店。

5.2.3 配送模式

1. 按配送机构的经营权限和服务范围来分类

配送按配送机构的经营权限和服务范围不同可以分为配销模式和物流模式两种，其运作特点如图 5.1 所示。

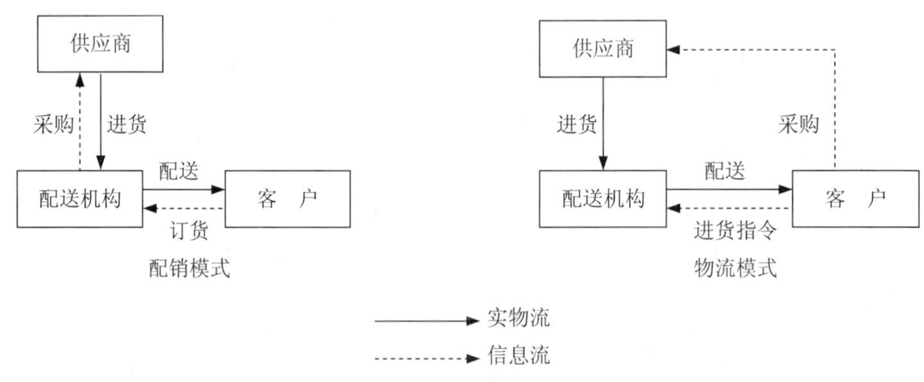

图 5.1　配销模式和物流模式

1) 配销模式

配销模式又称为商流、物流一体化的配送模式，其基本含义是配送的组织者既从事商品的进货、储存、分拣、送货等物流活动，又负责商品的采购与销售等商流活动。这类配送模式的组织者通常是商品经销企业，也有些是生产企业附属的物流机构。这些经营实体不仅独立地从事商品流通的物流过程，而且将配送活动作为一种“营销手段”和“营销策略”，既参与商品交易实现商品所有权的让渡与转移，又在此基础上向客户提供高效优质的物流服务。在我国物流实践中，配销模式的组织方式大多存在于以批发为主体经营业务的商品流通机构。在国外，许多汽车配件中心所开展的配送业务也多属于这种模式。

配销模式的特点在于：对于流通组织者来说，由于其直接负责货源组织和商品销售，因而能形成储备资源优势，有利于扩大营销网络和经营业务范围，同时也便于满足客户的不同的需求。但这种模式由于其组织者既要参与商品交易，又要组织物流活动，因此，不但投入的资金、人力、物力比较多，需要一定的经济实力，而且也需要较强的组织和经营能力。

2) 物流模式

物流模式是指商流、物流相分离的模式。配送组织者不直接参与商品的交易活动，不经销商品，只负责专门为客户提供验收入库、保管、加工、拣选、送货等物流服务。其业务实质上属于“物流代理”，从组织形式上看，其商流和物流活动是分离的，分别由不同的主体承担。

物流模式的主要特点在于：业务活动仅限于开展配送业务，业务比较单一，有利于提高专业化的物流服务水平；占用流动资金少，经营风险较小。

2. 按配送主体承担者不同来分类

1) 自有型配送模式

这是目前生产流通或综合性企业(集团)所广泛采用的一种配送模式。企业(集团)通过独立组建配送中心，实现内部各部门、厂、店的物品供应的配送。这种配送模式体现自我满足特点，形成了新型的“大而全”、“小而全”倾向，一定程度上造成了社会资源的浪费。但是，就目前来看，在满足企业(集团)内部生产材料供应、产品外销、零售场店供货和区域外市场拓展等企业自身需求方面也发挥了重要作用。

较典型的企业(集团)内自有配送模式，就是连锁企业的配送。大大小小的连锁公司或集团基本上都是通过组建自己的配送中心，来完成对内部各场、店的统一采购、统一配送和统一结算的。

2) 外包型配送模式

主要是由具有一定规模的物流设施设备(库房、站台、车辆等)及专业经验、技能的批发、储运或其他物流业务经营企业，利用自身业务优势，承担其他生产性企业在该区域内市场开拓、产品营销而开展的纯服务性的配送。通过这种现场办公式的决策组织，生产企业在该区域的业务代表控制着信息处理和决策权，独立组织营销、配送业务活动。提供场所的物流业务经营企业只是在生产企业这种派驻机构的指示下提供相应的仓储、运输、加工和配送服务，收取相对于全部物流利润的极小比率的业务服务费。开展这种配送模式的企业对所承揽的配送业务缺乏全面的了解和掌握，无法组织合理高效的配送，在设备、人员上浪费比较大。所以这是一种高消耗、低收益的配送模式。

3) 综合型配送模式

在这种模式中，从事配送业务的企业通过与上家(生产、加工企业)建立广泛的代理或买断关系，与下家(零售店铺)形成稳定的契约关系，从而将生产、加工企业的商品或信息进行统一组织、处理后，按客户订单的要求配送到店铺。这种模式的配送还表现为在用户间交流供应信息，从而起到调剂余缺、合理利用资源的作用。综合化的中介型配送模式是一种比较完整意义上的配送模式。

4) 共同配送模式

这是一种配送经营企业间为实现整体的配送合理化，以互惠互利为原则，互相提供便利的配送业务的协作型配送模式，是配送的一种发展方向，特别是在城市中的配送。

5.2.4 配送的流程

配送流程是根据配送货物的性质、状态、配送环节、配送工艺装备等因素来制订的，配送流程可分为基本流程和特殊流程。

1. 配送的基本流程

配送业务的组织一般是按照功能要素展开的，其基本流程如图 5.2 所示。

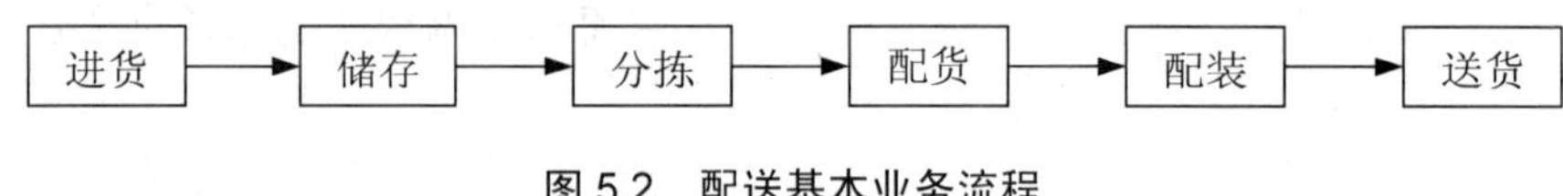

图 5.2 配送基本业务流程

2. 配送的特殊流程

配送的基本流程比较规范，但并不是所有的配送都按相同流程进行。不同产品的配送有独特之处，也就形成不同产品的特殊配送流程。

1) 生产资料配送流程

在管理运作中，人们常常把生产资料分成两大类：工业品生产资料和农产品生产资料。这里讲的生产资料是一般用于满足工作、交通、基本建设等需要的工业品生产资料，其中包括各种原料、材料、燃料、机电设备等。

从物流的角度看，有些生产资料是以散装或裸露方式流转的(如煤炭、水泥、木材等产品)，有些则是以捆装和集装方式流转的(如金属材料、机电产品等)，也有些产品直接进入消费领域，中间不经过初加工过程。由于产品的性质和消费情况各异，其配送模式也迥然不同。

从配送流程上来看，生产资料配送大体上可分为两种模式。

第一种模式：在配送流程中，作业内容和工序比较简单，除了有进货、储存、装货和送货等作业以外，基本上不存在其他工序。这种配送模式中，装卸运输作业通常要使用专用的工具或设备，并且车辆可直接开到储货场地进行作业(直接发送)。在流通实践中，按照这种模式进行配送的生产资料产品主要有煤炭、水泥、成品油等。

第二种模式：在配送活动中包含着加工(产品的初级加工)。换言之，加工作业成了配送流程中的一道重要工序。由于产品种类和需求方向不同，在加工工序之后续接的作业也不尽一致。

很明显，第二种模式要比第一种模式复杂，不但作业工序多，而且同样的工序可能会重复出现(如储存工序)。在物资供应活动中，采用第二种配送模式流转的生产资料产品主要有钢材、木材等。

下面仅选出几种有代表性的产品来具体说明生产资料的配送流程。

(1) 金属材料配送流程。

金属材料主要包括这样几种产品：黑色金属材料(包括各种型材、板材、线材等)，有色金属材料(有色金属及其型材)和各种金属制品(如铸件、管件、坯料)。

与生活资料相比，金属材料有如下一些特点：重量大、强度高、规格品种繁多，但运输时可以混装。一般来说，这类物资的产需关系比较稳定，但是需求结构比较复杂。因此，金属材料配送多数都内含着加工工序。对于一些需求量不太大但需要品种较多的用户，金属材料的配送流程中常包含着分拣、配送和配装等作业。就加工工序而言，主要有这样几项作业：集中下料，材料剪切、定尺和整形，除锈、剔除毛刺。

金属材料配送存在着一种特殊的情况，配送品种单一且数量较多的货物，流程中没有也不需要安排分拣、配装等作业(或工序)。通常，配送车辆可以直接开到储货场进行装货、送货。由于金属材料的需求相对稳定，在实践中适宜采用计划配送的形式供货。同时，因金属材料的需求量大，并且带有连续性，所以也适宜采用集团配送和定时、定量配送的形式向用户供货。

(2) 化工产品的配送流程。

化工产品的种类繁多，有些产品无毒无害，有些产品则有毒有害。这里所讲的化工产品是指单位时间内消耗量大、有毒、有腐蚀性和有一定危险的化工产品,其中包括硫酸、盐酸、磷酸、烧碱、纯碱、树脂等。配送过程中不同种类的化工产品不能混装、混存，其装载运输和储存须使用特制的容器、设备和设施。由于化工产品形态较为复杂，进货情况不同，所以其配送工艺也不尽相同。

从总体上看，基本上有两种形式。

① 散装或大包装产品配送工艺。配送企业(配送中心)集中进货后，通常都要按照要求进行分装加工(变大包装为小包装)，然后采取一般配送工艺流程进行配送作业。

② 小包装产品配送工艺。有些化工产品在出厂之前即已包装成小单元(用户可以接受的单元标准)，对于这类产品，配送企业集中进货以后不需要再进行分装加工，可以直接按照一般的配送工艺流程安排作业。

如上所述，很多用于工业生产的化工产品是有毒、有害物。因此，配送这类物资须配备专用的设施和设备(储存和运输设备)。此外，化工产品的配送只适宜由专业生产企业(化工企业)和专业流通企业(化工物流公司)来组织。

2) 生活资料配送流程

生活资料是用来满足人们生活需要的劳动产品，它包括供人们吃穿用的各种食品、饮料、衣物、用具和各种杂品。生活资料的品种、规格较之生产资料更为复杂，其需求变化也比生产资料要快。因此，生活资料的配送不但必须安排分拣、配货和配装等工艺(或工序)，而且其作业难度也比较大。此外，就生活资料中的食品而言，有保鲜、保质期和卫生等质量要求，根据这一特点，一部分生活资料的配送流程中也包含着加工工序。

(1) 日用小杂品配送流程。

日用小杂品主要指如下几类产品：小百货(包括服装、鞋帽、日用品等)，小机电产品(如家用电器、仪器仪表和电工产品、轴承及小五金)，图书和其他印刷品，无毒无害的化工产品和其他杂品。这类产品的共同特点是：有确定的包装，可以集装、混装和混载，产品的尺寸不大，可以成批存放在设有单元货格的现代化仓库中。

由于日用小杂品的品种、规格繁多，其市场需求又呈多品种、小批量状态，因此在其配送流程中必然要求有理货和配货等工序。又由于每一个用户每次对日用小杂品的需求量有限，而这类产品又能够进行混存、混装，因此为了进行合理运输，在配送主流程中又必然安排配装工序。就整个配送流程来看，日用小杂品配送是一种标准化的配送。

日用小杂品的配送模式工序比较齐全，但流程中没有加工工序。这是因为日用小杂品

多为有包装物品，并且包装内的产品数量一般都不太好拆开(即为小包装物品)，故在这类产品的配送中很少有流通加工环节出现。日用小杂品的配送常常要根据用户的临时需要来安排和组织，因而其配送量、配送路线和配送时间等很难固定下来。在现实生活中，往往都是采用“即时配送”形式和“多品种、小批量、多批次”配送的方法来向用户供货和发送货物。

(2) 食品配送流程。

食品的种类很多，且形状各异，又都有保质、保鲜期。据此，食品配送有 3 种配送流程模式。

① 需直接配送的食品配送流程。即不需要储存和加工环节，货到以后很快进行分拣、配货，然后快速送货。通常，保质期较短和保鲜要求较高的食品(如点心类食品、熟食制品等)基本上都按照上述流程进行配送。

② 有储存环节的食品配送流程。通常，保质期较长的食品如方便面、饼干等，在大量进货后，先要进行储存、保管，然后根据用户订单进行分拣、配货、配装后，再向各个用户送货。

③ 需加工后再配送的食品配送流程。实际操作情况大体上是这样的：大量货物集中到仓库或场地以后，先进行初加工，然后依次衔接储存、分拣、配货、配装和送货等工序。鲜菜、鲜果、鲜肉和水产品等保质期短的货物配送经常选用含有加工工序的食品配送流程。就加工工序的作业内容而言，主要有以下几项：分装货物(将大包装改成小包装)、货物分级分等、去杂质(如蔬菜去根、鱼类去头和内脏)、配制半成品等。食品配送特别强调速度和保质，因此在物流实践中一般都采用定时配送、即时配送等形式向用户供货。

5.3 配送中心

5.3.1 配送中心的定义和分类

配送中心是组织配送性销售或供应，以执行实物配送为主要职能的流通型物流结点。配送中心的形成及发展是有其历史原因的，它是为了达到物流系统化和大规模化的必然结果。配送中心是基于物流系统化和进行市场开拓两大因素而发展起来的。

1. 配送中心的定义

配送中心是专业从事货物配送活动的物流场所和经济组织，是集加工、理货、送货等多种职能于一体的多功能、集约化的物流结点。配送中心以物流配送活动为核心业务，其目的是为了提供高水平的配送服务，因此要求其具有现代化的物流设施和经营理念。

随着我国市场经济的不断发展，市场竞争的结果是使卖方市场逐渐转向买方市场。传统的流通模式越来越不能满足市场多品种小批量的需求，一些商业或流通企业纷纷准备或开始筹建配送中心，以降低成本，提高服务质量和水平。通过建设配送中心可以扩大经营规模，改进物流与信息流系统，满足用户不断发展的多样化需求，使末端物流更加合理。

2. 配送中心的分类

对于不同种类与行业形态的配送中心，其作业内容、设备类型、营运范围可能完全不同，但是系统规划分析的方法与步骤有共同之处。配送中心的发展已逐渐由以仓库为主体

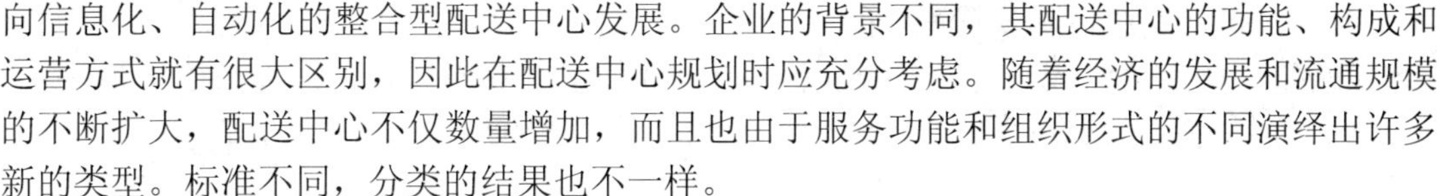

向信息化、自动化的整合型配送中心发展。企业的背景不同，其配送中心的功能、构成和运营方式就有很大区别，因此在配送中心规划时应充分考虑。随着经济的发展和流通规模的不断扩大，配送中心不仅数量增加，而且也由于服务功能和组织形式的不同演绎出许多新的类型。标准不同，分类的结果也不一样。

1) 按配送中心归属分类。

(1) 自有型配送中心。

自有型配送中心是指隶属于某一个企业或企业集团，通常只为本企业提供配送服务。连锁经营的企业常常建有这类配送中心，如美国沃尔玛公司所属的配送中心，就是公司独资建立并专门为本公司所属的连锁企业提供商品配送服务的自有型配送中心。

(2) 公共型配送中心。

公共型配送中心是以赢利为目的，面向社会开展后勤服务的配送组织。其特点是服务范围不限于某一个企业。在配送中心总量中，这种配送组织占有相当大的比例，并随着经济的发展其比例还会提高。

2) 按配送中心辐射服务范围分类

(1) 城市配送中心。

城市配送中心是一种以城市作为配送范围的配送中心。其特点是多品种、小批量，配送距离短，要求反应能力强，提供门到门的配送服务，根据城市道路的特点，其运载工具常为小型汽车。另外，城市配送的对象多为连锁零售企业的门店和最终消费者，如我国很多城市的食品配送中心、菜篮子配送中心等都属于城市配送中心。

(2) 区域配送中心。

区域配送中心是一种具有较强辐射能力和库存储备的配送中心。这种配送中心规模较大，库存商品充分，客户较多，配送批量也较大，辐射能力强，配送范围广，可以跨省、市开展配送业务。其服务对象经常是下一级配送中心、零售商或生产企业用户，如前所述的美国沃尔玛公司的配送中心，建筑面积 12 万平方米，每天可为 6 个州 100 家连锁店配送商品。

【例 5.2】作为一家跨国零售企业，易初莲花在华发展迅速。据统计，截至 2007 年，易初莲花已经在华开设了 75 家卖场，销售额以每年 20%以上的速度增长。易初莲花的业务之所以能迅速增长，很大的原因是在节省成本以及在物流配送、配送系统方面有所成就。

据介绍，易初莲花先后在上海、广州、北京建立了 3 个大型干货配送中心及一家生鲜配送中心负责对全国的卖场进行商品配送，目前易初莲花卖场的绝大部分商品是通过这 4 家配送中心进行配送的。易初莲花北京配送中心位于北京城南的大兴区，是一座面积为 10 000m^2 的货架式立体仓库，可存放 7 000 个标准托盘的商品，每天进出货量约 20 000 箱，目前只负责干货的配送。另外易初莲花在上海和广州各设立有一个干货配送中心，面积分别是 48 000 m^2 和 18 000 m^2。易初莲花的配送中心为划区域配送，即每个配送中心只负责配送本区域内的易初莲花卖场，但 3 个配送中心之间也会有商品的配送，是区域间的商品调拨。在有着比较完善的系统支持下，易初莲花的物流以配送为主，仓储为辅，呈现出商品周转快的特征。配送的职能就是将商品集中起来，配送给门店，同时可以储存部分促销商品。

3) 按照配送中心的内部特性分类

(1) 储存型配送中心。

有很强储存功能的配送中心。一般来讲，在买方市场下，企业成品销售需要有较大库存支持，其配送中心可能有较强储存功能；在卖方市场下，企业原材料、零部件供应需要有较大库存支持，这种供应配送中心也有较强的储存功能。大范围配送的配送中心需要有较大库存，也可能是储存型配送中心。

我国目前拟建的一些配送中心都采用集中库存形式，库存量较大，多为储存型。瑞士GIBA-GEIGY公司的配送中心拥有世界上规模居于前列的储存库，可储存4万个托盘；美国赫马克配送中心拥有一个有163 000个货位的储存区，可见存储能力之大。

(2) 流通型配送中心。

基本上没有长期储存功能，仅以暂存或随进随出方式进行配货、送货的配送中心。这种配送中心的典型方式是大量货物整进并按一定批量零出，采用大型分货机，进货时直接进入分货机传送带分送到各用户货位或直接分送到配送汽车上，货物在配送中心里仅做少许停滞。日本的阪神配送中心内只有暂存，大量储存则依靠一个大型补给仓库。

(3) 加工配送中心。

具有加工职能，根据用户的需要或者市场竞争的需要，对配送物进行加工之后进行配送的配送中心。在这种配送中心内，有分装、包装、初级加工、集中下料、组装产品等加工活动。世界著名连锁服务店肯德基和麦当劳的配送中心就是属于这种类型的。

4) 按照配送中心承担的流通职能分类

(1) 供应配送中心。

配送中心执行供应的职能，专门为某个或某些用户(例如连锁店、联合公司)组织供应的配送中心。例如，为大型连锁超级市场组织供应的配送中心；代替零件加工厂送货的零件配送中心，使零件加工厂对装配厂的供应合理化。供应型配送中心的主要特点是，配送的用户有限并且稳定，用户的配送要求范围也比较确定，属于企业型用户。

(2) 销售配送中心。

配送中心执行销售的职能，以销售经营为目的，以配送为手段的配送中心。销售配送中心大体有两种类型：一种是生产企业为本身产品直接销售给消费者的配送中心，在国外这种类型的配送中心很多；另一种是流通企业作为本身经营的一种方式，建立配送中心以扩大销售，我国目前拟建的配送中心大多属于这种类型，国外的例证也很多。

5) 按配送货物种类分类

根据配送货物的属性，可以分为食品配送中心、日用品配送中心、医药品配送中心、化妆品配送中心、家用电器配送中心、电子(3C)产品配送中心、书籍产品配送中心、服饰产品配送中心、汽车零件配送中心以及生鲜处理中心等。

5.3.2 配送中心的功能

一般的仓库只重视商品的储存保管，传统的运输只是提供商品运输而已，而配送中心是重视商品流通的全方位功能，同时具有商品储存的功能。配送中心的功能全面完整，它把收货验货、储存保管、装卸搬运、拣选、流通加工、配送、结算和信息处理有机地结合起来，通过发挥配送中心的各项功能，大大地压缩整个连锁企业的库存费用，从而降低整个物流系统的成本，提高企业的服务水平。配送中心一般具备如下一些功能。

1. 集货功能

为了能够按照用户要求配送货物，尤其是多品种、小批量的配送，首先必须集中满足用户需求的数量和品种的备货，从生产企业取得种类、数量繁多的货物，这是配送中心的基础职能，是配送中心取得规模优势的基础所在。一般来说，集货批量应大于配送批量。

2. 储存功能

储存在配送中心创造着时间效用。配送依靠集中库存来实现对多个用户的服务，储存可形成配送的资源保证，可有效地组织货源，调节商品的生产与消费、进货和销售之间的时间差，这是配送中心必不可少的支撑功能。为保证正常配送特别是即时配送的需要，配送中心应保持一定量的储备。

3. 拣选功能

拣选是配送中心区别于一般仓库和送货的标志。为了将多种货物向多个用户按不同要求、种类、规格、数量进行配送，配送中心必须有效地将储存货物按用户要求拣选出来，并能在拣选基础上按配送计划进行理货，这是配送中心的核心功能之一。为了提高拣选效率，应配备相应的拣选装置，如货物识别装置、传送装置等。

4. 配货功能

将各用户所需的多种货物在配货区有效地组合起来，形成向用户方便发送的配载，这也是配送中心的核心功能之一。分拣职能和配货职能作为配送中心不同于其他物流组织的独特职能，作为整个配送系统水平高低的关键职能，已不单纯是完善送货、支持送货的准备，它还是配送企业提高服务质量和自身效益的必然延伸，是送货向高级形式发展的必然要求。

5. 装卸搬运功能

配送中心的集货、理货、装货、加工都需要辅之以装卸搬运，有效的装卸能大大提高配送中心的水平。这是配送中心的基础性功能。

6. 配装功能

在单个客户的配送数量不能达到配送车辆的有效载运负荷时，就存在着如何集中不同客户的配送物品进行搭配装载以充分利用车辆的运能、运力问题，这一工作过程就是配装，也叫配载。配送中心和一般送货的不同之处也在于此。配送中心可以通过配装送货大大提高送货水平和车辆利用率，降低送货成本。

7. 送货功能

虽然送货过程已超出配送中心的范畴，但配送中心仍对送货工作指挥管理起决定性作用，送货属于配送中心的末端职能。配送运输中的难点是，如何组合形成高效最佳配送路线，如何使配装和路线有效搭配。

8. 流通加工功能

配送中心为促进销售、便利物流或提高原材料的利用率，按用户要求并根据合理配送的原则而对商品进行下料、打孔、解体、分装、贴标签、组装等初加工活动，因而使配送中心具备一定的加工能力。流通加工不仅提高了配送中心的经营和服务水平，也有利于提高资源的利用率。经济高效的运输、装卸、保管一般需要大的包装形式。但在配送中心下位的零售商、最终客户，一般需要小的包装。为解决这一矛盾，有的配送中心设有流通加工功能。流通加工与制造加工不同，它对商品不作性能和功能的改变，仅仅是商品尺寸、数量和包装形式的改变。例如，粮油配送中心是将大筒包装加工成瓶状小包装，饲料配送中心则是将多种饲料的大包装加工成混合包装的小包装。

9. 信息处理功能

配送中心除了具有上述功能外，还能为配送中心本身及上下游企业提供各式各样的信息情报，以供配送中心营运管理政策制定、商品路线开发、商品销售推广政策制定参考。例如，哪一个客户订多少商品，哪一种商品比较畅销，从计算机的分析资料中可以很快获得答案，甚至可以将这些宝贵资料提供给上游的制造商及下游的零售商当作经营管理的参考。配送中心不仅实现物的流通，而且也通过信息来协调配送中各环节的作业，协调生产与消费等。配送中心的信息处理是全物流系统中重要的一环。

5.3.3 配送中心选址

配送中心是一种物流节点，它不是具有单一的储藏功能的仓库，而是发挥配送功能的流通仓库。配送中心的目的是降低运输成本，减少销售机会的损失。配送中心的设置和建设要考虑一个区域范围内物流系统的整体规划，同时还要满足其经营上的要求，是一项建设规模大、投资额高、涉及面广的系统工程。

1. 配送中心选址的决策

选址包括两个方面的含义：地理区域的选择和具体地址的选择。

配送中心的选址首先要选择合适的地理区域：对各地理区域进行审慎评估，选择一个适当范围为考虑的区域，如华南地区、华北地区等，同时还须配合配送中心物品特性、服务范围及企业的运营策略而定。

配送中心的地理区域确定后，还需确定具体的建设地点。如果是制造商型的配送中心，应以接近上游生产厂或进口港为宜；如果是日常消费品的配送，则宜接近居民生活社区。一般应以进货与出货产品类型特征及交通运输的复杂度，来选择接近上游点或下游点的选址策略。

2. 配送中心选址的原则

1) 适应性原则

配送中心的选址须与国家以及省市的经济发展方针、政策相适应，与物流资源和需求分布相适应。

2) 协调性原则

配送中心的选址应将国家或区域的物流网络作为一个大系统来考虑，使配送中心的设施设备在地域分布、物流技术水平等方面互相协调。

3) 经济性原则

配送中心的发展过程中的总费用主要包括建设费用和经营费用两部分。配送中心选址在市区、近郊及远郊，其建设规模和费用以及经营费用是不同的，选址时应用成本费用分析等定量方法进行分析，选择合理的选址地点。

4) 战略性原则

配送中心的选址应具有战略眼光，既要考虑目前的实际需要，又要考虑日后发展的可能。

3. 配送中心选址的影响因素

1) 自然环境因素

(1) 气象条件：配送中心选址过程中，主要考虑的气象条件有温度、风力、降水量、无霜期、年平均蒸发量等指标。

(2) 地质条件：配送中心是大量商品的集结地。配送中心拥有大量的建筑物及构筑物，有些商品的重量很大，这些都对地面造成很大的压力。如果配送中心地面以下存在着淤泥层、松土层等不良地质条件，会在受压地段造成沉陷、翻浆等严重后果。为此，配送中心选址要求土壤承载力要高。

(3) 水文条件：配送中心选址需远离容易泛滥的河川流域与地下水上溢的区域。要认真考察近年的水文资料，洪泛区、内涝区、干河滩等区域绝对禁止选择。

(4) 地形条件：配送中心应选择地势较高、地形平坦之处，且应具有适当的面积与外形。

2) 经营环境因素

(1) 经营环境。配送中心所在地区的物流产业政策对物流企业的经济效益将产生重要影响。本地区物流发展水平、行业内竞争情况等也是影响选址的重要因素。

(2) 顾客需求分布。配送中心服务对象的分布、经营配送的商品及顾客对配送服务的要求等是配送中心选址必须考虑的。经营不同类型商品的配送中心最好能分别布局在不同区域，因为顾客分布状况、配送商品数量的增加和顾客对配送服务要求的提高等都对配送中心的经营和管理带来影响。

(3) 物流费用。配送中心选址必须考虑物流费用，应综合考虑总费用的合理性，大多数配送中心选址接近服务需求地，以便缩短运距、降低运费等物流费用。

3) 基础设施状况

(1) 交通条件。配送中心选址时必须考虑交通运输条件。运输是物流活动的核心环节，配送活动必须依靠由各种运输方式所组成的最有效的运输系统，才能及时、准确地将商品送交给顾客。所以，配送中心的选址应尽可能接近交通运输枢纽，如高速公路、主要干道、其他交通运输站港等，以提高配送效率，缩短配送运输时间。

(2) 公共设施状况。配送中心周围的公共设施也是必须考虑的因素之一。要求有充足的供水、电、气、热的能力，排污能力，此外还应有信息网络技术条件。

4) 其他因素

其他因素包括环境保护方面的要求，选址地周边状况等。

4. 配送中心选址注意事项

配送中心的选址应遵循选址基本程序，但类型不同的配送中心在进行选址决策时差异较大。以下是各类配送中心在选址时的主要注意事项。

1) 不同类型配送中心选址时的主要事项

(1) 转运型配送中心：转运型配送中心以商品转运、短期储存为主，商品周转速度快，大多采用多式联运方式转运，因此转运型配送中心应设置在市郊交通枢纽地段。

(2) 储存型配送中心：储存型配送中心以储存商品为主，商品储存时间长，商品进出形式多为大批大量，一般应设置在城市郊区的地段，且具备直接而方便的水陆运输条件。

2) 经营不同商品的配送中心选址时的注意事项

(1) 果品蔬菜配送中心：果品蔬菜配送中心应选择入城干道处，以免运输距离过长、商品损耗过大。

(2) 冷藏品配送中心：冷藏品配送中心往往选择在屠宰厂、加工厂、毛皮处理厂等附近。

(3) 建筑材料配送中心：通常建筑材料配送中心的物流量大、占地多，可能会产生某些环境污染问题，有严格的防火等安全要求，应选择在城市边缘交通运输干线附近。

(4) 燃料配送中心：石油、煤炭等燃料配送中心应满足防火要求，选择城郊的独立地段。

另外，还要考虑土地大小与地价，在考虑现有地价及未来增值状况下，配合未来可能扩充的需求程度，决定最合适的面积大小。

5. 配送中心选址的方法

配送中心选址的方法一般是通过成本核算，也就是将运输费用、配送费用及物流设施费用模型化，采用约束条件及目标函数建立数学公式，从中寻求费用最小的方案。

1) 掌握影响配送中心选址的因素

(1) 掌握业务量。选址时，应掌握的业务量包括如下内容。

① 供应商至配送中心之间的运输量；

② 向分店或顾客配送的货物数量；

③ 配送中心保管的数量；

④ 配送路线的业务量。

由于这些数量在不同年份、不同周数、不同月份、不同季节等期间内均有种种波动，因此要对所采用的数据水平进行研究。另外，除了对现状的各项数值进行分析外，还必须确定设施使用后的预测数值，一般可采用指数预测法、平均值预测法等。

(2) 掌握费用。选址时，应掌握的费用如下。

① 供应商至配送中心之间的运输费；

② 配送中心至分店或顾客间的配送费；

③ 与设施、土地有关的费用及人工费、业务费等。

由于①和②两项费用随着业务量和运送距离的变化而变动，所以必须对每一吨公里的费用进行分析(成本分析)。③项包括可变费用和固定费用，最好根据其总和进行成本分析。

(3) 掌握位置。用缩尺地图表示顾客的位置、现有设施的配置方位及工厂的位置，并整理各候选地址的配送路线及距离等资料。

2) 配送中心选址的方法

配送中心选址可分为单一配送中心的选址和多个配送中心的选址。这里只介绍单一选址的方法。

单一选址是指一个配送中心对应多个客户的选址，其方法如下。

(1) 加权评分法。选址时的许多重要因素难以精确的量化，而对这些因素与指标缺乏一定程度的量化就难以对各种选址方案作对比分析，常用的处理方法就是加权评分法。

加权评分法的步骤如下。

① 列出备选地点；

② 列出影响选址的各个因素，并根据其影响的重要程度赋予不同的权重；

③ 给出每个因素的分值范围，一般是1～10或1～100；

④ 专家对各个备选地点就各个因素评分，并将该因素的得分乘以其权重；

⑤ 将每个地点各因素的得分相加，求出总分后加以比较，得分最多的地点作为选址地点。

通常需考虑的因素有：建设成本、运输成本、能源情况、劳动力环境、生活条件、交通情况、供水、气候、政策等。

(2) 重心法。重心法将配送系统的资源点或需求点看成是分布在某一平面范围内的物体系统，各资源点与需求点的物流量分别看成是物体的重量，物体系统的重心点将作为配送的最佳设置点，如图5.3所示。

具体步骤：

① 在坐标系中标出各个点的坐标(X_i,Y_i)，目的在于确定各点的相对距离。

② 根据各点在坐标系中的横坐标值、纵坐标值求出配送成本最低的位置坐标 X 和 Y，即配送中心的选址，计算公式为

$$X=\frac{\sum C_i Q_i X_i}{\sum Q_i C_i}$$

$$Y=\frac{\sum C_i Q_i Y_i}{\sum Q_i C_i}$$

式中 C_i——配送中心至资源点或需求点 i 的费率；

Q_i——第 i 资源点或需求点的资源量或需求量。

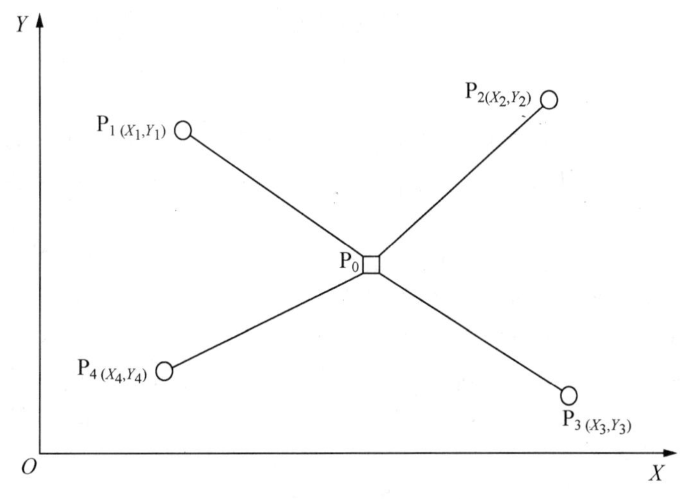

图 5.3 重心法

这种方法对于用地的现实性和候选位置点均缺乏全面考虑。例如，最适当的选址点可能是车站、公园等，就是不可行的。此时可以在其最近处选择可以采用的场址点，也可以在其附近选定几个现实的场址作为候补。

5.3.4 配送中心的内部规划与合理布局

1. 作业功能的规划

1) 作业流程的规划

配送中心的主要活动是订货、进货、储存、拣货、发货和配送作业。有的配送中心还有流通加工作业、退货作业。如有退货作业时，还要进行退货品的分类、保管和退回作业。所以，只有经过基本资料分析和基本条件假设之后，才能针对配送中心的特性进一步分析并制定合理的作业程序，以便选用设备和规划设计空间。通过对各项作业流程的合理化分析，从而找出作业中不合理和不必要的作业，力求简化配送中心可能出现的不必要的计算和处理环节。这样规划出的配送中心减少了重复堆放的搬运、翻堆和暂存等工作，提高了配送中心的效率，降低了作业成本。如果储运单位过多时，可将各作业单位予以分类合并，避免内部作业过程中储运单位过多的转换。尽量简化储运单位，以托盘或储运箱为容器。把体积、外形差别大的商品归类相同标准的储运单位。

2) 作业区域的功能规划

在作业流程规划后，可根据配送中心的运营特性进行区域及周边辅助活动区的规划。

物流作业区指装卸货、入库、拣取、出库、发货等基本的配送中心作业环节；周边辅助活动区指办公室、计算机中心等。通过归类整理，可把配送中心分成如下作业区域。

(1) 基本物流作业区。此区域是配送中心核心区域，在此进行基本的物流作业，包括车辆入库、卸货、进货点收、理货、入库、储存、流通加工、发货、配载、配送等作业。

(2) 退货物流作业区。此区域的设置可根据配送中心的规模大小及与供应商的协议等实际需要而定。在此区域进行的作业有退货卸货、退货点收、退货责任确认、退货良品处理、退货瑕疵品处理、退货废品处理作业。

(3) 换货补货作业区。此区域可在基本物流作业区内进行，主要的作业有退货后换货作业、零星补货拣取作业、零星补货包装、零星补货运送。

(4) 流通加工作业区。此区域根据实际需要设置，如果流通加工业务量很小可在配装区进行。流通加工区的主要作业有拆箱、裹包、多种物品集包、外包装、发货商品称重、印贴标签等。

(5) 物流配合作业区。物流配合作业是配合物流基本作业的诸如容器回收、空容器暂存、废料回收处理等。具体设置时可根据实际需要，如设置容器暂存区或容器储存区、废料暂存区或废料处理区等。

(6) 设备作业区。此区域主要是保证配送中心业务正常进行的配合区域，主要的作业项目有电气设备使用、动力及空调设备的使用、安全消防设备的使用、设备维修工具器材存放、人员车辆通行通畅、机械搬运设备停放等。

(7) 办公事务区。办公事务是配送中心正常运转及高效率运行的基础保证，主要的事务活动有配送中心各项事务性的办公活动、一般公文文件与资料档案的管理、配送中心计算机系统的使用及管理等。

(8) 员工活动区。配送中心员工及供应商休息、膳食、盥洗的场所。

3) 作业区的能力规划

在确定了配送中心的作业区之后，根据配送中心服务的对象、商品的特性、自动化水平、信息系统建设情况等因素进一步确定各作业区的具体内容。在对作业区域进行规划时应以物流作业区域为主，再延伸到相关周边区域。对物流作业区的规划可根据流程进出顺序逐区规划。现以基本物流作业区域为例，对各作业区域的具体内容进行说明。

(1) 装卸区作业能力规划内容：进货平台和发货平台是否共用或相邻、装卸货车进出频率、商品装载特性、装卸设备设施选用、平均装卸货时间、进货时段、配送时段等。

(2) 进货暂存区作业能力规划内容：每日进货数量、容器使用规格、容器流通频率、进货等待入库时间、进货点收作业内容等。

(3) 理货区作业能力规划内容：理货作业时间、进货品检作业内容、品检作业时间、有无装卸托盘配合设施等。

(4) 库存区作业能力规划内容：最大库存量需求、商品特性基本资料、储区划分原则、储位指派原则、存货管理方法、商品周转情况、盘点作业方式等。

(5) 拣货区作业能力规划内容：订单处理原则、拣货信息传递方式、拣货方式、配送物品品项分析等。

(6) 补货区作业能力规划内容：补货区容量、补货作业方式、每日分拣量、盘点作业方式等。

2. 设施规划与选用

配送中心的设施与设备是保证配送中心正常运作的必要条件，设施与设备规划是配送中心规划中的重要工作，涉及建筑模式、空间布局、设备安置等多方面问题。一个完整的配送中心包含的设施基本上分为 3 类：物流作业区域设施、辅助作业区域设施和厂房建筑周边设施。

1) 物流作业区域设施

配送中心主要物流作业活动均与仓库、搬运和拣取作业有关。因此，规划的重点是对物流设备的规划设计和选用。不同功能的物流设备要求与厂房布置与面积相适应。在系统规划阶段，由于厂房布置尚未定型，物流设备规划主要以要求的功能、数量和选用的型号等内容为主。物流作业区的主要物流设备有：

(1) 容器设备。在配送中心作业流程及储运单位规划结束后，即可进行容器的规划，以利于商品在各作业流程中的流通。容器设备主要包括搬运、储存、拣取和配送用的容器，如纸箱、托盘、铁箱、塑料箱等。

(2) 储存设备。储存设备包括自动仓储设备、重型货架、轻型货架等。

(3) 拣取设备。拣取设备包括一般型拣取设备和自动化拣取设备等。

(4) 物料搬运设备。包括自动化搬运设备、机械化搬运设备、输送带设备、分类输送设备和垂直搬运设备等规划时配合仓储和拣取的设备。估计每天进发货的搬运、拣货和补货次数，从而选择适用的搬运设备。

(5) 流通加工设备。流通加工设备包括裹包、集包设备，外包装配合设备，印贴条码标签设备，拆箱设备和称重设备等。为了满足用户需求及进行多元化经营需要，配送中心将越来越强化流通加工的职能。

2) 辅助作业区域设施

辅助作业是保证配送中心正常进行的辅助性设施，如文件保管等办公设施，信息系统设施、网络设施，员工休息、膳食等劳务设施。

3) 厂房建筑周边设施

厂房建筑周边设施主要是水电、动力、土建、空调、消防等设施。

3. 作业区域布局规划

1) 活动关系的分析

配送中心的各类作业区域之间存在着相关关系，如有些是程序上的关系，有些是组织上的关系，有些是功能上的关系。有些作业区域之间相关性很强，有些相关性弱。因此，在进行区域布置规划时，必须对各区域之间的关系加以分析，明确各区域之间的相关程度，作为区域布置规划的重要参考。确定各区域之间相关程度的方法可采用关联分析法。

知识链接

关联分析法的步骤

(1) 划分区域(设施)关联的等级与原因；
(2) 用图或表来表示区域(设施)之间的关联关系；
(3) 按照关系紧密程度确定相邻布置的原则；
(4) 根据面积或其他因素进行调整。

区域的关联程度一般分为 6 种：绝对重要、特别重要、重要、一般、不重要、不宜靠近。区域之间的关系密切原因，不同的配送中心有不同的表现形式。表 5-1 为区域密切的原因举例。

表 5-1　区域密切的原因举例

序号	关系密切的原因
1	共用场地
2	共用人员
3	使用共同记录
4	人员接触
5	文件接触
6	工作流程连续
7	做类似的工作
8	共用设备
9	其他

2) 作业区域规划布局

在规划作业区域时，应对作业流量、作业活动特性、设备型号、建筑物特性、成本和运行效率等因素综合考虑，确定满足作业要求的长度、宽度、高度。在规划作业区域时，除了考虑设备的基本使用面积外，还需考虑操作、物料暂存和通道面积。另外，在规划时必须考虑配送中心的发展情况，新技术、新设备的发展情况，规划要留有余地及要有柔性。

(1) 通道空间的布局规划。

通道的合理安排和宽度设计将直接影响物流效率。在规划布局时应首先对通道的位置和宽度进行规划设计。在进行通道规划布局时要考虑影响通道布局的因素，结合通道类型合理布局规划。

(2) 进出货区的作业空间规划与布局。

物品在进出货时需要拆装、理货、检查或暂存以待入库存储或待车装载配送，为此在进出货平台上应留空间作为缓冲区。为了使平台与车辆高度能满足装卸货的顺利进行，进出货平台需要连接设备。这种设备需要 1～2.5m 的空间。若使用固定式连接设备时需要 1.5～3.5m 的空间。为使车辆及人员畅通进出，在暂存区和连接设备之间应有出入通道。图 5.4 所示为暂存区、连接设备和出入通道的布局形式。

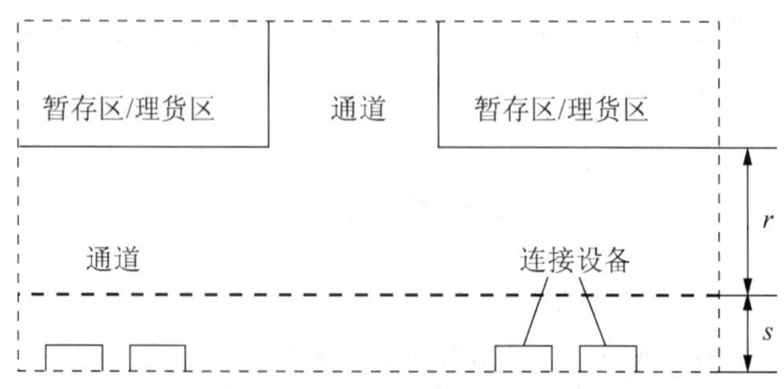

图 5.4　出入货平台所需的空间

注：使用可拆卸式的连接设备，s=1～2.5m；使用固定式连接设备时需要 1.5～3.5m；若通道上使用人力搬运，r=2.5～4m。

(3) 进出货站台设计的形式。

① 进出货共用站台，如图 5.5 所示。进出货共用站台可以有效提高空间和设备的使用率，但管理较困难，容易出现“进”与“出”相互影响的情况，特别是在进出货高峰时间。

图 5.5　进出货共用站台

② 进出货相邻，分开使用站台，如图 5.6 所示。这种形式不会使进出货相互影响，可以共用设备，但空间利用率低。

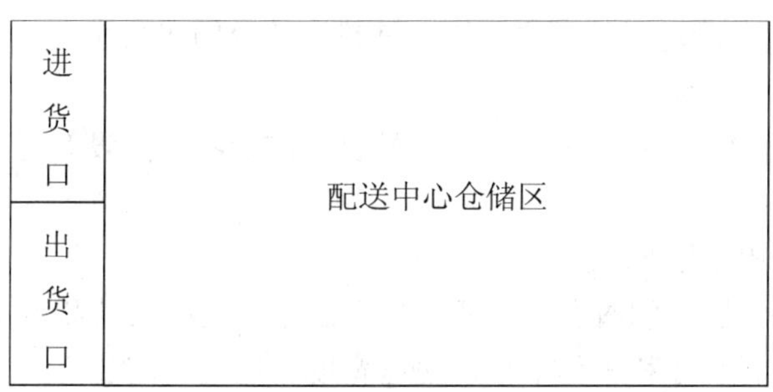

图 5.6　进出货相邻分开使用站台

③ 进出货站台完全独立，两者不相邻，如图 5.7 所示。这种形式是进出货作业完全独立的站台设计，不但空间分开而且设备也独立。

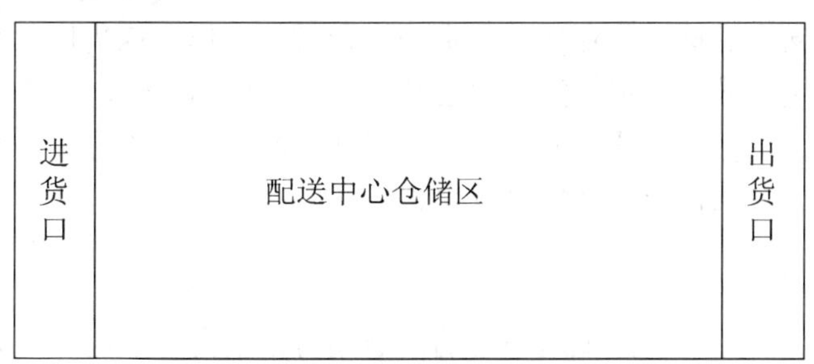

图 5.7　进出货站台完全独立两者不相邻

④ 多个进出货站台。这种形式有多个进出货口，进出货频繁，且空间足够。

(4) 站台的设计形式。站台的设计形式有锯齿型和直线型两种。锯齿型站台的优点是车辆旋转纵深较浅，但占用仓库内部空间较大。图 5.8(a)所示为锯齿型站台设计形式。直线型站台的优点是占用仓库内部空间小，缺点是车辆旋转纵深较大，且需要较大的外部空间，如图 5.8(b)所示。

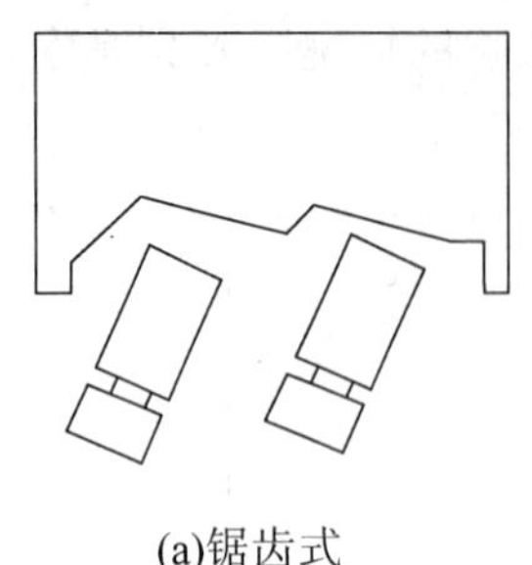

(a)锯齿式

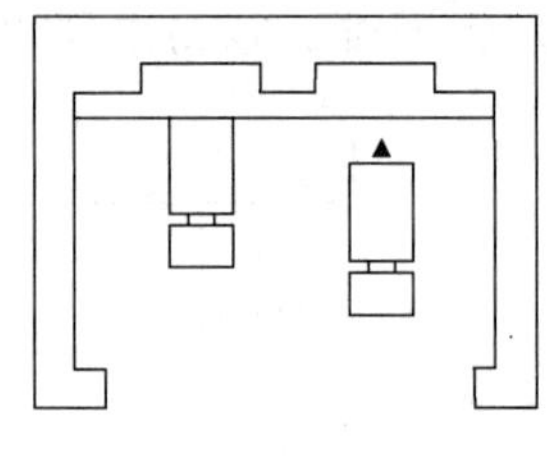

(b)直线式

图 5.8　进出货码头设计形式

在设计进出货空间时，除考虑提高作业效率和充分利用空间外，还必须考虑安全问题。尤其是设计车辆和站台之间的连接部分时，必须考虑防止风吹、雨水进入货柜或仓库内部。同时还应考虑避免库内冷暖空气外溢。为此，停车站台有以下 3 种形式。

① 内围式。把站台围在库区内，安全性高，有利于防止风雨侵袭和冷暖气外溢。这种形式造价较高。

② 齐平式。站台与仓库外边齐平，优点是整个站台仍在仓库内，可避免能源外溢造成浪费，造价也很低，目前被广泛采用。

③ 开放式。站台全部突出在仓库之外，站台上的货物完全没有遮掩，库内冷暖空气容易外泄，安全性低。

(5) 仓储区作业空间规划。

在规划配送中心储区空间时要充分考虑如下因素：商品尺寸和数量，托盘的尺寸和货架空间，设备的型号、尺寸和工作半径，通道宽度、位置和需要空间，柱间距离，建造尺寸和形式，进出货口形式，其他服务设施(消防设施、排水设施等)的位置。然后根据商品储存的形式，可按照托盘平置堆放、使用托盘货架、使用轻型托盘货架的储存形式求出存货所占空间的大小。

(6) 拣货区作业空间规划。

拣货作业是配送中心核心作业环节，也是最费时的工作。拣货作业的合理布置可以提高整个配送中心的运作效率。根据配送中心类型及经营商品特性，拣货方式可分为储存和拣货区共用托盘货架的拣货方式、储存和拣货区共用的零星拣货方式、储存与拣货区分开的零星拣货方式和分段拣货的少量拣货方式等。

3. 信息系统规划

信息化、网络化、自动化是配送中心的发展趋势，信息系统已经成为配送中心的重要组成部分。在完成作业区域及基本作业流程之后，通过对配送中心事务流程分析，根据各项作业活动及活动间的相关性分析，综合考虑配送中心的管理、业务部门信息传递的通畅度以及作业的高效率的需要规划配送中心的信息系统的功能并建立功能模块。

在规划配送中心信息系统时，要充分考虑配送中心的类型、功能、管理方式及组织结构。配销模式的配送中心信息系统如图 5.9 所示。

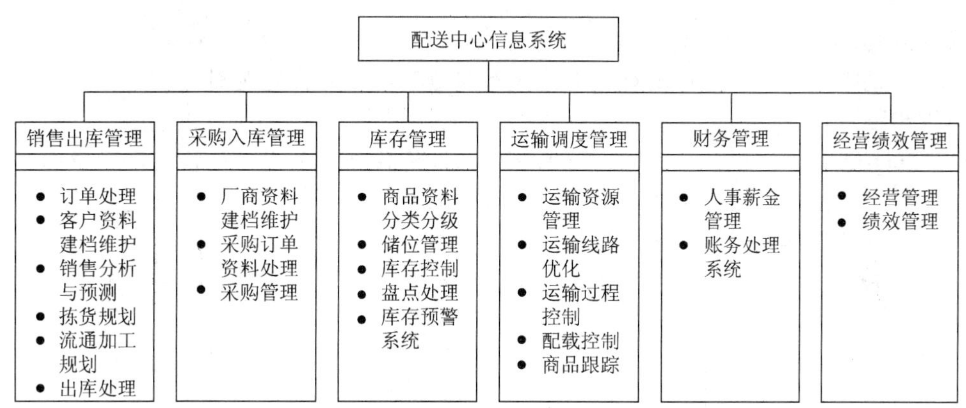

图 5.9　配销模式的配送中心信息系统示意图

本 章 小 结

配送作为物流的末端作业环节，具有降低物流成本、提高物流经济效益、优化物流系统、提高客户满意度等作用，在整个物流系统的运作中处于相当重要的地位。配送中心是基于物流系统合理化和发展市场两个需要而发展起来的，是以组织配送式销售和供应，以实物配送为主要功能的流通型物流结点。它很好地解决了用户多品种、小批量需求和企业大批量专业化生产的矛盾。通过本章的学习，学生可以掌握配送概念、类型、模式特点和功能等内容。

课后实训

实训一：生产资料以及生活资料的配送流程

实训目的：

进一步掌握生产资料以及生活资料的配送流程，分析各类商品配送流程的差别，加深理解。

实训内容：

(1) 选出两种有代表性的产品如金属材料、化工产品，来具体说明生产资料的配送流程；

(2) 选出两种有代表性的产品如日用小杂品、食品，来具体说明生活资料的配送流程。

实训步骤：

(1) 分别用流程图的形式来表示金属材料、化工产品的配送流程；

(2) 分别用流程图的形式来表示日用小杂品、食品的配送流程；

(3) 对各类商品的配送流程进行比较，分析各自的特点；

(4) 交流与实训报告；

(5) 实训总结。

实训二：配送中心规划与布局

实训目的：

进一步掌握配送中心规划与布局的基本要求，培养学生配送中心的规划建设与管理能力。

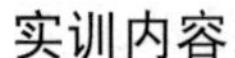

实训内容：

根据配送中心的运营特性进行作业区域及周边辅助活动区的规划。

实训步骤：

(1) 分析食品配送中心、日用品配送中心、医药品配送中心、化妆品配送中心、家用电器配送中心、电子(3C)产品配送中心、书籍产品配送中心、服饰产品配送中心、汽车零件配送中心以及生鲜处理中心运营特性的差异；

(2) 根据配送中心的运营特性进行作业区域及周边辅助活动区的规划，并画出平面示意图；

(3) 交流与实训报告；

(4) 实训总结。

案例思考

上海联华生鲜食品加工配送中心

联华生鲜食品加工配送中心是目前我国国内设备最先进、规模最大的生鲜食品加工配送中心，总投资6 000万元，建筑面积35 000m^2，年生产能力20 000t。在生鲜配送中心有两个评判标准，通俗地归结起来就是“快”和“准确”。

1. 订单管理

门店的要货订单通过联华数据通信平台，实时地传输到生鲜配送中心，在订单上制定各商品的数量和相应的到货日期。生鲜配送中心接收到门店的要货数据后，立即在系统中生成门店要货订单，按不同的商品物流类型进行不同的处理。

(1) 储存型商品：系统计算当前的有效库存，比对门店的要货需求以及日均配货量和相应的供应商送货周期自动生成各储存型商品的建议补货订单，采购人员根据此订单再根据实际的情况做一些修改即可形成正式的供应商订单。

(2) 中转型商品：此种商品没有库存，直进直出，系统根据门店的需求汇总，按到货日期直接生成供应商的订单。

(3) 直送型商品：根据到货日期，分配各门店直送经营的供应商，直接生成供应商直送订单，并通过EDI系统直接发送到供应商。

(4) 加工型商品：系统按日期汇总门店要货，根据各产成品/半成品的BOM表计算物料耗用，比对当前有效的库存，系统生成加工原料的建议订单，生产计划员根据实际需求做调整，发送采购部生成供应商原料订单。

各种不同的订单在生成完成或手工创建后，通过系统中的供应商服务系统自动发送给各供应商，时间间隔在10min内。

2. 物流计划

在得到门店的订单并汇总后，物流计划部根据第二天的收货、配送和生产任务制订物流计划。

(1) 线路计划：根据各线路上门店的订货数量和品种做线路的调整，保证运输效率。

(2) 批次计划：根据总量和车辆人员情况设定加工和配送的批次，实现循环使用资源，提高效率。在批次计划中，将各线路分别分配到各批次中。

(3) 生产计划：根据批次计划制订生产计划，将量大的商品分批投料加工，设定各线

路的加工顺序，保证和配送运输协调。

(4) 配货计划：根据批次计划，结合场地及物流设备的情况做配货的安排。

3. 储存型物流运作

商品进货时先要接受订单的品种和数量的预检，预检通过方可验货，验货时需进行不同要求的品质检验，终端系统检验商品条码和记录数量。在商品进货数量上，定量商品的进货数量不允许大于订单的数量，不定量的商品提供一个超值范围。对于需要重量计量的进货，系统和电子秤系统连接，自动去皮取值。

拣货采用播种方式，根据汇总取货，汇总单标识从各个仓位取货的数量，取货数量为本批配货的总量，取货完成后系统预扣库存，被取商品从仓库仓间拉到待发区。在待发区配货，分配人员根据各路线各门店配货数量对各门店进行播种配货，并检查总量是否正确，如不正确向上校核。如果商品的数量不足或其他原因造成门店的实配量小于应配量，配货人员通过手持终端调整实发数量，配货检验无误后使用手持终端确认配货数据。在配货时，冷藏和常温商品被分置在不同的待发区。

4. 中转型物流运作

供应商送货在储存区先预检，预检通过后方可进行验货配货；供应商把中转商品卸货到中转配货区，中转商品配货员使用中转配货系统按商品再路线再门店的顺序分配商品，数量根据系统配货指令的指定执行，贴物流标签。将配完的商品采用播种的方式放到指定的路线门店位置上，配货完成统计单个商品的总数量/总重量，根据配货的总数量生成进货单。中转商品以发定进，没有库存，多余的部分由供应商带回，如果不足则在门店间进行调剂。

5. 加工型物流运作

生鲜的加工按原料和成品的对应关系可分为两种类型：组合和分割，两种类型在BOM设置和原料计算以及成本核算方面都存在很大的差异。在BOM中每个产品设定一个加工车间，只属于唯一的车间。在产品上区分最终产品、半成品和配送产品，商品的包装分为定量和不定量的加工，对于称重的产品/半成品需要设定加工产品的换算率(单位产品的标准重量)，原料的类型区分为最终原料和中间原料，设定各原料相对于单位成品的耗用量。生产计划/任务中需要对多级产品链计算嵌套的生产计划/任务，并生成各种包装生产设备的加工指令。对于生产管理，在计划完成后，系统按计划内容出标准领料清单，指导生产人员从仓库领取原料以及生产时的投料。在生产计划中考虑产品链中前道与后道的衔接，各种加工指令、商品资料、门店资料、成分资料等下发到各生产自动化设备。加工车间人员根据加工批次加工调度，协调不同量商品间的加工关系，满足配送要求。

6. 配送运作

商品分拣完成后都堆放在待发库区。按正常的配送计划，这些商品在晚上送到各门店，门店第二天早上将新鲜的商品上架。在装车时按计划依路线门店顺序进行，同时抽样检查准确性。在货物装车的同时，系统能够自动算出包装物(笼车、周转箱)的各门店使用清单，装货人员也据此来核对差异。在发车之前，系统根据各车的配载情况出各运输的车辆随车商品清单、各门店的交接签收单和发货单。商品到门店后，由于数量的高度准确性，在门店验货时只要清点总的包装数量，退回上次配送带来的包装物，完成交接手续即可。一般一个门店的配送商品交接只需要5min。

思考

1. 上海联华生鲜食品加工配送中心的订单管理有何特色？

2. 订单处理时为什么要按不同的商品物流类型进行处理?
3. 储存型物流运作和中转型物流运作区别是什么?
4. 结合案例谈谈上海联华生鲜食品加工配送中心在建设中存在的问题。

思考与练习

一、单项选择题

1. 一些配送企业配送的货物主要是原材料、半成品等，它们的服务对象主要是生产企业和大型商业组织，那么这种配送企业是(　　)。

A. 供应型配送中心　　B. 零售型配送中心
C. 储存型配送中心　　D. 批发型配送中心

2. 我国上海地区 6 家造船厂共同组建的钢板配送中心是属于(　　)。

A. 供应型配送中心　　B. 销售型配送中心
C. 储存型配送中心　　D. 自有型配送中心

3. 配送中心配送的商品侧重于以下类型(　　)。

A. 单品种、大批量商品　　B. 单品种、小批量商品
C. 多品种、小批量商品　　D. 多品种、大批量商品

4. 以下(　　)是配送中心区别于传统仓库的显著特点。

A. 以存储为主，配送为辅　　B. 以配送为主，存储为辅
C. 储存与配送并重　　D. 以上答案均不正确

5. 划分城市与区域配送中心的标准是(　　)。

A. 配送品种　　B. 物流功能
C. 配送地域范围　　D. 服务性质

6. 准时—看板式是属于(　　)形式。

A. 定量配送　　B. 定时配送　　C. 快速配送　　D. 定时定线路配送

7. 下列配送功能要素中，(　　)是配送系统中具有现代特点的功能要素。

A. 配货　　B. 加工　　C. 配装　　D. 拣选

8. 20 世纪(　　)年代以后，世界经济一体化时代的到来，物流在经济发展中作用的日益显现，以高新技术为支持手段的物流配送形成了系列化、多功能的供货活动。

A. 50　　B. 60　　C. 70　　D. 80

二、多项选择题

1. 配送包括以下要素(　　)。

A. 集货　　B. 分拣　　C. 配货
D. 配装　　E. 配送加工

2. 配送中心的选址原则是(　　)。

A. 适应性原则　　B. 战略性原则　　C. 经济性原则
D. 协调性原则　　E. 以上都是

3. 作为从事配送业务的物流场所或组织，配送中心应基本符合下列(　　)等要求。

A. 主要为特定的用户服务　　B. 配送功能健全

C．完善的信息网络　　D．辐射范围小
E．多品种、小批量

4．以下属于配送中心基本功能的有(　　)。
A．客户服务管理功能　　B．流通加工功能　　C．货物分拣功能
D．货品组配功能　　E．运输服务管理

5．配送活动根据配送的时间和配送货物的数量不同可以分为以下(　　)形式。
A．定时配送　　B．定量配送　　C．定时定量配送
D．定时定线路配送　　E．即时配送

三、判断题

1．“日配”就是指用户的订货发出后24h之内将货物送到用户手中。(　　)

2．配送中心可以说是物流中心的一种形式。(　　)

3．由于城市范围内一般处于汽车运输的经济里程之内，所以城市配送中心大多采用汽车作为配送工具。(　　)

4．不同类型、不同功能的配送中心，其配送流程是一致的。(　　)

5．流通配送中心有长期储存功能，是以暂存或随进随出方式进行配货、送货的配送中心。(　　)

四、简答题

1．什么是配送？配送有哪些基本特点？
2．配送可以分为哪些种类？
3．不合理配送的表现形式主要有哪些？配送合理化的判断标志和方法有哪些？
4．简述配送的功能要素。
5．简述配送中心的主要类型。
6．配送中心应如何选址？
7．简述应用关联分析法进行配送中心内部布局的基本步骤。

五、案例分析题

海福发展(深圳)有限公司坐落在深圳福田保税区，是一家为高科技电子产品企业提供物流配送服务的企业。该公司承接了IBM公司在我国境内生产厂的电子料件的配送业务，他们将IBM分布在全球各地共140余家供应商的料件通过海陆空物流网络有机地联系在一起。料件集装箱运到香港机场、码头后，由公司配送中心进行报关、接运、质检、分拣、选货、配套、集成、结算、制单、信息传递、运输、装卸等项作业。将上千种电子料件在24h内安全、准确地完成从“香港—保税区—IBM工厂生产线”的物流过程，保证IBM的各地供应上。与此同时，还要完成IBM、海福、供应商三者之间的费用结算。

请分析

1．海福发展有限公司的配送体系属于哪一种配送模式？
2．简述该种配送模式的特点。

第 6 章 配送作业管理

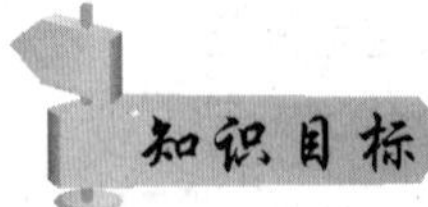

(1) 了解配送作业管理的基本内容;
(2) 掌握配送作业管理的基本环节;
(3) 掌握配送的典型作业环节，如订货作业、拣货作业、补货作业、配货作业以及送货作业等。

(1) 配送订单的处理;
(2) 正确地运用各种拣货方式;
(3) 根据订单配货;
(4) 合理安排送货作业;
(5) 能够设计合理的配送作业流程。

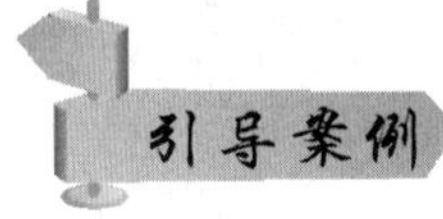

联华便利店配送中心应用信息化项目的作业流程

联华超市股份有限公司是当前国内连锁零售业的领军企业，总部设在上海。截至 2008 年年底，联华超市及其附属公司的总门店数目已经达到 3 872 家(不包括本公司联营公司经营的门店)，遍布全国 20 个省份及直辖市。

1. 进货入库

进货后，立即由仓库管理系统(WMS)进行登记处理，生成入库指示单，同时发出是否能入库的指示。如果仓库容量已满，无法入库时，系统将发出向附近仓库入库的指示。接到系统发出的入库指示后，工作人员将货物堆放在空托盘上，并用手持终端对该托盘的号码及进货品种、数量、保质期等数据进行进货登记输入。

在入库登记处理后，工作人员用手动叉车将货物搬运至入库物品运载装置处。按下入库开始按钮，入库运载装置开始上升，将货物送上入库输送带。在货物传输过程中系统将对货物进行称重和检测，如不符合要求(如超重、超长、超宽等)，系统将指示其退出。符合要求的货物方可输送至运载升降机。

根据输送带侧面安装的条码阅读器对托盘条码确认，计算机将对托盘货物的保管和输送目的地发出指示。当接到向第一层搬送指示的托盘在经过升降机平台时，不再需要上下搬运，将直接从当前位置经过一层的入库输送带自动分配到一层入库区等待入库。接到向二层至四层搬送指示的托盘，将由托盘升降机自动传输到所需楼层。当升降机到达指定楼层后，由各层的入库输送带自动搬运货物到入库区。

货物在下平台前，根据入库输送带侧面设置的条码阅读器将托盘号码输入计算机，并根据该托盘情况，对照货位情况，发出入库指示，然后由叉车从输送带上取下托盘。叉车作业者根据手持终端指示的货位号将托盘入库，经确认后，在库货位数将进行更新。

2. 商品拣选

当根据订单进行配货时，WMS 会发出出库指示，各层平台上设置的激光打印机根据指示打印出货单。在出库单上，货物根据拣选路径依次打印。这时，系统中的商店号码显示器显示出需要配送的商店号码，数据显示器显示出需要拣选的数量，同时工作人员在空笼车上的塑料袋里插好出库单，在黑板上写上楼层号和商店号，并将空笼车送到仓库。做好以上准备后，方可进行商品拣选工作。

工作人员在确认笼车在黑板上记载的商店号码与商店号码显示器显示一致后，开始进行拣选工作。根据货位上数码显示器显示拣选的数量依次进行拣选。数码显示器配备的指示灯可以显示 3 种不同颜色，分别对应箱、包、件 3 种不同的拣选单位，以满足各种拣选需求。当拣选作业结束后，按“完了”按钮。

各平台仓库分成 17 个拣选区域。区域内拣选结束后，区域拣选“完了”指示灯会自动闪亮，工作人员再按下区域拣选“完了”按钮，便可继续进行下一个区域的拣选工作。当各个区域内所有拣选处理结束后，系统将自动显示出下一个商店的拣选数据。

3. 笼车出库

当全部区域拣选结束后，装有商品的笼车由笼车升降机送至一层。工作人员将不同商店分散在多台笼车上的商品归总分类，附上交货单，依照送货平台上显示器显示的商店号码将笼车送到等待中对应的运输车辆上。计算机配车系统将根据门店远近合理安排配车路线。

4. 托盘回收

出货完成后，工作人员将空托盘堆放在各层的空托盘平台返回输送带上，然后由垂直升降机将空托盘传送至第一层，并由第一层进货区域的空托盘自动收集机收集起来，随后送到进货区域的平台上堆放整齐。

采用现代化信息系统，收到了良好的经济效益和社会效益。例如，百货类配送从门店发出要货指令到配货作业完毕，以前要 4h 以上，现在只要 40min。生鲜类配送更加讲究效率，门店从网上发出要货指令后，配送中心会根据每个门店的要货时间和地点远近，自动安排生产次序，自动加工，自动包装。以一盒肉糜为例，从原料投入到包装完毕，整个过程不超过 20min。

商品周转期从原来的 14 天缩短到 3.5 天，库存积压资金大大降低；采用 DPS 方式取代人工拣选，使差错率减少到万分之一，配送时间从 4 分钟/店压缩到 1.5 分钟/店，每天可配送 400 多家门店，配送准确率、门店满意度等有了大幅提升，同时降低了物流成本在整个销售额中所占的比例，从而为集团的便利店业态的良好稳定发展奠定了坚实的基础。

分析

联华便利店配送中心的信息系统涉及哪些环节？

配送作业是按照用户的要求，将货物分拣出来，按时按量发送到指定地点的活动。配送作业也是配送中心运作的核心内容。因而配送作业流程的合理性以及配送作业效率的高低都会直接影响整个物流系统的正常运行。

当收到用户订单后，首先将订单按其性质进行“订单处理”，之后根据处理后的订单信息在拣选区中取出用户所需货物的“拣货”作业。拣货完成，一旦发现拣货区所剩余的存货量过低时，则必须由储存区进行“补货”作业。当储存区的存货量低于规定标准时，便向供应商采购订货，经“进货”作业确认进货后，便依序将货物“储存”入库，而后为确保在库货物受到良好的保护管理，再施以定期或不定期的“盘点”检查。从配送中心拣出的货物经整理后即可准备“配货”，等到一切出货准备就绪，司机便可将货物装上配送车，将之“配送”到各个客户点交货。因此配送作业一般有：进货作业、搬运作业、储存作业、盘点作业、订单处理、拣货、补货、配货、送货，如图 6.1 所示。

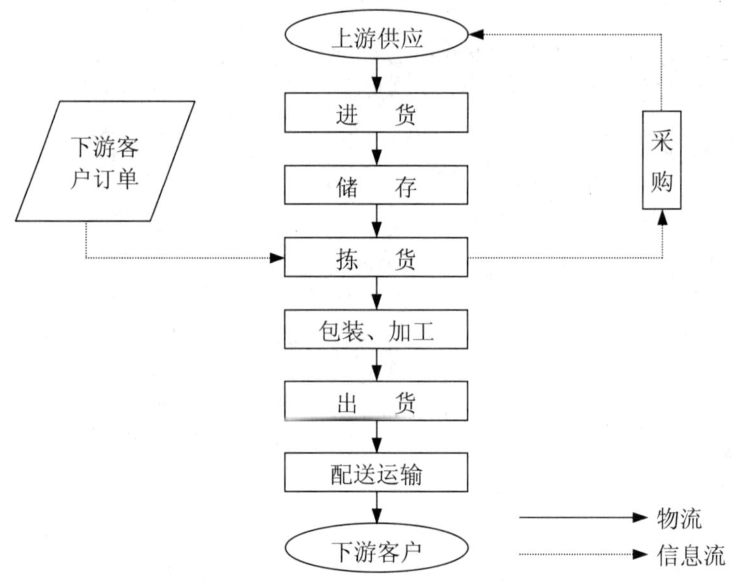

图 6.1 配送中心基本作业流程

本章将着重介绍订单处理、拣货、补货、配货、送货等作业。

6.1 进货作业

在配送的基本作业流程中，进货作业是从供应商根据有关采购指令将货物送达配送中心后开始的。配送中心经过装卸、搬运、分类、验收，确认商品后，将商品按预定的货位储存入库，这一过程即为进货作业过程。从前面可以看出进货作业是配送作业中物流活动开始的第一个环节，是后续作业的基础和前提，进货作业的质量直接影响到后续作业的质量。进货作业过程包括以下一些主要环节，如图 6.2 所示。

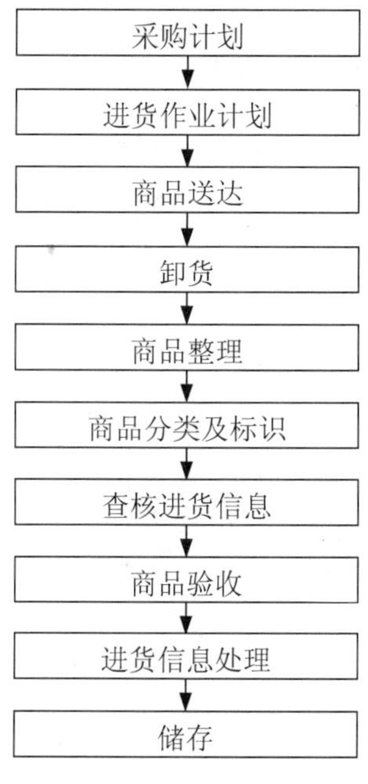

图 6.2　进货作业基本流程

采购计划的制订一般是根据配送中心以往的销售情况及对今后一段时间的销售预测，制订今后一段时间需要采购的货物品种和各品种的数量，以满足配送中心的需要。

进货作业计划制订的基础和依据是采购计划与实际的进货单据，以及供应商的送货规律与送货方式。进货作业的制订必须依据订单所反映的信息，掌握货物到达的时间、品类、数量及到货方式，尽可能准确预测出到货时间，以尽早做好卸货、储位、人力、物力等方面的计划和安排。进货作业计划的制订有利于保证整个进货流程的顺利进行，同时有利于提高作业效率，降低作业成本。

进货作业流程的其他环节可以参见“第 9 章　仓储与配送中心现场管理”。

6.2　订 单 处 理

由接到客户订单开始至准备着手拣货之间的作业阶段称为订单处理，通常包括订单确认、存货查询、单据处理等内容。订单处理是与客户接触的首要环节，对后续的拣选、配送产生直接影响。订单处理可分人工处理和计算机处理两种方式，其中人工处理的弹性较大，但只适合少量的订单处理，一旦订单数量较多，处理将变得缓慢且容易出错。计算机处理则速度快、效率高，适合大量的订单处理。

6.2.1　订单处理的流程

订单是配送中心开展配送业务的依据。配送中心接到客户订单以后需要对订单加以处理。订单处理流程如图 6.3 所示。

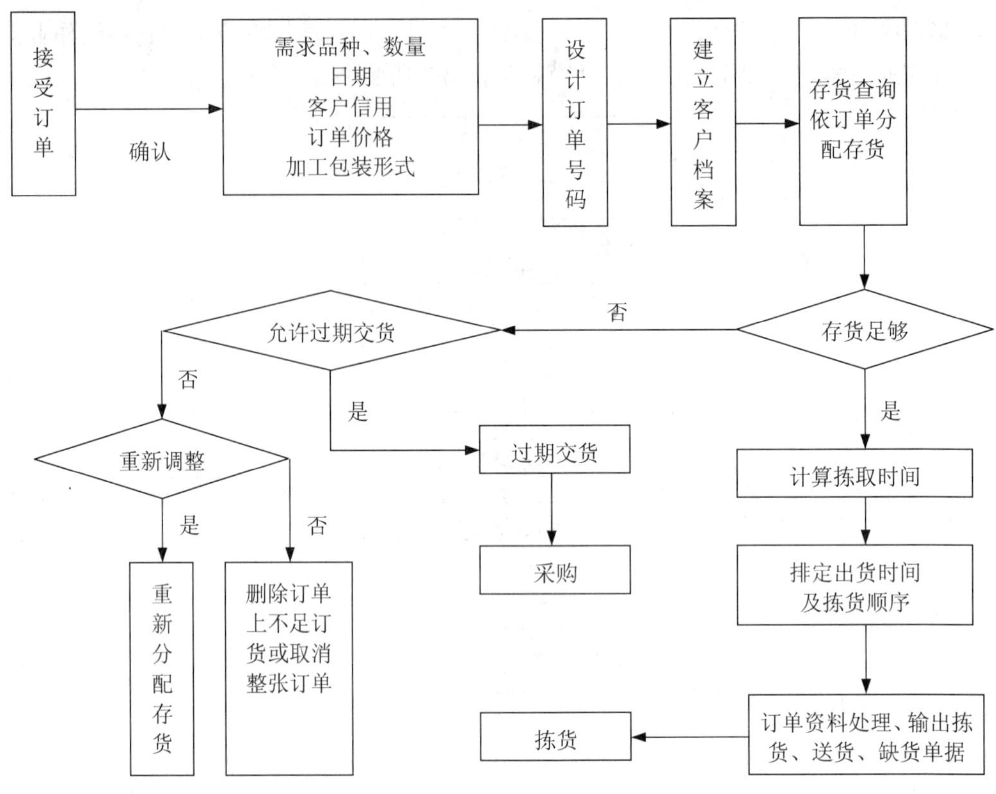

图 6.3　订单处理流程图

6.2.2　订单接受

接单作业为订单处理的第一步。随着物流环境及现代科学技术的发展，接受客户订货的方式逐渐由传统的人工下单、接单演变为计算机接受订货资料的电子订货方式。

1. 传统订货方式

传统订货方式是指利用人工方法书写、输入和传送订单，其方法有以下几种。

(1) 厂商铺货。供应商直接将商品放在车上，一家一家地去送货，缺多少补多少。这种方式对于周转率较快的商品或新上市商品较常使用。

(2) 厂商巡查隔日送货。供应商派巡货人员前一天先至各客户处巡查需要补充的货品，隔天再予以补货。此方法的优点是供应商可利用巡货人员为商店整理货架、贴标签或提供经营管理意见、市场信息等，也可促销新品或将自己的商品放在最占优势的货架上；缺点是供应商的投入大、所需费用高。

(3) 电话口头订货。订货人员将商品名称及数量以电话口述的方式向供应商订货。因客户每天订货的品种和数量可能非常多，而且这些商品常由不同的供应商供货，所以利用电话订货所费时间太长，且错误率高。

(4) 传真订货。客户将缺货资料整理成书面资料，利用传真机传给供应商。这种方式中，利用传真机虽可快速地传送订货资料，但其传送资料品质不良，常需额外增加事后确认作业。

(5) 客户自行取货。客户自行到供应商处看货、补货，根据需要进行下单订货。这种方式多为传统杂货店(因距离近)所采用。客户自行取货虽可省去配送作业，但个别取货可能影响配送作业的连贯性。

(6) 业务员跑单接单。业务员至各客户处推销产品，后将订单携回或紧急时以电话先联络公司通知其有客户订单，让公司做好发货准备。采用这种方式，订货数量难以准确确定，且容易造成商品管理混乱。

2. 电子订货方式

这是一种依靠计算机网络，借助计算机信息处理功能，取代传统人工书写、输入、传送的订货方式。配送中心借助计算机信息处理系统，将订货信息转为电子信息，并由通信网络传送订单的一种订货方式。其方法主要有以下几种。

(1) 订货簿或货架标签配合手持终端机及扫描器。订货人员携带订货簿及手持终端机巡视货架，若发现商品缺货则用扫描器扫描订货簿或货架上的商品标签，再输入订货数量，当所有订货资料输入完毕后，利用数据机将订货信息传给总公司或供应商。

(2) POS 订货。客户若有 POS 机则可在商品存档里设定安全存量，每当销售一笔商品后，计算机自动扣除该商品库存。当库存低于安全存量时，便自动产生订货资料，将此订货资料确认后即可通过通信网络传给总公司或供应商。也有客户将每日的 POS 资料传给总公司，总公司将 POS 销售资料与库存资料对比后，根据采购计划向供应商下单。这种方式适用于连锁商业企业的销售终端向配送中心订货。

(3) 订货应用系统。客户信息系统里如果有订货处理系统，可将订货处理系统产生的订货资料，由转换软件转成与供应商约定的共同格式，在约定时间里将资料转送出去。

电子订货方式与传统订货方式相比，由于其传递速度快、可靠性好、准确性高，能极大地提高服务水平，将会成为订货信息的主要传递方式。

6.2.3 订单内容确认

订单是配送中心开展配送业务的依据。配送中心接到客户订单以后需要对订单加以处理，其内容主要有下列几项。

1. 检查订货信息的准确性

货物品种、数量、日期的确认是对订货资料项目的基本检查，即检查品名、数量、送货日期等是否有遗漏、笔误或不符公司要求的情形。尤其当要求送货时间有问题或出货时间已延迟的时候，更需与客户再次确认一下订单内容或更正运送时间。

2. 客户信用的确认

不论订单是以何种方式传至公司的，配送系统的第一步都要查核客户的财务状况，以确定其是否有能力支付该件订单的货款。核查的做法多是检查客户的应收货款是否已超过其信用额度。因而接单系统中应设计下述途径来查核客户信用的状况。

(1) 当输入客户代号名称资料后，系统即加以检核客户的信用状况，若客户应收账款已超过其信用额度时，系统应加以警示，以便输入人员决定是否继续输入其订货资料或拒绝其订货。

(2) 若客户此次的订购金额加上以前累计的应收账款超过信用额度时，系统应将此笔

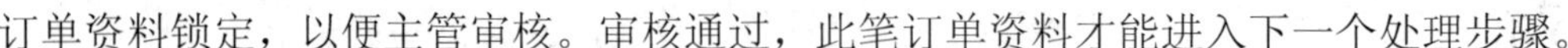

订单资料锁定，以便主管审核。审核通过，此笔订单资料才能进入下一个处理步骤。

原则上顾客的信用调查是由销售部门来负责，但销售部门往往为了争取订单并不太重视这种查核工作，因而也有些公司会授权财务部门来承接负责。一旦查核结果发现客户的信用有问题，财务部门即将订单送回销售部门再调查或退回。

3. 交易形态确认

配送中心虽有整合传统批发商的功能以及高效的物流、信息处理功能，但在面对众多的交易对象时，仍需应客户的不同需求而有不同的做法。这反映到接受订货业务上，可看出其具有多种订单交易形态，即配送中心应因不同的客户或不同的商品有不同交易及处理方式。

(1) 一般交易订单。接单后按正常的作业程序拣货、出货、配送、收款结案的订单。

处理方式：接单后，将资料输入订单处理系统，按正常的订单处理程序处理，资料处理完后进行拣货、出货、配送、收款结案等作业。

(2) 现销式交易订单。与客户当场直接交易、直接给货的交易订单，如业务员至客户处巡货、铺货所得的交易订单或客户直接至配送中心取货的交易订单。

处理方式：订单资料输入后，因货品已交予客户，故订单资料不需再参与拣货、出货、配送等作业，只需记录交易资料，以便收取应收款项。

(3) 间接交易订单。客户向配送中心订货，但由供应商直接配送给客户的交易订单。

处理方式：接单后，将客户的出货资料传给供应商由其代配。此方式需注意将配送中心的出货单与供应商的送货单核对确认，视为事后入库。

(4) 合约式交易订单。与客户签订配送契约的交易，如签订某期间内定时配送某数量商品。

处理方式：约定的送货日来临时需将该配送的资料输入系统处理以便出货配送，或一开始便输入合约内容的订货资料并设定各批次送货时间，以便在约定日期来临时系统自动产生需送货的订单资料。

(5) 寄库式交易。客户因促销、降价等市场因素而先行订购某数量商品，根据需要再要求出货的交易。

处理方式。当客户要求配送寄库商品时，系统应检核客户是否确实有此项寄库商品；若有，则出此项商品，并且扣除此项商品的寄库量。应注意此项商品的交易价格是依据客户当初订购时的单价计算。

(6) 兑换券交易。客户兑换券所兑换商品的配送出货。

处理方式：将客户兑换券所兑换的商品配送给客户时，系统应查核客户是否确实有此兑换券回收资料；若有，依据兑换券兑换的商品及兑换条件予以出货，并应扣除客户的兑换券回收资料。

不同的订单交易形态有不同的订货处理方式，因而接单后必须再对客户订单或订单上的订货品种加以确认，以便让系统针对不同形态的订单提供不同的处理功能。

4. 订货价格确认

不同的客户、不同的订购量可能有不同的价格，输入价格时系统应加以核验；若输入的价格不符(输入错误或因业务员降价强接单等)，系统应加以锁定，以便主管审核。

5. 加工包装确认

客户对于订购的商品是否有特殊的包装、分装或贴标等要求，或是有关赠品的包装等资料都应详加确认记录。

6. 设定订单号码

每一个订单都要有唯一的订单号码，可以根据经营合同来指定，除了便于计算成本外，还可用于采购结算、配送等整个商品流通过程。所有工作说明单及进度报告单均以此号码作为标准号码。

7. 建立客户档案

将客户状况详细记录，不但能让此次交易更易进行，且有益于今后合作机会的增加。客户档案应包含订单处理用到的及与配送作业相关的资料。包括客户姓名、代号、等级形态、客户信用额度、客户销售付款及折扣率的条件、开发或负责此客户的业务员、客户配送区域、客户点配送路径顺序、客户点适合的车辆类型、客户点卸货特性、客户配送要求、过期订单处理指示等。

6.2.4 存货查询及依订单分配存货

1. 存货查询

存货查询的目的在于确认是否能满足客户需求。存货资料一般包括货物名称、编号、产品描述、库存量、已分配存货、有效存货及期望进货时间等。

输入客户订货商品的名称、代号时，系统就查对存货档的相关资料，看此商品是否缺货。如果缺货则提供商品资料或是此缺货商品已采购但未入库等信息，以便于接单人员与客户协调是否该改订替代品或是允许延后出货等，提高接单率及接单处理效率。

2. 分配存货

订单资料输入系统确认无误后，最主要的作业是如何将大量的订货资料，做最有效的汇总分类，调拨库存，以便后续的配送作业能有效地进行。存货的分配模式可分为单一订单分配及批次分配两种。

(1) 单一订单分配。单一订单分配多为在线即时分配，也就是在输入订单资料时就将存货分配给该订单。

(2) 批次分配。累计汇总订单资料输入后，再一次分配库存。配送中心因订单数量多，客户类型、等级多，通常采用批次分配以确保库存能做最佳的分配。

采用批次分配时，要注意订单的分批原则，即批次的划分方法。作业的不同，各配送中心的分批原则也可能不同，总括来说有下面几种方法。

① 按接单时序划分：将整个接单时间划分成几个时段，若一天有多个配送时段，将订单按接单先后分为几个批次处理。

② 按配送区域路径：将同一配送区域路径的订单汇总一起处理。

③ 按流通加工需求：将需加工处理或需相同流通加工处理的订单汇总一起处理。

④ 按车辆需求：如果配送商品要用特殊的配送车辆(如低温车、冷冻车、冷藏车)或客户所在地、卸货有特殊要求，可以汇总合并处理。

3. 分配后存货不足的处理

(1) 单一订单分配不足：如果现有存货数量无法满足客户需求，则应按照客户意愿与公司政策来决定应对方式。

(2) 批次分配不足：如果以批次分配选定参与分配的订单后，这些订单的某商品总出货量大于可分配的库存量，可依以下原则来决定客户分配的优先性。

① 具特殊优先权者先分配：对于一些例外的订单如缺货补送订单、延迟交货订单或远期订单，这些在前次即应允诺交货的订单，或客户提前预约的订单，应有优先取得存货的权利。因此当存货已补充或交货期限到时，应确定优先分配权。

② 依客户等级来取舍：将客户重要性程度高的做优先分配，如将客户做 ABC 分类。

③ 依订单交易量或交易金额来取舍：将对公司贡献度大的订单做优先处理。

④ 依客户信用状况：将信用较好的客户订单做优先处理。

⑤ 系统定义优先规则：建立一套订单处理的优先规则，而后在做分配时即可依此优先规则自动分配。

4. 拣取作业时间的计算及出货日程的排定

1) 拣取作业时间的计算

为了有计划地安排出货日程，需要对每一订单或每批订单可能花费的拣取时间要事先掌握，对此要计算订单拣取的标准时间。

(1) 计算每一单元的拣取标准时间。

(2) 有了单元的拣取标准时间后，即可依每品种订购数量(多少单元)再配合每品种的寻找时间，来计算出每品种的拣取时间。

(3) 根据每一订单或每批订单的订货品种并考虑一些纸上作业的时间，将整张或整批订单的拣取时间算出。

2) 依订单排定出货时程及拣货顺序

前面根据存货状况进行了存货的分配，但对于这些已分配存货的订单应如何安排出货时间及拣货先后顺序，通常会再依客户需求、拣取标准时间及内部工作负荷来拟定。

6.2.5 订单资料输出

订单资料经上述处理后，即可开始打印一些出货单据，主要有拣货单、送货单和缺货资料。

1. 拣货单

拣货单提供商品出库指示，作为拣货的依据。其格式应配合配送中心的拣货策略及拣货作业方式，以提供有效的拣货信息，便于拣货的进行。拣货单的打印应考虑商品储位，依据储位前后相关顺序打印，以减少人员重复往返取货，同时拣货数量、单位也要详细确认标示。

2. 送货单

物品交货时，通常附上送货单据给客户清点签收。因为送货单主要是给客户签收、确认的出货资料，其正确性及明确性很重要。要确保送货单上的资料与实际送货资料相符，除了出货前清点外，出货单据的打印时间及对于一些订单异动情形(如缺货品项或缺货数量等)也需打印注明。

3. 缺货资料

库存分配后，对于缺货的商品或缺货的订单资料，系统应该提供查询报表打印功能以便工作人员处理。库存缺货商品应提供依商品或供应商查询的缺货商品资料以提醒采购人员紧急采购。

6.3 拣货作业

6.3.1 拣货作业的含义

所谓拣货，就是依据顾客的订货要求或配送中心的送货计划，尽可能迅速、准确地将商品从其储位或其他区域拣取出来，并按一定的方式进行分拣、集中，等待配装送货的作业过程。

在配送作业的各环节中，拣货作业是非常重要的一环，它是整个配送中心作业系统的核心。由于配送多为多品种、小体积、小批量的物流作业，这使得拣货作业工作量占配送中心作业量的比重非常大，并且工艺复杂，特别是对于客户多、商品品种多、需求批量小、需求频率高、送货时间要求高的配送服务。拣货作业的速度和质量不仅对配送中心的作业效率起决定性的作用，而且直接影响到整个配送中心的信誉和服务水平，也直接影响配送的成本。

6.3.2 拣货作业的基本过程

拣货作业是配送中心作业的核心环节。从实际运作过程来看，拣货作业是在拣货信息的指导下，通过行走和搬运拣取货物，再按一定的方式将货物分拣、集中。因此，拣货作业的主要过程包括以下 4 个环节。

1. 拣货信息的产生

拣货作业必须在拣货信息的指导下才能完成。拣货信息来源于顾客的订单或配送中心的送货单。因此，有些配送中心直接利用顾客的订单或配送中心的送货单作为人工拣货指示，即拣货作业人员直接凭订单或送货单拣取货物。这种信息传递方式无法准确标示所拣货物的储位，使拣货人员延长寻找货物时间和拣货行走路径。国外大多数配送中心一般先将订单等原始拣货信息经过处理后转换成“拣货单”或电子拣货信号，指导拣货人员或自动拣取设备进行拣货作业，以提高作业效率和作业准确性。

2. 行走和搬运

拣货时，拣货作业人员或机器必须直接接触并拿取货物，因此形成拣货过程中的行走与货物的搬运。缩短行走和货物搬运距离是提高配送中心作业效率的关键。可以由拣货人员步行或搭乘运载工具到达货物储存的位置拣取货物，也可以由自动储存拣货系统完成。

3. 拣取

无论是人工或机器拣取货物，都必须首先确认被拣货物的品名、规格、数量等内容是否与拣货信息传递的指示一致。这种确认既可以通过人工目视读取信息，也可以利用无线传输终端机读取条码由计算机进行对比，后一种方式往往可以大幅度降低拣货的错误率。拣货信息被确认后，拣取的过程可以由人工或自动化设备完成。通常小体积、少批量、搬运重量在人力范围内且出货频率不是特别高时，可以采取手工方式拣取；对于体积大、重量大的货物可以利用升降叉车等搬运机械辅助作业；对于出货频率很高的可以采用自动拣货系统。

4. 分类与集中

配送中心在收到多个客户的订单后，可以形成批量拣取，然后再根据不同的客户或送货路线分类集中。有些需要进行流通加工的商品还需根据加工方法进行分拣，加工完毕再按一定方式出货。该过程如图 6.4 所示。多品种分拣的工艺过程较复杂，难度也大，容易发生错误，必须在统筹安排形成规模效应的基础上，提高作业的精确性。在物品体积小、重量轻的情况下，可以采取人力分拣，也可以采取机械辅助作业，或利用自动分拣机自动将拣取出来的货物进行分类与集中。分类完成后，货物经过查对、包装便可以出货、装运、送货了。

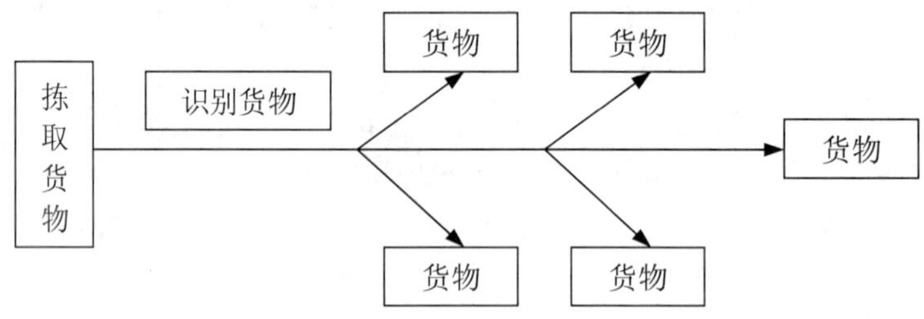

图 6.4 分货过程示意图

从拣货作业的 4 个基本过程我们可以看出，整个拣货作业所消耗的时间主要包括以下 4 大部分：订单或送货单经过信息处理过程，形成拣货指示的时间；行走与搬运货物的时间；准确找到货物的储位并确认所拣货物及其数量的时间；拣取完毕，将货物分拣集中的时间。因此，提高拣货作业效率，主要应缩短以上 4 个作业时间，以提高作业速度与作业能力。此外，防止拣货错误的发生，提高配送中心内部储存管理账物相符率和顾客满意度，降低作业成本也是拣货作业管理的目标。

6.3.3 拣货单位

拣货单位是指拣货作业中拣取货物的包装单位。通常拣货单位可分为托盘、箱(外包装)、单件(小包装)以及特殊货物 4 种形式。有些品种根据配送要求需要有两种以上的拣货单位，如有些用量小的客户以单件或箱为单位出货，有些需大批量送货的客户则可以以箱或整托盘为单位直接出货。确定拣货单位的必要性在于避免拣货及出货作业过程中对货物进行拆装甚至重组，以提高拣货系统作业效率，同时也是为了适应拣货自动化作业的需要。而且拣取的货物来自储存系统，储存系统的货物则通过验收入库而来。因此，从供应商供货到进货入库存储，再到拣货出货，要提高整个物流系统的作业效率，减少货物拆装、重组的工作量，必须根据配送包装要求，确定拣货包装单位，根据拣货包装单位来相应地调整储存和入库商品的包装单位。

1. 拣货单位的确定

依据何种包装单位拣货是订单分析出来的结果，其分析过程如图 6.5 所示。其中商品特性分类是指将必须分别储存处理的商品依其特性来分类，再由历史订单统计资料结合客户对包装单位的要求，与客户协商后将订单上的单位合理化。历史订单统计资料主要是算出每一出货品种以托盘为单位的出货数量以及从托盘上以箱为单位拣取出货的数量，作为

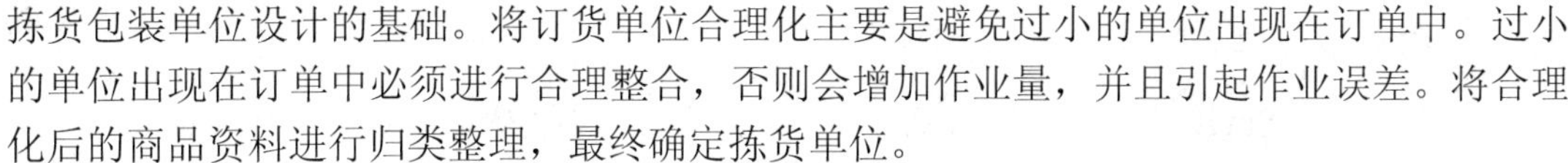

拣货包装单位设计的基础。将订货单位合理化主要是避免过小的单位出现在订单中。过小的单位出现在订单中必须进行合理整合，否则会增加作业量，并且引起作业误差。将合理化后的商品资料进行归类整理，最终确定拣货单位。

配送作业中拣货包装单位通常有以下 4 种。

(1) 单件(Bulk，B)。单件商品包装成独立单元，以该单元为拣取单位，是拣货的最小单位。

(2) 箱(Case，C)。由单件装箱而成，拣货过程以箱为拣取单位。

(3) 托盘(Pallet，P)。由箱堆码在托盘上集合而成，经托盘装载后加固。每托盘堆码数量固定，拣货时以整托盘为拣取单位。

(4) 特殊物品。体积过大，形状特殊，或必须在特殊情况下作业的货物，如桶装液体、装颗粒、冷冻食品等，拣货时以特定包装形式和包装单位为准。

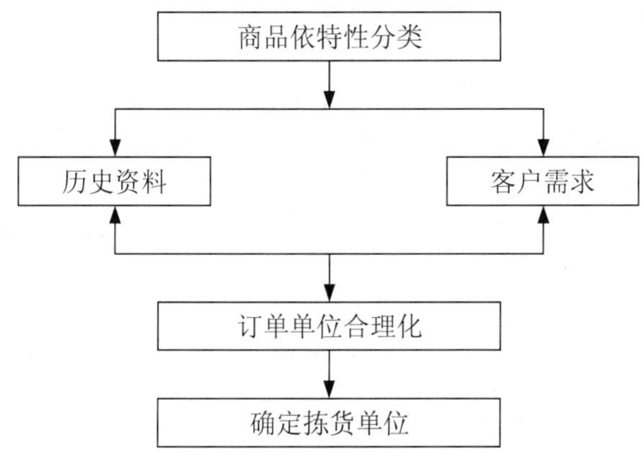

图 6.5 拣货单位分析过程

2. 储存包装单位的确定

拣货包装单位确定之后，接下来便是确定储存货物的包装单位，通常储存单位必须大于或等于拣货单位。确定储存单位的步骤如下。

(1) 订出各项商品一次采购最大、最小批量及前置时间；

(2) 预计顾客订单到达仓库后多长时间将货物送交顾客，即预计送达天数。

如果“商品平均每天采购量×采购前置时间(或库存水准)”小于上一级包装单位数量，则储存单位等于拣货单位；反之，则储存单位大于拣货单位。

【例 6.1】某种商品每天平均采购量为 10 箱，平均在库时间为 4 天，该商品每托盘可放 50 箱，则有 10×4=40(箱)，小于 50 箱。

所以储存单位及拣货单位均以箱为宜；若以托盘为单位，则可能不满一整托盘。

3. 入库包装单位的确定

在储存包装单位确定后，货物入库包装单位最好能配合储存包装单位，有时可要求供应商配合。入库单位通常等于货物的最大储存单位。

6.3.4 拣货方式

拣货作业最简单的划分方式，可以将其分为按订单拣取、批量拣取和复合拣取 3 种。

1. 按订单拣取

按订单拣取(Single-Order-Pick)是针对每一份订单，作业员巡回于拣货区域，按照订单所列商品及数量，将客户所订购的商品逐一由拣货区域或其他作业区中取出，然后集中在一起的拣货方式。这种方式又叫摘果法，如图 6.6 所示。

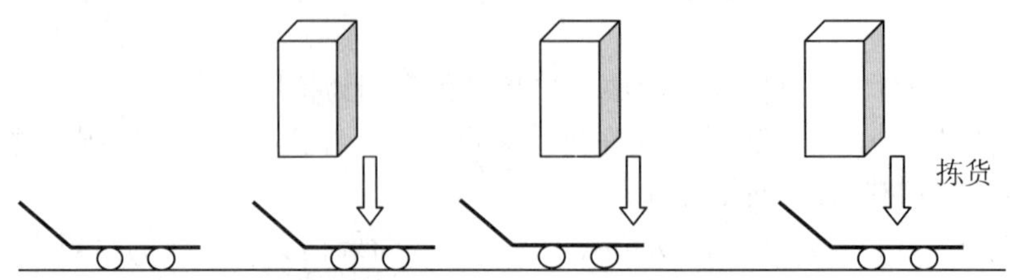

图 6.6　按订单拣取示意图

1) 按订单拣取方式的优缺点

优点：

(1) 作业方法单纯，接到订单可立即拣货、送货，所以作业前置时间短；

(2) 作业人员责任明确，易于安排人力；

(3) 拣货后不用进行分拣作业，适用于配送批量大、少品种的订单的处理。

缺点：

(1) 商品品类多时，拣货行走路径加长，拣取效率较低；

(2) 拣货区域大时，搬运困难；

(3) 少量、多批次拣取时，会造成拣货路径重复、费时、效率降低。

2) 适用范围

按订单拣取适合于订单大小差异较大、订单数量变化频繁、季节性强的商品拣货。商品差异较大、外观体积变化较大也适宜采用这种拣取方式，如化妆品、家具、电器、百货、高级服饰等。

2. 批量拣取

批量拣取(Batch Pick)是将多张订单集合成一批，按照商品品种类别汇总后再进行拣货，然后依据不同客户或不同订单分类集中的拣货方式。这种方式又叫播种法，如图 6.7 所示。

1) 批量拣取方式的优缺点

优点：

(1) 适合订单数量庞大的系统；

(2) 可以缩短拣取货物时的行走搬运距离，增加单位时间的拣货量；

(3) 越要求少量、多批次的配送，批量拣取就越有效。

缺点：对订单的到来无法做及时处理，必须当订单累积到一定数量时，才做一次性的处理，因此，会有停滞时间产生。

2) 适用范围

批量拣取方式通常在系统化、自动化设备齐全，作业速度高的情况下采用，适合订单变化较小，订单数量稳定的配送中心和外形较规则、固定的商品出货，如箱装、袋装的商品。另外，需进行流通加工的商品也适合批量拣取，拣取完后再进行批量加工，然后分拣配送，有利于提高拣货及加工效率。

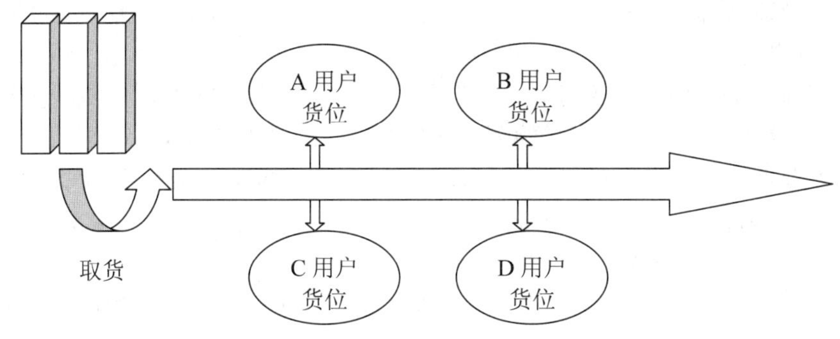

图 6.7　批量拣取示意图

3. 复合拣取

为克服按订单拣取和批量拣取方式的缺点，配送中心也可以采取将按订单拣取和批量拣取组合起来的复合拣取方式。复合拣取即根据订单的品种、数量及出库频率确定哪些订单适应于按订单拣取，哪些适应于批量拣取，分别采取不同的拣货方式。

知识链接

拣货的检核要点

(1) 不要等待：零闲置时间；
(2) 不要拿取：零搬运(多利用输送带、无人搬运车)；
(3) 不要走动：动线的缩短；
(4) 不要思考：零判断业务(不依赖熟练工)；
(5) 不要寻找：储位管理；
(6) 不要书写：免纸张(Paperless)；
(7) 不要检查：利用条码由计算机检查。

6.3.5 拣货策略

拣货策略是影响拣货作业效率的重要因素，对不同订单需求应采取不同的拣货策略。决定拣货策略的 4 个主要因素是分区、订单分割、订单分批及分类，这 4 个因素相互作用可产生多个拣货策略。

1. 分区

分区策略是将拣货作业场地做区域划分，按分区原则的不同，有 4 种分区方法。

1) 按货物特性分区

根据货物原有的性质，将需要特别储存搬运或分离储存的货物进行区隔，以保证货物的品质在储存期间保持一定。

2) 按拣货单位分区

将拣货作业区按拣货单位划分，如箱装拣货区、单品拣货区，或是具有特殊货物特性

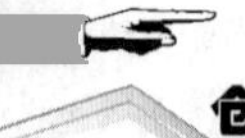

的冷冻品拣货区等，目的是使储存单位与拣货单位统一，以便实现拣取与搬运单元化，使拣货作业单纯化。

3) 按拣货方式分区

不同拣货单位分区中，按拣货方法和设备的不同，又可分为若干区域，通常是按货物销售的ABC分类的原则，按出货量的大小和拣取次数的多少做ABC分类，然后选用合适的拣货设备和拣货方式。其目的是使拣货作业单纯化、一致化，减少不必要的重复行走时间。如同一单品拣货区中，按拣货设备的不同，又可分为台车拣货区和输送机拣货区。

4) 工作分区

在相同的拣货方式下，将拣货作业场地再做划分，由一个或一组固定的拣货人员负责拣取某区域内的货品。该策略的优点是拣货人员需要记忆的存货位置和移动距离减少，拣货时间缩短，还可以配合订单分割策略，运用多组拣货人员在短时间内共同完成订单的拣取，但要注意工作平衡问题。

2. 订单分割

当订单上订购的货物品种较多，或拣货系统要求及时快速处理时，为使其能在短时间内完成拣货处理，可将订单分成若干份子订单交由不同拣货区域同时进行拣货作业。将订单按拣货区进行分解的过程称为订单分割。

订单分割一般是与拣货分区相对应的。对于采取拣货分区的配送中心，其订单处理过程的第一步就是要按区域进行订单的分割，各个拣货区根据分割后的子订单进行拣取作业，各拣货区子订单拣货完成后，再进行订单的汇总。

3. 订单分批

订单分批是为了提高拣货作业效率而把多张订单集合成一批，进行批次拣取的作业，其目的是缩短拣货时平均行走搬运的距离和时间。若将每批次订单中的同一货物品种加总后拣取，然后再把货物分类至每一个顾客的订单，则形成批量拣取。这样不仅缩短了拣取时平均行走搬运的距离，也减少了重复寻找货位的时间，进而提高了拣货效率。订单分批的原则如下。

1) 总合计量分批

将拣货作业前所累积订单中每一货物依品种合计总量，再根据这一总量进行拣取，以将拣取路径减至最短，同时储存区域的储存单位也可以单纯化，但需要有功能强大的分拣系统来支持。这种方式适用于周期性配送，如可将所有的订单在中午前收集，下午做合计量分批拣取单据的打印等信息处理，第二天一早进行拣取等作业。

2) 时窗分批

当从订单到达至拣货完成出货所需的时间非常紧迫时，可利用此策略开启短暂而固定的时窗，如5min或10min，再将此时窗中所到达的订单做成一批，进行批量拣取。这一方式常与分区及订单分割联合运用，特别适合到达时间短而平均的订单形态，同时订购量和品相数不宜太大。

3) 固定订单量分批

订单分批按先到先处理的基本原则，当累计订单量到达设定的固定量时再开始进行拣货作业。固定订单量分批与时窗分批类似，但这种订单分批的方式更注重维持较稳定的作业效率，而在处理的速度上比前者慢。

4) 智能型分批

订单输入计算机经处理后，将拣取路径相近的订单分成一批同时处理，可大量缩短拣货行走搬运距离。采用这种分批方式的配送中心通常将前一天的订单汇总后，经计算机处理在当天下班前产生次日的拣货单据，因此对紧急插单作业处理较为困难。

一般可以按配送客户数、订货形态、需求频率 3 项条件选择合适的订单分批方式，见表 6-1。

表 6-1　订单分批方式的选择

适应情况 / 分批方式	配送客户数	订货形态	需求频率
总合计分批	数量较多且稳定	差异小而数量大	周期性
时窗分批	数量较多且稳定	差异小而数量较大	周期性或非周期性
固定订单分批	数量较多且稳定	差异小而数量小	周期性
智能型分批	数量较多且稳定	差异较大	非即时性

4. 分类

当采用分批拣货策略时，拣货完成后还必须有分类策略与之配合。分类方式大致可分为两类。

1) 拣货同时分类

在拣货的同时将货物按各订单分类。这种分类方式常与固定量分批或智能分批方式联用，因此需要使用计算机辅助台车作为拣货设备，才能加快拣取速度，同时避免错误发生。该方式较适用于少量多样场合，且由于拣货台车不可能太大，所以每批次的客户订单不宜过大。

2) 拣货后集中分类

一般有两种方法。一种是以人工作业为主，将货物总量搬运到空地上进行分类。这种方法要求每批次的订单量及货品数量不宜过大，以免超出人员负荷。另一种方法是利用分拣输送机系统进行集中分类，是较自动化的作业方式。

以上 4 类因素可以单独使用，形成 4 种策略。也可联合运用(图 6.8 和图 6.9)，形成新的策略。还可以不采取任何策略，直接按订单拣货。

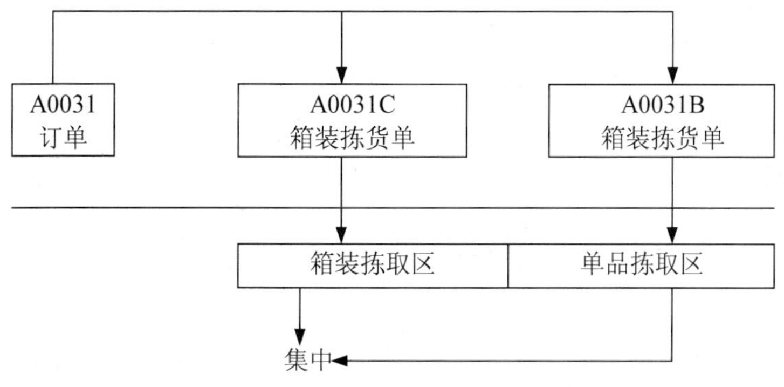

图 6.8　拣货单位分区与订单分割联合策略

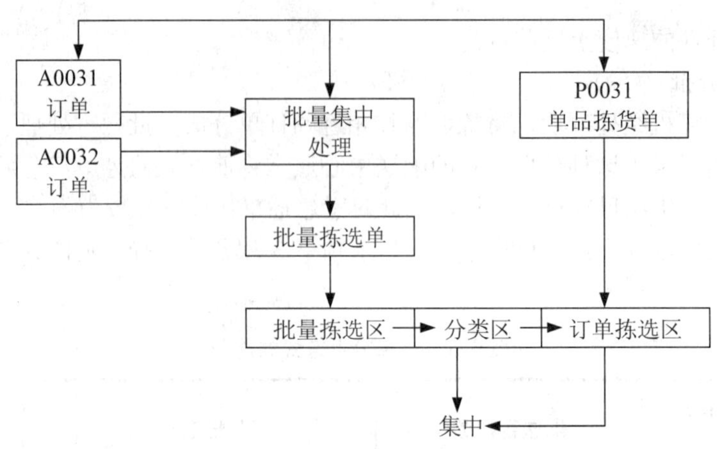

图 6.9　拣货方式分区与订单分割联合策略

6.4 补货作业

补货作业是将货物从保管区域搬运到拣货区的作业过程，其目的是保证拣货区有货可拣，是保证充足货源的基础。与拣货作业直接相关的就是补货问题，它的筹划必须满足两个条件：一是要确保有货物可配，二是要将待配货物放置在存取都方便的位置。补货作业流程如图 6.10 所示。

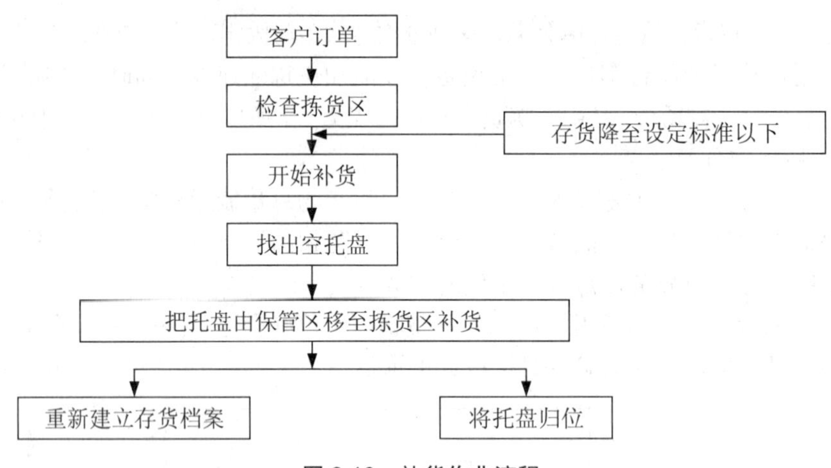

图 6.10　补货作业流程

6.4.1 补货方式

根据储存、拣货布局不同，补货方式有以下几种。

1．整箱补货

由货架保管区补货到流动式货架的动管区的补货方式，如图 6.11 所示。此补货方式保管区为货架存放，动管拣货区为两面开放式的流动式货架。拣货时拣货员在流动货架拣取区拣取单品放入周转箱中，而后放置于输送机运至出货区。而当拣取后发现动管区的存货低于要求存货时要进行补货的动作。

此补货方式为作业员至货架保管区取货箱，以手推车载箱至拣货区。这种保管动管区存放形态的补货方式比较适合体积小且少量多样出货的物品。

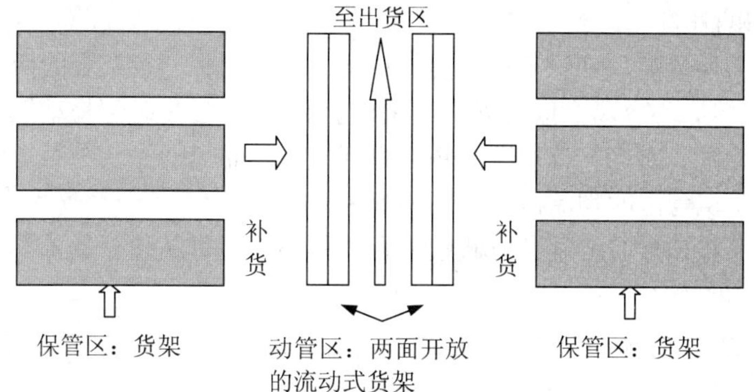

图 6.11　由货架保管区补货到流动式货架的动管区的补货方式

2. 整托补货

这种补货方式是以托盘为单位进行补货。根据补货的位置不同，又分为两种情况。一种是地板至地板，另一种是地板至货架。

1) 地板至地板的整托盘补货

如图 6.12 所示，此补货方式中，保管区为以托盘为单位地板平置堆叠存放，动管区也为以托盘为单位地板平置堆叠存放。所不同之处在于保管区的面积较大，存放物品量较多，而动管区的面积较小，存放物品量较少。拣取时拣货员在拣取区拣取托盘上的货箱，放至中央输送机出货。或者可使用叉车将托盘整个送至出货区(当拣取量大时)。而当拣取后发觉动管拣取区的存货低于水准时，则要进行补货动作。

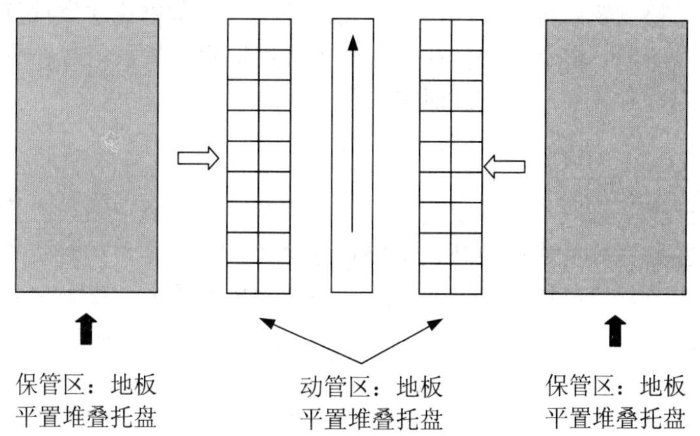

图 6.12　地板至地板的整托盘补货

此补货方式为作业员以叉车由托盘平置堆叠的保管区搬运托盘至同样是托盘平置堆叠的拣货动管区。此保管、动管区存放形态的补货方式较适合体积大或出货量多的物品。

2) 地板至货架的整托盘补货

如图 6.13 所示，此补货方式中，保管区是以托盘为单位地板平置堆叠存放，动管区则为托盘货架存放。拣取时拣货员在拣取区搭乘牵引车拉着推车移动拣货，拣取后再将推车

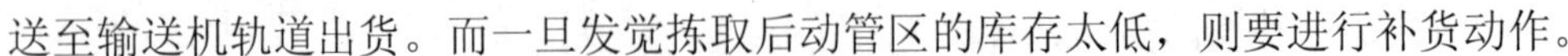

送至输送机轨道出货。而一旦发觉拣取后动管区的库存太低，则要进行补货动作。

补货方式为作业员使用叉车至地板平置堆叠的保管区搬回托盘，送至动管区托盘货架上存放。此保管、动管区存放形态的补货方式较适合体积中等或中量(以箱为单位)出货的物品。

3) 货架之间的补货

此补货方式为保管区与动管区属于同一货架，也就是将一货架上的两手方便拿取之处(中下层)作为动管区，不容易拿取之处(上层)作为保管区。进货时便将动管区放不下的多余货箱放至上层保管区。对动管拣取区的物品进行拣货，而当动管区的存货低于水准时，则可利用叉车将上层保管区的物品搬至下层动管区补货。

此保管动管区存放形态的补货方式较适合体积不大、每品种存货量不高且出货多属中小量(以箱为单位)的物品。

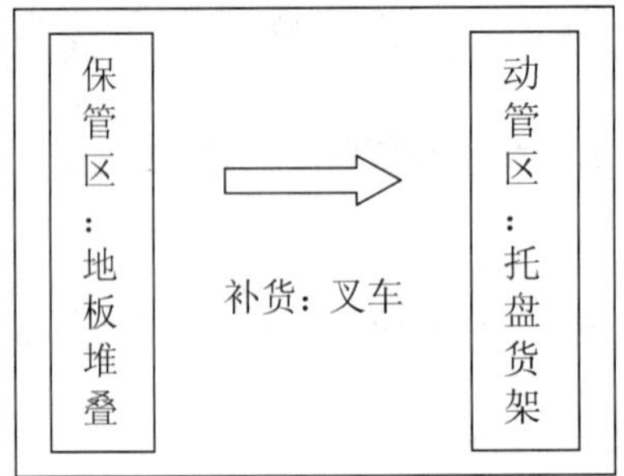

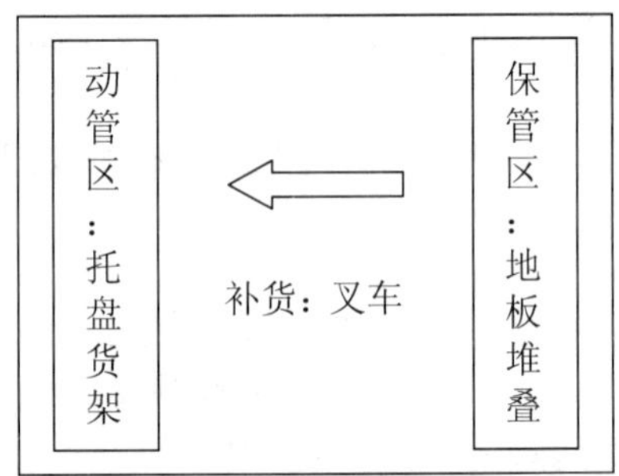

图 6.13　地板至货架的整托盘补货

6.4.2　补货时机

补货主要是为拣货做准备，因此补货作业的发生与否主要看拣货区的货物存量是否符合需求。究竟何时补货要看拣货区的存量，以避免出现拣货中途才发现拣货区的货量不足需要补货的情况，而影响整个拣货作业。通常可采用批次补货、定时补货和随机补货 3 种方式，至于该选用哪种应视具体情况而定。

1. 批次补货

在每天或每一批次拣取前，经由电脑计算所需货物的总拣取量，再查看动管拣货区的货物量，计算差额并在拣货作业前补足货物。这是“一次补足”的补货原则，较适合一日内作业量变化不大、紧急追加订货不多，或是每批次拣取量大、事先掌握的情况。

2. 定时补货

将每天划分为数个时点，补货人员在时段内检查动管拣货区货架上货物存量，若不足即马上将货架补满。此为“定时补足”的补货原则，较适合分批拣货时间固定、处理紧急追加订货的时间也固定的情况。

3. 随机补货

指定专门的补货人员，随时巡视动管拣货区的货物存量，发现不足随时补货的方式。此为“不定时补足”的补货原则，较适合每批次拣取量不大、紧急追加订货较多，以至于一日内作业量不易事前掌握的情况。

6.5 配货作业

跟拣货紧密相连的另一项作业是配货作业。配货是指将拣取分类完成的货物做好出货检查，装入妥当的容器，做好标示，根据车辆调度安排的趟次别或厂商别等指示将物品运至待运区，最后装车发送。这一连串过程即为配货作业的内容，其主要流程如图 6.14 所示。

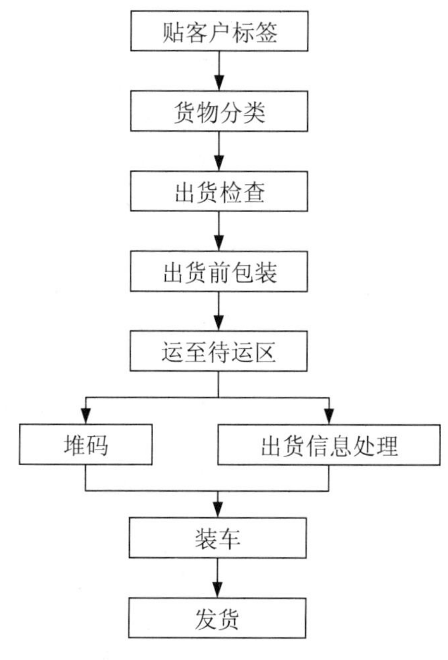

图 6.14 配货作业流程

6.5.1 贴客户标签

把记有客户有关信息(如客户的名称、地点、所需商品、数量)的标签贴于配货的货箱上，便于后续作用。

6.5.2 分拣

分拣就是拣货作业完成后，按照不同的客户或不同的配送路线将货物做分类的工作，又称为分货。分拣作业一般在理货场地进行，它的任务是将发给同一客户的各种货物汇集在一处，以等待发运。分拣的操作方式一般有下述 3 种。

1) 人工分拣

人工分拣是用人力以手推车为辅助工具，将被分拣商品分送到指定的场所堆放待运，批量较大的商品则用叉车托盘作业。目前我国大多数传统的仓库、配送中心基本上都采用人工分拣。它的优缺点非常明显。

优点：机动灵活，不需复杂、昂贵的设备，不受商品包装等条件的制约。

缺点：速度慢、工作效率低、易出差错，只适用于分拣量少、分拣单位少的场合。

因此，人工分拣作业的复核工作是非常重要的，通常是由计算机系统打印“配货明细表”供理货员根据各门店配货数进行复核，并打印“配送汇总表”(配送中心内勤与运输车之间的交接汇总单)。

2) 自动分拣

由于近年来对快速、高效、准确性物流服务的需求增加，为顺应多品种少量订货的市场趋势，自动分拣机开始逐渐引起企业关注并得以广泛运用。自动分拣机是利用计算机及其识别系统来达到分拣的目标，因而具有迅速、正确且不费力的效果，尤其在拣取数量或分拣数量众多时，效率更高。在产品投入与确定目的地后，系统会按预先所设定的对应逻辑，自动将商品送至目的流道中，完成分拣操作。配送中心若采用批次拣货的拣货策略，则自动分拣机可应用在其后续的二次分拣上，既快速又精确。

利用自动分拣机分拣的主要过程如下：首先必须将有关货物及分拣信息通过自动分拣机的信息输入装置，输入自动控制系统；当货物通过移载装置移至输送机上时，由输送系统运送至分拣系统；分拣系统是自动分拣机的主体，这部分的工作过程为先由自动识别装置识别货物，再由分拣道口排出装置，按预先设置的分拣要求将货物推出分拣机。

分拣排出方式有推出式、浮起送出式、倾斜滑下式、皮带送出式等，同时为尽早使各货物脱离自动分拣机，避免发生碰撞而设置有缓冲装置。

自动分拣优缺点如下。

优点：单位时间内商品处理量高，分拣差错率低，货损率低，大大降低作业人员的劳动强度。

缺点：投入的成本高。

3) 旋转架分拣

为节省成本，也可采用取代自动分拣机而使用旋转架的方式，将旋转架的每一格位当成客户的出货篮，分拣时只要在计算机输入各客户的代号，旋转架就会自动将其货篮转至作业员面前，让其将批量拣取的物品放入进行分拣。同样，即使没有动力的小型旋转架，为节省空间也可作为人工目视处理的货篮，只不过作业员依每格位上的客户标签自行旋转找寻，以便将物品放入正确货位中。

6.5.3 出货检查

货物分拣、配货后，就要进行检查核对工作，这项工作就是出货检查作业。出货检查作业主要包括把拣取物品依客户、车次等，按出货单逐一核对货物的品种和数量。同时还必须核查货物的包装与质量，如图 6.15 所示。

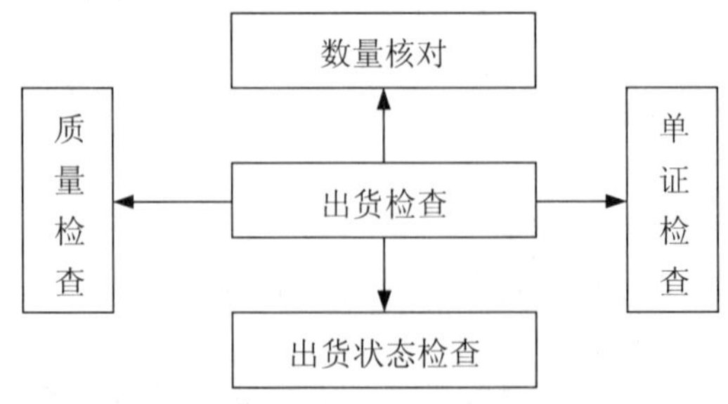

图 6.15 出货检查作业内容

出货检查是在拣货作业后的物品检查，因耗费时间及人力，在效率上经常是个大问题，出货检查是属于要确认拣货作业是否产生错误的处理作业，所以若能先找出让拣货作业不会发生错误的方法，就能免除事后检查的需要，或只对少数易出错物品做检查。

1）人工检查法

出货检查最简单的做法就是以纯人工进行，将物品一个个点数并逐一核对出货单，进而再查验出货的质量水平和状态情况。以状态及质量检验而言，纯人工方式逐项或抽样检查的确有其必要性，但对于物品品种及数量核对来说，以纯人工方式可能较无效率也较难将问题找出，即使是采取多次的检查作业，也可能是耗费了许多时间，而错误却依然存在。

2）商品条码检查法

商品条码检查法的最大原则就是要导入条码，让条码跟着货物跑。当进行出货检查时，只需将拣出物品的条码用扫描仪读出，计算机则会自动将资料与出货单对照，检查是否有数量或品种上的差异。

3）声音输入检查法

声音输入检查法是一项较新的技术，是由作业员发声读出物品的名称(或代号)及数量，之后计算机接收声音做自动识别，转成数字资料再与出货单进行对比。此方式的优点在于作业员只需用嘴巴读取资料，手脚仍旧空着可做其他的工作，自由度较高。但要注意的是，此法声音的发音要准，且每次发音字数有限，否则计算机辨识困难，可能产生错误。

4）重量计算检查法

重量计算检查法是先利用计算机自动汇总出货单上的物品重量，而后将拣出物品以计重器秤出总重，再将两者互相对照的检查方式。事实上，若能利用装有重量检查系统的拣货台车拣货，则在拣取过程中就能利用此法来做检查，拣货员每拣取一样物品，台车上的计重器就会自动显示其重量做查对，如此可完全省去事后的检查工作，在效率及正确性上的效果将更好。

6.5.4 包装、捆包

这是配货作业中重要的一个环节。对配好的货物进行包装、捆包，它起到保护商品、便于搬运、储存，提高用户购买欲望以及易于辨认的作用。同时由于将同一客户的货物捆绑在一起，方便送货过程中的交接作业，进而可以提高送货效率。

6.5.5 出货形式

配送中心在拣货时，一般以托盘、箱、单品为单位进行拣取。同理，出货的形式也多以这 3 种方式进行。因此针对不同的拣货及出货形式，应采取不同的作业方式，见表 6-2。

表 6-2 出货形式

	拣货单位	经由作业	出货单位
按订单拣取	P	捆托盘(用包装膜或绳索固定)	P
	P	卸托盘→捆包	C
	C	捆包	C
	B	装箱	C
	B	分类	B

续表

	拣货单位	经由作业	出货单位
批量拣取	P	捆包(托盘物属同一客户) 卸托盘→分类→叠栈→捆包 (拣取的托盘物不属同一客户)	P
	P	卸托盘→分类→捆包	C
	P	卸托盘→拆箱→分类→包装	B
	C	分类→捆包(整箱属同一客户) 拆箱→分类→装箱(整箱不属同一客户)	C
	C	拆箱→分类	B
	B	分类→装箱	C
	B	分类	B

注：P：栈板；C：箱子；B：单件。

6.6 送货作业

对于配送中心来说，送货作业是指利用货车等运载工具将货物从配送中心送至客户的作业。送货通常是一种短距离、小批量、高频率的运输形式，它以服务为目标，以尽可能满足客户需求为宗旨。

6.6.1 送货作业的特点

送货是配送中心作业最终及最具体直接的服务表现，其特点有下列几项。

1. 时效性

时效性就是指要确保在指定的时间内交货。由于配送是从客户订货至交货各阶段中的最后一阶段，也是最容易无计划性延误时程的阶段，一旦延误便无法弥补。因此如途中意外不能准时到达，必须立刻与总部联系，由总部采取紧急措施，确保履行合同。影响时效性的因素很多，除配送车辆故障外，所选择的配送路径、路况不佳，中途客户卸货不及时等均会造成时间上的延误。因此，必须在认真分析各种因素的前提下，用系统化的思想和原则，有效协调，综合管理，选择合理的配送线路、配送车辆和送货人员，使每位客户在预定的时间收到所订购的货物。

2. 可靠性

可靠性是指将物品完好无缺地送达目的地。这主要取决于配送人员的责任心和素质。以配送而言，要达到可靠性目标，关键原则在于以下几项原则。

(1) 装卸货时的细心程度；
(2) 运送过程对物品的保护；
(3) 对客户地点及作业环境的了解；
(4) 配送人员的素质。

若配送人员能随时注意这几项原则，物品就能以最好的品质送到客户手中。

3. 沟通性

送货作业是配送的末端服务，它通过送货上门服务直接与客户接触，是与顾客沟通最直接的桥梁。它不仅代表着公司的形象和信誉，还在沟通中起着非常重要的作用。一些物流企业甚至把卡车司机和送货人员称为“公司的形象大使”。因此必须充分利用与客户沟通的机会，巩固与发展公司的信誉，为客户提供更优质的服务。

4. 便利性

配送以服务为目标，以最大限度地满足客户要求为宗旨。因此，应尽可能地让顾客享受到便捷的服务。通过采用高弹性的送货系统，如采用紧急送货、顺道送货与退货、辅助资源回收等方式，为顾客提真正意义上的便利服务。

5. 经济性

满足客户的服务需求，不仅品质要好，价格也是客户重视的要项。同时，实现一定的经济利益也是配送企业运作的基本目标。因此对合作双方来说，以较低的费用完成送货作业是企业建立双赢机制、加强合作的基础。所以，不仅要满足客户的要求，提供高质量、及时、方便的配送服务，还必须提高配送效率，加强成本管理与控制。

6.6.2 送货作业的基本流程

送货的一般作业流程如图 6.16 所示。

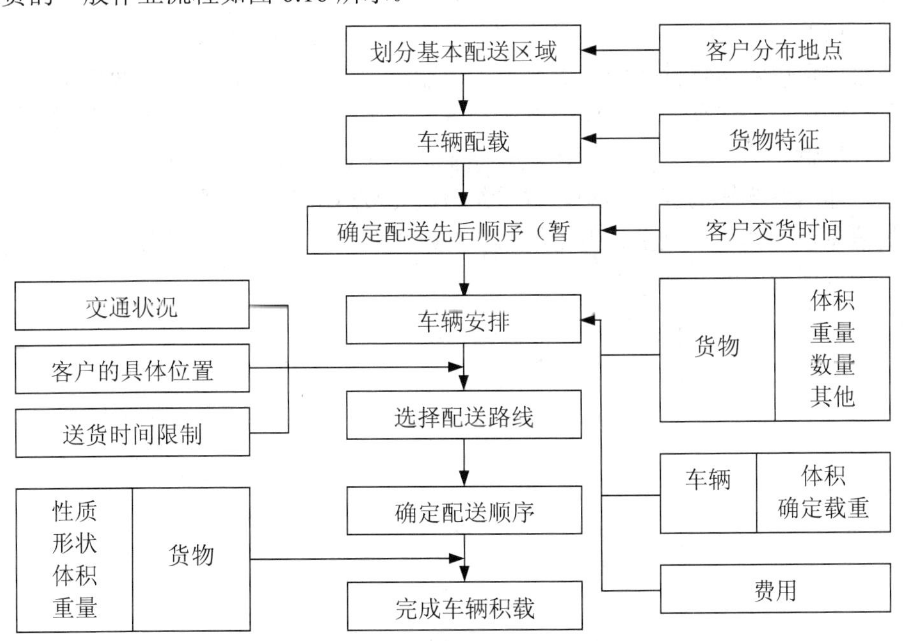

图 6.16　送货的一般作业流程

1. 划分基本配送区域

为使整个配送有一个可循的基本依据，应首先将客户所在地的具体位置作一系统统计，并将其做区域上的整体划分，将每一客户囊括在不同的基本配送区域之中，以作为下一步决策的基本参考。如按行政区域或依交通条件划分不同的配送区域，在这一划分的基础上再做弹性调整来安排配送。

2. 车辆配载

(1) 由于配送货物品种、特性各异，为提高配送效率，确保货物质量，必须对特性差异大的货物进行分类。在接到订单后，将货物依特性进行分类，分别采取不同的配送方式和运输工具，如按冷冻食品、速食品、散装货物、箱装货物等分类配载；

(2) 配送货物也有轻重缓急之分，必须初步确定哪些货物先发，哪些货物后发；

(3) 根据货物的性质，初步确定哪些货物可配于同一辆车，哪些货物不能配于同一辆车，以做好车辆的初步配装工作。

3. 暂定配送先后顺序

在考虑其他影响因素，做出确定的配送方案前，应根据客户订单要求的送货时间将配送的先后作业次序做初步排定，为后面车辆积载做好准备工作。计划工作的目的是为了保证达到既定的目标，所以，预先确定基本配送顺序既可以有效地保证送货时间，又可以提高运作效率。

4. 车辆安排

车辆安排要解决的问题是安排什么类型、吨位的配送车辆进行最后的送货。一般企业拥有的车型有限，车辆数量亦有限，当本公司车辆无法满足要求时，可使用外雇车辆。在保证配送运输质量的前提下，是组建自营车队还是以外雇车为主，则须视经营成本而定，具体如图 6.17 所示。曲线 1 表示外雇车辆的运送费用随运输量的变化情况；曲线 2 表示自有车辆的运送费用随运输量的变化情况。当运输量小于 A 时，外雇车辆费用小于自有车辆费用，所以应选用外雇车辆；当运输量大于 A 时，外雇车辆费用大于自有车辆费用，所以应选用自有车辆。但无论自有车辆还是外雇车辆，都必须事先掌握有哪些车辆可供调派并符合要求，即这些车辆的容量和额定载重是否满足要求。安排车辆之前，还必须分析订单上货物的信息，如体积、重量、数量等对于装卸的特别要求等，综合考虑各方面因素的影响，做出最合适的车辆安排。

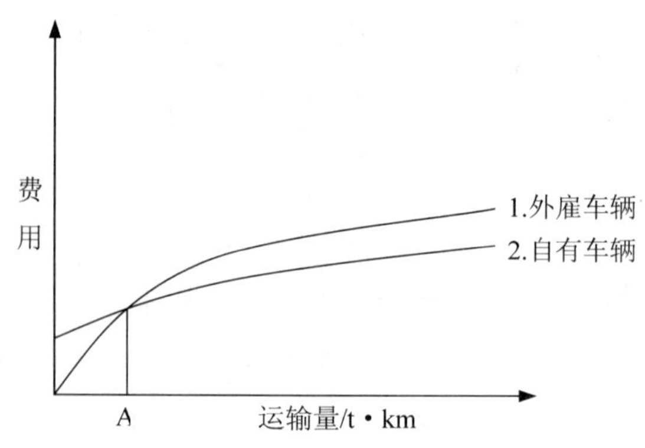

图 6.17　外租车辆与自有车辆的费用比较

5. 选择配送线路

知道了每辆车负责配送的具体客户后，如何以最快的速度完成对这些货物的配送，即如何选择配送距离短、配送时间短、配送成本低的线路，这需根据客户的具体位置、沿途

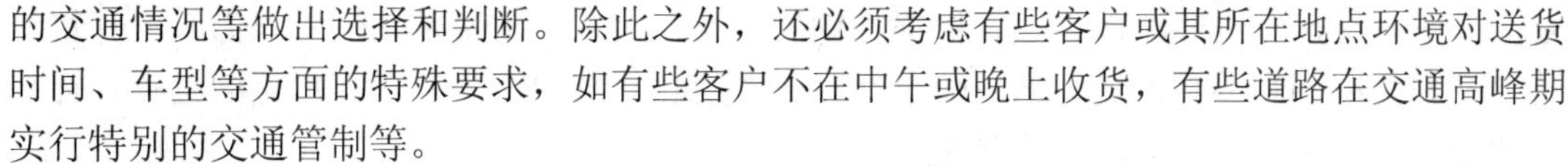

的交通情况等做出选择和判断。除此之外，还必须考虑有些客户或其所在地点环境对送货时间、车型等方面的特殊要求，如有些客户不在中午或晚上收货，有些道路在交通高峰期实行特别的交通管制等。

6. 确定最终的配送顺序

做好车辆安排及选择好最佳的配送线路后，依据各车负责配送的具体客户的先后，即可将客户的最终配送顺序加以确定。

另外，对于多个配送点的配送顺序的计算，需要借助计算机建立数学模型，以求得最佳路线。这方面的知识这里就不做详细分析，可参考本书的“第 7 章　配送运输管理”。

7. 完成车辆积载

明确了客户的配送顺序后，接下来就是如何将货物装车、以什么次序装车的问题，即车辆的积载问题。原则上，知道了客户的配送顺序先后，只要将货物依“后送先装”的顺序装车即可。但有时为了有效利用空间，可能还要考虑货物的性质(如怕震、怕压、怕撞、怕湿)、形状、体积及重量等做出调整。此外，对于货物的装卸方法也必须依照货物的性质、形状、重量、体积等来做具体决定。

在以上各阶段的操作过程中，需要注意以下要点。

(1) 明确订单内容；

(2) 掌握货物的性质；

(3) 明确具体配送地点；

(4) 适当选择配送车辆。

6.6.3　提高送货效率的措施

为提高送货效率，可采用的措施包括以下几种。

1. 消除交错送货

消除交错送货，可以提高整个配送系统的送货效率。例如，将原直接由各工厂送至各客户的零散路线利用配送中心来做整合并调配转送，可缓解交通网路的复杂程度，且可大大缩短运输距离。

2. 开展直配、直送

由于“商物分流”，订购单可以通过信息网络直接传给厂商，因此各工厂的产品可从厂商的物流中心直接交货到各零售店。这种利用直配、直送的方式可大幅简化配送的层次，使得中间的代理商和批发商不设存货，下游信息也能很快地传达到上游。

3. 采用标准的包装器具

配送不是简单的“送货上门”，而要运用科学而合理的方法选择配送车辆的吨位、配载方式，确定配送路线，以达到“路程最短、吨公里最小”的目标。采用标准的包装工具(如托盘)可以使送货中货物的搬运、装卸效率提高，并便于车辆配装。

4. 建立完善的信息系统

完善的信息系统能够根据交货配送时间、车辆最大积载量、客户的订货量、个数、重量来选出一个最经济的配送方法。根据货物的形状、容积、重量及车辆的能力等，计算机可自动安排车辆和装载方式，形成配车计划。在信息系统中输入每一客户点的位置，计算机便会依最短距离找出最便捷的路径。

5. 改善运货车辆的通信

健全的车载通信设施可以把握车辆及司机的状况、传达道路信息或气象信息、掌握车辆作业状况及装载状况、传递作业指示、传达紧急信息指令、提高运行效率及安全运转。

6. 均衡配送系统的日配送量

通过和客户沟通，尽可能使客户的配送量均衡化，这样能有效地提高送货效率。为使客户的配送量均衡，通常可以采用对大量订货的客户给予一定的折扣、制定最低订货量、调整交货时间等办法。

本 章 小 结

本章以配送作业管理为主线，阐述了配送作业管理的基本知识，主要内容包括订货作业、拣货作业、补货作业、配货作业、送货作业等。通过学习，学生可掌握配送作业管理的内涵，学会配送作业管理的实质内容和方法，并在对企业配送进行了合理分类的基础上提出合理化解决方案。

课后实训

运用本章所学配送作业管理方法与技能，结合当地某配送中心，找出该配送中心的配送作业流程，并对作业流程进行分析。

案例思考

沃尔玛利用物流配送节约成本

沃尔玛的年销售额连续 3 年在福布斯排名冠军，相对于汽车制造、IT、高科技电子等高利润行业,它是一个利润率极低的零售商，能连续三年第一，堪称奇迹。沃尔玛之所以能够迅速增长，并且成为世界 500 强之首，与其在节省成本以及在物流运送、配送系统方面的成就是分不开的。

1. 实施“无缝点对点”

沃尔玛的经营哲学是“以最佳服务，最低的成本，提供最高质量的服务”。在物流运营过程当中，要尽可能降低成本，让利于消费者，沃尔玛向自己提出了挑战，其中的一个挑战就是要建立一个“无缝点对点”的物流系统，能够为商店和顾客提供最迅速的服务。这种“无缝”的意思是指使整个供应链达到一种非常顺畅的链接。

2. 建立良好的循环系统

沃尔玛的物流循环系统当中的可变性使得这些卖方和买方(工厂与商场)可以对于顾客所买的东西和订单进行及时的补货。这个系统与配送中心联系在一起。沃尔玛的配送中心实际上是一个中枢，供货商只提供给配送中心，不用直接给每个商店，因此这个配送中心可以为供货商减少很多成本。供货商就可以把省下来的这部分利润让利于消费者。通过这样的方法，沃尔玛就从整个供应链中，将这笔配送中心的成本费用节省下来，实现了低投入高产出。

3. 完善的补货系统

沃尔玛之所以能够取得成功，是因为沃尔玛在每一个商店都有一个补货系统。它使得沃尔玛在任何一个时间点都可以知道现在这个商店当中有多少货品、有多少货品正在运输过程当中、有多少是在配送中心等。同时它也使沃尔玛可以了解某种货品前一周卖了多少、去年卖了多少，而且可以预测沃尔玛将来可以卖多少这种货品。

沃尔玛这个自动补货系统，可以自动向商场经理来订货，这样就可以非常及时地对商场进行帮助。

4. 建立开放式的平台

沃尔玛所有的系统都是基于的 UNIX 系统的一个配送系统，这是一个非常大的开放式的平台，不但采用传送带，还采用产品代码，以及自动补货系统和激光识别系统。这样，员工可以在传送带上就取到自己所负责的商店所需的商品。那么在传送的时候，他们是怎么知道应该取哪个箱子呢？传送带上有一些信号灯，有红的、绿的，还有黄的，员工可以根据信号灯的提示来确定商品应被送往的商店来拿取这些商品，并将取到的这些商品放到一个箱子当中。这样，所有这些商场都可以在各自所属的箱子当中放入不同的货品。由于供应链中的各个环节都可以使用这个平台，因此节省了拣货成本。

5. 建立自己的运输车队

沃尔玛的物流部门实行全天候的运作，而且是每天 24h，每周 7 天的运作。众所周知，沃尔玛的产品卖得非常多，因此运输车队对物流的支持是非常必要的，要确保商店所需的商品不断地流向沃尔玛的商店，这样物流就没有任何停止的过程。

在整个物流过程当中，最昂贵的就是沃尔玛运输这部分，运输车队省下的成本越多，那么整个供应链当中所节省的钱就越多，让利给消费者的部分也就越多。因此沃尔玛采用一种尽可能大的卡车，而且沃尔玛使用的汽车一般比集装箱运输卡车要更长或者更高。

沃尔玛在注重车辆管理的同时还注重对员工的管理，沃尔玛的车队大约有 5 000 名非司机员工，还有 3 700 多名司机。沃尔玛采用全球定位系统，来对车辆进行定位。因此，在任何时候，调度中心都可以知道这些车辆在什么地方，离商店还有多远，同时他们也可以了解到某个产品运输到了什么地方了，还有多长时间才能运到商店。沃尔玛对事件的把握可以精确到小时。调度中心知道卡车在哪里，产品在哪里，就可以提高整个系统的效率，同时提高实载率，降低单位产品的运输成本。

另外，让供应商采用沃尔玛的运输系统，由他们自己完成运输。因为沃尔玛的运输成本比供货商低，采用沃尔玛的物流配送系统可以对供货商进行成本上的节省，而且从厂商到货架的过程，沃尔玛增加的部门并不会增加运作的成本，合理安排反而会降低运作的成本。

思考

沃尔玛是如何通过物流配送节约成本的？

思考与练习

一、单项选择题

1．按订单拣取适用于(　　)的订单处理。

A．批量大　　B．批量少　　C．品种多　　D．品种少

2．(　　)是配送中心关键作业项目。

A．接受订单　　B．进货作业　　C．理货配货　　D．出货作业

3．按订单拣取又称为(　　)。

A．摘果法　　B．播种法　　C．分货方式　　D．提货方式

4．当订单所订购的商品品种较多时，常采用的拣货策略是(　　)。

A．分区　　B．订单分割　　C．订单分批　　D．分类

5．不属于配送中心的主要作业环节的有(　　)。

A．订单处理　　B．库存管理　　C．补货及拣货　　D．流通加工

6．拣货作业可以最简单地划分为按订单拣取、(　　)及复合拣取 3 种方式。

A．摘果式拣取　　B．播种式拣取　　C．批量拣取　　D．指令式拣取

7．在每天或每次拣货之前，计算所需货品的总拣货量，再查看拣货区现存货品量，计算差额并在拣货作业开始前补足货品的方法是(　　)。

A．批次补货　　B．定时补货　　C．随机补货　　D．定量补货

8．(　　)分批按先到先处理的基本原则，当订单累积达到设定的数量时，开始进行拣货作业。这种方式偏重于维持较稳定的作业效率，但在处理速度上慢于定时分批方式。

A．总合计量　　B．定时　　C．固定订单量　　D．智慧型

二、多项选择题

1．配送中心的主要作业环节包括(　　)。

A．订单处理　　B．库存管理　　C．补货及拣货

D．流通加工　　E．配送

2．拣货作业方式可分为(　　)。

A．按订单拣取　　B．按客户拣取　　C．批量拣取

D．复合拣取　　E．按产品拣取

3．通常可采用的补货方式有(　　)。

A．定量补货　　B．批次补货　　C．定时补货

D．随机补货　　E．一次补货

4．出货检查内容有(　　)。

A．数量核对　　B．质量核对　　C．单证检查

D．状态检查　　E．条形码检查

5．送货作业的特点有(　　)。

A．时效性　　B．可靠性　　C．便利性

D．沟通性　　E．经济性

6．传统订货方式是指利用人工方法书写、输入和传送订单，其方法包括(　　)。

A．铺货　　B．巡查送货　　C．口头电话

D．邮寄订单　　E．业务员跑单接单

三、判断题

1．采用按订单拣取方式，拣取后不用进行分类作业，适用于配送批量较大的订单的处理。(　　)

2．配载就是配货，它是配送活动的一个重要内容。(　　)

3．邮政部门把信件按照送达目的地分开集中在一起后再运送，是比较典型的分拣作业。(　　)

4．越要求少量、多批次的配送，摘果法拣取就越有效。(　　)

5．拣货是配送不可缺少的一个环节。(　　)

6．订单处理是与客户直接沟通的作业阶段，对后续的作业产生直接影响。(　　)

7．送货作为配送的最后一道环节，对于物流企业来说是非常关键的。(　　)

8．订单别拣取也称播种法，批量拣取也称摘果法。(　　)

9．订单分割策略必须与分类策略配合运用，才能有效地发挥其优势。(　　)

10．随着消费者多品种、少批量的消费需求日趋强烈，配送中心商品拆零拣货的作业量越来越小，拣货作业已成为配送中心的一个重要作业环节。(　　)

四、简答题

1．订单确认的主要内容有哪些？

2．拣货作业方式有哪些？各有什么特点？

3．拣货策略有哪些？

4．补货时机有哪些？

5．配货作业的主要内容和主要方法各是什么？

6．简述送货作业的流程。

第7章 配送运输管理

知识目标

(1) 了解车辆调度的基本原理;
(2) 了解车辆积载的基本要求;
(3) 理解配送线路优化的基本方法。

技能目标

(1) 掌握利用表上作业法和图上作业法解决问题;
(2) 熟悉配送线路选择的基本方法;
(3) 能够利用相关的知识提高车辆的装载率。

引导案例

山东省莱芜市烟草专卖局(公司)优化配送线路案例

为进一步优化资源配置,充分发挥资源效能,节约物流配送成本,真正实现“现代物流、高效配送、经济管理”,山东省莱芜市烟草专卖局(公司)顺利完成了配送线路的优化调整工作。此次线路调整呈现出3个特点。

1. 周密制订调整计划

市局(公司)多次召开会议对此次线路调整优化进行安排部署,并制订了线路调整方案,成立了线路调整领导小组,对人员休假、线路长短、配送周期等各个方面进行认真部署。

2. 科学合理配置资源

线路调整后,由原来13辆送货车缩减为12辆,仅在车辆费用上每年就能节省8万余元。取消酒店、宾馆专线,其送货员、驾驶员作为替班人员,有效缓解了配送人员紧张的问题,保证了送货员、驾驶员一周双休。充分调动起各方面的积极性,提高了工作效率。

3. 均衡劳动强度

线路调整后,根据配送的工作量确定户数,城区平均每天送货 100 户,城乡结合部每天 90 户，农村 70 户，各线路送货时间基本持平，避免了个别线路工作任务重的不平衡现象。

(资料来源：666 物流网)

分析

莱芜市烟草专卖局是怎样优化配送路线的？

7.1 配送车辆调度

配送车辆是在点多、面广、纵横交错、干支相连的运输网络中分散运行的，涉及多个部门、多个环节，工作条件较为复杂。这就需要建立一个具有权威性的组织指挥系统——车辆调度管理部门，进行统一领导、统一指挥，且能灵活地、及时地处理问题。

7.1.1 车辆调度工作的作用及特点

1. 车辆调度的作用

(1) 保证运输任务按期完成；
(2) 能及时了解运输任务的执行情况；
(3) 促进运输及相关工作的有序进行；
(4) 实现最小的运力投入。

2. 车辆调度的特点

(1) 计划性。坚持合同运输与临时运输相结合，以完成运输任务为出发点，认真编制、执行及检查车辆运行作业计划。

(2) 预防性。在车辆运行组织中经常进行一系列预防性检查，发现薄弱环节及时采取措施，避免运输生产的中断。

(3) 机动性。加强信息沟通，机动、灵活地处理有关部门的问题，准确及时地发布调度命令，保证生产的连续性。

7.1.2 车辆调度的原则

1. 基本原则

(1) 坚持统一领导和指挥，分级管理、分工负责的原则。

(2) 坚持从全局出发、局部服从全局的原则。在编制运行作业计划和实施运行作业计划过程中，要从全局出发，保证重点、统筹兼顾，运力安排应贯彻“先重点、后一般”的原则。

(3) 坚持以均衡和超额完成生产计划任务为出发点的原则。

(4) 坚持最低资源(运力)投入和获得最大效益的原则。

2. 具体原则

车辆运行计划在组织执行过程中常会遇到一些事前难以预料的问题，如客户需求量变动、装卸机械发生故障、车辆运行途中发生技术障碍、临时性桥断路阻等，这就要求车辆调度部门有针对性地加以分析和解决。调度部门要随时掌握货源状况、车况、路况、气候变化、驾驶员思想状况、行车安全等，确保运行作业计划顺利进行。因此在执行过程中要根据实际情况灵活变通，但要做到以下几点。

(1) 宁打乱少数计划，不打乱多数计划；

(2) 宁打乱局部计划，不打乱整体计划；

(3) 宁打乱次要环节，不打乱主要环节；

(4) 宁打乱当日计划，不打乱以后计划；

(5) 宁打乱可缓运物资运输计划，不打乱急需物资运输计划；

(6) 宁打乱整批货物运输计划，不打乱配装货物运输计划；

(7) 宁使企业内部工作受影响，不使客户受影响。

7.1.3 车辆调度的方法

车辆调度的方法有多种，车辆调度管理部门可根据客户所需货物、配送中心站点及交通线路的布局不同而选用不同的方法。简单的可采用定向专车运行调度法、循环调度法、交叉调度法等。如果运输任务较重、交通网络较复杂，为合理调度车辆的运行，调度部门也可运用运筹学中线性规划的方法。下面介绍线性规划中的表上作业法、图上作业法。

1. 表上作业法

运输问题是线性规划最早研究的问题，也是与交通运输行业密切相关的问题。

1) 运输问题数学模型

已知有 m 个配送中心(产地)A_1、A_2、…、A_m，其供应分别为 a_1、a_2、…、a_m；有 n 个客户(销地)B_1、B_2、…、B_n，其需求分别为 b_1、b_2、…、b_n，从配送中心到客户的运价为 c_{ij}。若用 x_{ij} 表示运量，要求得总运费最小的调运方案，可求解以下数学模型

$$\min z=\sum_{i=1}^{m}\sum_{j=1}^{n}c_{ij}x_{ij}$$

$$\sum_{j=1}^{n}x_{ij}=a_i\text{，}\ i=1,2,3\cdots,m$$

$$\sum_{i=1}^{m}x_{ij}=b_j\text{，}\ j=1,2,3\cdots,n$$

$$x_{ij}\geqslant 0\text{，}\ i=1,2,3\cdots,m\text{，}\ j=1,2,3\cdots,n$$

对产销平衡的运输的问题，有以下关系式存在

$$\sum_{j=1}^{n}b_j=\sum_{i=1}^{m}\left(\sum_{j=1}^{n}x_{ij}\right)=\sum_{j=1}^{n}\left(\sum_{i=1}^{m}x_{ij}\right)=\sum_{i=1}^{m}a_i$$

显然这是一个线性规划问题。由于此问题结构比较特殊，通常采用比较简单的表上作业法求解。

2) 表上作业法确定初解的方法

【例 7.1】有 4 个用户 B_1、B_2、B_3 和 B_4 所需的某种物品由 3 个配送中心 A_1、A_2 和 A_3 配送。各配送中心每日的配送量分别为：A_1——7t，A_2——4t，A_3——9t。各用户的需求量分别为：B_1——3t，B_2——6t，B_3——5t，B_4——6t，从各配送中心到各客户的单位产品的运价见表 7-1。问应该如何调运产品，才能在满足各用户的需要量的前提下，使总运费为最少。

表 7-1 运价运量表

配送中心＼用户	B_1	B_2	B_3	B_4	供应量/t
A_1	3	11	3	10	7
A_2	1	9	2	8	4
A_3	7	4	10	5	9
需求量	3	6	5	6	20

解 (1) 最小元素法求初解。

这种方法的基本思想是就近供应，即从单位运价表中最小的运价开始确定供销关系，然后次小，一直到给出初始解为止。计算步骤如下。

第一步：从表 7-1 中找出最小运价为 1，这表示先将 A_2 的产品供应给 B_1，因为 A_2 产量大于 B_1 的销量，A_2 除满足 B_1 的全部需要外，还可以多余 1t 产品。因此可以先安排 B_1 的需求量 3t。如表 7-2 所示，在 A_2 行和 B_1 列交叉格中填入 3。由于 B_1 所需的运量全部满足，将表 7-1 中的 B_1 列划去，得表 7-3。

表 7-2 优先供应安排表(运量表)

配送中心＼用户	B_1	B_2	B_3	B_4	供应量/t
A_1					7
A_2	3				4
A_3					9
需求量	3	6	5	6	

第二步：在表 7-3 未划去的元素中再找出最小运价为 2，确定 A_2 多余的 1t 供应 B_3，因此在 A_2 行和 B_3 列交叉格中填入 1，得到表 7-4。此时 A_2 的产品也刚好安排完，因此在表 7-3 中划去 A_2 行得表 7-5。

第三步：在表 7-5 中未划去的元素中再找出最小运价 3，它对应于格(A_1，B_3)，在其中填入 4，由于 B_3 的需求量全部得到满足，现划去 B_3 列。

按照上面的做法一步步地进行下去，在(A_3，B_2)格中填入 6，划去 B_2 列；在(A_3，B_4)格填入 3，划去 A_3 行。至此，仅剩下一个格字(A_1，B_4)未划去，为保证供需平衡，在其中填入 3，这时同时划去 B_4 列和 A_1 行。现在单位运价表上的所有元素均被划去，所有供需均得到满足，格子中填入的数字给出了一个初始调运方案，见表 7-6。所需的总运费为 86 元。

表 7-3 划去已完成安排的线路(运价表) 单位：元

配送中心＼用户	B_1	B_2	B_3	B_4
A_1	3	11	3	10
A_2	1	9	2	8
A_3	7	4	10	5

表 7-4　优先供应安排表(运量表)

配送中心＼用户	B_1	B_2	B_3	B_4	供应量/t
A_1					7
A_2	3		1		4
A_3					9
需求量	3	6	5	6	

表 7-5　划去已完成安排的线路(运价表)　　单位：元

配送中心＼用户	B_1	B_2	B_3	B_4
A_1	3	11	3	10
A_2	1	9	2	8
A_3	7	4	10	5

表 7-6　最终运量安排结果

配送中心＼用户	B_1	B_2	B_3	B_4	供应量/t
A_1			4	3	7
A_2	3		1		4
A_3		6		3	9
需求量	3	6	5	6	20

(2) 伏格尔法求初解。

最小元素法的缺点是为了节省一处的运费，有时造成在其他处要花几倍的运费。伏格尔法考虑到，一产地的产品假如不能按最小运费就近供应，就考虑次小运费，这就有一个差额。差额越大，说明不能按最小运费调运时，运费增加越多。因而对差额最大处，就应当采用最小运费调运。伏格尔法的步骤是如下。

第一步：在运量运价表中分别计算出各行和各列的最小运费和次最小运费的差额，并填入表的最右列和最下行，见表 7-7。

表 7-7　运价表最小和次最小价格差　　单位：元

配送中心＼用户	B_1	B_2	B_3	B_4	行差额
A_1	3	11	3	10	0
A_2	1	9	2	8	1
A_3	7	4	10	5	1
列差额	2	5	1	3	

第二步：从行或列差额中选出最大者，选择它所在行或列中的最小元素。在表 7-7 中

B_2 列是最大差额所在列，B_2 列中最小元素为 4，可以确定 A_3 的产品先供应 B_2 的需要，得表 7-8。同时将运价表中的 B_2 列数字划去，见表 7-9。

表 7-8　优先供应安排表(运量表)

用户 配送中心	B_1	B_2	B_3	B_4	供应量/t
A_1					7
A_2					4
A_3		6			9
需求量	3	6	5	6	

表 7-9　划去已完成安排的线路(运价表)　　单位：元

用户 配送中心	B_1	B_2	B_3	B_4
A_1	3	11	3	10
A_2	1	9	2	8
A_3	7	4	10	5

第三步：对表 7-9 中未划去的元素再分别计算出各行、各列的最小运费和次最小运费的差额，并填入该表的最右列和最下行，重复第一、第二步，直到给出初始解为止。用伏格尔法给出的初始调运方案见表 7-10。总运费为 85 元。

表 7-10　最终运量安排结果

用户 配送中心	B_1	B_2	B_3	B_4	供应量/t
A_1			5	2	7
A_2	3			1	4
A_3		6		3	9
需求量	3	6	5	6	

3) 最优解的检验和判断

判断初始调运方案是否最优还需进行解的最优性检验。对解的最优性检验可采用两种方法，闭回路法和位势法，这里介绍闭回路法。

在给出的最终运量安排表上，如表 7-6 所示，从每一空格出发找一条闭回路。它是以某空格为起点，用水平或垂直直线向前划，每碰到一数字空格转 90°后，继续前进，直到回到起始空格为止。闭回路如图 7.1 所示。

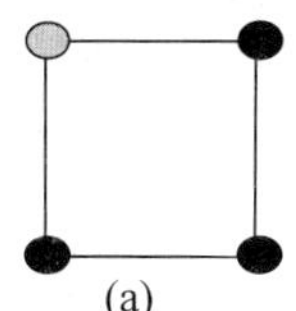
(a)

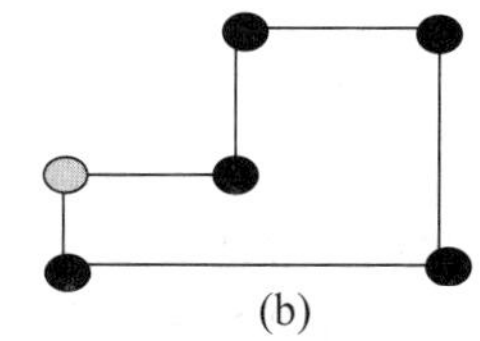
(b)

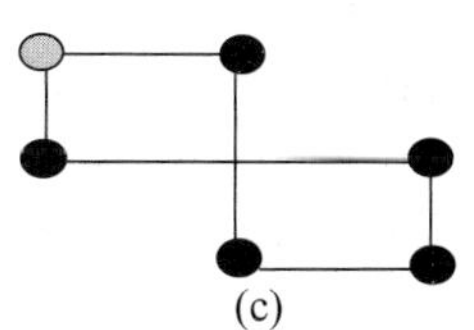
(c)

图 7.1　几种常见的闭回路

可以证明，从每一空格出发一定存在和可以找到唯一的闭回路。

用闭回路法检验的经济解释为：在已给出的运量安排表 7-6 中，可从任一空格出发，如(A_1，B_1)，若让 A_1 的产品调运 1t 给 B_1，为了保持产销平衡，就要依次做调整：在(A_1，B_3)处减少 1t，(A_2，B_3)处增加 1t，(A_1，B_3)处减少 1t，即构成了以(A_1，B_1)空格为起点，其他为数字格的闭回路，如表 7-11 中的虚线所示。在该表中闭回路各顶点所在格的右上角数字是单位运价。

表 7-11　空格闭回路的构建

用户 配送中心	B_1	B_2	B_3	B_4	供应量/t
A_1	3 (+1)		3 4(−1)	3	7
A_2	1 3(−1)		2 1(+1)		4
A_3		6		3	9
需求量	3	6	5	6	20

可见表 7-11 中的调整方案使运费增加 (+1)×3+(−1)×3+(+1)×2+(−1)×1=1(元)。这表明若在(A_1，B_1)空格增加 1t 运量，将使运费增加 1。这增加的运费就是检验数，将检验数“1”填入(A_1，B_1)格。按以上步骤，可找出表 7-6 中所有空格的检验数，见表 7-12。

表 7-12　闭回路的检验数

空格	闭回路	检验数
(11)	(11)—(13)—(23)—(21)—(11)	1
(12)	(12)—(14)—(34)—(32)—(12)	2
(22)	(22)—(23)—(13)—(14)—(34)—(32)—(22)	1
(24)	(24)—(23)—(13)—(14)—(24)	−1
(31)	(31)—(34)—(14)—(13)—(21)—(31)	10
(33)	(33)—(34)—(14)—(13)—(33)	12

注：(11)表示(A_1，B_1)格，其余类推。

当检验数还存在负数时，说明原方案还有降低总运价的可能，因此可以判断表 7-6 中的原方案不是最优解，还需改进。

4) 改进的方法——闭回路调整法

如前所述，当在表中空格处出现负检验数时，表明未得到最优解。由表 7-12 可知(A_2，B_4)为负数，须对该空格调入一定的运量 θ。

具体方法为：以此格出发，作一闭回路，如表 7-13 所示，沿闭回路前进，在这个闭回路的奇数顶点处，即格子(A_1，B_4)和格子(A_2，B_3)处，将原有的调运量减去一个 θ，θ 值等于奇数顶点处的调运量最小值，本例 θ=min(1，3)=1。在空格和闭回路的偶数顶点处，即格子(A_1，B_3)和(A_2，B_4)处，增加调入量 θ，得到调整方案，见表 7-14。

若有两个或两个以上的负检验数时，一般选其中最小的负检验数，以它对应的空格为调入格。

表 7-13 闭回路法改进方案

用户 配送中心	B_1	B_2	B_3	B_4	供应量/t
A_1			4(+1)	3(−1)	7
A_2	3		1(−1)	(+1)	4
A_3		6		3	9
需求量	3	6	5	6	20

表 7-14 闭回路法调整后的结果

用户 配送中心	B_1	B_2	B_3	B_4	供应量/t
A_1			5	2	7
A_2	3			1	4
A_3		6		3	9
需求量	3	6	5	6	

对于表 7-14 给出的调运方案，再应用闭回路法求出检验数，见表 7-15。由于表中的检验数均为非负，故表 7-14 给出的调运方案即为最优调运方案。

表 7-15 闭回路的检验数

空格	闭回路	检验数
(11)	(11)—(14)—(24)—(21)—(11)	0
(12)	(12)—(32)—(34)—(14)—(12)	2
(22)	(22)—(32)—(34)—(24)—(22)	2
(23)	(23)—(24)—(14)—(13)—(23)	1
(31)	(31)—(34)—(24)—(21)—(31)	9
(33)	(33)—(34)—(14)—(13)—(33)	12

5) 表上作业法基本步骤小结

综上所述，采用表上作业法求解配送车辆调度的最优方案，可以归纳为如下几个步骤。

(1) 列出调运物资的供需(产销)平衡表及运价表；

(2) 按最小元素法或伏格尔法建立初始调运方案；

(3) 计算初始方案每个空格的闭回路的检验数；

(4) 检查检验数，如所有检验均为非负，说明方案是最优的，已经得到想要的方案，结束求解；

(5) 如果有某个或某几个检验数小于 0，则选择负检验数中最小的闭回路进行调整，建立新的方案；

(6) 重复步骤(3)～步骤(5)，直至所有检验数非负，从而获得最优调运方案。

2. 图上作业法

图上作业法是将配送运输量任务反映在交通图上，通过对交通图初始调运方案的调整，求出最优配送车辆运行调度方案。运用这种方法，要求交通图上没有货物对流现象，以运行最短路线、最低运费或最高行程利用率为优化目标。其基本步骤如下。

1) 绘制交通图

绘制交通图是指根据客户所需货物汇总情况、交通线路、配送点与客户点的布局，绘制出交通示意图。

【例 7.2】设 A_1、A_2、A_3 三个配送点分别有化肥 40t、30t、30t，需送往 4 个客户点 B_1、B_2、B_3、B_4，各客户点的需要量分别为 10t、20t、30t、40t，而且已知各配送点和客户点的地理位置及它们之间的道路通阻情况，可据此绘制出相应的交通图。如图 7.2 所示，图中两点间连线上的数字为两点间路线里程数，A_jX 表示配送点 A_j 的配送量为 X；B_jX 表示客户 B_j 的需求量 X，箭头及其上的数字表示调运方向及调运量。

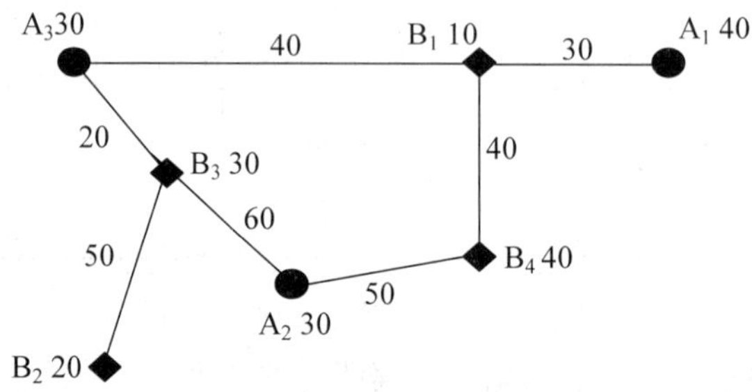

图 7.2 运距运量交通图

2) 将初始调运方案反映在交通图上

任何一张交通图上的线路分布形态无非分为成圈与不成圈两类。对于不成圈的 A_1，B_2 的运输，按“就近调运”的原则即可很容易地得出最优调运方案。其中(A_1→B_4 70km)<(A_3→B_4 80km)，(A_3→B_2 70km)< (A_2→B_2 110km)，先设定(A_1→B_4)，(A_3→B_2)运输。

对于成圈的，A_2、A_3、B_1、B_3 所组成的圈，可采用破圈法处理。即先假定某两点(A_2 与 B_4)不通(“破圈”)，再对货物就近调运，A_2→B_3，A_3→B_1，数量不够的再从第二近点调运，即可得出初始调运方案，如图 7.3 所示。

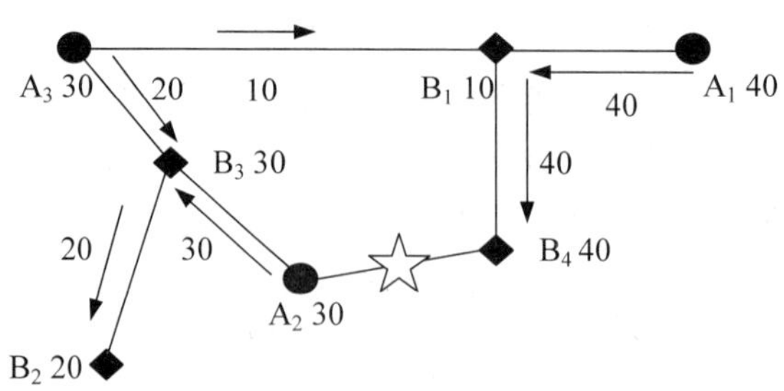

图 7.3 A_2→B_4 破圈调运图

在绘制初始方案交通图时，凡是按顺时针方向调运的货物调运线路(如 A_3→B_1、B_1→B_4、A_2→B_3)，其调运箭头线都画在圈外，称为外圈；否则，其调运箭头线(如 A_3→B_3)都画

在圈内，称为内圈，或者两种箭头相反方向标注也可。

3) 检查和调整

面对交通图上的初始调运方案，首先分别计算线路的全圈长、内圈长和外圈长(圈长即指里程数)。如果内圈长和外圈长都分别小于全圈长的一半，则该方案即为最优方案，否则即为非最优方案，需要对其进行调整。如图 7.3 所示，全圈长($A_2 \rightarrow A_3 \rightarrow B_1 \rightarrow A_2$)为 210km，外圈长($A_3 \rightarrow B_1$ 40km、$B_1 \rightarrow B_4$ 40km、$A_2 \rightarrow B_3$ 60km)为 140km，大于全圈长的 1/2，此调运方案不是最优方案，需要调整。调整的方法是在外圈(若内圈长大于全圈长的 1/2，则在内圈)上先假定运量最小的线路两端点(如 A_3 与 B_1)之间不通，再对货物就近调运，可得到调整方案，如图 7.4 所示。然后再检查调整方案的内圈长与外圈长是否分别小于全圈长的 1/2，如此反复，直到得出最优调运方案为止。在图 7.4 中，可计算得内圈长为 70km，外圈长为 100km，均小于全圈长的 1/2。可见该方案已为最优方案。

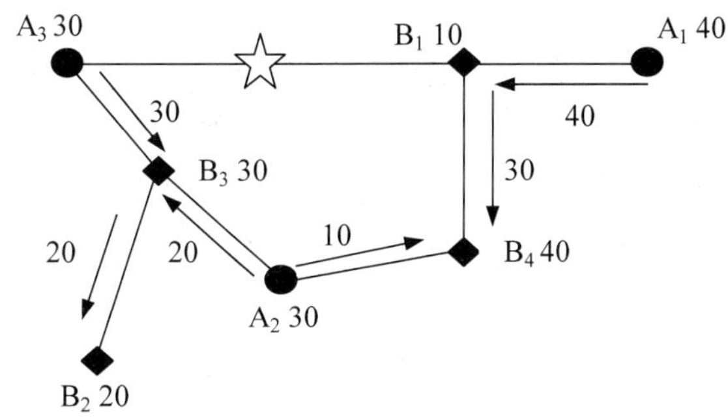

图 7.4　$A_3 \rightarrow B_1$ 破圈调运图

3. 经验调度法和运输定额比法

在有多种车辆时，车辆使用的经验原则为尽可能使用能满载运输的车辆进行运输。如运输 5t 的货物，安排一辆 5t 载重量的车辆运输。在能够保证满载的情况下，优先使用大型车辆，且先载运大批量的货物。一般而言，大型车辆能够保证较高的运输效率和较低的运输成本。

例如，某建材配送中心，某日需运输水泥 580t、盘条 400t 和不定量的平板玻璃。该中心有大型车 20 辆、中型车 20 辆、小型车 30 辆。各种车每日只运输一种物资，运输定额见表 7-16。

表 7-16　车辆运输定额表　　单位：吨/日·辆

车辆种类	运水泥	运盘条	运玻璃
大型车	20	17	14
中型车	18	15	12
小型车	16	13	10

根据经验派车法，车辆安排的顺序为大型车、中型车、小型车。货载安排的顺序为：水泥、盘条、玻璃。由此得出派车方案表 7-17，共完成货运量 1 080t。

表 7-17　经验派车法

车辆种类	水泥车辆数/辆	盘条车辆数/辆	玻璃车辆数/辆	车辆总数/辆
大型车	20			20
中型车	10	10		20
小型车		20	10	30
货运量/t	580	400	100	

对于以上车辆的运输能力可以按表 7-18 计算每种车运输不同货物的定额比。

表 7-18　车辆运输定额比

车辆种类	运水泥/运盘条	运盘条/运玻璃	运水泥/运玻璃
大型车	1.18	1.21	1.43
中型车	1.2	1.25	1.5
小型车	1.23	1.3	1.6

其他种类的定额比都小于 1，不予考虑。在表 7-18 中，小型车运水泥的定额比最高，因而要先安排小型车运输水泥。其次由中型车运输盘条，剩余的由大型车完成。由此得出如表 7-19 所示的派车方案，共完成量 1 106t。

表 7-19　定额比优化派车法

车辆种类	水泥车辆数/辆	盘条车辆数/辆	玻璃车辆数/辆	车辆总数/辆
大型车	5	6	9	20
中型车		20		20
小型车	30			
货运量/t	580	400	126	

7.2　配送车辆积载与配载

7.2.1　配送车辆积载及其影响因素

1. 配送积载的概念

配送中心服务的对象是众多的客户和各种不同的货物品种。为了降低配送运输成本，需要充分利用运输配送的资源，对货物进行装车调配、优化处理，达到提高车辆在容积和载货两方面的装载效率，进而提高车辆运能运力的利用率，降低配送运输成本，这就是积载。

2. 影响配送车辆积载的因素

(1) 货物特性因素。如轻泡货物，由于车辆容积的限制和运行限制(主要是超高)而无法满足吨位，造成吨位利用率降低。

(2) 货物包装情况。若车厢尺寸与货物包装容器的尺寸不成整倍数关系，则无法装满

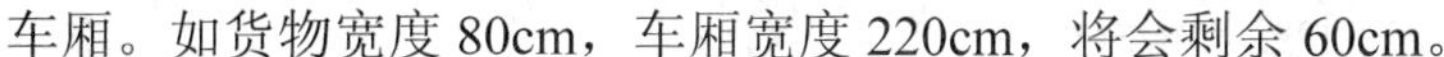

车厢。如货物宽度 80cm，车厢宽度 220cm，将会剩余 60cm。

(3) 不能拼装运输。应尽量选派核定吨位与所配送的货物数量接近的车辆进行运输，或按有关规定而必须减载运输，比如有些危险品必须减载运送才能保证安全。

(4) 装载技术的原因。由于装载技术的原因，造成不能装足吨位。

7.2.2　车辆积载的原则

客户的配送顺序安排好后，只要按货物“后送先装”的顺序装车即可。但有时为了有效地利用空间，还应根据货物的性质(怕震、怕压、怕撞、怕湿)、形状及质量等做出某些调整。如能根据这些选择恰当的装卸方法，并能合理地进行车辆积载工作，则可使货物在配送运输中货损货差减少，既能保证货物完好和安全运输，又能使车辆的载重能力和容积得到充分的利用。当然，这就要求在车辆积载时应遵循下列原则。

(1) 轻重搭配的原则。车辆装货时，必须将重货置于底部，轻货置于上部，避免重货压坏轻货，并使货物重心下移，从而保证运输安全。

(2) 大小搭配的原则。货物包装的尺寸有大有小，为了充分利用车厢的内容积，可在同一层或上下层合理搭配不同尺寸的货物，以减少箱内的空隙。

(3) 货物性质搭配原则。拼装在一个车厢内的货物，其化学性质、物理属性不能互相抵触。如不能将散发臭味的货物与具有吸臭性的食品混装，不将散发粉尘的货物与清洁货物混装。

(4) 同地点积载。到达同一地点的适合配装的货物应尽可能一次积载。

(5) 确定合理的堆码层次及方法。可根据车厢的尺寸、容积，货物外包装的尺寸来确定。

(6) 不超过车辆额定载重量。积载时不允许超过车辆所允许的最大载重量且车厢内货物重量应分布均匀。

(7) 根据货物形状排放。积载易滚动的卷状、桶状货物要垂直摆放。

(8) 积载时防止货损。货与货之间、货与车辆之间应留有空隙并适当衬垫，防止货损。

(9) 积载完加固。装货完毕应在门端处采取适当的稳固措施，以防开门卸货时货物倾倒造成货损。

(10) 后送先装。尽量做到“后送先装”。

7.2.3　提高车辆装载效率的具体办法

(1) 结合各类车厢的装载标准，根据不同货物和不同包装体积的要求，合理安排装载顺序，努力提高装载技术和操作水平，力求装足车辆核定吨位。

(2) 根据客户所需要的货物品种和数量调派适宜的车型承运。这就要求配送中心根据经营商品的特性配备合适的车型结构。

(3) 可以拼装运输的尽可能拼装运输，但要注意防止差错。

箱式货车有确定的车厢容积，车辆的载货容积为确定值。设车厢容积为 V，车辆载重量为 W。现要装载质量体积为 R_a、R_b 两种货物，使得车辆的载重量和车厢容积均被充分利用。

设两种货物的配装重量为 w_a、w_b，则

$$\begin{cases} w_a + w_b = W \\ w_a \times R_a + w_b \times R_b = V \end{cases}$$

$$w_a = \frac{V - W \times R_b}{R_a - R_b}$$

$$w_b = \frac{V - W \times R_a}{R_b - R_a}$$

【例 7. 3】某配送中心需运送水泥和玻璃两种货物，水泥质量体积为 0.9 m^3/t，玻璃是 1.6 m^3/t，计划使用的车辆的载重量为 11t，车厢容积为 15m^3。试问如何装载可以使车辆的载重量能力和车厢容积都被充分利用？

解 设水泥的装载量为 W_a，玻璃的装载量为 W_b。

其中，V=15 m^3，W=11t，R_a=0.9 m^3/t，R_b=1.6 m^3/t，则

$$w_a = \frac{V - W \times R_b}{R_a - R_b} = \frac{15 - 11 \times 1.6}{0.9 - 1.6} \approx 3.71(\text{t})$$

$$w_b = \frac{V - W \times R_a}{R_b - R_a} = \frac{15 - 11 \times 0.9}{1.6 - 0.9} \approx 7.29(\text{t})$$

所以，车装载水泥 3.71t，玻璃 7.29t 时车辆到达满载。

通过以上计算可以得出两种货物的搭配使车辆的载重能力和车厢容积都得到充分的利用。但是其前提条件需是：车厢的容积系数介于所要配载货物的容重比之间。如所需要装载的货物的质量体积都大于或小于车厢容积系数，则只能是车厢容积不满或者不能满足载重量。当存在多种货物时，可以将货物比重与车辆容积系数相近的货物先配装，剩下两种最重和最轻的货物进行搭配配装。或者对需要保证数量的货物先足量配装，再对不定量配送的货物进行配装。

7.2.4 配送车辆堆积

装车堆积是在具体装车时，为充分利用车厢载重量、容积而采用的方法。一般是根据所配送货物的性质和包装来确定堆积的行、列、层数及码放的规律。

1. 堆积的方式

堆积的方式有行列式堆码方式和直立式堆码方式。

2. 堆积应注意的事项

(1) 堆码方式要有规律、整齐；

(2) 堆码高度不能太高。车辆堆装高度一是受道路高度限制，二是受道路运输法规限制，如大型货车的高度从地面起不得超过 4m，载重量 1 000kg 以上的小型货车不得超过 2.5m，载重量 1 000kg 以下的小型货车不得超过 2m。

(3) 货物在横向不得超出车厢宽度，前端不得超出车身，后端不得超出车厢的长度依车型而定大货车不超过 2m，载重量 1 000kg 以上的小型货车不得超过 1m，载重量 1 000kg 以下的小型货车不得超过 0.5m。

(4) 堆码时应重货在下，轻货在上。包装强度差的应放在包装强度好的上面；

(5) 货物应大小搭配，以利于充分利用车厢的载容积及核定载重量；

(6) 按顺序堆码，先卸车的货物后码放。

知识链接

装车货物的绑扎

绑扎是配送发车前的最后一个环节，也是非常重要的环节。它是在配送货物按客户订单全部装车完毕后，为了保证货物在配送运输过程中的完好，以及避免车辆达到各客户点卸货开箱时发生货物倾倒而必须进行的一道工序。

1. 绑扎时主要考虑的因素

(1) 绑扎端点要易于固定而且牢靠；

(2) 可根据具体情况选择绑扎形式；

(3) 应注意绑扎的松紧度，避免货物或其外包装损坏。

2. 绑扎的形式

(1) 单件捆绑；

(2) 单元化、成组化捆绑；

(3) 分层捆绑；

(4) 分行捆绑；

(5) 分列捆绑。

3. 绑扎的方法

(1) 平行绑扎；

(2) 垂直绑扎；

(3) 相互交错绑扎。

7.3　配送路线的选择和优化

7.3.1　配送线路选择和优化的意义

配送路线是指送货车辆由配送中心向客户送货时所要经过的路线。一般的，由于连接配送中心和客户的路线远不止一条，而是存在一个道路交通网，因此就有必要在这张道路交通网中选择一个比较合理的配送路线。

配送线路设计就是整合影响配送运输的各种因素，适时适当地利用现有的运输工具和道路状况，及时、安全、方便、经济地将客户所需的商品准确地送达客户手中。在配送运输线路设计中，需根据不同客户群的特点和要求，选择不同的线路设计方法，最终达到节省时间、运距和降低配送运输成本的目的。同时要考虑配送运输的影响因素如车流量的变化、道路状况、客户的分布状况和配送中心的地址、车辆定额载重量以及车辆运行限制等对配送路线进行优化，最终找出一条最佳的运输线路解决方案，达到节省运行距离、运输时间和运输费用的目的。

7.3.2　配送线路的选择和优化的方法

1. 经验判断法

经验判断法是指利用行车人员的经验来选择配送路线的一种主观判断方法。一般是以

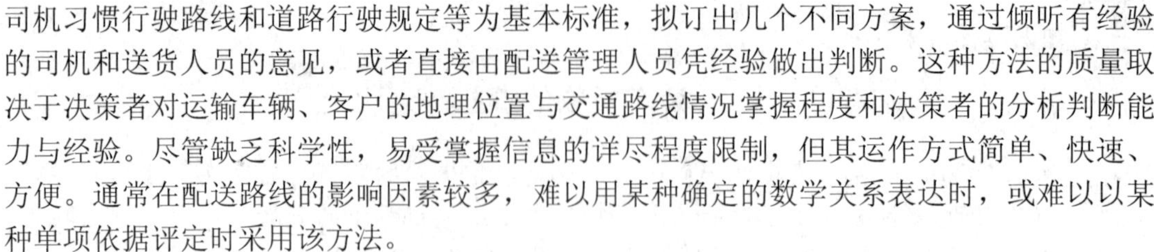

司机习惯行驶路线和道路行驶规定等为基本标准，拟订出几个不同方案，通过倾听有经验的司机和送货人员的意见，或者直接由配送管理人员凭经验做出判断。这种方法的质量取决于决策者对运输车辆、客户的地理位置与交通路线情况掌握程度和决策者的分析判断能力与经验。尽管缺乏科学性，易受掌握信息的详尽程度限制，但其运作方式简单、快速、方便。通常在配送路线的影响因素较多，难以用某种确定的数学关系表达时，或难以以某种单项依据评定时采用该方法。

2. 综合评分法

能够拟订出多种配送路线方案，并且评价指标明确，只是部分指标难以量化，或对某一项指标有突出的强调与要求，而采取加权评分的方式来确定配送路线。

综合评分法的步骤如下。

(1) 拟订配送路线方案。

(2) 确定评价指标。

(3) 对方案进行综合评分。

【例 7.4】某配送中心为配送路线方案评价设立了 10 项指标：配送全过程的配送距离，行车时间，配送准时性，行车难易，动用车辆台次数，油耗，车辆状况，运送量，配送客户数，配送总费用。每个评价标准分为 5 个档次并赋不同的分值，即极差(0 分)、差(1 分)、较好(2 分)、良好(3 分)、最好(4 分)，满分为 40 分。然后在表上为配送路线方案评分，根据最后的评分情况在各个方案之间进行比较，确定最佳配送路线。

表 7-20 所示是对一配送路线方案进行评分的情况。表中的路线方案得分为 32 分，为满分(理想方案)的 80%，各项平均得分为 3.2 分。总分 4+4+2+3+3+3+4+4+3+2=32。

表 7-20 路线方案评分表

序号	平均指标	极差	差	较好	良好	最好
		0 分	1 分	2 分	3 分	4 分
1	配送全过程的配送距离					√
2	行车时间					√
3	配送准时性			√		
4	行车难易				√	
5	动用车辆台次数				√	
6	油耗				√	
7	车辆状况					√
8	运送量					√
9	配送客户数				√	
10	配送总费用			√		

3. 数学计算法

1) 一对一配送的最短路线问题

一对一配送指的是由一个配送中心向一个特定客户进行送货。配送运输模式中，要求选择最短的配送路线，实现高效率的配送，达到快速、经济配送的经营目的。最短路线问题是线路优化模型理论中最为基础的问题之一，也是解决其他一些线路优化问题的有效工具。

从物流优化的角度看，客户的需求量接近于或大于可用车辆的额定载重量，需专门派一辆或多辆车一次或多次送货。配送路线设计追求的是最短配送距离，以节约时间、多装快跑，提高配送效率。因此一对一配送进行配送路线设计和优化的目标是寻找从配送中心到特定客户的最短线路。

最短路径可以描述为：已知一个网络由节点和线组成，点与点之间由线连接，线代表点与点之间运行的成本(距离、时间、运费等)。最初，除始发点外，所有节点都是未解的，即均未确定是否在选定的运输路线上。始发点作为已解的点，计算从始发点开始。

下面以具体的例子来具体说明其计算过程。

【例 7.5】 如图 7.5 所示，求从起点 A 到终点 F 之间距离最短的路线，节点之间的每条线路上都标有相应的距离。

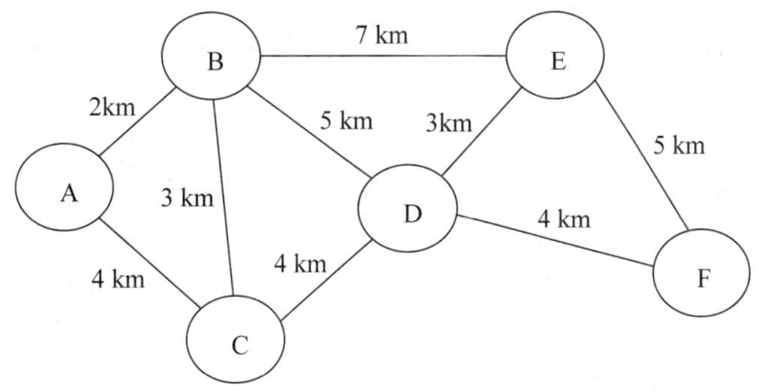

图 7.5　各节点连通图

解　首先列出一张表 7-21 所示的表格。第一个已解的节点就是起点 A，与其直接相连的未解节点有 B 和 C 点。第一步，可以看出 B 点是距 A 点最近的节点，记为 AB。由于 B 是唯一的选择，所以它成为已解的节点。

表 7-21　最短路线方法计算表

步骤	直接连接到未解节点的已解节点	与其直接连接的未解节点	相关总成本	第 n 个最近节点	最小成本	最新连接
1	A	B	2	B	2	AB
		C	4			
2	A	C	4	C	4	AC
	B	C	2+3=5			
		D	2+5=7			
		E	2+7=9			
3	B	D	2+5=7	D	7	BD
		E	2+7=9			
	C	D	4+4=8			
4	B	E	2+7=9	E	9	BE
	D	E	7+3=10			
		F	7+4=11			
5	D	F	7+4=11	F	11	DF
	E	F	9+5=14			

随后，找出距 A 点和 B 点最近的未解节点。只要列出距各个已解节点最近的连接点，这里有 A—C、B—C、B—D、B—E，记为第二步。注意从起点通过已解的节点到某一节点所需的距离应该等于到达这个已解节点的最短距离加上已解节点与未解节点之间的距离。也就是说，从 A 点经过 B 点到达 C 点的距离为 AB+BC=2+3=5。可以看出 C 点是距 A 点最近的节点，记为 AC，现在 C 点也成了已解节点。

第三次迭代要找到与各已解节点直接连接的最近的未解节点。表 7-21 所示有 2 个候选点，从起点到这几个候选点 D、E 所需的距离，相应为 7、9、8，其中连接 BD 的距离最短，为 7，因此 D 点就是第三次迭代的结果。

重复上述过程直到将所有的点变为已解点，算法结束。寻找最短路径从终点 F 往反方向，即 F—D—B—A，最优路径为 A—B—D—F，最小距离为 11。此外还可以找出起点到任意其他一点的最短距离，如从 A 到 E 的最短距离为 9，路径为 A—B—E。

2) 一对多配送的路线优化问题

一对多配送是指由一个配送中心向多个客户进行送货。这种配送运输模式要求，同一条线路上所有客户的需求总量不大于一辆车的额定载重量。其基本思路是由一辆车装载所有客户的货物，沿一条优选的线路，依次将货物送到各个客户的货物接收点，既保证客户按时收货，又节约运输费。解决这种模式的优化设计问题可以采用“节约里程”法。

(1) 节约里程法的基本思想。

如图 7.6 所示，假设 P 为配送中心，A 和 B 为客户接货点，各点之间的道路距离分别用 a、b、c 表示。比较两种运输路线方案：一种是派两辆车分别向客户 A、B 点送货，总的运输里程为 $2(a+b)$；另一种是将 A、B 两地的货物装在同一辆车上，采用巡回配送方式，即从 P 出发经由 A 到 B，再返回，总的运输里程为 $a+b+c$。若不考虑道路特殊情况等因素的影响，第二种方式与第一种方式运输距离之差为 $2(a+b)-(a+b+c)$。按照三角形原理，可以看出第二种方式比第一种方式要节约 $a+b-c$ 的里程数，节约法就是按照以上原理对配送网络的运输路线进行优化计算的。

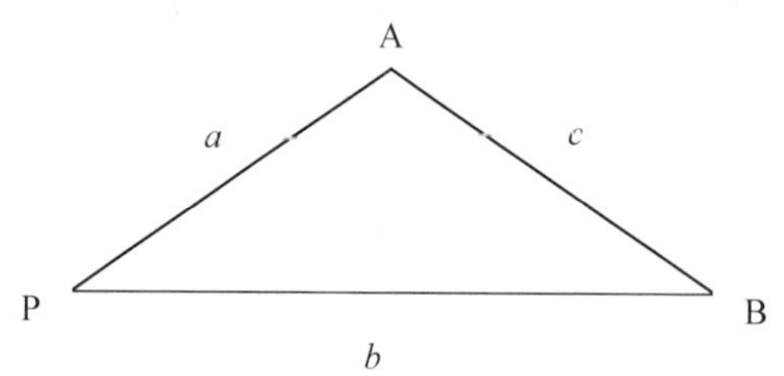

图 7.6　节约里程法的基本思想示意图

(2) 节约里程法的算例。

【例 7.6】如图 7.7 所示为某配送网络，P 为配送中心所在地，其余 A 至 I 为各客户所在地，共 9 个客户。路线边上的数字为道路距离，单位为千米，括弧里的数字为各客户需要的货物数量，单位为吨。假设该配送中心有最大载重量为 2t 和 5t 的两种货车，并限制车辆一次运行线路距离不超过 35km。为了尽量缩短车辆运行距离，试用节约里程法设计出最佳配送路线。

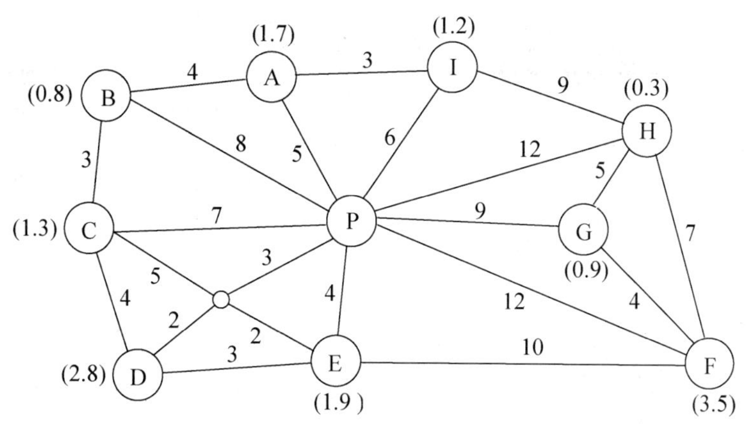

图 7.7 配送网络图

解 用节约里程法进行求解，步骤如下。

第一步：利用前面所述的最短路径法求出网络节点之间的最短距离。计算结果见表 7-22。

第二步：根据表 7-22 计算各用户之间的节约里程。计算结果见表 7-23。

计算举例，A—B 的节约里程为 5+8-4=9。

表 7-22 网络节点的最短途径 单位：km

	P								
A	5	A							
B	8	4	B						
C	7	7	3	C					
D	5	10	7	4	D				
E	4	9	10	7	3	E			
F	12	17	20	17	13	10	F		
G	9	14	17	16	14	13	4	G	
H	12	12	16	19	17	16	7	5	H
I	6	3	7	10	11	10	16	14	9

表 7-23 用户之间的节约里程 单位：km

	A							
B	9	B						
C	5	12	C					
D	0	6	8	D				
E	0	2	4	6	E			
F	0	0	2	4	6	F		
G	0	0	0	0	0	17	G	
H	5	4	0	0	0	17	16	H
I	8	7	3	0	0	2	1	9

第三步：对节约里程按大小顺序进行排列，结果见表 7-24。

表 7-24　节约行程排序结果　　单位：km

序号	连接点	节约里程	序号	连接点	节约里程
1	F—G	17	12	E—F	6
2	F—H	17	13	A—C	5
3	G—H	16	14	A—H	5
4	B—C	12	15	B—H	4
5	A—B	9	16	C—E	4
6	H—I	9	17	D—F	4
7	A—I	8	18	C—I	3
8	C—D	8	19	B—E	2
9	B—I	7	20	C—F	2
10	B—D	6	21	F—I	2
11	D—E	6	22	G—I	1

第四步：根据节约里程排序表和配送车辆载重量及行驶里程等约束条件，逐步求出最优配送路线。

① 初始解：从 P 向各个用户配送，共有 9 条路线，总的运行距离为 136km，需要 2t 汽车 7 辆，5t 汽车 2 辆，如图 7.8 所示。

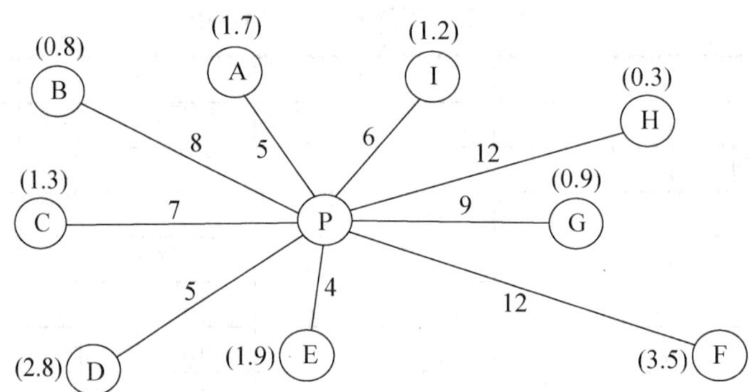

图 7.8　初始解结果

② 二次解：按照节约里程的大小顺序连接 F—G、F—H、G—H，由于 G 和 H 已经在一条配送线路中，因而不再连接 G—H，如果 7.9 所示。配送路线 7 条，需要 2t 车 5 辆，5t 车 2 辆。总运行距离为 136-(17+17)=102(km)。配送路线 Ⅰ 的运行距离为 32km，装载量为 4.7t。

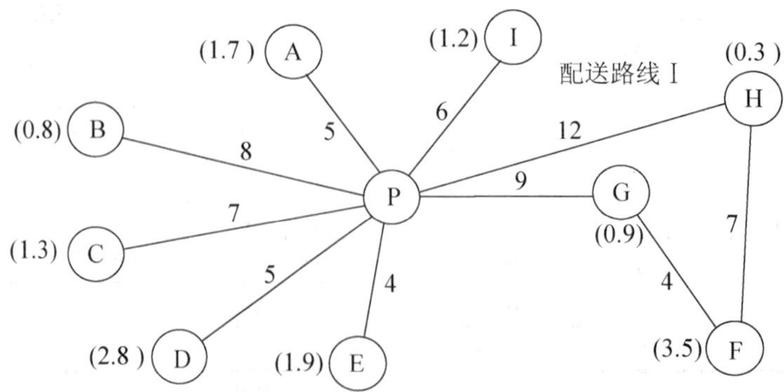

图 7.9　二次解结果

③ 三次解：连接 B—C、A—B、H—I，但因 H—I 加入配送路线Ⅰ后，超过车辆最大载重量 5t，所以不再连接 H—I，如图 7.10 所示。此时，总的配送路线为 5 条，需要 2t 车 2 辆，5t 车 3 辆，总的配送距离为 81km。配送路线Ⅱ的运行距离为 19km，装载量为 3.8t。

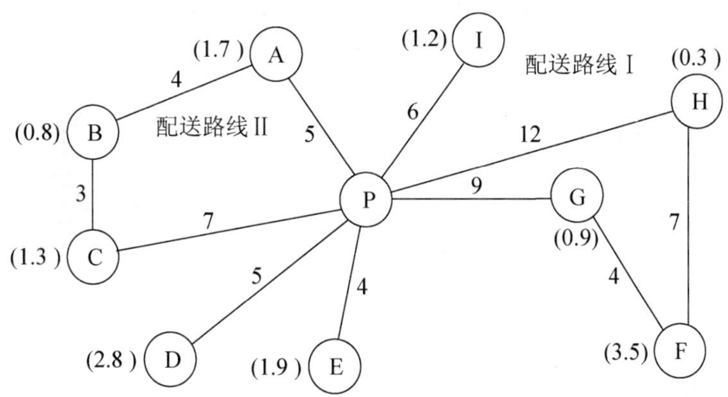

图 7.10 三次解结果

④ 四次解：连接 A—I 到配送路线Ⅱ，如图 7.11 所示。总的配送路线为 4 条，需 5t 车辆 3 辆，2t 车辆 1 辆，总的配送距离为 73km。此时配送路线Ⅱ的运行距离为 23km，装载量为 5t。

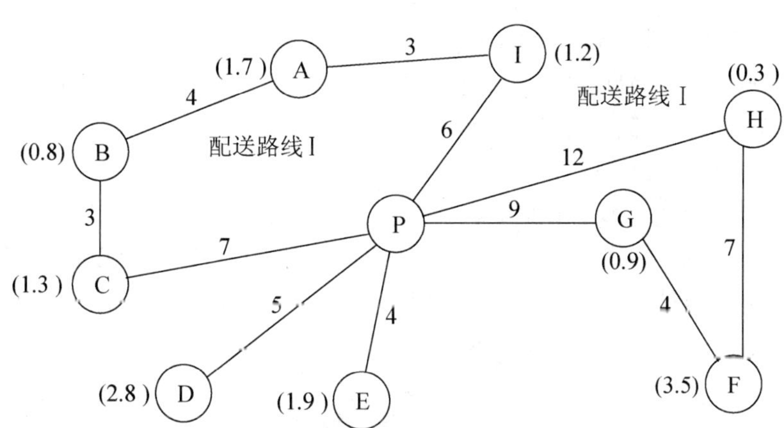

图 7.11 四次解结果

⑤ 最终解：按节约行程顺序排列接下来应该是 C—D、B—I、B—D、D—E。但是，由于 B、C 和 I 已经在配送路线Ⅱ中，如果 D 放入，则超出了载重量的限额，所以不再连接 C—D、B—D。连接 D—E 组成新的配送路线Ⅲ，如图 7.12 所示。到此为止，完成了全部的配送路线规划设计，共有 3 条配送路线，运行距离为 67km，需要 5t 车 3 辆。其中：

配送路线Ⅰ运行距离 32km，装载量 4.7t；

配送路线Ⅱ运行距离 23km，装载量 5t；

配送路线Ⅲ运行距离 12km，装载量 4.7t。

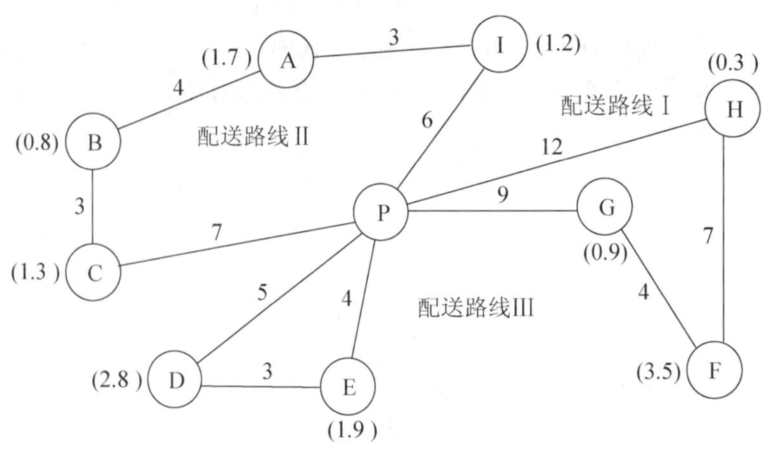

图 7.12　最终解结果

(3) 节约里程法需要考虑的因素和注意事项。

在实际操作过程中，节约里程法需要考虑的因素和注意事项如下。

① 适用于顾客需求稳定的配送中心，对于需求不固定的顾客，采用其他途径配送，或并入到有富余的配送路线中；

② 要充分考虑道路运输状况，最终确定的配送路线要充分听取司机及现场工作人员的意见；

③ 各配送线路的负荷要尽量均衡；

④ 要预测需求的变化以及发展趋势；

⑤ 考虑交通的状况；

⑥ 可利用计算机软件求解优化。

3) 多对多配送的路线优化问题

多对多配送线路的优化是指由多个配送中心向多个目的地配送货物。其线路优化的基本思路是在保证各目的地运量的前提下使整个运输过程的成本最低。多对多配送线路的优化过程可参照前文中的表上作业法和图上作业法的内容。

本 章 小 结

配送运输管理对降低物流成本、提高物流效率具有重要意义。本章涉及配送车辆的调度、配送车辆积载与配载、配送线路的选择与优化等内容。配送车辆调度目前已经有一些比较成熟的调度优化方法，如表上作业法、图上作业法以及经验调度法和运输定比额法等。配送积载时要满足一些基本原则，如轻重搭配的原则、大小搭配的原则、货物性质搭配的原则等。配送线路选择与优化主要涉及一对一配送的最短路线问题、一对多配送的最短路线问题和多对多配送的最短路线问题。通过本章学习，学生应能掌握这些内容，并能在实践中加以运用。

课后实训

组织学生到配送中心现场观摩配送运输管理过程，着重了解配送车辆调度、车辆积载与配载、配送线路的选择与优化等环节，并结合本章所学知识对配送运输管理的合理性与必要性进行系统分析。

案例思考

寻找“捷径”降费用

1. 探索“新路”

近年来，随着城市及周边县城公路的快速发展，加油站的油料配送运输距离也相应发生了变化。优化运输线路、重新核查运距、成了降低二次物流费用的当务之急。

南宁石油按照“运距最短、运费最省、效率最高”的配送原则，开展了油库配送运距自查。该公司组织物流、零管、监察等部门与承运商一起，对公司 3 座油库辐射的 208 座加油站的运距全部进行实地勘测，重新修正各加油站的运距，选择运距最短、费用最低的线路，有效地降低了运输费用。

2. 赢得时间

早上 8 时，在南宁石油屯里油库发油台，油品承运商的司机黎师傅与往常一样发动了满载着 97 号汽油的油罐车，驶往公司南片区的五一西加油站。用于运距核查的一辆黑色小轿车也同时启动，跟在了油罐车的后面，朝相同的目的地驶去。

两辆车没有穿越闹市区复杂拥挤的街道，而是途经刚开通不久的凤岭路，接着驶上城市快速环道，然后行驶到新建成的葫芦鼎大桥，下了桥，就到了南片区。十多分钟后，两辆车同时到达五一西加油站。

坐在小轿车里的 4 名员工是该公司运距核查小组的成员。停车后，他们仔细地检查了车辆的里程表，表上显示该车从屯里油库到五一西站的路程是 38.1km。一名物流配送中心员工和一名承运商员工分别在两张车辆里程检验表上填写所检验的路段、实际行驶里程、行驶时间等内容。他们和另外两名运距复核小组成员检查确认后，分别在两张检验表上端端正正地签上自己的名字。经过核查，路程整整缩短了 17km，而且运输时间也减少了半个多小时，为承运商赢得了时间。”

物流配送中心根据核查小组重新测量的配送运距，重新编制库站运距基础情况台账，进一步夯实二次物流管理基础。

3. 寻找“捷径”

本着对企业和承运商双方负责的态度，7 月中旬，南宁石油再次组织人员与承运商一起对加油站油料配送的运距进行了复核。公司继续选用自查时使用的小轿车作为工作用车，小轿车的车况和里程表都通过了当地交管局指定的车辆校验部门校验并获得了检测合格的报告。

4 名复核小组成员昼夜兼程，对 63 条油品配送路线的运距逐一进行复核测量，对每一条复检路段、行驶里程都做好记录，计算出各次核查的误差。结果显示，每条运距的误差值均在集团公司规定的误差范围之内。

在复核的时候，他们还根据某些线路的改变及时修改一些配送路线。细心的黎某在复核屯里油库至武鸣片区仙湖加油站的路线时，从地图上发现，由于武鸣县新建东盟经济物流园区又有了新建的公路，成了通往仙湖加油站的捷径。他们便从新公路去仙湖站，路程比自查时缩短了 17.2km。

(资料来源：自中国石化报 2009 年 9 月 25 日第 6 版)

思考

南宁石油是如何确定配送路线的？

思考与练习

一、选择题

1. 下列选项中不属于车辆调度基本原则的是(　　)。
   A. 坚持统一领导、分级管理、分工负责的原则
   B. 坚持最低投入和获得最大效益的原则
   C. 坚持以均衡和超额完成生产计划任务为出发点的原则
   D. 坚持从局部出发的原则
2. 车辆调度的作用为(　　)。
   A. 促进运输及相关工作的有序进行　　B. 能及时了解运输任务的执行情况
   C. 保证运输任务按期完成　　D. 实现最小的运力投入
   E. 降低仓储作业成本
3. 影响配送车辆积载的因素包括(　　)。
   A. 货物特性因素
   B. 运输车辆的载重情况
   C. 不能拼装运输
   D. 由于装载技术的原因，造成不能装足吨位
   E. 货物包装情况。
4. 车辆调度的特点包括(　　)。
   A. 计划性　　B. 预防性　　C. 机动性　　D. 机械性

二、问答题

1. 简述配送线路优化中一对一配送的最短路线问题的实现步骤。
2. 车辆调度的基本原则和具体原则有哪些？
3. 简述车辆调度方法中的表上作业法的实现步骤。
4. 简述提高车辆装载效率的具体办法。

三、计算题

1. 有 4 个用户 B_1、B_2、B_3 和 B_4 所需的某种物品由 3 个配送中心 A_1、A_2 和 A_3 配送。各配送中心每日的配送量及从各配送中心到各客户的单位产品的运价见表 7-25。问应该如

何调运产品才能在满足各用户的需要量的前提下，使总运费为最少。试分别用最小元素法和伏格尔法求解，并用闭回路法加以检验。

表 7-25 运量运价表 单位：百元

配送中心 \ 销地	B_1	B_2	B_3	B_4	供应量/t
A_1	6	4	12	5	8
A_2	2	7	10	7	5
A_3	20	12	6	9	7
需求量/t	4	5	8	3	

2．如图 7.13 所示为某配送网络，P 为配送中心所在地，A～J 为客户所在地，共 10 个客户。括号内的数字为配送量，单位为吨。路线上的数字为道路距离，单位为千米。现有可以利用的车辆是最大装载量为 2t 和 4t 的两种厢式货车，并限制车辆一次运行距离在 30km 以内。为了尽量缩短车辆运行距离，试用节约里程法设计出最佳配送线路。

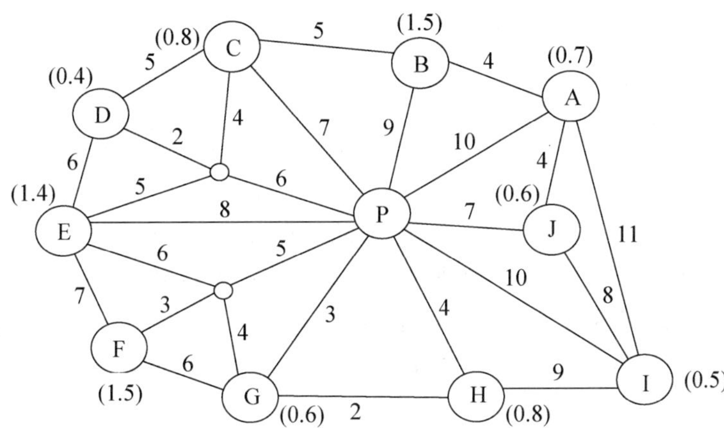

图 7.13 配送网络图

第8章　仓储与配送中心设备

(1) 熟悉叉车的性能;
(2) 熟悉托盘的概念及分类，掌握托盘标准化;
(3) 熟悉货架的概念及分类;
(4) 了解自动化立体仓库的构成;
(5) 掌握储存设备的选用方法。

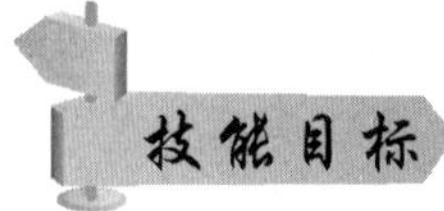

(1) 能够根据图示或实物，识别各种类型的仓储设备;
(2) 能够综合各种因素，合理的选择仓库与配送中心所适用的仓储设备;
(3) 能够操作和使用常用的仓库与配送中心设备。

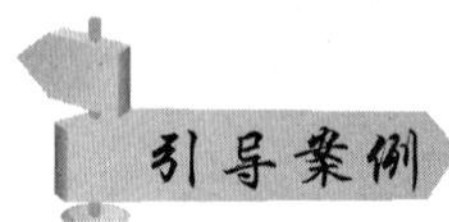

南京凯普逊：仓储设备制造业的领头羊

南京凯普逊物流仓储设备制造有限公司前身并不从事仓储设备行业，是一次偶然的机会，一本产品样本改变了它的命运。公司在国外拿到一本产品样本，第一次接触到了货架这种产品，并从中发现现代化的货架在国外仓储中应用广泛。而那些在华投资的外资企业和我国高速发展的企业不也需要货架吗？抱着这种想法，公司回国后研制了第一个货架小样，拿给相关企业看后，企业比较满意，第一笔货架采购合同就这样签订了下来。在与众多企业接触过程中，公司了解到很多外资企业在本国都是找一些专业的仓储设备公司为自己规划设计仓库。来到我国以后，由于国内的仓储物流水平低，几乎没有专业的仓储设备公司能够进行现代化仓库的规划设计，因此很多外资企业都是从国外引进仓储设备的。于是公司将国内的合(独)资公司作为自己的服务对象，很快销路就打开了，客户也多起来了。

意大利凯普逊集团公司来华考察合作事宜，随后与该公司成立中外合资南京凯普逊仓储设备制造公司。国外先进的技术、规范的管理使公司从此走上了专业制造仓储设备之路。短短几年里，公司规模不断扩大。目前，公司以生产、安装货架作为自己的主导产品，生产的货架产品已由当初的单一的重型货架发展到了现在的轻、中、重以及非标准型 4 个系列货架，同时开发了与仓储设备有关的一系列配套产品，并代理意大利叉车、托盘等多种仓储设备。公司在北京、天津、上海、大连、广州等地拥有很多的经销商，而且在香港、新加坡也建立了办事处，产品还出口到德国。

任何一个成功或者想要成功的企业，都会拥有自己的优势，这是打败对手的重要武器。凯普逊的优势，即他们打败对手的重要武器又是什么呢？凯普逊靠的就是过硬的产品质量和优质的售后服务。凯普逊曾经有一个叫北方电讯的客户，在刚开始和这家企业进行合作的时候，他们有一个专门负责采购的马来西亚籍经理并不相信我国的仓储设备产品，希望从澳大利亚进口货架。然而当凯普逊为他们安装调试完成以后，这位马来西亚籍经理感慨地说："难以置信，中国也能做出这么好的产品"。此后双方建立了良好的长期合作关系。直到现在，他还将凯普逊推荐给和他有合作关系的企业。通过他，凯普逊又认识了很多的新客户。

正是因为凯普逊拥有过硬的产品质量才为自己赢得了客户，也赢得了客户的客户，从而不断扩大着自己的业务。现在，在我国的世界性合(独)资公司，如西门子、飞利浦、日本富士通、日立、立邦、三菱重工、可口可乐、爱立信、肯德基、艾可森石油等公司等都成为凯普逊的主要客户。随着企业对物流环节的重视程度的加深，为西门子、飞利浦服务的一些国营、私营等中小企业也开始找专业的仓储设备公司为自己量身订制仓储设备。由于凯普逊以质量过硬闻名，很多私营企业的老板在考察同行业的时候，发现凯普逊的仓储设备非常便于物流系统管理，回去以后就派人找普逊为他们规划、设计、制造现代化的仓储设备。如今，凯普逊的客户群中私营企业的比重已经越来越大了。

同样优质的售后服务提高了凯普逊的声誉。有一次，广东的一家公司采用了凯普逊的仓储设备，在安装测试好设备以后，由于他们自身对于器械的操作不够熟练，叉车撞到了货架，造成了货架局部零件的损坏。正好当时有一位重要领导要在三天后来视察他们企业，情急之下他们要求凯普逊在三天之内帮他们把货架修复好。考虑到对方的特殊情况，凯普逊二话没说立即决定利用空运的形式把维修损坏部分所需要的零部件运到广东，然后马不停蹄地连夜抢修，结果三天之内维修完毕。而这其中的一切花费，除了购买零部件的费用以外，其余的都是由凯普逊自己承担的。这家公司对凯普逊的服务与实力非常满意，凯普逊也从此获得良好的声誉。

在仓储设备业竞争越来越激烈的今天，很多企业通过价格大战来为自己赢得更多的客户，纷纷降低自己的产品价格，甚至是亏本出售。但是凯普逊坚决不参与到价格大战中，他们始终相信"坚持质量第一是企业竞争之本"，有损质量的生意不做，既不通过低价来倾销，也不通过高价来获取暴利。凯普逊的自信正是源于他们的两大过硬的武器，即质量和优质的售后服务。

分析

作为仓储设备生产企业应如何在竞争中取胜？为什么？

8.1 仓储与配送中心设备及选择

8.1.1 仓储与配送中心设备介绍

随着现代化仓储与配送中心的建立，仓储与配送中心设备也在日益更新，朝着经济、实用、安全、可靠、合理、稳定等方向发展。仓储与配送中心设备在完成仓储与配送中心功能中起着非常重要的作用。仓储与配送中心设备的种类很多，为使其发挥最佳效用，管理人员必须进行合理的选择配置和管理使用。仓储与配送中心设备根据其在仓储与配送中心中的不同用途，可分为如下的五大类。

1. 装卸搬运分拣设备

该类设备是用于提升、搬运商品的机械设备，主要包括

(1) 装卸堆垛设备。主要有起重机、堆垛机、叉车、托盘等;

(2) 搬运传送设备。主要有输送机、自动导引搬运车等;

(3) 分拣设备。主要有自动化的分拣机等。

2. 保管养护设备

保管养护设备是用于储存、保管、养护商品的设备。主要包括各种货架、吸湿器、除锈机、烘干机、温湿度控制器等。

3. 计量检验设备

计量检验设备是用于商品的入库验收、在库检查和出库交接过程中使用的称量设备及检验商品的各种仪器仪表。称量设备包括地中衡、轨道衡、磅秤、自动称量装置等。量具包括直尺、卷尺、卡钳、线规、游标卡尺和千分卡尺等。检验商品的仪器、仪表有测湿仪、拉力机、硬度机、显微镜、光谱仪、光学分析仪器等。

4. 通风、照明、保暖设备

常见的该类设备有联动开窗机械、抽风机、各式电扇、普通加罩电灯、探照灯、暖气装置、防护火炉等。

5. 消防设备

为了保证仓储与配送中心的安全，仓储与配送中心必须根据储存商品的种类配置相应的消防设备，常见的有消火栓、灭火器等。

8.1.2 仓储与配送中心设备的选择

1. 仓储设备的选择原则

(1) 仓储与配送中心设备的型号应与仓储与配送中心的作业量、出入库作业频率相适应。

仓储与配送中心的日吞吐量与设备的额定起重量、水平运行速度、起升和下降速度以及设备的数量有关，应根据具体的情况进行选择。同时，设备的型号应与仓储与配送中心货物的出入库频率相适应。对于综合性仓库，其吞吐量不大，但是其收发作业频繁高，作

业量和作业时间很不均衡。这时应该考虑选用起重载荷相对较小、工作繁忙程度较高的机械设备；对于专用性仓库，其吞吐量大，但是其收发作业并不频繁，作业量和作业时间均衡。这时应该考虑选用起重载荷相对较大、工作繁忙程度较小的机械设备。

(2) 计量和搬运作业同时完成。

有些仓储与配送中心需要大量的计量作业，如果搬运作业和计量作业不同时进行，势必要增加装卸搬运的次数，降低生产效率，所以需要搬运作业和计量作业同时完成。例如，在皮带输送机上安装计量装置，在货物输送的过程中同时完成计量工作。

(3) 选择自动化程度高的输送装置。

要提高仓储与配送中心的作业频率，应从货物和作业机械两方面着手。从货物的角度来考虑，要选择合适的货架和托盘。托盘的运用大大提高了出入库作业的效率，选择合适的货架同样使出入库作业的效率提高；从机械设备的角度来考虑，应提高机械设备的自动化程度以提高仓储作业的效率。

(4) 注意仓储机械设备的经济性。

选择装卸搬运设备时，应该根据仓储与配送中心作业的特点，运用系统的思想。在坚持技术先进、经济合理、操作方便的原则下，企业应根据自身的特点对设备进行经济性评价，选择合适的仓储设备。仓储设备的总费用构成与其他设备一样，是由一次性购置费用和维护费用所组成的，应根据企业的具体情况进行合理的选择。同时应注意设备的投资回收期，应选择投资回收期最短的装卸搬运设备。除此之外，还应注意将设备的经济性与设备的技术性结合起来进行考虑，如采用新设备时，尽管设备的投资额加大，但应该看到采用新设备所带来的生产率提高、劳动力节约和节省能源等收益。

2. 仓储与配送中心设备选择的考虑因素

仓储与配送中心设备的选择一般要考虑物品特性、存取性、出入库量、厂房架构、作业区的场地和设备成本等因素，此外不同的仓储与配送中心以及不同的设备应该根据具体的情况加以选择。

1) 物品特性

物品的尺寸大小、外形包装等将会影响储存单位的选用。储存单位不同，相对的使用设备就不同，例如托盘式货架适用于托盘化货物存储，而箱货架则适合箱品使用。若外形尺寸特别则需要有一些特殊的存储设备，而货品本身的材料特性，如易腐性或易燃性等货品，在存储放设备上就必须做防腐考虑。

2) 存取性

一般存取性与储存密度是相对的。也就是说，为了得到较高的储存密度，则必须相对牺牲物品的存取性。有些货架形式虽可得到较高的储存密度，但会使储位管理较为复杂。唯有立体自动仓库可往上发展，存取性与储存密度俱佳，但相对投资成本较为昂贵。因此选用何种形式的储存设备，可以说是各种因素的折中，也是一种策略的应用。

3) 出入库量

某些形式的货架虽有很好的储存密度，但出入库量却不高，适合于低频度的作业。出入库量高低是非常重要的数据，可借此数据来选用适当的储放设备形式。另外还需考虑是否有先进先出的需求，如食品。因此必须兼顾到库存管理的方式。

4) 厂房架构

梁下有效高度、梁柱位置会影响货架的配置。地板承受的强度、平整度也与货架的设计、安装有关。另外必须考虑防火设施和照明设施。

5) 作业区的场地

作业区场地的光滑度、平整度状况和承受能力极大地影响叉车的使用，尤其是在使用提升的室内叉车时。使用场地一般可分为 3 种情况：起伏较大的地面、波浪状的地面和平整的地面。较大起伏的地面应尽量避免。如果作业场地承重能力不足，在选择叉车时，应充分考虑叉车的自重对地面的影响。

6) 设备的成本

要综合考虑采购成本与使用维护成本的关系。如采用新设备时，尽管设备的投资额加大，但应该看到采用新设备所带来的生产率提高、劳动力节约和能源节省等收益。仓储设备的总费用构成与其他设备一样，是由购置费用和维护费用所组成的。在满足技术要求的情况下，应选择投资回收期最短的仓储设备。

3. 仓储与配送中心设备选择依据

任何具体仓储与配送中心设备的选择，都可以使用鱼刺图分析出主要因素，选择合适的设备。下面以货架的选择依据为例采用鱼刺图分析，如图 8.1 所示。

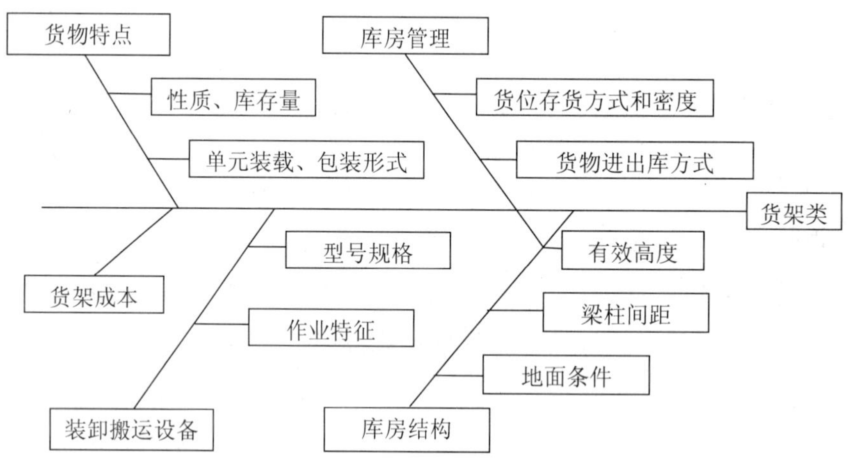

图 8.1 选择货架应综合考虑的因素

由图 8.1 可以看出，影响货架选择的主要因素有库房结构、货物特点、货架成本、库房结构及库房管理等。在此基础上再进一步细化下去，得出更具体的因素，最终选择各方面都符合仓库与配送中心要求的货架。

8.2 叉　　车

8.2.1 叉车的概念

叉车又称铲车、叉式取货机，享有万能装卸机的美称，是物流领域最常用的具有装卸、搬运双重功能的机械。它以货叉作为主要的取货装置，依靠液压起升机构升降货物，由轮胎式行驶运动实现货物的水平搬运。叉车除了使用货叉以外，还可以更换各类的取物装置以适应多种货物的装卸、搬运和堆垛作业。

知识链接

关于叉车

叉车是物料搬运的主要工具，规格种类繁多，每一种类型的叉车有其适用的环境场合，选型必须十分慎重，一旦选型不当势必造成仓库作业的低效和事故。作为"物流现代化"技术之一的智能叉车技术将企业信息系统扩展到叉车上，使众多物流、仓储和生产环节都能获益匪浅。

8.2.2　叉车的特点

1. 通用性

在物流的各个领域都有所应用，如仓库、配送中心、车站、码头和港口都要应用叉车进行作业。如果叉车与托盘配合，则其应用范围会更广，同时可以提高作业的效率。

2. 具有装卸和搬运的双重功能

实际上，叉车是装卸和搬运一体化的设备。它将装卸和搬运两种作业合二为一，提高作业的效率。

3. 灵活性

叉车底盘与汽车相比较，它的转向轮的轮距较小，这样叉车的转弯半径就很小，作业时灵活性增强。在许多机械工具难以使用的领域都可以采用叉车。

8.2.3　叉车的种类

1. 按照采用的动力方式分类

1) 内燃式叉车

采用的动力装置是内燃机，根据动力不同又可分为汽油机式叉车、柴油机式叉车和液化石油气式叉车。其特点是机动性好，功率大，用途较广泛。一般情况下，重、大吨位的叉车采用内燃机作为动力。

2) 电动式叉车

又称电瓶式叉车，以蓄电池作为动力，用直流电机驱动。它具有操作容易、无废气污染、适合在室内作业的特点。随着环保要求愈来愈高，电动式叉车需求有较快的增长趋势。

2. 按照用途进行分类

1) 通用叉车

在大多数情况下都可以使用的叉车，如常用的平衡重式叉车。

2) 专用叉车

具有专门用途的叉车，如堆垛式叉车、集装箱叉车、箱内作业叉车。

3. 按照性能和功用进行分类

1) 平衡重式叉车

平衡重式叉车(如图 8.2 所示)的货叉位于叉车的前部，为了平衡货物重量产生的倾翻力矩，在叉车的后部装有平衡配重以保持叉车的稳定。平衡重式叉车是目前应用最广泛的叉车，占叉车总量的80%左右。平衡重式叉车是常见的搬运车辆，整车的平衡靠车尾的平衡块维持，平衡块和搬运的货物分别在整车重心的两边。平衡重式叉车动力分为内燃机和电力两种。叉车的举高与门架的类型有关，一般有二级和三级门架。

图8.2　平衡重式叉车

2) 插腿式叉车

插腿式叉车(如图8.3所示)的两条腿向前伸出，支撑在很小的车轮上。支腿的高度很小，可同货叉一起插入货物底部，由货叉托起货物。货物的重心落到车辆的支撑平面内，因此稳定性很好，不必再设平衡重。插腿式叉车一般由电动机驱动，蓄电池供电。它的作业特点是起重重量小、车速低、结构简单、外形小巧，适用于通道狭窄的仓库与配送中心内作业。

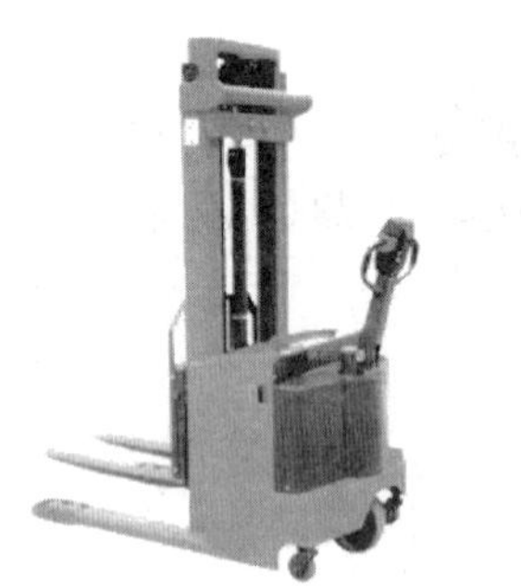

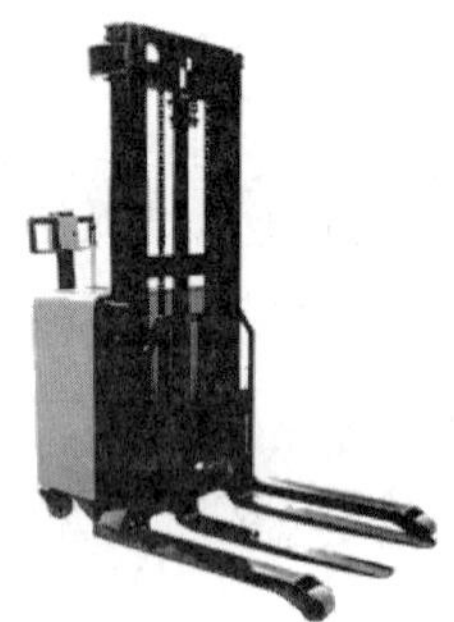

图8.3　插腿式叉车

3) 侧面式叉车

侧面式叉车(如图8.4所示)的门架和货叉在车体的一侧。其作业有两个主要特点：一是在出入库作业的过程中，车辆进入通道，货叉面向货架或货垛，这样在进行装卸作业时不必再先转弯然后作业。这个特点使侧面式叉车适合于窄通道作业。二是有利于搬装条形长尺寸货物。因为长尺寸物与车体平行，不受通道宽度的限制。室外工作一搬采用充气轮胎，室内工作一般采用实心轮胎。

图8.4　侧面式叉车

4) 前移式叉车

前移式叉车(如图 8.5 所示)有两条前伸的支腿。与插腿式叉车比较，前轮较大，支腿较高，作业时支腿不能插入货物的底部，而门架可以带着整个起升机构沿支腿内侧的轨道移动，这样货叉叉取货物后稍微起升一个高度即可缩回，保证叉车运行时的稳定性。前移式叉车与插腿式叉车一样，都是货物的重心落到车辆的支撑面以内，因此稳定性很好，适用于车间、仓库、配送中心内作业。

图 8.5　前移式叉车

5) 集装箱式叉车

集装箱式叉车(如图 8.6 所示)专门用于集装箱的装卸搬运，也有正面式和侧面式两类，它的主要特点是可搬运较大重量的集装箱货物。

图 8.6　集装箱式叉车

6) 高货位拣选式叉车

高货位拣选式叉车(如图 8.7 所示)的主要作用是高位拣货。操作台上的操作者可与底部装置一起上下运动，并拣选储存在两侧货架内的货物，适用于多品种少量出入库的拣选式高层货架仓库。起升高度一般 4～6m，最高可达 13m，大大提高仓库空间利用率。

图 8.7　高货位拣选式叉车

8.2.4 叉车的选用

可根据叉车的功用不同选择某一种类型的叉车。也可根据作业区的日吞吐量、作业高度和搬运距离等进行选择，作业区的日吞吐量、作业高度和搬运距离等应与叉车的技术性能参数相符。

1. 作业区的日吞吐量

作业区的日吞吐量是指作业区(如车站、码头、仓库和配送中心等)每天进来和出去的货物的总重量或搬运托盘的数量。根据作业区的日吞吐量确定所选叉车的搬运能力和叉车的数量。叉车的搬运能力表现为叉车在一定时间内所搬运托盘的数量和重量，它除了与叉车本身的额定载重量有关外，还与叉车的使用环境及操作者有关。叉车的额定载重量是叉车的技术性能指标之一，是一个固定的数值。同时还应考虑叉车的使用环境，即作业区的大小及通道的长度与宽度。仓库与配送中心的日吞吐量与叉车技术参数的关系以及叉车的数量可以通过计算机模拟确定。

2. 作业区的作业高度

根据作业区的作业高度不同选择叉车的货叉最大起升高度。在选择时应保证货叉的最大起升高度高于作业区的作业高度。

3. 选择叉车的其他影响因素

1) 托盘

大部分叉车都是以托盘为操作单位的，所以托盘的尺寸和规格直接影响叉车的类型选择。如托盘及所载货物的重心超过叉车的载荷中心距，叉车的载重能力会下降。目前使用最普遍的托盘是欧洲标准的 800×1 200 和 1 000×1 200 的四面叉取式托盘，它适合于各类车型。

2) 作业区的场地

作业区场地的光滑度、平整度状况和承载能力极大地影响叉车的使用，尤其是在使用提升的室内叉车时。使用场地一般可分为 3 种情况：起伏较大的地面、波浪状的地面和平整的地面。较大起伏的地面应尽量避免。如果作业场地承重能力不足，在选择叉车时应充分考虑叉车的自重对地面的影响。

3) 电梯及集装箱的高度

如果需要叉车进出电梯或者在集装箱内作业，则电梯和集装箱的入口高度会影响叉车类型的选择，这时应该充分考虑叉车的高度是否满足在电梯和集装箱内部作业的要求。

8.3 托　盘

8.3.1 托盘的概念

托盘是一种装卸用垫板，它便于货物装卸、运输和保管，由可以承载单位数量物品的负荷面和供叉车作业的插槽构成。托盘是最基本的物流器具，有人称其为“活动的平台”、“可移动的地面”。它是静态货物转变成动态货物的载体，是装卸搬运、仓储保管以及运输过程中均可利用的工具，与叉车配合利用可以大幅度提高装卸搬运效率。用托盘堆码货物可以大幅度增加仓库与配送中心利用率。托盘一体化运输可以大幅度降低成本。托盘的利用最初始于装卸搬运领域，现在托盘单元化包装、单元化保管、单元化装卸搬运、单元化运输处处可见，比比皆是。整个物流系统活动中，小小的托盘发挥出巨大的威力。

托盘是一种随着装卸机械化而发展起来的一种重要的集装器具，叉车与托盘共同使用形成有效的装卸系统，大大提高了装卸机械化水平，有效缓解了运输过程中长期存在的装卸瓶颈制约。目前，托盘作为实现单元化货物装载运输的重要工具正在被各行各业所认识和接纳，应用越来越广泛。

关于托盘

托盘起源于 20 世纪 30 年代太平洋战争，美国军队首次使用托盘来改善货物搬运效率，保证后勤物资供应。之后，托盘在世界各国得到了广泛应用，被认为是 20 世纪物流产业中两大关键性创新之一。目前在美国 80%的商品贸易由托盘运载，在欧洲每年有 2.8 亿个托盘在企业间循环。我国大约有 1 亿个托盘，其中 90%是木质托盘，可循环利用的塑料托盘仅占 8%。由于我国托盘规格标准不统一，又缺乏托盘共用系统，所以绝大部分托盘仅限于企业内部使用。目前我国物流规模的迅速扩张导致托盘总量以每年 2 000 万个的速度在迅猛增长。

8.3.2　托盘的分类

1. 托盘按结构不同分类

1) 平托盘

平托盘(如图 8.8 所示)几乎是托盘的代名词，只要一提托盘，一般都是指平托盘，因为平托盘使用范围最广、利用数量最大、通用性最好。平托盘又可细分为如下几种类型。

(1) 根据台面分类，有单面型、单面使用型、双面使用型和翼型等 4 种。

(2) 根据叉车叉入方式分类，有单向叉入型、双向叉入型、四向叉入型 3 种。

(3) 根据材料分类，木制平托盘、钢制平托盘、塑料制平托盘、复合材料平托盘以及纸制托盘 5 种。

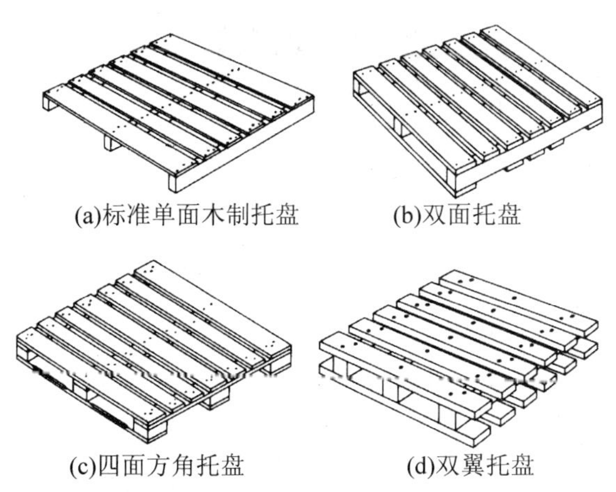

(a)标准单面木制托盘　(b)双面托盘

(c)四面方角托盘　(d)双翼托盘

图 8.8　平托盘

2) 箱式托盘

箱式托盘(如图 8.9 所示)是四面有侧板的托盘，有的箱体上有顶板，有的没有顶板。箱板有固定式、折叠式、可卸下式 3 种。四周栏板有板式、栅式和网式，因此，四周栏板为栅栏式的箱式托盘也称笼式托盘或仓库笼。箱式托盘防护能力强，可防止塌垛和货损。可装载异型不能稳定堆码的货物，应用范围广。

图 8.9 箱式托盘

3) 柱式托盘

柱式托盘(如图 8.10 所示)分为固定式和可卸式两种，其基本结构是托盘的 4 个角有钢制立柱，柱子上端可用横梁连结，形成框架型。柱式托盘的主要作用有两个：一是利用立柱支撑重量物，往高叠放；二是可防止托盘上放置的货物在运输和装卸过程中发生塌垛现象。

图 8.10 柱式托盘

4) 轮式托盘

轮式托盘(如图 8.11 所示)与柱式托盘和箱式托盘相比，多了下部的小型轮子。因而，轮式托盘显示出能短距离移动、自行搬运或滚上滚下式的装卸等优势，用途广泛，适用性强。

图 8.11 轮式托盘

5) 特种专用托盘

由于托盘作业效率高、安全稳定，尤其在一些要求快速作业的场合，利用托盘的重要性更加突出，所以各国纷纷研制了多种多样的专用托盘。

(1) 平板玻璃集装托盘。也称平板玻璃集装架，分许多种类。有 L 型单面装放平板玻璃单面进叉式，有 A 型双面装放平板玻璃双向进叉式，还有吊叉结合式和框架式等。运输过程中托盘起支撑和固定作用，平板玻璃一般都立放在托盘上，并且玻璃还要顺着车辆的前进方向以保持托盘和玻璃的稳固。

(2) 轮胎专用托盘。轮胎的特点是耐水、耐蚀，但怕挤、怕压，轮胎专用托盘较好地解决了这个矛盾。利用轮胎专用托盘，可多层码放，不挤不压，大大地提高了装卸和储存效率。

(3) 长尺寸物托盘。这是一种专门用来码放长尺寸物品的托盘，有的呈多层结构。物品堆码后就形成了长尺寸货架。

(4) 油桶专用托盘。是专门存放、装运标准油桶的异型平托盘。双面均有波形沟槽或侧板以稳定油桶、防止滚落。优点是可多层堆码，提高仓储和运输能力。

2. 托盘按材质的不同分类

1) 木制托盘

木制托盘是托盘中最传统和最普及的类型。由于木材具有价格低廉、易于加工、成品适应性强、可以维修等特点而为绝大多数用户采用。

2) 塑料托盘

塑料托盘与钢托盘、木托盘相比具有质轻、平稳、美观、整体性好、无钉无刺、无味无毒、耐酸、耐碱、耐腐蚀、易冲洗消毒、不腐烂、不助燃、无静电火花、可回收等优点，使用寿命是木托盘的几倍。但由于成本较高，使用尚未普及。常见的塑料托盘根据制造材料与工艺的不同可分为注塑托盘、中空吹塑托盘、日本塑料托盘以及韩国塑料托盘等。

3) 金属托盘

与其他材质的托盘相比，金属制托盘具有最好的承载性、牢固性及表面抗侵蚀性。但缺点同样突出，主要是重量大无法人工搬运且价格高昂。金属托盘多用于石油化工等对托盘有特殊要求的领域。

4) 纸质托盘

纸质托盘具有无虫害、环保、价格低廉以及承重能力强等优点。常见的纸质托盘有：以牛皮纸为基本原料所生产的阿贝纸托盘，以蜂窝纸为基本原料所生产的蜂窝纸托盘，以瓦楞纸为基本原料所生产的瓦楞纸托盘，以高质牛皮纸为原料所生产的滑托盘。

8.3.3　托盘标准化

托盘的标准化是物流领域的一个重要的问题。托盘如果只是在工厂和仓库使用是不能充分发挥其效益的，只有全程托盘化才能取得良好的效果。这就必然涉及托盘的标准化问题。

我国托盘规格与国际化组织规定的通用尺寸一致，主要有以下 3 种规格：800mm×1 000mm、800mm×1 200mm、1 000mm×1 200mm。

托盘集合包装所集装的货物单元体积一般为 1m^3 以上，高度在 1 100mm 或 2 200mm，载重为 500～2 000kg。

8.4　货　　架

8.4.1　货架的概念及功能

1. 货架的概念

货架是用支架、隔板或托架组成的立体储存货物的设施。货架在仓库、配送中心中占有非常重要的地位。随着现代工业的迅猛发展、物流量的大幅度增加，为实现仓库与配送中心的现代化管理，改善仓库与配送中心的功能，不仅要求货架数量多，而且要求其具有多功能，同时满足仓储作业机械化、自动化的需求。

知识链接

关于货架

货架是仓库与配送中心的重要组成部分。从最原始的在库房席地堆放货物，到起用简单货架，再到自动化立体库中的高位货架，货架的使用及其变迁恰巧反映了日新月异的仓库现代化进程。

2. 货架的作用及功能

货架在现代物流活动中起着相当重要的作用，仓库与配送中心管理实现现代化与货架的种类、功能有直接的关系。货架的作用及功能如下。

(1) 货架是一种架式结构物，可充分利用仓库与配送中心空间提高库容利用率，扩大仓库与配送中心储存能力。

(2) 存入货架中的货物互不挤压，物资损耗小，可完整保证物资本身的性能，减少货物的损失。

(3) 货架中的货物存取方便，便于清点及计量，可做到先进先出。

(4) 可以采取防潮、通风、防尘、防盗、防破坏等措施提高物资存储质量。

8.4.2 货架的分类

1. 按货架的发展分类

(1) 传统式货架。包括层架、层格式货架、抽屉式货架、橱柜式货架。

(2) 新型货架。包括旋转式货架、移动式货架、托盘货架、驶入式货架、高层货架、重力式货架等。

2. 按货架的适用性分类

(1) 通用货架。

(2) 专用货架。

3. 按货架的制造材料分类

(1) 钢货架。

(2) 钢筋混凝土货架。

(3) 钢与钢筋混凝土混合式货架。

(4) 木制货架。

(5) 钢木合制货架。

4. 按货架的封闭程度分类

(1) 敞开式货架。

(2) 半封闭式货架。
(3) 封闭式货架。

5. 按货架的结构特点分类

(1) 层架。
(2) 层格架。
(3) 橱架。
(4) 抽屉架。
(5) 悬臂架。
(6) 三角架。
(7) U 型架。

6. 按货架的可动性分类

(1) 固定式货架。
(2) 移动式货架。
(3) 旋转式货架。
(4) 组合式货架。
(5) 可调式货架。
(6) 流动储存货架。

7. 按货架的结构分类

(1) 整体结构式：货架直接支撑仓库屋顶和墙壁。
(2) 分体结构式：货架与建筑物分为两个独立系统。

8. 按货架的载货方式分类

(1) 悬臂式货架。
(2) 橱柜式货架。
(3) 格板式货架。

9. 按货架的构造分类

(1) 组合可拆卸式货架。
(2) 固定式货架。

10. 按货架高度分类

(1) 低层货架：高度在 5m 以下。
(2) 中层货架：高度在 5～15m。
(3) 高层货架：高度在 15m 以上。

11. 按货架载重量分类

(1) 重型货架。每层货架载重量在 500kg 以上。重型货架采用优质冷轧钢板经辊压成型，立柱可高达 6m 而中间无接缝。横梁选用优质方钢，承重力大，不易变形。横梁与立柱之间挂件为圆柱凸起插入，连接可靠、拆装容易，并使用锁钉，以防叉车工作时将横梁挑起。全部货架的表面均经酸洗、磷化静电喷涂等工序处理，防腐防锈，外形美观，适用于大型仓库。

(2) 中型货架。每层货架或隔板载重量在150～500kg之间。中型货架采用优质冷轧板冲压成型，经磷化处理，粉末喷涂而成。外形美观、结构合理、坚实耐用、负重特强，其承重可达到 500kg。拆装方便，可随意组合，能充分利用空间，层高可自由调整，适合中型仓库使用。货架的上端和下端均使用螺栓将立柱和面板连接，使得大跨度的货架能够具有良好的稳定性，并可微调高度。每层独特设计的挂板能将立柱和面板有效地插接，使货架的组装、拆卸更加快捷。

(3) 轻型货架。每层货架载重量在150kg以下。冲孔角钢是一种通用性很强的结构系统，可广泛应用于组装轻型货架、工作台、工具车、悬挂系统、安全护网及支撑骨架。冲孔角钢的长度可按刻度快捷切割、用螺栓任意组装、修正并重新安装。这样它既可满足经周密计划的使用需要，又可满足紧急的使用需要。每层在均布状态下承重可达100～300kg。使用螺栓连接，选用优质冷轧钢板制造面，经酸洗磷化、静电喷涂处理，防腐、防锈，坚固、美观、耐用。既有标准规格，又可按客户的要求而定制。冲孔货架可完全替代笨重的角铁焊架或不够牢靠的铝合金架，并可广泛用于工厂的仓库、车间或商业展架以及仓储、家庭的置物架等。

8.4.3 几种常用货架

1. 托盘货架

托盘货架(如图 8.12 所示)是使用最广泛的托盘类货物存储系统，通用性也较强。其结构是货架沿仓库的宽度方向分成若干排，其间有一条巷道供堆垛起重机、叉车或其他搬运机械运行。每排货架沿仓库纵长方向分为若干列，在垂直方向又分成若干层，从而形成大量货格用以用托盘存储货物。

图 8.12 托盘货架

托盘货架的优点包括以下几点。

(1) 每一块托盘均能单独存入或移动，而不需移动其他托盘。

(2) 可适应各种类型的货物，可按货物尺寸要求调整横梁高度。

(3) 配套设备最简单，成本也最低，能快速安装及拆除。

(4) 货物装卸迅速，主要适用于整托盘出入库或手工拣选的场合，能尽可能地利用仓库与配送中心的上层空间。

2. 重力式货架

重力式货架(如图 8.13 所示)又称为流动式货架，是一种利用存储货物自身重力来达到在货物存储深度方向上使货物运动的存储系统，较多应用于拣选系统。它常与流利装置和轨道配合使用，取倾斜布置。采取“先进先出”型存取模式，存货时托盘从货架斜坡高端送入滑道，通过导向轮下滑，逐个存放；取货时从斜坡低端取出货物，其后的托盘逐一向下滑动待取。托盘货物在每一条滑道中依次流入流出，故特别适用于易损货物和大批量同品种、短时期储存的货物。仓库利用率极高，运营成本较低，但对货架通道有特殊要求。

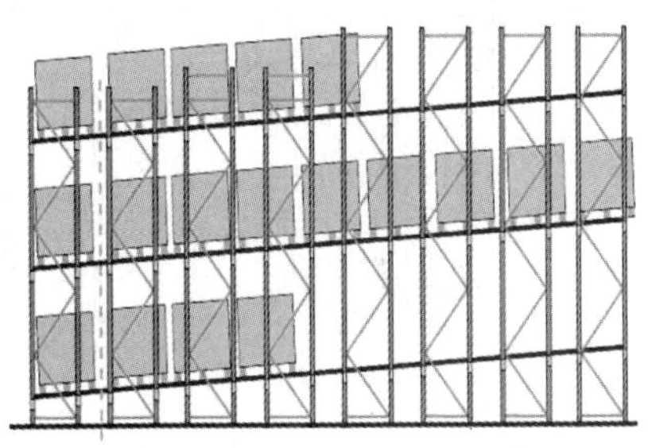

图 8.13　重力式货架

3. 悬臂式货架

悬臂式货架(如图 8.14 所示)由悬臂和纵梁相连而成。悬臂货架分单面和双面两种，由金属材料制造而成，为了防止所储存材料的破损，常常加上木质衬垫或橡胶衬垫。

悬臂式货架适合存储长、大件货物和不规则货物，如钢铁、木材、塑料等。其前伸的悬臂具有结构轻巧、载重能力好的特点。如果增加隔板，则特别适合空间小、高度低的库房，管理方便。悬臂式货架同样可以实现多层应用。

图 8.14　悬臂式货架

4. 驶入式货架和驶出式货架

驶入式货架[如图 8.15(a)所示]其托盘的存放方式为堆高机从里层的位置开始存放至最前面的位置。其配置方式可以两组驶入式货架背对背安置或单独一组靠着墙壁安置。堆高机的进出都使用相同的通道，储存密度非常好，但存取性则受到限制，不易做到先进先出的管理。由于堆高机在整个货架里面，因此驾驶员必须非常小心。驶入式货架的纵深以 3～5 列最为理想，堆栈 4 层最容易管理。驶入式货架适合少样多量的产品。

驶入式货架的特点如下。

(1) 储存密度高，存取性差。

(2) 适合少样多量的物品储存。

(3) 高度可达 10m。

(4) 存取物品受存放位置先后顺序之限，不易做到先进先出。

(5) 不适合太长或太重货品。

驶出式货架[如图 8.15(b)所示]与驶入式货架使用相同的组件，有相同特性，但因其末端没有受支撑杆封闭，故前后均可安排存取的通道，因此可做到先进先出的管理。

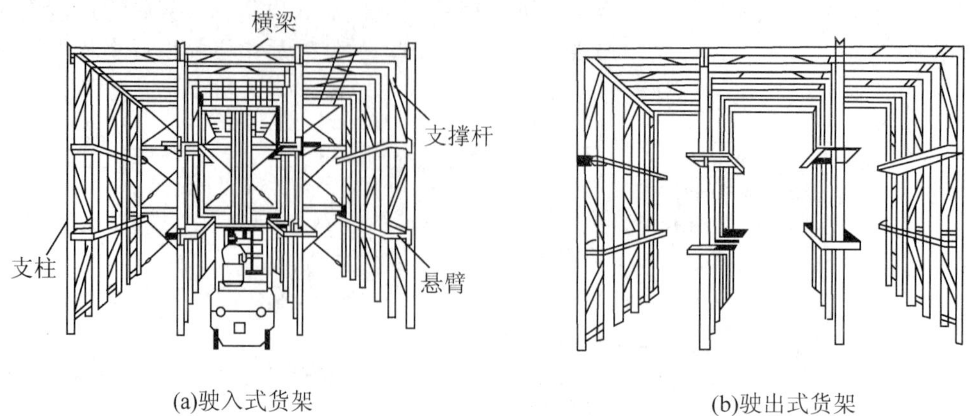

(a)驶入式货架　　(b)驶出式货架

图 8.15　驶入式货架和驶出式货架

5. 层架

层架(如图 8.16 所示)由立柱、横梁、层板构成。架子本身分为数层，层间用于存放货物。层架种类繁多，如果按层架存放货物的重量分类，可以分为重型层架、中型层架和轻型层架；按其结构特点分类，有层格式、抽屉式等类型；按照货架封闭程度分类，有开放型、半开放型、金属网型、前挡板型等。

层架结构简单，适用性强，存取作业方便，但存放货物的数量有限，是人工作业仓库中重要存储设备。轻型层架特点和用途：一般采用装配式，较灵活机动，结构简单，承载能力较差；适于人工存取轻型或小件货物；存放物资数量有限，是人工作业仓库的主要储存设备。中、重型层架特点和用途：一般采用固定式层架，坚固、结实，承载能力强；储存大件或中、重型物资，配合叉车等使用；能充分利用仓容面积，提高仓储能力。

图 8.16　层架

8.5　仓储与配送中心的其他设备

1. 手车和手推车

手车和手推车(如图 8.17 所示)属于人力作业车辆。在物流作业过程中，人力车辆的作业也占有一定的比重，尤其适合于仓库与配送中心设施外的难以实现机械化作业的物流活动。此外，由于物流活动的复杂性和用户需要的多样性，常会以人力作业来衔接，以补充机械化作业的不足。

图 8.17　手车和手推车

2. 堆垛机

堆垛机(如图 8.18 所示)是专门用来堆码或提升货物的机械。普通仓库使用的堆垛机(又称上班机)是一种构造简单、用于辅助人工堆垛、可移动的小型货物垂直提升设备。这种机械的特点是构造轻巧，人力推移方便，能在很狭窄的走道内操作，减轻堆垛工人的劳动强度，且堆码或提升高度较高，仓库的库容利用率较高，作业灵活，所以在中小型仓库内广泛使用。它有桥式堆垛机、巷道式堆垛机等类型。

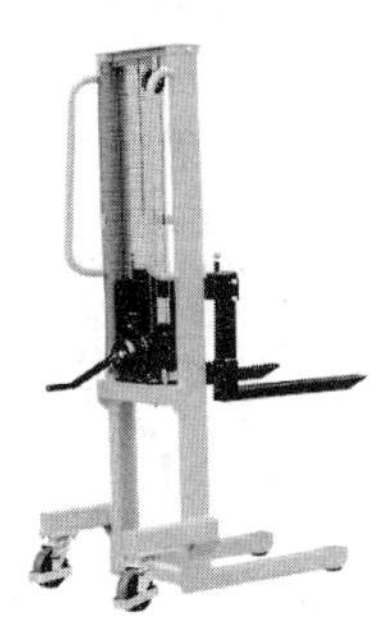

图 8.18　堆垛机

3. 跨车

跨车(如图 8.19 所示)是一种机动车辆，它可以跨在物体上部，通过液压操纵的各种夹具或吊具提起货物。跨车装有减震装置和悬挂型起升拖架，能在一般路面上快速行驶而不会损坏货物。跨车为四轮转向，转弯半径小。它主要用来跨运长而重的货物和集装箱等。

图 8.19　跨车

4. 牵引车

牵引车(如图 8.20 所示)是用来牵引仓库平板拖车的电动或机动车辆，一般多为轮胎式，极少采用履带式牵引车。国内仓库大多使用汽车或拖拉机作牵引车。仓库牵引车对仓库作业的重要性在于当牵引平板拖车与叉车并用时，可使货物装卸、运输、堆码作业完全机械化。

图 8.20 牵引车

5. 传送带

传送带(如图 8.21 所示)是一种在固定路径上运送散装或小包装件货物的设备。常用的传送带有两种基本类型，一种是动力型传送带，另一种是重力型滚柱式或滚轮式传送带。动力型传送带的特点是由机械或电力驱动，适于运送作业地点固定的大量的货物。

图 8.21 传送带

8.6 自动化立体仓库

8.6.1 自动化立体仓库的产生与发展

自动化立体仓库又称立库、高层货架仓库、自动化仓库。它是一种用高层立体货架(托盘系统)存储物资，用自动控制的巷道堆垛起重机及其他机械进行搬运存取作业，用计算机控制管理的仓库。自动化立体仓库能按指令自动完成货物的搬运、存储作业，并对库存货物进行自动管理，是企业现代化的重要手段之一。

自动化立体仓库使用高层货架存储货物，存储区域大幅度地向高空发展，仓库最高达 40m，最大库存量可达数万甚至十几万个货物单元，充分利用仓库地面和空间，节省了库存占地面积，提高了空间使用率。

8.6.2 自动化立体仓库的功能

自动化立体仓库如图 8.22 所示。其功能一般包括自动收货、存货、取货、发货和信息处理等。

图 8.22　自动化立体仓库

1. 收货

收货指仓库从供应方接受各种产品、材料或半成品，并将其收存入仓库的过程。收货时，自动化系统需要站台或场地供运输车辆停靠，需要升降平台作为站台和载货车辆之间的过桥，需要装卸机械完成装卸作业；卸货时，自动化系统需要检查货物的品质和数量以及货物的完好状态，确认完好后方能入库存放。一般的自动化立体仓库从货物卸载经查验进入自动系统的接货设备开始，将信息输入计算机，生成管理信息。由自动控制系统进行货物入库的自动操作。

2. 存货

存货指自动化系统将货物存放到规定的位置，一般是放在高层货架上。存货之前仓库自动化系统首先要确定存货的位置。某些情况下货物可以采取分区固定存放的原则，即按货物的种类、大小和包装形式来实行分区存放。随着移动货架和自动识别技术的发展，仓库自动化系统已经可以做到随意存放，这既能提高仓库的利用率，又可以节约存取时间。

3. 取货

取货是指自动化系统根据需求从库房货架上取出所需货物。取货可以采取不同的取货原则，通常采用的是“先进先出”的原则，即在出库时，先存入的货物先被取出。对某些自动化立体仓库来说必须能够随时存取任意货位的货物，这种存取货要求搬运设备和地点能频繁更换。

4. 发货

发货是指取出的货物按照严格的要求发往用户。根据服务对象的不同，有的仓库只向单一用户发货，有的需要向多个用户发货。发货往往需要配货，即根据用户要求对货物进行配套供应。

8.6.3 自动化立体仓库的设施与设备

1. 自动化立体仓库的设施

自动化立体仓库由仓库建筑物、自动控制与管理系统、高层货架、巷道式堆垛机、出入库输送机等设备构成，还有与之配套的供电系统、空调系统、消防报警系统、称重计量系统、包装系统、网络通信系统等。图 8.23 所示为自动化立体仓库的结构示意图。

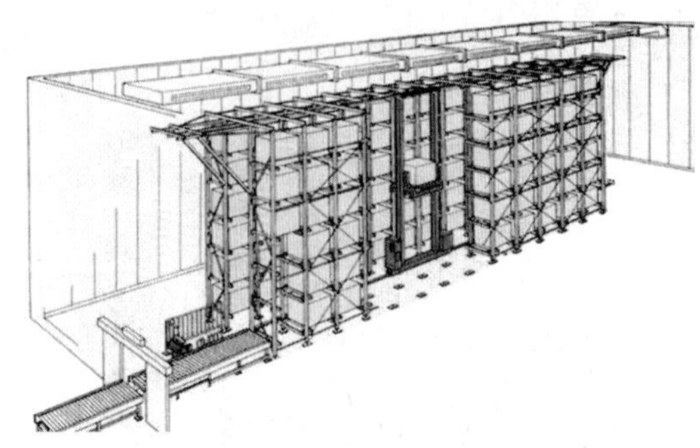

图 8.23 自动化立体仓库的结构示意图

自动化立体仓库从建筑形式上看，可分为整体式和分离式两种。整体式库房的库架合一，货架直接用作仓库建筑物的承重结构，仓库建筑物与高层货架相互连接，形成一个不可分开的整体；分离式仓库是库架分离的仓库结构形式，货架根据需要和库房构造进行安装，不需要时可拆掉。目前，国外自动化立体仓库的发展趋势是由整体式向分离式发展，因为整体式自动化立体仓库的建筑物与货架是固定的，一经建成便很难更改，应变能力差、投资高、施工周期长。

仓库建筑物与货架的关系，即整体式还是分离式，对建筑投资建设周期和日后运用会产生重要影响。分离式与整体式相比有下列优点。

(1) 施工比较容易，建设周期短。

(2) 整体式仓库地基和地面处理较为复杂，其费用约占总费用的 5%。

(3) 采用组合式货架，便于调整和拆迁。

(4) 可在现有建筑物内安装料架，改为库房。

(5) 仓库设备容易实现标准化、系列化。

由于上述原因，国外小型分离式仓库的发展比大型整体式仓库更为迅速。

2. 自动化立体仓库的构成

1) 高层货架

高层货架有各种类型。按照建筑材料不同，可分为钢结构货架、钢筋混凝土结构货架等；按照货架的结构特点，可分为固定式货架和可组装、拆卸的组合式货架；按照货架的高度区分，小于 5m 的为低层货架，5～15m 的为中层货架，15m 以上的为高层货架。自动化立体仓库货架一般由钢材或钢筋混凝土制作。

2) 搬运输送设备

常用的仓储机械设备有各种堆垛起重机、高架叉车、辊子或链式输送机、巷道转移台车、升降机、自动导向车等。

巷道式堆垛机分为巷道式单立柱堆垛机和巷道式双立柱堆垛机，是自动化立体仓库的主要搬运、取送设备。它主要由立柱、载货台、货叉、运行机构、卷扬(或升降)机构和控制机构等组成。

液压升降平台、辊式输送机、台车、叉车、托盘等是自动化立体仓库的主要运输设备，它们与堆垛机相互配合，构成完整的装卸搬运系统。

3. 自动控制系统

自动控制系统(如图 8.24 所示)是自动化立体仓库的“指挥部”和“神经中枢”。它控制堆垛机和各种周边设备的运行，自动完成货物的存入与拣出。自动化立体仓库中的自动控制系统主要指检测装置、信息识别装置、控制装置、通信设备、监控调度设备、计算机管理设备以及大屏幕显示器和图像监视等设备。

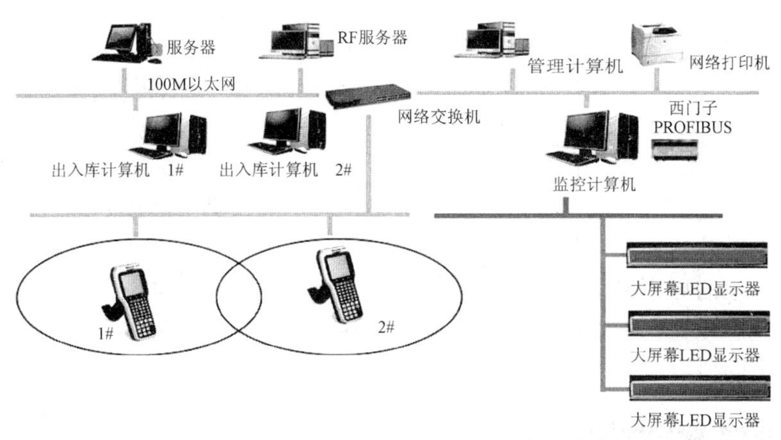

图 8.24　自动控制系统

(1) 检测装置。为了实现对自动化立体仓库中各种作业设备的控制，并保证系统安全可靠地运行，系统必须具有多种检测手段，使之能检测各种物理参数和相应的化学参数。

对货物的外观检测及称重、机械设备及货物运行位置和方向的检测、对运行设备状态的检测、对系统参数的检测和对设备故障情况的检测都是极为重要的。对这些检测数据的判断和处理，可为系统决策提供最佳依据，使系统处于理想的工作状态。

(2) 信息识别设备。信息识别设备是自动化立体仓库中必不可少的，它完成对货物品名、类别、货号、数量、等级、目的地、生产厂，甚至货位地址的识别。在自动化立体仓库中，物流信息的采集通常通过条形码、磁条、光学字符和射频等识别技术来完成。

(3) 控制装置。控制系统是自动化立体仓库运行成功的关键。如果没有好的控制装置，系统运行的成本就会很高，而且效率会很低。为了实现自动运转，自动化立体仓库内所用的各种存取设备和输送设备本身必须配备各种控制装置。这些控制装置种类很多，从普通开关和继电器，到微处理器、单片机和可编程序控制器，根据各自设定的功能，它们都能完成一定的控制任务。如巷道式堆垛机的控制要求就包括了位置控制、速度控制、货叉控制以及方向控制等。所有这些控制都必须通过各种控制装置去实现。

(4) 监控及调度设备。监控系统是自动化立体仓库的信息枢纽，在整个系统中起着举足轻重的作用，负责协调系统中各部分的运行。有的自动化立体仓库系统使用了很多运行设备，各设备的运行任务、运行路径、运行方向都需要由监控系统来统一调度，按照指挥系统的命令进行货物搬运活动。通过监控系统的监视画面，管理人员可以直观地看到各种设备的运行情况。

(5) 计算机。计算机管理系统是自动化立体仓库的指挥中心，相当于人的大脑，指挥着仓库中各设备的运行。它主要完成整个仓库的账目管理和作业管理，并担负着与上级系统的通信和企业信息管理系统的部分任务。一般的自动化立体仓库管理系统多采用微型计算机为主的系统。比较大的仓库管理系统也可采用小型计算机。随着计算机的高速发展，微型计算机的功能越来越强，运算速度越来越高，微型机在这一领域将发挥重要的作用。

(6) 数据通信设备。自动化立体仓库是一个复杂的自动化系统，由众多的子系统组成。在自动化立体仓库中，为完成规定的任务，各系统之间、各设备之间要进行大量的信息交换，如自动化立体仓库中的主机与监控系统、监控系统与控制系统之间的通信以及仓库管理计算机通过厂级计算机网络与其他信息系统的通信。信息传递的媒介有电缆、远红外光线、光纤和电磁波等。

(7) 大屏幕显示器。自动化立体仓库中的各种显示设备是为了使人们操作方便、易于观察设备情况而设置的。在操作现场，操作人员可以通过显示设备的指示进行各种搬运拣选；在中央控制室或机房，人们可以通过屏幕或模拟屏的显示观察现场的操作及设备情况。

(8) 图像监视设备。工业电视监视系统是通过高分辨率、低照度变焦摄像装置对自动化立体仓库中人身及设备安全进行观察，对主要操作点进行集中监视的现代化装置。

此外，还有一些自动化立体仓库对自动控制系统有特殊要求。如存储冷冻食品的立体仓库需要对仓库中的环境温度进行检测；控制存储感光材料的立体仓库需要整个仓库内部完全黑暗，以免感光材料失效而造成产品报废；存储某些药品的立体仓库对仓库的湿度、气压等均有一定的要求，因此需要特殊处理。

8.6.4 自动化立体仓库的优缺点

1. 自动化仓库的优点

(1) 仓库作业全部实现机械化和自动化，节省人力，大大提高了作业效率。

(2) 大幅度地增加仓库高度，充分利用仓库面积与空间，减少占地面积，降低土地购置费用。例如，一座货架 15m 高的自动化仓库储存机电零件，单位面积储存量可达 2～5t/m^2，是普通货架仓库的 4～7 倍。

(3) 采用托盘或货箱储存货物，货物的破损率显著降低。

(4) 利于管理，货位集中便于控制，借助计算机能有效地利用仓库储存能力，便于清点盘货，合理减少库存，节约流动资金。

(5) 能适应黑暗、有毒、低温等特殊场合的需要。

2. 自动化立体仓库的缺点

(1) 结构复杂，配套设备多，需要的基建和设备投资高。

(2) 货架安装精度要求高，施工比较困难，而且施工周期长。

(3) 储存货物的品种受到一定限制，对长、大、笨重货物以及要求特殊保管条件的货物必须单独设立储存系统。

(4) 对仓库管理人员和技术人员要求较高，必须经过专门培训才能胜任。

(5) 工艺要求高，包括建库前的工艺设计和投产使用中按工艺设计进行作业。

(6) 弹性较小，难以应付储存高峰的需求。流通业在实际运作时常常会有淡旺季或高低峰以及客户紧急的需求，而自动化设备数目固定，运行速度可调整范围不大。

(7) 必须注意设备的保管保养并与设备提供商保持长久联系。自动化仓库的堆垛起重机、自动控制系统等都是先进的技术性设备，由于维护要求高，必须依赖供应商，以便在系统出现故障时能提供及时的技术援助。

自动化仓库要充分发挥其经济效益，就必须与采购管理系统、配送管理系统、销售管理系统等管理系统相结合，但是这些管理系统的建设需要大量投资。因此，在选择建设自动化仓库时，必须综合考虑自动化仓库在整个企业中的营运策略、地位和设置自动化仓库的目的，不能为了自动化而自动化，还要分析建设自动化仓库所带来的正面和负面影响。最后还要考虑采取相应的补救措施。所以，在实际建设中必须进行详细的方案规划，进行综合测评确定建设方案。

本 章 小 结

本章介绍了常用的各种设施的概念、分类及性能，首先介绍了叉车的种类和主要的技术性能指标；其次介绍了托盘概念、分类、托盘运输特点和局限性，以及采用托盘运输应该注意的事项；再次介绍了货架的作用、功能和分类，并着重介绍普通货架、特种货架和自动化高层货架仓库；之后在其他机械设备中，简单介绍堆垛机、跨车、牵引车、传送带以及非动力装卸搬运设备等；最后重点介绍了自动化立体仓库发展、设备构成及优缺点。

课后实训

实训一：商品识别操作

为入库商品制作条形码，操作各种条码识别设备进行条形码的识别。

实训二：商品搬运及装卸操作

使用各种手动搬运设备搬运库内各种大型商品，进行堆放作业。

实训三：商品堆垛操作

根据商品特点选择使用托盘，利用叉车进行托盘装卸与搬运操作，使用叉车进行托盘堆垛作业。

实训四：商品打包操作

利用手工打包机、半自动打包机对包装箱进行打包作业。

案例思考

西单商场的自动化立体仓库建设

北京市西单商场股份有限公司是一家上市公司，更是一家有着 70 余年历史的老店。在北京市西单商场和友谊商场的基础上组建的北京市西单友谊集团是一个跨行业、跨部门的大型综合型企业集团。

西单商场从 1996 年开始涉足连锁经营领域，店铺分散。统一管理、核算和配送是连锁业的特征，因此商流(批发与零售)、物流、信息流和资金流 4 个机能的流通顺畅就成了连锁企业经营管理的关键。在信息流和资金流的控制管理已经小有成效之后，西单商场把解决问题的重点放在物流上——建设北京最大的零售业物流配送中心，并成立第三方物流中心。这不仅为以后西单电子商务公司的发展提供了有力的物流支撑，更重要的是使集团能做到以物流控制商流，在集团的发展决策中始终领先一步。

目前，坐落在京城北部洼的西单商场现代化的物流配送中心已建设完成。这项工程从

1997年开始筹建，投资3 000多万元，是我国自主开发的第一批现代化物流配送中心，设计配送商品6 000种，日吞吐能力为4万箱，配送周期为24h，年配送额为6.6亿元。中心设有一座库架合一的自动化立体仓库，高16m，长130m，6个巷道，共1.1万余货位。与自动化立体仓库相衔接的货物自动分拣系统，采用国产滑靴式高速分拣机，分拣能力为每小时4 500箱，并配有高速全息条码识别系统和电脑控制系统。此外，该配送中心设有无线局域网和车载电脑终端，在计算机网络通信、管理和控制系统的指挥下，可以实现高效、准确、合理的物流配送业务流程。

西单商场物流配送中心的建设有3个特点，实用、先进、创新。在设计中，西单商场物流配送中心以“敏捷供应链”和“e商业后勤学”(包括电子商务)等当前国际最先进的技术理论为指导，以现代信息技术作为“集成”的手段，在软件上下工夫，实现全局优化。与此同时，配送中心的建设坚持组织管理创新与技术创新同步，按照BPR(业务流程重组)的原则进行体制改革，探索一条符合我国国情的流通现代化和商业信息化的道路。可以预见，当西单商场物流配送中心成为北京乃至北方物流的主力军时，西单友谊集团实现用物流来控制商流的目标也就为期不远了。

总之，西单商场这个老店在70多年的发展历程中，一直流淌着信息化的新鲜血液。从最初甩掉手工结算到MIS系统的开发应用，再到现代物流的开发应用，西单友谊集团一步步地走过来了，走出了一条我国商业信息化的特色之路。随着国外商业管理软件系统纷纷进入国内市场，西单友谊更愿意通过不断学习，凭借企业自身的商用技术开发优势和对企业业务流程的清晰把握，让国内商业信息化解决方案成为国内商业应用的主流，让管理出效益在更多的商业企业成为现实。

思考

1. 为什么西单商场要在信息流和资金流的控制管理已经小有成效之后，才开始把工作重点转向物流？

2. 西单商场建立的自动化立体仓库折射出了立体仓库的哪些特点？

3. 结合案例中西单商场的信息化之路，谈谈我国商贸流通领域的信息化改革该如何进行。

思考与练习

一、单项选择题

1. 常见设备中能重载较长距离的设备是(　　)。

A. 手推车系列　　B. 叉车系列　　C. 传送带系列　　D. 托盘系列

2. (　　)是将资料编码在晶体内，再将晶体以标签方式加以包装。当这标签在特定的无线电天线接收范围内，晶体资料就可以通过标签阅读机来译解。

A. 条形码　　B. 磁条

C. 无线电射频标签　　D. 计算机

3. 内燃机叉车适用于(　　)。

A. 室内、短距离和工作量较大的搬运工作

B. 室外、长距离和工作量较大的搬运工作

C. 室内、长距离和工作量较小的搬运工作

D．室外、长距离和工作量较小的搬运工作

4．主要用于商品货物的出入库、库内堆码以及翻垛等作业，对改进仓储管理，减轻劳动强度，提高收发作业效率有着重要作用的设备是(　　)。

A．保管设备　　B．计量设备

C．养护检验设备　　D．装卸、搬运设备

5．托盘属于(　　)。

A．计量设备　　B．组成搬运设备

C．搬运传输设备　　D．装卸堆垛设备

6．苫垫用品属于(　　)。

A．保管设备　　B．养护检验设备

C．消防安全设备　　D．通风、保管、照明设备

7．温度仪属于(　　)。

A．计量设备　　B．劳动防护用品

C．消防安全设备　　D．养护检验设备

8．支架、隔板或托架组成的立体存储货物的设施是(　　)。

A．托盘　　B．货位　　C．货架　　D．堆垛机

9．以下不属于新型货架的有(　　)。

A．橱柜式货架　　B．移动式货架　　C．高层货架　　D．托盘货架

10．货架直接支撑仓库屋顶和围壁，被称为(　　)。

A．高层货架　　B．封闭式货架

C．固定式货架　　D．整体结构式货架

11．10m 高的货架属于(　　)。

A．低层货架　　B．中层货架　　C．高层货架　　D．都不属于

12．中型货价每层货架的载重量在(　　)。

A．300kg 以上　　B．500kg 以上　　C．800kg 以上　　D．1t 以上

13．笼车是由金属网组成的，主要适合(　　)的储存。

A．多品种大批量的散装货物　　B．小批量有包装的货物

C．小批量的散装货物　　D．多品种大批量而且包装良好的货物

二、多项选择题

1．在安排积层式货架的货位时，底层一般堆放(　　)的货物。

A．较轻　　B．较重　　C．快速流动　　D．较慢

2．以下(　　)提供 100%的存取性。

A．单深式易选托盘货架　　B．倍深式托盘货架　　C．窄道式托盘货架

D．移动式托盘货架　　E．驶出式托盘货架

3．选用现代化仓库设备时应考虑的因素主要有(　　)。

A．商品特性　　B．出入库量　　C．信息系统

D．库房架构　　E．商品的存取性

4．以下属于传统式货架的是(　　)。

A．抽屉式货架　　B．托盘货架　　C．橱柜式货架

D．旋转式货架　　E．层格式货架

5．按适用性不同，可将货架分为(　　)。

A．新型货架　B．通用货架　C．传统式货架

D．专用货架　E．特种货架

6．通用平托盘按其制造材料不同，可分为(　　)。

A．木制平托盘　B．钢制平托盘　C．塑料平托盘

D．纸制平托盘　E．金属平托盘

7．1982 年国家标准(GB 2934—82)将联运托盘的平面尺寸定为(　　)。

A．800mm×1 000mm　B．800mm×1 200mm　C．800mm×1 500mm

D．1 000mm×1 200mm　E．1 000mm×1 500mm

8．电瓶叉车与内燃机叉车相比，以下各项描述正确的是(　　)。

A．行走速度较快　B．起重量较大　C．操作和维修较简单

D．叉齿提升速度较慢　E．构造更复杂

9．叉车的主要技术性能指标包括自重、最大起升高度、门架倾斜角度以及(　　)。

A．爬坡能力　B．额定起重量　C．最小转弯半径

D．叉齿提升速度　E．行驶速度

10．以下属于水平搬运设备的有(　　)。

A．叉车　B．手推车　C．输送机

D．搬运车　E．载货电梯

11．自动分拣设备可把许多目的地不同的货物按各自的货物流向分开，这类设备主要有(　　)。

A．翻盘式分拣机　B．翻板式分拣机　C．滑块式分拣机

D．胶带浮出式分拣机　E．钢带推出式分拣机

三、判断题

1．选择仓库设备时，必须注重其适应性、经济性及先进性。(　　)

2．仓库根据货物保管和仓储作业的需要也会配备抽风机、各式电扇、防爆式电灯等设备。(　　)

3．仓库的高度、梁柱的位置等因素不会影响仓库设备的选择。(　　)

4．按货架的封闭程度可将其分为可调式货架、半封闭式货架和封闭式货架。(　　)

5．通用平托盘只能单面使用。(　　)

6．通用平托盘按进叉方向分为正向插入形和反向插入形。(　　)

7．笼车是底板安装轮子的集装单元化工具，其优点是存取货物方便、移动灵活。(　　)

8．托盘规格尺寸标准化是托盘加快流通的前提。(　　)

9．国家标准(GB 2934—82)规定联运托盘的载重量为 1.5t。(　　)

10．由于电瓶叉车的耐寒性优于内燃机叉车，所以常用于室外搬运作业。(　　)

四、思考题

1．简述叉车的技术性能。

2．试述托盘运输的特点及局限性。

3．简述货架的作用及功能。

第9章　仓储与配送中心现场管理

知识目标

(1) 理解5S的含义、作用以及推行步骤;
(2) 掌握目视管理、颜色管理的含义和实施方法;
(3) 掌握物品质量变化的类型以及物品养护的技术和方法。

技能目标

(1) 掌握仓库与配送中心现场管理的内容、基本管理工具和所需的技能;
(2) 掌握仓库与配送中心盘点的方法、程序以及盘点结果的处理。

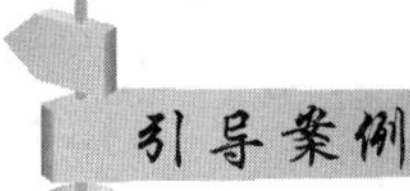

引导案例

赤湾港的仓储保管

赤湾港涉及进口保税、国际中转以及水路、铁路、公路配送等多项服务。赤湾港的散粮钢板筒仓采用美国齐富技术(容量52 000m^3)和德国利浦技术(容量70 000m^3)建造，两大系统功能互享，最大限度地对粮谷的装卸、输送、计量、储存、灌包、装船、装车、倒仓、测温、通风、除尘、清仓、灭虫等进行科学有效的控制，将进出仓的合理损耗控制在严格的范围内。港运粮食码头对小麦、大麦、大豆、玉米等农产品多品种的分发操作积累了专业技术优势和仓储保管经验。

分析

在库房中，物品保管包括哪几方面的任务？在仓库物品保管中应遵循哪些原则？

9.1　仓储与配送中心现场管理工具

仓库即使配备先进的设备和优秀的员工，如果没有进行有效的管理，那么工作场地也会一片混乱，产品和工具乱堆乱放，通道被占用，影响作业。其结果只能是生产效率低下，员工越干越没劲，问题和麻烦越来越多。为避免这种情况的发生，在仓库与配送中心管理中对仓库与配送中心现场采用5S管理、目视管理、颜色管理。

9.1.1 5S 管理

企业内员工的理想莫过于有良好的工作环境，和谐融洽的管理气氛。5S 管理就是为了造就安全、舒适、明亮的工作环境，提升员工真、善、美的品质，从而塑造企业良好的形象，实现共同的梦想。

1. 5S 管理的定义、目的、实施要领

5S 管理起源于日本，因日语的罗马拼音均以“S”开头而简称 5S 管理。5S 管理就是整理(Seiri)、整顿(Seiton)、清扫(Seiso)、清洁(Setketsu)、素养(Shitsuke)这 5 个项目。通过规范现场、现物，营造一目了然的工作环境，培养员工良好的工作习惯。其最终目的是提升人的品质，使其养成良好的工作习惯：认认真真地对待工作中的每一件“小事”；遵守规定；自觉维护工作环境整洁明了；文明礼貌。

1) 1S——整理

(1) 定义。

① 将工作场所任何东西区分为必要的与不必要的；

② 把必要的东西与不必要的东西明确地、严格地区分开来；

③ 不必要的东西要尽快处理掉。

(2) 目的。

① 腾出空间，空间活用；

② 防止误用、误送；

③ 营造清爽的工作场所。

注意点：要有决心，不必要的物品应断然地加以处置。

(3) 实施要领。

① 自己的工作场所(范围)全面检查，包括看得到和看不到的；

② 制定“要”和“不要”的判别基准；

③ 将不要的物品清除出工作场所；

④ 对需要的物品调查使用频度，决定日常用量及放置位置；

⑤ 制定废弃物处理方法；

⑥ 每日自我检查。

2) 2S——整顿

(1) 定义。

① 对整理之后留在现场的必要的物品分门别类放置，排列整齐；

② 明确数量，有效标识。

(2) 目的。

① 工作场所一目了然；

② 整整齐齐的工作环境；

③ 消除找寻物品的时间；

④ 消除过多的积压物品。

注意点：这是提高效率的基础。

(3) 实施要领。

① 前一步骤整理的工作要落实；

② 需要的物品明确放置场所；

③ 摆放整齐、有条不紊；

④ 地板画线定位；

⑤ 场所、物品标识；

⑥ 制定废弃物处理办法。

(4) 整顿的“三要素”。

① 放置场所：物品的放置场所原则上要 100%设定。

物品的保管要定点、定容、定量；工作场所附近只能放真正需要的物品。

② 放置方法：易取。

不超出所规定的范围；在放置方法上多下工夫。

③ 标识方法：放置场所和物品原则上一对一标识。

现物的标识和放置场所的标识；某些标识方法全公司要统一；在标识方法上多下工夫。

(5) 整顿的“三定”原则。

① 定点：放在哪里合适；

② 定容：用什么容器、颜色；

③ 定量：规定合适的数量。

(6) 重点。

① 整顿的结果要达到任何人都能立即取出所需要的东西的状态；

② 要站在新人和其他人的立场来看，什么东西该放在什么地方更为明确；

③ 要想办法使物品能立即取出使用；

④ 使用后要易恢复到原位，没有恢复或误放时能马上知道。

3) 3S——清扫

(1) 定义。

① 将工作场所清扫干净；

② 保持工作场所干净、亮丽。

(2) 目的。

① 消除脏污，保持工作场所内干净、明亮；

② 稳定品质；

③ 减少事故。

注意点：责任化，制度化。

(3) 实施要领。

① 建立清扫责任区(室内、外)；

② 执行例行扫除，清理脏污；

③ 调查污染源并予以杜绝或隔离；

④ 建立清扫基准并作为规范；

⑤ 开展一次全公司的大清扫，每个地方清洗干净；

⑥ 清扫就是为了进入工作场所没有垃圾、没有脏污。

虽然已经整理、整顿过，要的东西马上就能取得，但是被取出的东西要达到能被正常使用的状态才行。而达到这种状态就是清扫的第一目的，尤其目前强调产品的高品质、高附加价值，更不容许有垃圾或灰尘的污染，造成品质不良。

4) 4S——清洁

(1) 定义。

将上面的3S实施的做法制度化、规范化。

(2) 目的。

维持上面3S的成果。

注意点：制度化，定期检查。

(3) 实施要领。

① 落实前3S工作；

② 制定5S实施办法；

③ 制定考评、检查方法；

④ 制定奖惩制度，加强执行；

⑤ 高层主管经常带头巡查，带动全员重视5S活动。

5) 5S——素养

(1) 定义。

通过晨会等手段，提高员工文明礼貌水准，增强团队意识，养成按规定行事的良好工作习惯。

(2) 目的。

提升人的品质，使员工对任何工作都讲求认真。

注意点：长期坚持才能养成良好的习惯。

(3) 实施要领。

① 制定服装、臂章、工作帽等识别标准；

② 制定公司有关规则、规定；

③ 制定礼仪守则；

④ 教育培训(新进人员强化5S教育、实践)；

⑤ 推动各种精神提升活动(晨会、例行打招呼、礼貌运动等)；

⑥ 推动各种激励活动，遵守规章制度。

2. 开展5S活动的原则

1) 自我管理的原则

良好的工作环境不能单靠添置设备实现，也不能指望别人来创造。应当充分依靠仓库与配送中心现场人员，由现场的当事人员自己动手为自己创造一个整齐、清洁、方便、安全的工作环境，使他们在改造客观世界的同时，也改造自己的主观世界，产生“美”的意识，养成现代化大生产所要求的遵章守纪、严格要求的风气和习惯。因为是自己动手创造的成果，也就容易保持和坚持下去。

2) 勤俭的原则

开展5S活动要从工作现场清理出很多无用之物。其中有的只是在现场无用，但可用于其他的地方；有的虽然是废物，但应本着废物利用、变废为宝的精神，该利用的应千方百计地利用，需要报废的也应按报废手续办理并收回其“残值”，千万不可只图一时处理“痛快”，不分青红皂白地当做垃圾一扔了之。对于那种大手大脚、置企业财产于不顾的“败家子”作风，应及时制止、批评、教育，情节严重的要给予适当处分。

3) 持之以恒原则

5S 活动开展起来比较容易，可以搞得轰轰烈烈，在短时间内取得明显的效果。但是要坚持下去，持之以恒，不断优化就不太容易了。不少企业出现过“一紧、二松、三垮台、四重来”的现象。因此，开展 5S 活动贵在坚持。为将这项活动坚持下去，企业应做到以下几个方面。

① 应将 5S 活动纳入岗位责任制，使每一部门、每一人员都有明确的岗位责任和工作标准；

② 要严格、认真地搞好检查、评比和考核工作，将考核结果同各部门和每一人员的经济利益挂钩；

③ 要坚持 PDCA 循环，不断提高现场的 5S 水平，即要通过检查不断发现问题，不断解决问题。因此，在检查考核后还必须针对问题提出改进的措施和计划，使 5S 活动坚持不断地开展下去。

3. 推行 5S 的步骤

明确了为什么要推行 5S，推行 5S 的意义，也就明确了推行 5S 的必要性。推行 5S 概括说来有以下几个步骤。

1) 成立组织

成立 5S 推行小组，负责设定 5S 推行的目标，制订 5S 推行的日程计划和工作方法，并负责 5S 推行过程中的培训工作及以后的考核和检查工作。

2) 进行规划

成立组织后要制定各种 5S 的规范及激励措施。根据企业的实际情况制定发展目标，组织基层管理人员进行调查和讨论活动，建立合理的规范及激励措施。

3) 组织宣传

很多人不了解 5S 的意义，只是把工作重点放在品质上而忽略了 5S 的作用。因此要做好宣传，使员工明确为什么要推行 5S，推行 5S 有什么功效，与公司及个人有什么样的关系等。将 5S 推行目标、竞赛办法分期在宣传栏中刊出，将宣传口号制成标语，在各部门显著位置张贴。通过宣传首先从思想上改变员工“5S 管理就是大规模、长时间的大扫除”之类的错误想法，为接下来的培训做好舆论宣传。

4) 进行培训

培训的对象是全体干部和员工，主要内容为 5S 基本知识、各种 5S 规范，培训可以采取逐级培训的方式。

5) 组织实施

由最高管理层做总动员，全公司正式执行 5S 各项规范，各办公室、车间、仓库与配送中心等对照适用于本场所的 5S 规范严格执行。各部门人员都要清楚了解 5S 规范，并按照规范严格要求自身行为。

此阶段为推行 5S 活动的实质性阶段，每个人的不良习惯能否得以改变、能否建立一个良好的 5S 工作习惯在这个阶段可以体现出来。其实施的具体办法有 3 种：样板单位示范办法，选择一个部门做示范部门，然后逐步推广；分联合体或分片实施，按时间分段或按位置分片区的办法；5S 区域责任和个人责任制的办法。

6) 监督检查与考核

监督检查要和考核很好地结合，不能流于形式，要采取定期和不定期检查、红色标签战略，采用检查表、处罚与教育辅导相结合的方法，以从根本上改变工作中的不良做法和

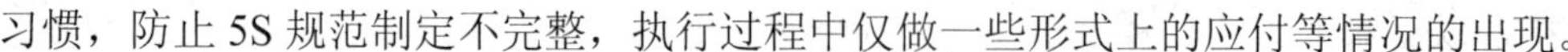

习惯，防止5S规范制定不完整，执行过程中仅做一些形式上的应付等情况的出现。

具体来说，红色标签战略是指制作一批红色标签，红色标签上有整理不合格、整顿不合格、清洁不合格等不合格项，配合检查表一起使用，对5S实施不合格的物品贴上红色标签，限期改正，并且公司内按部门、部门内按个人分别绘制“红色标签比例图”，时刻起警示作用。

根据不同的场所制定不同的检查表，即不同的5S操作规范，如《仓库检查表》、《配送中心查表》、《办公室检查表》、《宿舍检查表》等。通过检查表进行定期或不定期的检查，发现问题及时采取纠正措施。

7) 竞赛

在5S的实行过程中，要通过多举办一些内容形式丰富的活动(如设计一些5S方面有教育意义的与实践相结合的小品、相声、5S知识问答比赛、各部门的5S实施竞赛等)提高员工5S管理的意识，充分重视、关心5S管理，使5S成为一种良好的习惯并予以贯彻实施，从而真正提高员工及企业的工作效率和工作业绩。

4. 实施5S活动的作用

推行5S的具体作用体现在以下几点。

(1) 提升公司形象。整洁的工作环境、饱满的工作热情、有效的管理方法会使顾客对公司有充分的信心，易吸引顾客。5S做得好，原有的顾客会不断地进行宣传，进而会吸引更多的新顾客。在顾客、同行及员工的亲友中相传可以产生更大的吸引力，吸引更多的优秀人才加入公司行列。

(2) 营造团队精神。5S活动能创造良好的企业文化，增强员工的归属感，带动员工上进的思想。有了良好的效果，员工对自己的工作也就有了一定的成就感。员工们养成了良好的习惯，其整体素质得到提高，也就容易塑造良好的企业文化了。

(3) 减少资源浪费。经常习惯性的整理整顿就不需要专职的整理人员，减少人力；物品进行规划分区，分类摆放，可以减少场所的浪费；物品分区分类摆放，标识清楚，就可以节约找寻物品的时间。减少人力、节约场地和时间本身就是降低成本。

(4) 保证工作质量。养成认真的工作习惯，做任何事情都认认真真、一丝不苟，工作质量自然有保障。

(5) 调节员工情绪。清洁、整齐、优美的环境带来美好的心情，员工工作会更认真。上下级及同事之间彬彬有礼，给人一种被尊重的感觉，在这种融洽的氛围中工作心情舒畅，情绪调节得好，工作效率自然也就提高了。

(6) 保障员工安全。工作场所宽敞明亮，通道畅通，地上没有随意摆放、丢弃的物品，墙上没有悬挂的危险品，这样员工的人身安全、企业的财产安全就能得到相应的保障。

(7) 提高工作效率。把这一切做好了，创造了优美的工作环境、融洽的工作氛围，工作自然也就能得心应手，工作效率也会因此大大提高。

9.1.2 目视管理

在日常活动中，人们是通过“五感”(视觉、嗅觉、听觉、触觉、味觉)来感知事物的。其中，最常用的是“视觉”。据统计，人的行动60%是从视觉的感知开始的。因此，在企业管理中强调各种管理状态、管理方法清楚明了，达到“一目了然”，从而容易明白、易于遵守，让员工自主性地完全理解、接受、执行各项工作，这将会给管理带来极大的好处。

先举几个简单的事例。

(1) 交通用的红绿灯，红灯停、绿灯行；

(2) 饮水机，红色开关表示热水，蓝色开关表示冷水；

(3) 排气扇上绑一根小布条，看见布条飘起即可知道排气扇正在运行。

1. 目视管理的含义

目视管理是利用形象直观而又色彩适宜的各种视觉感知信息来组织现场活动，达到提高劳动生产率的一种管理手段，也是一种利用视觉来进行管理的科学方法。其目的在于把潜在的大多数异常显示化，变成谁都能一看就明白的事实。

2. 目视管理的特点

(1) 以视觉信号显示为基本手段，大家都能够看得见。

(2) 要以公开化、透明化为基本原则，尽可能地将管理者的要求和意图让大家看得见，借以推动自主管理或自主控制。

(3) 现场的作业人员可以通过目视的方式将自己的建议成果、感想展示出来，与领导、同事以及工友们进行相互交流。

3. 目视管理的目的与作用

1) 目视管理的目的

目视管理的目的是以视觉信号为基本手段，以公开化为基本原则，尽可能地将管理者的要求和意图让大家都看得见，借以推动看得见的管理、自主管理、自我控制。

2) 目视管理的作用

(1) 迅速快捷地传递信息。目视管理的作用用很简单的一句话表示就是“迅速快捷地传递信息”。

(2) 形象直观地将潜在的问题和浪费现象都显现出来。目视管理依据人类的生理特征，充分利用信号灯、标识牌、符号颜色等方式来发出视觉信号，鲜明准确地刺激人的神经末梢，快速地传递信息，形象直观地将潜在的问题和浪费现象都显现出来。不管是新进的员工还是新的操作手，都可以与其他员工一样，一看就知道问题在哪里。它是一个在管理上具有独特作用的好办法。

(3) 特别强调的是客观、公正、透明化。有利于统一的识别，可以提高士气，让全体员工上下一心去完成工作。要做的理由、工作的内容或担当者、工作场所、时间的限制、把握的程度、具体的方法，这些都是管理中的5W2H。

(4) 促进企业文化的建立和形成。目视管理通过对员工的合理化建议的展示、对优秀事迹和先进的表彰、公开讨论栏、关怀温情专栏、企业宗旨方向、远景规划等各种健康向上的内容，能使所有员工形成一种非常强烈的凝聚力和向心力，这些都是建立优秀企业文化的一种良好开端。

4. 目视管理的对象及常用工具

1) 目视管理的对象

工作现场的全部要素都是其管理对象。如服务、产品、半成品、原材料、零配件、设备、工具夹、模具、计量具、搬运工具、货架、通道、场所、方法、票据、标准、公告物、人、心情等。

2) 目视管理的常用工具

在目视管理中，常用的工具一般有警示灯、显示灯、图表、管理板、样本、热压标贴、标识牌、各种颜色纸/带/油漆等。

(1) 目视管理的物品管理。日常工作中，需要对工具夹、计量仪器、设备的备用零件、消耗品、材料、在制品、完成品等各种各样的物品进行管理。通常对这些物品管理有 4 种基本形式。

① 随身携带；

② 伸手可及之处；

③ 较近的货架、抽屉内；

④ 存放于储物室、货架中。

此时，“什么物品、在哪里、有多少”及“必要的时候、必要的物品、无论何时都能快速取出放入”成为物品管理目标。

目视管理的物品管理有以下 3 个要点。

要点 1：明确物品的名称及用途。

方法：分类标识及用颜色区分。

要点 2：决定物品的放置场所，容易判断。

方法：采用有颜色的区域线及标识加以区分。

要点 3：物品的放置方法能保证顺利地进行先进先出。

方法：采用贯通式货架系统。

(2) 目视管理的作业管理。作业现场中的工作是通过各种各样的工序及人组合而成的。各工序的作业是否是按计划进行，是否是按计划的那样正确地实施呢？在作业管理中，能很容易地明白各作业及各工序的进行状况及是否有异常情况的发生是非常重要的。

目视管理的作业管理有以下 3 个要点。

要点 1：明确作业计划及事前需准备的内容，且很容易核查实际进度与计划是否一致。

方法：使用保养用日历、生产管理板、各类看板。

要点 2：作业能按要求的那样正确地实施，以及能够清楚地判定是否在正确地实施。

方法：使用欠缺品和误用品警报灯。

要点 3：在能早期发现异常上下工夫。

方法：安装异常警报灯。

综上所述，目视管理的作业管理就是检查以下 4 点。

① 是否按要求的那样正确地实施着；

② 是否按计划在进行着；

③ 是否有异常发生；

④ 如果有异常发生，应如何对应简单明了地表示出来。

(3) 目视管理的设备管理。近几年来，随着作业机械化、自动化的进行，仅靠一些设备维护人员已很难保持设备的正常运作，现场的设备操作人员也被要求加入到设备的日常维护当中。因此，操作者的工作不仅仅是操作设备，还要进行简单的清扫、点检、加油、紧固等日常保养工作。

目视管理的设备管理的目标是能够正确地、高效率地实施清扫、点检、加油、紧固等日常保养工作，以期达成设备的“零”故障目标。

目视管理的设备管理有以下 6 个要点。

要点 1：清楚明了地表示应该进行维护保养的机能部位。

方法：管道、阀门的颜色分别管理。

要点 2：能迅速发现发热异常。

方法：在电动机、泵上使用温度感应标贴或温度感应油漆。

要点 3：是否正常供给、运转清楚明了。

方法：旁置玻璃、小飘带、小风车。

要点 4：在各类盖板的极小化、透明化上下工夫。

方法：特别是驱动部分，下工夫使其容易“看见”。

要点 5：标识出计量仪器类的正常范围、异常范围、管理限界。

方法：用颜色表示出范围(如绿色表示正常范围，红色表示异常范围)。

要点 6：设备是否按要求的性能、速度在运转。

方法：揭示应有的周期、速度。

(4) 目视管理的品质管理。目视管理能有效防止许多“人的失误”的产生，从而减少品质问题的发生。

目视管理的品质管理有以下 3 个要点。

要点 1：防止因“人的失误”导致的品质问题。

方法：合格品与不合格品分开放置，用颜色加以区分，类似品采用颜色区分。

要点 2：设备异常的“显露化”。

方法：重要部位粘贴“品质要点”标贴，明确点检线路，防止点检遗漏。

要点 3：能正确地实施点检。

方法：计量仪器按点检表逐项实施定期点检。

(5) 目视管理的安全管理。目视管理的安全管理是要将危险的事物予以“显露化”，刺激人的“视觉”，唤醒人们的安全意识，防止事故、灾难的发生。

目视管理的安全管理有以下 4 个要点。

要点 1：注意有高低、突起之处。

方法：使用油漆或荧光色，刺激视觉。

要点 2：设备的紧急停止按钮设置。

方法：设置在容易触及的地方，且有醒目标识。

要点 3：注意仓库内的交叉之处。

方法：设置凸面镜或“临时停止脚印”图案。

要点 4：危险物的保管、使用严格按照法律规定实施。

方法：法律的有关规定醒目的标示出来。

5. 推进目视管理的注意事项

1) 对事不对人

当出现问题时要协助当事人来共同查找原因并进行改善，千万不要说如下伤害感情的话。

“你是怎么搞的？你还想不想干了？”

“我从来没见过像你这么笨的人。”

“我告诉你这样做，你却偏要那样做，又出毛病了吧，你自己看着办吧。”

这些话都是比较伤人感情的话。要特别注意，进行目视管理的目的是使这个企业、团队都能更好。所以当有人犯了错，要针对事情去解决问题，千万注意要对事而不是对人，

因为语言稍微不慎就很有可能在企业内部造成不良影响。尤其是有的同事平常有各种嫌隙的，在推进或者审核过程中就应该更加注意。应该只是判定事情对或不对，而不是根据这个人来判定他做的事情对或错。

2) 要标准化、制度化

问题出现了，很多主管都会习惯地这么说："我都跟他们说过了，他们也会注意的，时间一长或人员一旦发生变动，老问题就又出现了。"这是没有标准化、制度化的结果，所以对问题要揪住不放，追查到底。这个问题说明了任何一个员工，新到这个部门的也好，或新上岗的也好，都需要有标准书。这个设备怎么用，什么时间整理、整顿、清扫，这些都是要有标准的。

3) 布告、通告栏方面的注意事项

通告、海报都是目视管理常用的宣传方法。宣传方法中，布告通告栏涉及面很广，能引起很多人的注意，所以要特别重视。

布告、通告栏的注意事项如下。

(1) 要在指定场所张贴，不要随便地到处张贴。

(2) 要清楚地区分适用范围，并标明是紧急或对外或职员通信等各种内容的字样。

(3) 指明有效的期限或随时更新，海报必须符合一定的规格，并配合适当的尺寸、文字以及图画。

(4) 事先应该确定它的距离、悬挂的位置，不要让这些海报阻碍通行。

(5) 如果海报贴在墙壁上，必须牢固地固定，以免打开窗户或者行人走过时被风刮到地上。

(6) 通告的内容可以手写，但必须整洁易读，最好使用计算机打印文字或图画。放置此类物品的高度和地点都必须仔细考虑，以便人们能看到这些标识牌上的全部内容。

9.1.3 颜色管理

照理讲，制度是死的，只要设计得当，企业的运作应该不成问题。然而，制度虽然是死的，却是由"人"来运作。只要是人，难免会受到生理、心理及情绪等因素干扰，而多少会给企业在制度运作上带来一些不便。

那么，有没有什么样的方法能让我们达到既能减少这种防不胜防的人为干扰，又能不必投入太多的成本呢？"颜色管理"就是一项非常不错的辅助工具。

什么是颜色管理呢？颜色管理，就是把颜色附着在管理上，也称色彩管理、色别管理，包括地面、墙壁、管线、设备等的管理，让有关人员能通过颜色易于辨识，而且很容易就知道管理的重心所在，该如何遵循及如何避免出错。它反映出企业的管理水平，还能促进企业提高管理水平，具有明显的低成本效应。

1. 颜色管理与企业管理的结合

1) 和企业内部管理活动相结合

我们常可以看到企业为了管理的需要会拟订出一些竞赛办法来，而为了让大家能了解各单位的成绩，又会把成绩公告出来。可是，这种公告似乎效果并不怎么理想，为什么呢？因为，传统上是用数字来比高低，差错率 0.3%当然是要比 0.4%、0.5%好，这是一般人都不难了解的，可是它们之间的差异又有多少呢？这恐怕就不是那么容易了解的了。但是有了颜色来帮忙后，这个问题就好解决了。可以告诉员工有关差错率对企业的影响定为“非常好”、“好”、“不好”、“非常不好”4 级。凡是差错率在 0.3%以下的属于“非常好”这一级，以绿色来表示；差错率为 0.3%的，在容忍范围内，属于“好”这一级，以蓝色来表示；差错率在 0.3%～0.4%之间的，视为“不好”这一级，以黄色来表示；而差错率在 0.4%以上，则用红色来表示，代表“非常不好”。相信有了这样的辅佐说明后，会让管理事半功倍。

2) 和要管理的实体物相结合

所谓和要管理的实体物相结合，是指将颜色直接附着在所要管理的东西上面。例如，召开一场千人大会，开完大会后，每个与会的人员还要参加分散于不同楼层、不同场次的研讨会。如何让大家能以最快的速度就位呢？颜色管理就可以帮上忙了。

在大会场里，我们可以用颜色来分区。为了让与会人员知道自己是该坐在哪一颜色区，可以分发不同颜色的出席证来辨识。研讨会的会场也挂上不同颜色的板，同时分发给每一位与会人员一份说明，这说明书内除了标志研讨会场的位置及会场的颜色外，也告诉与会者几点钟到哪一间研讨会场(用颜色加以标明)开某某会。有了这种识别方式后，整个会议的运作就会比较有秩序。

又如，为了区分模具客户的分类，也可以借用颜色来帮忙。把甲客户的模具漆上红色，乙客户的模具漆上绿色，丙客户的模具则漆上黄漆。如此一来，很容易通过颜色的差异性分辨出模具的归属了。

2. *颜色管理的注意事项*

1) 千万别为颜色管理而颜色管理

不要人云亦云，不要看到别的企业运用这种管理就要有样学样。因为，管理制度的设计一定要考虑到“本土化”，就是要量身而设，找到或是修正成最适合本身需要的制度，这才有意义。

2) 颜色的统一性

颜色的统一性强调的是不要标新立异，因为是要借用颜色来做管理，而不是比个性。颜色的统一性，有以下两个原则。

(1) 有法规或是习惯性的，依法规及习惯性为之。

(2) 没有涉及法规或习惯性时，由公司自行规定，但涉及多部门时则要统一规定。

3) 加上一个说明看板

说明看板的目的是使所用的这项管理更能为大家所了解、所重视。

4) 删除不必要的颜色管理

这里强调的是管理要考虑到实用性。当某个手法已经失去原有的功用时，千万别舍不得放弃它，否则将会劳民伤财。

5) 记得要补漆

当油漆脱落时要记得立即补上，否则时间一久将会造成大家的困惑。

9.2 保管养护

物品储存在仓库与配送中心内，表面上看是静止不变的，但实际上它每时每刻都在发生着变化。在一段时间内，物品发生的轻微变化凭人的感观是觉察不到的，只有当其发展到一定的程度后才被发现。保管保养的任务就是在认识和掌握各种库存物品变化规律的基础上，采取相应的组织管理和技术管理措施，有效地抑制外界因素的影响，创造适宜的环境，提高良好的条件，最大限度地缓解和控制物品的变化，以保持物品的使用价值。

9.2.1 物品质量变化的类型

物品在储存过程中的变化形式归纳起来有物理机械变化、化学变化、生化变化及某些生物活动引起的变化等。

1. 物理机械变化

物理变化是指只改变物质本身的外表形态，不改变其本质，没有新物质的生成，并且有可能反复进行的质量变化现象。物品的机械变化是指物品在外力的作用下发生形态变化。物理机械变化的结果不是数量损失就是质量降低，甚至使物品失去使用价值。物品常发生的物理机械变化主要有挥发、溶化、熔化、渗漏、串味、沉淀、沾污、破碎与变形等形式。

1) 挥发

挥发是低沸点的液态物品或经液化的气体物品在空气中经汽化而散发到空气中的现象。挥发的速度与气温的高低、空气流动速度的快慢、液体表面接触空气面积的大小成正比关系。防止物品挥发的主要措施是增强包装、控制仓库与配送中心温度，高温季节要采取降温措施，保持较低温度条件。

知识链接

食品储藏保管卫生制度

(1) 食品入库要有验收登记，对食品的卫生质量进行感官检查，检查食品单证是否齐全。不符合《中华人民共和国食品卫生法》要求的食品不得入库。

(2) 食品入库应进行验收登记，包括进货日期、生产日期、保质期、进货数量、食品名称、供货单位、联系人、联系电话等。

(3) 食品存放须做到隔墙、离地，分类、分架、分库，防蝇、防尘、防蟑、防鼠，生熟分开，按先后顺序摆放，易腐烂食品须冷藏储存。

(4) 冷柜储藏要加强温度管理，设有温度计，每天检查记录温度。高温冷柜应低于10℃，低温冷柜应在-18℃以下。冷柜要及时清扫、除霜，无血水、无冰渣。食品之间要有一定的空隙以保证冷藏效果。

(5) 各种食品应挂牌，标出进货日期、食品数量、保质期，做到先进先出，推陈储新，缩短储藏期。定期检查食品是否有过期、变质，发现后要及时处理，单独保存，并做标记。

(6) 食品库房须有有效的防蝇、防鼠、防蟑的措施，做到无蝇、无鼠、无蟑。

(7) 食品库房需做到专用，不得存放私人物品、杂务和有毒有害物品。

(8) 食品库房每周六打扫一次，做到地面、台面、墙壁干净，工具、用具清洁干净，物见本色。

2) 溶化

溶化是指某些固态物品在保管过程中吸收空气或环境中的水分，当吸收数量达到一定程度时，就溶化成液态。易溶性物品具有吸湿性和水溶性两种性能。物品溶化与空气温度、湿度及物品的堆码高度有密切关系。虽然溶化后物品本身的性质并没有发生变化，但由于形态改变，给储存、运输及销售部门带来很大的不便。对易溶化物品应按物品性能分区分类存放在干燥阴凉的库房内，不适合与含水分较大的物品存放在一起。在堆码时要注意底层物品的防潮和隔潮，垛底要垫高一些，并采取吸潮和通风相结合的温、湿度管理方法来防止物品吸湿溶化。

3) 熔化

熔化是指低熔点的物品受热后发生软化以至化为液体的现象。物品的熔化除受气温高低的影响外，还与物品本身的熔点、物品中杂质种类和含量高低密切相关。熔点越低，越易熔化；杂质含量越高，越易熔化。物品熔化有的会造成物品流失、粘连包装、沾污其他物品，有的因产生熔解热而体积膨胀使包装爆破，有的因软化而使货垛倒塌。

预防物品的熔化应根据物品的熔点高低选择阴凉通风的库房储存。在保管过程中，一般可采用密封和隔热措施，加强库房的温度管理，防止日光照射，尽量减少温度的影响。

4) 渗漏

渗漏主要是指液态物品，特别是易挥发的液态物品，由于包装容器不严密、包装质量不符合物品性能的要求，或在搬运装卸时碰撞震动破坏了包装，而使物品发生跑、冒、滴、漏的现象。物品渗漏与包装材料性能、包装容器结构及包装技术优劣有关，还与仓库与配送中心温度变化有关。因此，对液态物品应加强入库验收和在库物品检查及温、湿度控制和管理。

5) 串味

串味是指吸附性较强的物品吸附其他气体、异味从而改变本来气味的变化现象。具有吸附性、易串味的物品，主要是它的成分中含有胶体物质以及疏松、多孔性的组织结构。物品串味与其表面状况，与异味物质接触面积的大小、接触时间的长短，以及环境中异味的浓度有关。预防物品的串味，应对易被串味的物品尽量采取密封包装，在储存和运输中不与有强烈气味的物品同车、同船混载或同库储藏。

知识链接

库存茶叶的保管保养措施

(1) 茶叶必须储存在干燥、阴凉、通风良好，无日光照射，具备防潮、避光、隔热、防尘、防污染等防护措施的库房内，并要求进行密封。

(2) 茶叶应专库储存，不得与其他物品混存，尤其严禁与药品、化妆品等有异味、有毒、有粉尘和含水量大的物品混存。库房周围也要求无异味。

(3) 一般库房温度应保持在15℃以下，相对湿度不超过65%。

6) 沉淀

沉淀是指含有胶质和易挥发成分的物品在低温或高温等因素影响下，部分物质凝固，进而发生沉淀或膏体分离的现象。预防物品的沉淀应根据不同物品的特点防止阳光照射，做好物品冬季保温工作和夏季降温工作。

7) 沾污

沾污是指物品外表沾有其他物质或染有其他污秽的现象。物品沾污主要是生产、储运中

卫生条件差及包装不严所致。对一些外观质量要求较高的物品，如服装、仪器等要特别注意。

8) 破碎与变形

破碎与变形是常见的机械变化，是指物品在外力作用下所发生的形态上的改变。对于容易发生破碎和变形的物品，主要注意妥善包装，轻拿轻放，在库堆垛高度不能超过一定的压力限度。

2. 化学变化

物品的化学变化与物理变化有本质的区别，它是构成物品的物质发生了变化。化学变化后，不仅改变了物品的外表形态，也改变了物品的本质，并且有新物质生成，不能恢复原状。物品化学变化过程即物品质变过程，严重时会使物品失去使用价值。物品的化学变化形式主要有氧化、分解、水解、化合、聚合、裂解、老化、风化等。

1) 氧化

氧化是指物品与空气中的氧或其他能释放出氧的物质化合的反应。有的物品还会在氧化过程中产生热量，如果产生的热量不易散失，就能加速其氧化过程，从而使反应的温度迅速升高，当达到自燃点，就会发生自燃现象。所以，此类物品要储存在干燥、通风、散热和温度比较低的库房才能保证其质量安全。

2) 分解

分解是指某些性质不稳定的物品在光、电、热、酸、碱及潮湿空气的作用下，由一种物质生成两种或两种以上物质的变化。物品发生分解反应后，不仅其数量减少、质量降低，有的还会在反应过程中产生一定的热量和可燃气体，从而引发事故。

3) 水解

水解是指某些物品在一定条件下遇水发生分解的现象。不同物品在酸或碱的催化作用下发生水解的情况是不相同的。蛋白质在碱性溶液中容易水解，在酸性溶液中却比较稳定，所以羊毛等蛋白质纤维怕碱不怕酸；棉纤维在酸性溶液中，尤其是在强酸的催化作用下容易发生水解，能使纤维的大分子链节断裂，从而大大降低纤维的强度，而棉纤维在碱性溶液中却比较稳定，所以棉纤维怕酸而耐碱。

易发生水解的物品在物流过程中要注意包装材料的酸碱性，注意哪些物品可以或不能同库储存，以防物品的人为损失。

4) 化合

化合是指物品在储存期间，在外界条件的影响下，两种或两种以上的物质相互作用而生成一种新物质的反应。化合反应通常不是单一存在于化学反应中，而是两种反应(分解、化合)依次先后发生。

5) 聚合

聚合是指某些物品在外界条件的影响下能使同种分子互相加成后而结合成一种更大分子的现象。储存和保管、养护此类物品时要特别注意日光和储存温度的影响，以防止发生聚合反应，造成物品质量的降低。

6) 裂解

裂解是指高分子有机物(如棉、麻、丝、毛、橡胶、塑料、合成纤维等)在日光、氧、高温条件的作用下分子链断裂、分子量降低，从而使其强度降低，力学性能变差，产生发软、发黏等现象。这类物品在保管养护过程中要防止受热和日光的直接照射。

7) 老化

老化是指含有高分子有机物成分的物品(如橡胶、塑料、合成纤维等)在日光、氧气、热等因素的作用下性能逐渐变坏的过程。

物品发生老化后能破坏其化学结构，改变其物理性能，使力学性能降低，出现变硬发脆、变软发黏等现象，使物品失去使用价值。容易老化的物品在保管养护过程中要注意防止日光照射和高温的影响，不能在阳光下暴晒。物品在堆码时不宜过高，以防止在底层的物品受压变形。橡胶制品切忌同各种油脂和有机溶剂接触，以防止发生粘连现象。塑料制品要避免同各种有色织物接触，以防止由于颜色的感染发生串色。

8) 风化

风化是指含结晶水的物品在一定温度和干燥空气中失去结晶水而使晶体崩解，变成非结晶状态的无水物质的现象。

3. 生化变化及其他生物引起的变化

生化变化是指有生命活动的有机体物品在生长发育过程中为了维持它的生命本身所进行的一系列生理变化。如粮食、水果、蔬菜、鲜鱼、鲜肉、鲜蛋等有机体物品，在储存过程中受到外界条件的影响和其他生物作用往往会发生这样或那样的变化，这些变化主要有呼吸作用、发芽、胚胎发育、后熟、霉腐、虫蛀等。

1) 呼吸作用

呼吸作用是指有机物品在生命活动过程中不断地进行呼吸，分解体内有机物质，产生热量，维持其本身的生命活动的现象。呼吸作用可分为有氧呼吸和无氧呼吸两种类型。不论是有氧呼吸还是无氧呼吸都要消耗营养物质，降低物品的质量。保持正常的呼吸作用，维持有机体的基本生理活动，物品本身都要消耗营养物质，降低物品的质量。因此，鲜活物品的储藏应保证它们正常而最低的呼吸，利用它们的生命活性减少物品损耗，延长储藏时间。

2) 发芽

发芽指有机体物品在适宜条件下冲破“休眠”状态发生的发芽、萌发现象。发芽的结果会使有机体物品的营养物质转化为可溶性物质，供给有机体本身的需要，从而降低有机体物品的质量。在发芽萌发过程中，通常伴有发热、生霉等情况，不仅增加损耗，而且降低质量。因此对于能够萌发、发芽的物品必须控制它们的水分，并加强温、湿度管理，防止发芽、萌发现象的发生。

3) 胚胎发育

胚胎发育主要指的是鲜蛋的胚胎发育。在鲜蛋的保管过程中，当温度和供氧条件适宜时，胚胎会发育成血丝蛋、血环蛋。经过胚胎发育的禽蛋新鲜度和食用价值大大降低。为抑制鲜蛋的胚胎发育，应加强温、湿度管理，最好是低温储藏或节制供氧条件。

4) 后熟

后熟是指瓜果、蔬菜等类食品在脱离母株后继续其成熟过程的现象。瓜果、蔬菜等的后熟作用将改进色、香、味以及适口的硬脆度等食用性能。但当后熟作用完成后，则容易发生腐烂变质，难以继续储藏甚至失去食用价值。因此，对于这类鲜活食品，应在其成熟之前采收并采取控制储藏条件的办法来调节其后熟过程，以达到延长储藏期、均衡上市的目的。

5) 霉腐

霉腐是物品在霉腐微生物作用下发生的霉变和腐败现象。在气温高、湿度大的季节，如果仓库与配送中心的温、湿度控制不好，储存的针棉织品、皮革制品、鞋帽、纸张、香

烟以及中药材等许多物品就会生霉，肉、鱼、蛋类就会腐败发臭，水果、蔬菜就会腐烂。无论哪种物品发生霉腐后都会受到不同程度的破坏，甚至完全失去使用价值。食品发生霉腐会产生能引起人畜中毒的有毒物质。对易霉腐的物品在储存时必须严格控制温、湿度，并做好物品防霉和除霉工作。

6) 虫蛀

物品在储存期间，常常会遭到仓库与配送中心害虫的蛀蚀。经常危害物品的仓库与配送中心害虫有多种。仓库与配送中心害虫在危害物品的过程中，不仅破坏物品的组织结构，使物品发生破碎和产生孔洞，而且排泄各种代谢废物污染物品，影响物品质量和外观，降低物品使用价值。因此害虫对物品危害性也是很大的。凡是含有有机成分的物品都容易遭受害虫蛀蚀。

9.2.2 物品养护的技术和方法

1. 物品养护的概念和意义

物品的养护是指根据物品的性能和存储场所的具体保管条件对物品采取有效的科学的品质控制措施，以保持物品原有使用价值的一系列仓库作业技术活动。自然界任何物品无不在运动中改变自己的状态，储存物品也不例外。有的直接表现为数量的减少，如酒精、汽油等液体材料的挥发；有的则为性质或状态的变化，如钢铁材料的锈蚀，水泥遇水受潮结块硬化等。研究仓库与配送中心保养、维护规律的目的就在于抑制和延缓这种变化，尽量保全物品原有的使用价值，力求数量完整、品质完好，使库存物品经常处于待发状态，及时满足用户对物品的需求。

2. 物品品质变化的预防措施

防止物品品质发生变化应抓好物品的维护保养工作，坚持“以防为主，以治为辅，防治结合”的方针，具体应做好以下几方面工作。

1) 严格验收入库物品

要防止物品在储存期间发生各种不应有的变化，首先在物品入库时要严格验收，弄清物品及其包装的品质状况。对吸湿性物品要检测其含水量是否超过安全水分，对其他有异常情况的物品要查清原因，针对具体情况进行处理和采取补救措施，做到防微杜渐。

2) 适当安排储存场所

由于不同物品性能不同，对保管条件的要求也不同。如怕潮湿和易霉变、易生锈的物品应存放在较干燥的库房里，怕热易熔化、发黏、挥发、变质或易发生燃烧、爆炸的物品应存放在温度较低的阴凉场所。此外，性能相互抵触或易串味的物品不能在同一库房混存，以免相互发生不良影响。尤其是对于化学危险物品，要严格按照有关部门的规定分区分类安排储存地点。

3) 妥善进行苫垫

地面潮气对物品品质影响很大，要切实做好货垛下垫隔潮工作，如利用石磁、枕木、垫板、苇席、油毡或采用其他防潮措施。货区四周要有排水沟，以防积水流入垛下。货垛周围要遮盖严密，以防雨淋日晒。

4) 控制好仓库与配送中心温湿度

不同物品对环境湿度(相对湿度)要求有很大差别，部分物品的温湿度要求见表 9-1。霉菌、微生物和蛀虫在适宜的温度和相对湿度高于 60%时繁殖迅速，可在短时期内使棉毛丝制品、木材、皮革、食品等霉变、腐朽。部分霉菌生长的湿度要求见表 9-2。具有吸湿性的物品在湿度较大的环境中会结块。绝大多数金属制品、电线、仪表等在相对湿度达到或超过 80%时锈蚀速度加剧。但是某些物品的储存环境却要求保持一定的潮湿度，如木器、竹器及藤制品等，在相对湿度低于 50%的环境中会因失水而变形开裂，但是当相对湿度大于 80%时又容易霉变。部分物品的库存相对湿度范围参考见表 9-3。纯净的潮湿空气对物品的影响不大，尤其是对金属材料及制品，但如果空气中含有有害气体时，即使相对湿度刚达到 60%，金属材料及制品也会迅速锈蚀。

表 9-1　部分物品的温湿度要求

种类	温度/℃	相对湿度	种类	温度/℃	相对湿度
金属及其制品	5～30	≤75%	重质油、润滑油	5～35	≤75%
碎末合金	0～30	≤75%	轮胎	5～35	45%～65%
塑料制品	5～30	50%～70%	布电线	0～30	45%～60%
压层纤维塑料	0～35	45%～75%	工具	10～25	50%～60%
树脂、油漆	0～30	≤75%	仪表、电器	10～30	70%
汽油、煤油、轻油	30	≤75%	轴承、钢珠、滚针	5～35	60%

表 9-2　部分霉菌生长的湿度要求

项目	物品含水量	相对湿度
部分曲霉	13%	70%～80%
青霉	14%～18%	80%以上
毛霉、根霉、大部分曲霉	14%～18%	90%以上

表 9-3　部分物品的库存相对湿度范围参考

物品名称	库存相对湿度	物品名称	库存相对湿度
棉花	85%以下	纸张、书籍	50%～80%
棉布	50%～80%	草制品、竹制品	60%～75%
毛织品	50%～80%	鲜鸡蛋	80%～90%
皮鞋、皮箱	60%～75%	茶叶	65%以下
烟叶	50%～80%	冻肉	90%～95%

5) 认真进行物品在库检查

做好物品在库检查对维护物品安全具有重要作用。当库存物品品质发生变化，如不能及时发现并采取措施进行救治就会造成或扩大损失。因此，对库存物品的品质情况应进行定期或不定期的检查。

6) 搞好仓库与配送中心清洁卫生

储存环境不清洁易引起微生物、虫类滋生繁殖，危害物品。因此，对仓库与配送中心内外环境应经常清扫，彻底铲除仓库与配送中心周围的杂草、垃圾等物，必要时使用药剂杀灭微生物和潜伏害虫。

对容易遭受虫蛀、鼠咬的物品，要根据物品性能和虫、鼠生活习性及危害途径及时采取有效的防治措施。

3. 物品霉腐的防治

物品霉腐指物品在储存期间由于受到某些微生物的作用所引起的生霉、腐烂、腐败和腐臭等品质变化的现象。在高温高湿环境中，大多数物品都有可能出现这种现象，如纺织品、食品、皮革、纸张、竹、木、塑料、橡胶等。

1) 物品霉腐条件

(1) 储存物品含有霉腐微生物。物品和包装材料本身从库外带入，特别是农副产品，或是以农副产品为原料的动植物物品。另外，仓库与配送中心中的空气交换以及人为活动等都会带入。微生物在自然界无处不在，空气中的水粒、尘埃都带有微生物。据报道，lg仓库与配送中心尘埃培养出的菌落数可高达300万个。

(2) 物品中含有霉腐微生物所需要的营养。含有霉腐微生物所需要的营养成分的物品可以称为霉腐物品。霉腐微生物生长繁殖所需要的营养物质大体上有4类：碳水化合物、氮素化合物、水分、无机盐。一般来说，凡以生物材料为原料的物品，如植物的根、茎、叶、果实，动物的皮、毛、骨，都含有以上4类物质。某些非生物性物品，如合成纤维、橡胶、塑料，虽其本身不含有，但由于加工当中往往加入添加剂，另外在运输、储存、加工过程中难免玷污上有机营养物质。

(3) 物品霉腐的环境条件。各种微生物生长所需的外界条件都有一个最适合的范围，超过这个范围都对其生命活动不利，甚至死亡。霉腐微生物所需的环境条件包括以下5个方面。

① 环境温度。在影响微生物生长繁殖的各种因素中，温度起着最重要的作用。适宜的温度可以促进微生物的生命活动，不适宜的温度能减弱微生物的生命活动或可能引起微生物形态、生理等特性的改变，甚至可促使微生物死亡。微生物的最适生长温度是指微生物能生长繁殖良好的、最适宜的温度。也就是说，在这种温度下微生物生长最快、增代时间(指新细胞成长到繁殖生出下一代细胞所隔时间)最短。多数微生物在一定的温度范围内，温度提高10℃，微生物生长速度增快1.5～2.5倍。

② 环境湿度。不同的微生物对空气湿度的要求是有差别的，一般说来可分为3种类型，见表9-4。

表9-4　3种类型微生物发育对最低相对湿度的要求

微生物类型	发育要求最低相对湿度
湿生型(高湿性)微生物	90%以上
中生型(中湿性)微生物	80%～90%
干生型(低湿性)微生物	80%以下

③ 光线。日光对于多数微生物的生长都有影响。多数霉腐微生物在日光照射下经1～4h即能大部分死亡。所以物品大都是在阴暗的地方才容易霉腐。日光的杀菌作用主要是日光中的紫外线能有效破坏细胞和酶。一般微生物在紫外线灯下照射3～5min就会死亡。

④ 溶液浓度。多数微生物不能在浓度很高的溶液中生长。因为浓度很高的溶液能使菌细胞脱水，造成质壁分离，使其失去活动能力甚至残废。例如能使蛋白质腐败的细菌在10%～15%的食盐溶液中多数不能生长，能引起食物中毒的霉腐微生物在6%～9%的食盐溶

液中也不能生存。另外，多数霉腐微生物在 6%～8%的糖溶液中也不能生存。因此，盐腌和蜜饯食品一般不易腐烂。但也有少数微生物对浓度高的溶液有抵抗力，如蜜酵母能引起蜜饯食品的变质，嗜盐的盐锯杆菌能使盐腌食品腐败。

⑤ 空气成分。多数霉腐微生物特别是霉菌需要在有氧条件下才能正常生长，在无氧条件下不形成孢子。二氧化碳浓度的增加不利于微生物生长，如果改变物品储存环境的空气成分，比如使二氧化碳逐渐增加，使氧逐渐减少，那么微生物的生命活动就要受到限制，甚至导致死亡。霉菌中的某些青霉和毛霉，当空气中的二氧化碳浓度达到 20%时，死亡率就能高达 50%～70%，二氧化碳在空气中达 50%时将全部死亡。

知识链接

库存啤酒的质量控制措施

(1) 啤酒入库验收时外包装要求完好无损、封口严密，商标清晰；啤酒的色泽清亮，不能有沉淀物；内瓶壁无附着物；抽样检查具有正常的酒花香气，无酸、霉等异味。

(2) 鲜啤酒适宜储存温度为 0～15℃，熟啤酒适宜储存温度为 5～25℃，高级啤酒适宜储存温度为 10～25℃，库房相对湿度要求在 80%以下。

(3) 瓶装酒堆码高度为 5～7 层，不同出厂日期的啤酒不能混合堆码，严禁倒置。

(4) 严禁阳光暴晒，冬季还应采取相应的防冻措施。

2) 物品霉腐的预防

(1) 常规防霉腐。常规防霉腐就是采取常用的方法消除适于微生物生长发育的条件以达到防霉腐的目的。有下列常用方法。

① 加强入库验收；

② 加强仓库与配送中心温、湿度管理；

③ 选择合理的储存场所；

④ 合理堆码，下垫隔潮，堆垛不应靠墙靠柱；

⑤ 物品进行密封；

⑥ 做好日常的清洁卫生。

(2) 药物防霉腐。常用的防腐剂有五氯酚钠、水杨酰苯胺、多菌灵、多聚甲醛、环氧乙烷等。由于防霉药具有一定的选择性，因此一种防霉药不可能对所有菌类都有效。另外，长久使用后，还可能产生免疫力，使一向有效的突然失效，此时就需要及时更换药剂。

(3) 气调储藏防霉腐(简称 CA 储藏)。这是一种调整环境气体成分的储藏方法，通常由减少环境中的氧气含量、增加二氧化碳含量及降低环境温度等 3 方面综合而成。对于大多数水果蔬菜来说，适宜储藏的气体条件是：氧气 3%左右，二氧化碳 0～5%。

常用的气调储藏方法有真空充氮气调法和二氧化碳气调法。

3) 霉腐物品的救治

仓储物品一经发现霉腐就应立即采取有效措施，防止其继续发展，造成更大损失。救，是指翻垛挑选，将霉腐物品与正常物品进行隔离，以免损失蔓延；治，就是将已霉腐物品根据其霉腐程度、物品的性质、设备条件，因地制宜地采取适当方法进行处理。霉腐物品的救治方法主要有熏蒸、晾晒、烘烤、加热消毒和紫外线灭菌等。

4. 物品老化的防治

老化是指塑料、橡胶、化学纤维、涂料、油漆等人工合成高分子物品，在加工、储存和使用过程中，由于受种种因素的影响，性能降低、品质变化，以致使用价值丧失的现象。天然高分子化合物，如棉、麻、丝、皮革、天然橡胶等也有这种现象，但老化速度缓慢，一般不会造成损失。

1) 物品老化的基本特征

(1) 外观变化。物品表面出现失光、变色、粉化、起泡、剥落、银纹、斑点、拉丝、起毛以及材料发生发黏、变软、变硬变脆、龟裂、变形等。

(2) 力学性能的变化。物品的拉伸强度、伸长率、抗冲击强度、抗弯强度、抗疲劳强度以及硬度、弹性、附着力、耐磨性能等都会发生变化。

(3) 物理性能的变化。主要是材料的耐热、耐寒、透气、透水性等的改变。

(4) 电性能的变化。材料的绝缘性能、介电常数、介电损耗、击穿电压等电性能发生了变化。

(5) 分子结构的变化。构成物品材料的分子结构发生了变化，如分子量、分子量分布的变化。在物品的老化过程中，由于其材料种类及环境条件的不同，所表现出的老化特征是不尽一致的。

2) 物品老化的环境因素

塑料、橡胶、合成纤维等物品老化的原因主要是构成物品本身的高分子材料存在着易于老化的弱点，这些均在生产过程中形成。

影响物品老化的外界因素是指物品所在的各种环境条件，主要包括物品温度、湿度、空气成分及其中的有害气体和日光等。

3) 物品老化的防护

(1) 包装应完整，使物品在储运过程中保持整洁、完整和减少外界因素对物品的影响。

(2) 库房应清洁、干燥、凉爽，避免阳光直射，同库不能存放油类、潮解性、腐蚀性、含水量大的易燃物品。

(3) 物品堆码要符合隔潮、安全、方便、多储原则。

(4) 控制库房温湿度，避免库温过高和相对湿度太高，及时采取通风、吸潮、密封等措施调节到物品适宜储存的温、湿度。

(5) 按时检查，发现物品有潮、热、霉、虫以及变形、发黏、发硬、龟裂等老化现象要及时采取措施进行处理。

(6) 贯彻先进先出、易坏先出的原则。

5. 金属物品锈蚀的防治

物品锈蚀是指金属物品表面在环境介质的作用下发生化学与电化学作用而遭受破坏的现象。

1) 金属制品的防锈

金属制品的防锈主要是针对影响金属锈蚀的外界因素进行的。

(1) 控制和改善储存条件，包括以下几个方面。

① 选择适宜的保管场所；

② 保持库房干燥；

③ 保持物品及其储存场所清洁；

④ 妥善存放码垛和苫盖；

⑤ 保持材料防护层或包装完整；

⑥ 坚持定期品质检查，并做好品质检查记录。

(2) 涂油防锈。在金属制品表面涂(或浸或喷)一层防锈油脂薄膜。防锈油分为软膜防锈油和硬膜防锈油两种，软膜防锈油防锈能力稍差，但容易用有机溶剂清除；硬膜防锈油防锈能力强，但油膜不易清除。软膜防锈的使用有按垛油封、按包油封、个体油封 3 种。硬膜防锈多用于露天存放的钢材，方法以喷涂为佳。防锈油都具有易燃成分和一定的毒性。

(3) 气相防锈。气相防锈是利用一些具有挥发性的化学药品在常温下迅速挥发并使空间饱和，它挥发出来的气体物质吸附或沉积到金属制品的表面并阻碍金属的腐蚀。

气相防锈剂多作长期封存用，用法较多，主要有以下几种。

① 粉末(片、丸等)法。把气相防锈粉末撒在产品表面，或用器皿盛装后置于包装物内，或用纱布包好悬挂于产品四周，或把丸、片等放在适当的部位，即可起到防锈作用。

② 浸涂纸(布)法。这种方法也称作载体法。即将气相缓蚀剂溶解于蒸馏水中或有机溶剂中成为溶液，然后浸涂或刷涂在防锈纸或布上，干燥后即成为气相防锈纸或布，含量一般为 5～30g/m^2。使用时直接用它包装金属材料即可，然后在它外面加石蜡纸、塑料袋包装等。

③ 溶液法。用上述方法把防锈剂制成溶液喷涂在金属表面，然后再用石蜡纸或塑料袋包装。

与其他防锈方法相比，仓库与配送中心中采用气相防锈有许多特点：效果好、防锈期长、无污染、操作安全、启封快、使用方便、包装作业简单、提高了工效。气相防锈的缺点是作业要求严，要求包装严密，否则会降低防锈效果。

(4) 可剥性塑料防锈。可剥性塑料是以塑料为基体的一种防锈包装材料。一般配方中加有矿物油、防锈剂、增型剂、稳定剂及防霉剂等。可剥性塑料涂覆于金属表面上成膜后并不直接黏附于金属表面，而是被一层析出的油膜与金属隔开，故启封时不需借助溶剂而能用手轻易剥除。可剥性塑料保护层透明，耐候性(经受恶劣气候的性能)好，在-40～60℃都可以不破坏，防锈期长，适用于钢、铁、铜、铝等金属，且膜的柔韧性好，能抵御一般轻度的摩擦与撞击，故可保护精加工面不受损坏。使用这类材料时可以简化内包装，但费用昂贵，施工时需加热或有可燃性溶剂挥发，所以目前尚未大量使用。

(5) 涂漆防锈。在金属材料表面均匀地涂上一层油漆是应用极为广泛的一种防锈方法。其优点是施工简单，适用面广；缺点是漆膜容易开裂、脱落，而且可从漆层空隙间透过湿气，往往在漆层底下发生金属锈蚀。

(6) 防锈水防锈。防锈水防锈也是应用比较广泛的防锈方法，但因防锈期限短，故多见于工序间防锈。如果金属材料的库存周期很短也可采用。

2) 除锈

目前除锈的方法大体有以下 3 种。

(1) 手工除锈。主要是进行擦、刷、磨以除去锈迹。

(2) 机械除锈。常见的有滚筒式除锈、抛光机除锈等。

(3) 化学除锈。化学除锈是利用能够溶解锈蚀物的化学品除去金属制品表面上锈迹的方法。化学除锈液一般由两部分组成。一部分是溶解锈蚀物，大多是采用无机酸，其中以

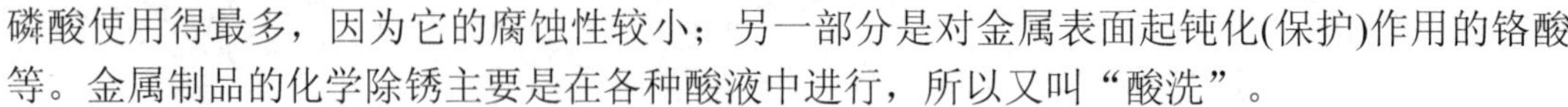

磷酸使用得最多，因为它的腐蚀性较小；另一部分是对金属表面起钝化(保护)作用的铬酸等。金属制品的化学除锈主要是在各种酸液中进行，所以又叫“酸洗”。

9.3 检查与盘点

商品在库房中因不断地搬动和进出库，容易出现其库存账面数量与实际数量产生不符的现象。有些物品因存放时间过久、储存措施不恰当而变质、丢失等，造成损失。为了有效地掌握货品在库数量，需对在库货品的数量进行检查清点，即盘点作业。商品盘点是保证储存物品达到账、货、卡完全相符的重要措施之一。库存的盘点能够确保货品在库数量的真实性及各种货品的完整性。

9.3.1 仓储与配送中心盘点的目的和内容

1. 仓储与配送中心盘点的目的

1) 确认现存量

清点库存货物的实际数量，并与账簿、卡核对，做到账、卡、物三相符。

2) 确认企业损益

企业的损益与总库存金额有极为密切的关系，而库存金额与货物数量及单价成正比。查清库存货物盈亏数量，分析盈亏原因，有利于准确地计算出企业实际损益。

3) 确认库存管理成效

查明超过保管期限、长期积压货物的品种、规格与数量及处理情况。存货周转率、货物的养护修复均可藉盘点发现问题，以寻找改善措施。

2. 盘点作业的内容

1) 查数量

通过盘点查明库存商品的实际数量，核对库存账面数量与实际库存数量是否一致，这是盘点的主要内容。

2) 查质量

检查库存商品的质量是盘点的另一项主要内容。主要是检查在库商品的包装是否完好及是否超过有效期和保质期，是否有长期积压等现象，必要时要对商品进行技术检验。

3) 查保管条件

检查保管条件是否与商品要求的保存条件相符合，这是保证在库商品使用价值的一个基本条件。如堆码是否合理、稳固，库内温、湿度是否符合要求，各类计量器具是否准确等。

4) 查安全

检查各种安全措施和消防设备、器材是否符合安全要求，建筑物和设备是否处于安全状态。

9.3.2 仓储与配送中心盘点的流程及方法

1. 仓储与配送中心盘点的流程

盘点作业的流程如图 9.1 所示。

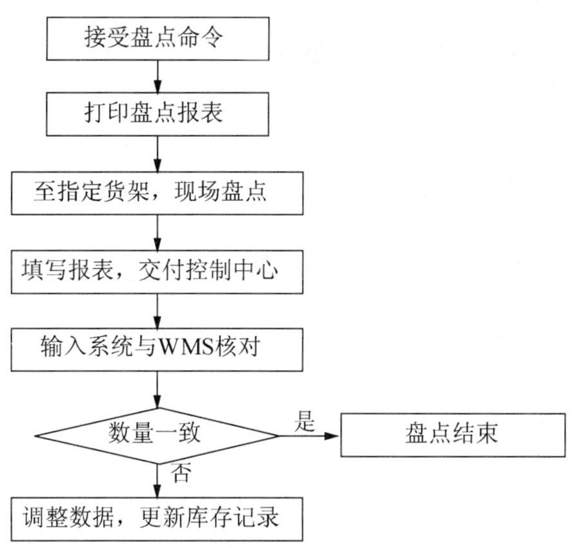

图 9.1 盘点作业流程图

2. 仓储与配送中心盘点的方法

盘点方法有两种：账面盘点和现货盘点。

1) 账面盘点

账面盘点是把每天入库、出库的货物的数量及单价记录在存货账面上，而后不断地累计加总算出账面上的库存量及库存金额。这种方法适合于少量且单价高的货物。

2) 现货盘点

现货盘点又称为实地盘点。现货盘点法按时间频率的不同又可分为期末盘点及循环盘点。

期末盘点是对储存保管的全部在库货物，不论是否有出入动态，全部进行盘点清查。通常用于清仓查库或年终盘点。这种方法的工作量大、检查的内容多，有时还须闭库以防止和减少盘点中的混乱与疏漏。

循环盘点法是每天或每周盘点部分货物，通常是对价值高或重要的货物进行盘点。因此，货物应按其重要程度科学地分类，对重要的货物进行重要管理，加强盘点，防止出现差错。这种方法在一个循环周期内将每种货物至少清点一次，有利于节约人力，经济方便。

9.3.3 仓储与配送中心盘点的准备与组织

盘点前的准备工作是否充分关系到盘点作业能否顺利进行。事先对可能出现的问题、对盘点工作中易出现的差错进行周密的研究和准备是相当重要的。

1. 人员准备与组织

盘点前需建立由保管机构牵头进行，包括技术、财务、装卸搬运等管理机构在内的临时组织，并明确各自的责任和分工，使清点工作有步骤、协调地进行。

2. 现场准备

(1) 对尚未办理入库手续的货物予以标明不在盘点之列。

(2) 对于已办理出库手续的货物要全部运出或做好标记，也不在盘点之列。

(3) 整理货物堆垛、货架以及其间的货物，使之整齐有序，以便计算。

(4) 检查计量器具，使其误差在允许范围内。

3. 技术准备

对货物名称、品种、规格等的分类要统一口径，以账目记载为准，避免因技术概念不准确导致盘点结果发生错误。要制定盘点用表，见表9-5。

表9-5 货物盘点报告表 年 月 日

货物编号	名称	规格	单位	数量				金额	
				账存	实存	盘盈	盘亏	单价	总价
盘亏原因：				处理意见：					

9.3.4 盘点结果的处理

通过盘点落实货物出入库及保管情况，从而了解问题的所在，解决导致在库存中出现盈亏的问题。

1. 盘点出现盈亏的原因分析

(1) 货物入库登记账卡时看错数字；
(2) 运转途中发生的损耗在入库检查中未被发现；
(3) 盘点时计算有误，或计算方法不符；
(4) 由货物本身的情况而产生的自然损溢；
(5) 因气候或温湿度影响而发生腐蚀、硬化、变质、生锈、发霉等导致货物失去原有使用价值而发生数量短缺；
(6) 液体货物容器破损而损溢；
(7) 包装或分割出库时发生错误使数量短缺；
(8) 衡器、量具不准或使用方法不当引起数量错误。

2. 盘点后出现问题的处理

1) 盘点后出现盈亏的处理

发生盈亏的原因查清之后，要研究处理办法，并及时办理调整货物账卡的手续，使其实物、账、卡三相符，见表9-6。

表9-6 货物盘点盈亏调整表 年 月 日

货物编号	商品名称	单位	账面数量	实存数量	单价	盘亏		盘盈		备注
						数量	金额	数量	金额	

2) 积压货物与废旧货物的处理

积压货物是指企业不需要或不对路的货物，或已过时被淘汰的货物。废旧货物是指已完全失去使用价值的货物。对于保管期过长、长期呆滞的积压货物，可采取降价出售或联系与其他企业调剂等。对于废旧货物应报经批准，尽早报废处理。积压货物与废旧货物的处理对于改善流动资金结构和加速其周转期具有重要意义。

本 章 小 结

本章的重点是仓储与配送中心的 5S 管理以及检查和盘点。其中：5S 管理着重介绍了 5S 的含义、5S 的作用以及推行 5S 的步骤；仓储与配送中心的检查和盘点着重介绍了仓储与配送中心盘点的方法、仓储与配送中心盘点的程序以及仓储与配送中心盘点结果的处理，另外还讲述了仓储与配送中心的目视管理、颜色管理、物品质量变化的类型以及物品养护的技术和方法等内容。通过本章的学习，学生能够掌握仓库与配送中心现场管理的内容、基本管理工具和所需的技能。

课后实训

了解库存盘点管理系统

实训目的：进一步掌握盘点的基本作业流程，加深对盘点管理系统的理解。

实训内容：学生至库房盘点仓库与配送中心内 220mL 装及 500mL 装的某品牌洗发香波的数量。

实训课时：2 课时。

实训步骤：事先准备充分，规划出盘点作业流程图。

(1) 确定盘点的方法。

(2) 进行盘点作业。

(3) 盘后差异原因查找。

(4) 教师总结。

检查标准：

(1) 作业流程图要符合实际，切实可行。

(2) 分小组按要求制作盘点报告表、盘点盈亏调整表。

案例思考

某生产企业制订了三步曲的实施方案来落实 5S 管理。一是确定现场管理实施的范围，包括整个生产车间，如设备的内部，衣柜的顶部、底部，桌子底部等部位。二是根据现场实际情况在每段区域划分责任人和监督人，并张贴在区域的明显处，使员工更加明确自己所负责的区域，使工作量化；同时推行层层负责制、层层监督制，每个区域的责任人都要 100%完成自己的工作任务，达到要求后才能下班，各个区域的监督人每天至少两次对区域进行监督检查，如果发现工作不到位，立即要求区域责任人返工并进行教育。三是进行看板管理，检查部将每次监督落实的结果用看板公布出来，指出哪里做得好，哪里还存在不足，提出改进期限。

推行5S管理不仅使企业的生产环境得到了显著改善，提升了企业形象，提高了产品质量和安全生产水平，更重要的是构筑起了企业品质文化，进一步提升了企业的核心竞争力。

思考

该企业有哪些经验可以学习和推广？

思考与练习

一、单项选择题

1．物品常发生的物理机械变化不包括（　　）。

A．挥发　B．溶化　C．熔化　D．水解

2．物品的化学变化形式不包括(　　)。

A．氧化　B．熔化　C．分解　D．水解

3．物品的生化变化及其他生物引起的变化不包括(　　)。

A．呼吸　B．发芽　C．串味　D．虫蛀

4．物品霉腐的常规预防不包括(　　)。

A．加强入库验收　B．加强仓库温、湿度管理

C．物品进行密封　D．药物防霉腐

5．盘点后出现问题的处理除了盘点后出现盈亏的处理之外，还有(　　)。

A．积压货物与废旧货物的处理　B．先进先出管理

C．加强仓库温、湿度管理　D．加强入库验收

二、多项选择题

1．5S管理就是(　　)。

A．整理　B．整顿　C．清扫

D．清洁　E．素养

2．开展5S活动的原则有(　　)。

A．自我管理的原则　B．互相监督提醒原则　C．勤俭的原则

D．定期检查原则　E．持之以恒原则

3．在目视管理中，作为常用的工具一般有(　　)。

A．警示灯　B．看板　C．图表

D．管理板　E．样本

4．物品在仓储过程中的变化形式归纳起来有(　　)。

A．物理机械变化　B．化学变化　C．生化变化

D．颜色变化　E．某些生物活动引起的变化

5．物品常发生的物理机械变化主要有(　　)。

A．分解　B．溶化　C．熔化

D．串味　E．沉淀

6．仓库中常用的吸潮剂主要有(　　)。

A．纯碱　B．硫磺　C．硅胶

D．生石灰　E．氯化钙

7．仓库虫害的防治方法有(　　)。

A．药物防治法　B．人工防治法　C．物理机械防治法

D．清洁卫生防治法　E．整体清理防治法

三、判断题

1．5S 管理起源于美国。(　　)

2．目视管理的对象不包括服务、心情等不可见的事物。(　　)

3．颜色管理就是把颜色附着在管理上，也称色彩管理、色别管理。(　　)

4．风化是指含结晶水的物品在一定温度和干燥空气中失去结晶水而使晶体崩解，变成非结晶状态的无水物质的现象，是一种物理机械变化。(　　)

5．商品盘点是保证储存物品达到账、货、卡完全相符的重要措施之一。(　　)

6．仓库虫害与霉变的防治只能通过药物防治的方式进行。(　　)

7．药物防治是使用各种化学杀虫剂，通过胃毒、触杀或熏蒸的作用杀灭害虫，是当前防治仓库害虫的主要措施。(　　)

8．为了落实各项养护措施防止货物受损，在仓库管理中建立相应养护组织是必要的。(　　)

9．在金属制品的储存中，一般采用涂油、密封来防锈，用化学药剂进行除锈。(　　)

四、填空题

1．整顿的“三要素”：场所、__________、__________。

2．整顿的“三定”原则：定点、__________、定量。

3．盘点作业的内容：查数量、查质量、__________、__________。

4．盘点方法有两种：__________和现货盘点。

5．现货盘点又称为实地盘点，又可分为期末盘点及__________。

五、思考题

1．简述 5S 的含义。

2．简述目视管理的类别。

3．什么是颜色管理？

4．简述物品养护的技术和方法。

5．盘点作业的内容有哪些？

第10章　仓储与配送库存管理

知识目标

(1) 了解库存的基本概念与作用，掌握库存的类别与成本构成；
(2) 掌握传统库存控制方法：ABC分类法、经济订货批量、定量订货法、定期订货法；
(3) 掌握现代库存控制方法：MRP库存控制方法。

技能目标

(1) 能运用ABC管理方法对仓库物品进行管理；
(2) 能运用经济订货批量法进行仓库物品的采购；
(3) 能够操作ERP软件中的MRP模块。

引导案例

绅士服装集团的库存管理

北京绅士服装集团为北京市明星纺织服装企业。其品牌“绅士”系列服装连年被评为北京市著名品牌。在企业发展的进程中，职工人数从开始的一两百人发展到现在的近千人，产销量连年翻番。到今天企业已成为北方地区屈指可数的，既有品牌效应，又有进出口权的年产150万件套成衣的中型服装制造企业。

企业整体规模上了一个新台阶，但是管理方面却使企业首脑深感压力巨大。在一次企业内部管理人员会议上，总经理提出了3个如何：如何随时了解产品的市场走向，如何减低库存风险，如何提高业务部门整体反应速度。这3个如何的确反映了现代服装企业的通病：信息资源整合力度不够。

古人云：“工欲善其事，必先利其器。”计算机和计算机软件系统就是现代企业管理最有效的利器。通过橙色科技公司与绅士集团信息化工作小组双方一个多月的努力合作，最终确定了信息化管理的总体战略和实施步骤：总体规划以营销为龙头带动企业内部生产、供应、仓储、财务各环节，建立企业信息闭环。第一步，解决企业内部以库存为核心，提高业务部门的进销调存的准确率和反应速度，周期3个月。第二步，内部成品物流管理自动化，销售网络通路的完善和管理，达到信息流与物流的统一。第三步，建立内部MRP/MRPⅡ，实现资金的整体规划：网上电子商务。

目前，绅士公司已完成了第一步的实施工作，系统在网络的平台上运行稳定、良好。

1. 信息系统的建立要长远规划

总体来说，企业实现较大规模的信息管理，应该与企业的长期规划和管理实践相结合，借助优秀、专业的服装行业软件企业的技术优势和系统实施经验，双方共同努力，才会达到预期目标。

2. 库存数量准确性大大提高

经分析，日常单据经常发生跑、冒、掉、漏、手工误填等情况。为了从根本上杜绝这种情况的发生，橙色科技为绅士集团搭建内部局域网，建立工作流管理模式，利用系统严密的权限设置使各业务部门职责分明、协调统一，相应的使部门间的监督管理加强。从前的手工三本账转变为计算机统一记账，大大减少了人员重复记账、统计的工作量，误操作情况基本杜绝。

3. 实施单品管理思想

服装企业通常只核算货品的大类、品名和货号，并不管理商品的颜色、款式、尺码规格。这样，产品开发、生产、物流配送就存在一定的盲目性。绅士公司在商品管理方面借鉴了橙色科技单品管理思想，就是在整个生产、营销物流环节中，将每件货品细分到品种、款、色、码，这种办法提高了业务人员数据的统计效率，降低了人员误操作，更为销售总经理提供了更加科学的报表数据。据计算，绅士近 6 000 万元的产品库存，通过单品管理，其周转率整体提高 30%，货品调拨次数频繁，大大降低滞销品库存，畅销品追单反应速度加快，实现管理效益百万元。

4. 仓库与业务部门间的信息畅通无比

基本上业务部门想要查到的货品，能实时地具体到单个货品在哪个仓库、什么货位、实际库存、账面库存、在单库存，甚至今后将了解生产线的库存周期。这样无疑使销售部门的工作如虎添翼，串货、断档、短码现象大大减少，销售量比同期有了一定比例的增长，客户满意度也有了很大的提高。

思考

北京绅士服装集团是如何从库存管理入手，提高企业整体管理水平的？

10.1　库存概述

10.1.1　库存的概念

库存是指暂时闲置的用于满足将来需要的资源，它通常摆放在仓库中。在企业生产中，有许多未来的需求变化是人们无法预测或难以全部预测到的，人们不得不采用一些必要的方法和手段应对外界变化，库存就是出于种种经济目的考虑而设立和存在的。设置库存的目的是为了防止短缺，所以企业一般都具有一定的库存。

库存无论对制造业还是服务业都十分重要。传统上，制造业库存是指生产制造企业为实现产成品生产所需要的原材料、备件、低值易耗品及在制品、产成品等资源。在服务业中，库存一般指用于销售的有形商品及用于管理服务的耗用品。

10.1.2 库存的作用

一般来说，任何企业都有库存，只是由于各类企业的性质不同，其库存的品种和数量有所不同。库存的作用一般表现在以下几个方面。

(1) 平衡供求关系，弥补时间差，保证生产和经营活动正常进行。

由于物资数量、价格和市场政策的变化等原因，导致供求在时间和空间上出现不平衡。企业为了稳定生产和销售，必须准备一定数量的库存以避免市场震荡。客户订货后要求收到物资的时间比企业从采购物资、生产加工到运送产品至客户的时间要短，为了弥补时间差也必须预先库存一定数量的物资。

(2) 库存可以调节和缓解供需矛盾。

任何产品的生产都不可能与消费达到完全高度的吻合。有些产品的生产时间相对集中，而消费则是相对均衡的。一些季节性产品、批量产品在生产出来以后需要储存，形成存货，再持续地向消费者提供，不断保证满足消费者需求，从而缓解供给和消费需求之间存在的差别。从另一方面来说，集中生产的产品如果及时推向市场销售，必然造成市场短时间内产品供大于求，造成产品价格下跌，产品无法消费而被废弃的现象，也需要库存来进行调节，均衡地向市场供应，稳定市场。因此，库存可以起到维护正常的生产秩序和消费秩序的作用，可以缓解、调节和消除供求之间的不协调。

(3) 库存可以缩短或消除消费者的等待时间。

任何生产过程都需要一定的时间，即产品在到达最终消费者之前，都有必要的原材料的采购、物品的生产、成品的流通等过程。而每一位消费者选择的只是最终可以及时使用的成品，不会愿意花时间去等待产品生产，然后再消费。如果企业保持有一定量的库存，就可以缩短或者消除消费者的等待时间，满足消费者需求，提高产品的竞争力。

(4) 库存具有防止和化解不确定因素的作用。

库存具有一定的安全功能用来防止和化解由于不确定因素的发生对企业正常运营的影响。这些不确定因素可能是由于临时用量的增加、市场的供货紧缺等形成的。一般来说，不确定因素主要有两种类型，一种是需求的变化，另一种是时间前置的变化。在生产中，如果实际需求量超过了计划的需求量，或者前置时间超过了计划的前置时间，这时如果企业没有一定量的安全库存就会发生缺货，并影响企业的正常经营。所以安全库存就是为了避免此类现象的发生而存在的。

(5) 投资与经济性作用。

库存可以使企业降低采购成本。众所周知，企业在采购过程中，采购的价格因采购数量的多少而有所不同。大批量的采购可以获得更多的价格折扣，使企业降低采购成本，实现规模经济效益。同时，大批量的采购有时还可以避免由于市场价格上涨带来的资金支出增加。因此，在这种情况下自然就会产生库存。

库存是企业的一项资产，它也同其他资产一样，也要追求资产运用的最优化。库存过多会造成积压，增加企业不必要的储存成本；库存不足又会造成脱销，影响企业的正常生产经营和造成消费者不满。因此，企业库存应当尽量保持一个最优值，即企业的库存既不应该投资过多，又不能投资过少，应当根据市场需求和变化特点找到最合理优化的平衡点，取得最大化的经济效益。

10.1.3 库存的分类

一般情况下，库存可按以下不同的标准进行分类。

1. 按生产过程分类

从生产过程的角度可分为原材料库存、在制品库存、维修库存、成品库存。

(1) 原材料库存。指企业在生产的过程中所需要的各种原料、材料，这些原料和材料必须符合企业生产所规定的要求。有时也将外购件库存作为原材料库存。

(2) 在制品的库存。指仍处于生产过程中已部分完工的半成品。

(3) 维修库存。包括用于维修与维护的经常性消耗品或者备件，如润滑油和机器零件等。维修库存不包括产成品的维护所需要的物品或备件。

(4) 成品库存。指可以出售、分配、能提供给消费者购买的最终产品。

2. 按经营过程分类

从经营过程的角度可将库存分为经常库存、安全库存、生产加工库存、季节性库存、积压库存、投资库存。

(1) 经常库存。指企业在正常经营环境下为满足日常需要而建立的库存。

(2) 安全库存(或缓冲库存)。指为防止不确定因素的影响而准备的缓冲库存，如大量突然发货、交货期突然延期等。有资料表明，安全库存几乎占到零售业库存的三分之一左右。

(3) 生产加工库存。指处于加工状态以及为了生产的需要暂时处于储存状态的零部件、半成品或成品。

(4) 季节性库存。指为了满足特定季节中出现的特定需要而建立的库存，或指对季节性生产的原材料在生产的季节大量收购所建立的库存。

(5) 积压库存。指因物品品质变坏不再有效用的库存，或没有市场销路而卖不出去的商品库存。

(6) 投资库存。持有投资库存不是为了满足目前的需求，而是出于其他原因，如由于价格上涨、物料短缺或是为了预防罢工等囤积的库存。

3. 按库存的作用和功能分类

从库存的作用和功能可分为基本库存(安全库存)、中转库存。

(1) 基本库存。指补给生产过程中产生的库存。由于生产过程对原材料的需求是源源不断的，因此就必须有一定数量的库存以便提供生产供应，保障生产所需。

(2) 中转库存。指正在转移或者等待转移的、已经装载在运输工具上的货物。中转库存是实现补给订货所必需的库存，在今天越来越受到企业的关注。在企业生产经营中，中转库存一般是小批量、高频率的运输与传递，在存货中的比例逐渐增大。

4. 按库存的预测性分类

按库存的预测性分类可分为独立需求库存和相关需求库存。

(1) 独立需求库存。指需求的数量和时间与其他变量的相互关系不确定，主要受消费市场需求影响的库存。一般来自客户的对企业产品和服务的需求为独立需求。

(2) 相关需求库存。指其需求的数量和时间与其他变量存在一定的相互关系，可以通过一定的数学关系推断出来的库存。一般生产制造企业内部物料转化各环节之间发生的需求为相关需求。客户对企业产品的需求一旦确定，与该产品有关的零部件、原材料的需求也就随之确定，对这些零部件、原材料的需求就是相关需求。

10.1.4 库存管理的基本目标和方法

库存管理也称库存控制，是指对生产、经营全过程的各种物品、产成品及其他资源进行预测、计划、执行、控制和监督，使其储备保持在经济合理的水平上的行为。现代企业认为，零库存是最好的库存管理。因为库存多，占用资金也多，利息负担加重。但如果过分追求低库存也会加大存货短缺成本，造成货源短缺，失去市场甚至失去客户。因此，在库存管理过程中应把握好衡量的尺度，处理好服务成本、短缺成本、订货成本、库存持有成本等各成本之间的关系，以求达到企业的库存管理目标。

1. 库存管理的基本目标

为了保证企业正常的生产经营活动，库存是必要的，但因为库存又占用了大量资金，成为企业生产经营成本的一部分，因此库存管理关键的问题就是要求既能保证经营活动的顺利进行，又能使资金占用达到最小。库存管理的目标就是要防止超储和缺货，在企业资源约束下，以最合理的成本为客户服务。具体而言，库存管理目标就是要实现库存成本最低的目标、库存保证程度最高的目标、限定资金的目标、快捷的目标等。

通过库存管理，以满足客户服务需求为前提，对企业的库存水平进行控制管理，尽可能降低库存水平，提高物流系统的效率，以强化企业的竞争力。

2. 库存管理的方法

库存管理的方法包括传统库存管理方法和现代库存管理方法两大类。

传统库存管理所要求的是既保证供应而又使储备量最小，做到不缺货。传统库存管理的方法一般包括 ABC 分类法、经济订货批量法、定量订货法、定期订货法等数学方法。

随着企业生产目标、组织结构、生产方式的变化，传统库存管理方法受到挑战，出现了新的现代库存管理方法。这类方法主要是通过适量的库存来达到合理的供应，实现总成本最低的目标。此库存管理的方法较传统库存管理方法有了一定的突破性，在于放弃了保证供应，允许缺货，利用总成本最低来进行决策控制，主要包括物料需求计划、制造资源计划、企业资源计划和准时制等方法。

10.2 ABC 分类法

10.2.1 ABC 分类法的基本原理

经济学家帕累托在研究财富的社会分配时得出一个重要结论：80%的财富掌握在 20%的人手中，即关键的少数和次要的多数规律。后来人们发现这一规律普遍存在于社会的各个领域，称为帕累托现象。帕累托现象也出现在企业经营管理中，表现为企业多数的利润由少数品种的产品贡献。因此，对这些少数产品管理的好坏就成为企业经营成败的关键，有必要在实施库存管理时对各类产品分出主次，并根据不同情况分别对待，突出重点。

ABC 分类法是储存管理中常用的分析方法，也是经济工作中的一种基本工作和认识方法。ABC 分类法在一定程度上可压缩企业库存总量、节约资金占用、优化库存结构、节省管理精力，因此在企业管理中广为应用。

一般来说，企业的存货品种较多，有些企业的存货甚至达到数万种，其需求量和单价各不相同，年占用金额也各不相同。有些存货在整个库存存货中的品种数量所占比重较大，但其价值在全部存货中所占比重较小，而有些存货则相反。在进行存货管理时，若都采用平均的控制力度，既不科学也不经济。对那些年占用金额大的库存品，由于其占压企业的资金较大，对企业经营的影响也较大，因此需要进行特别的重视和管理；而对占压企业资金不大的存货，可做一般控制，ABC 分类法就是在此基础上产生的。

ABC 分类法(如图 10.1 所示)是根据库存品的年占用金额的大小，把库存品划分为 A、B、C 三类，分别实行重点控制、一般控制、简单控制的存货管理方法。其中，A 类存货的年占用金额占总库存金额的 70%左右，其品种数却只占总库存品种数的 10%左右；B 类存货的年占用金额占总库存金额的 20%左右，其品种数占总库存品种数的 20%左右；C 类存货的年占用金额占总库存金额的 10%左右，其品种数却占总库存品种数的 70%左右。

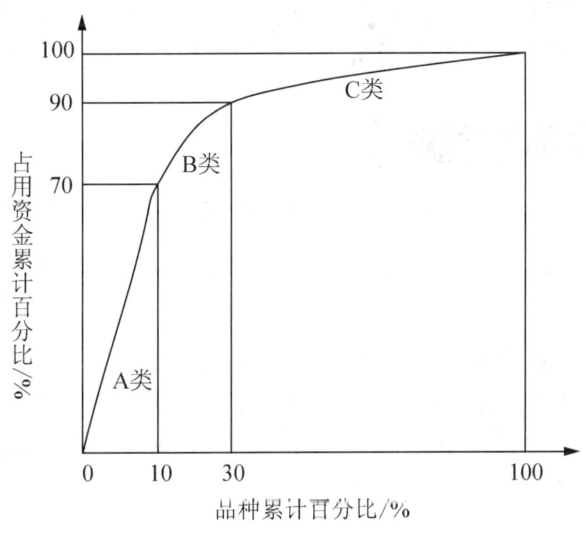

图 10.1　ABC 分类法

10.2.2　确定 ABC 分类的国际惯例

ABC 三类存货的划分主要有两个标准：金额标推、品种数量标准。金额标准是最基本的分类法，而品种数量标准可以作为参考。

分类的一般步骤如下。

第一步：列出企业全部存货的明细表，计算各种库存品的年占用金额。

第二步：将库存品按年占用金额从大到小进行排列。

第三步：计算各种库存品年占用金额与全部库存金额的比例，并进行累计。

第四步：按照 ABC 分类的基本原理进行分类，确定 A、B、C 三类存货。当金额百分比累计到 70%左右时，以上存货划为 A 类；百分比介于 70%～90%间时划为 B 类；其余划为 C 类。

第五步：绘制 ABC 分类图。以库存品种数百分比为横坐标，以累计占用金额百分比为纵坐标，在坐标图上取点，并连接各点，绘成 ABC 曲线。

知识链接

ABC 分类法的由来

ABC 分类法是由意大利经济学家维尔弗雷多·帕累托首创的。1879 年，帕累托在研究个人收入的分布状态时，发现少数人的收入占全部人收入的大部分，而多数人的收入却只占一小部分，他将这一关系用图表示出来，就是著名的帕累托图。该分析方法的核心思想是在决定一个事物的众多因素中分清主次，识别出少数的但对事物起决定作用的关键因素和多数的但对事物影响较少的次要因素。后来，帕累托法被不断应用于管理的各个方面。1951 年，管理学家戴克将其应用于库存管理，命名为 ABC 法。1951～1956 年，约瑟夫·朱兰将 ABC 法引入质量管理，用于质量问题的分析，被称为排列图。1963 年，彼得·德鲁克将这一方法推广到全部社会现象，使 ABC 法成为企业提高效益的普遍应用的管理方法。

10.2.3 ABC 三类存货库存的控制

ABC 分类明确了重点，可以对不同类别的存货按不同要求进行管理和控制，具体方法如下。

1. A 类库存品

A 类库存品品种虽然较少，但其占用的金额较大，是日常控制的重点，需要最严格的管理。必须对这类库存品保持完整的库存记录，建立完善的库存盘存制度，掌握该类存货的收、发、结存情况，严格按各种科学的方法计算确定每个品种的经济订货量、保险储备量，严格控制库存水平，防止缺货。

2. B 类库存品

B 类库存品属于一般的品种，对它的管理介于 A 类和 C 类之间。原则上也要求计算经济批量和保险储备量，但不必像 A 类存货那样严格，通常的做法是将若干物品合并一起订购。

3. C 类库存品

C 类库存品的种类数虽多，但占用的金额较少，管理办法较简单，不必专门计算存货量，视企业情况规定存货量的上下限，也可适当增加每次订货量，实行简单控制。如对这类库存品通常订购 6 个月或 1 年的需求量，期间不需要保持完整的库存记录。

10.2.4 ABC 分类法的应用举例

【例 10.1】某小型企业拥 10 项库存品，各种库存品的年需要量、单价见表 10-1。为了加强库存品的管理，企业计划采用 ABC 库存管理法。假如企业决定按 20%的 A 类物品，30%的 B 类物品，50%的 C 类物品来建立 ABC 库存分析系统。问该企业应如何进行分类？

根据表 10-1 列出各种存货品的金额，并进行大小排列，计算各种库存品的金额百分比和数量百分比，然后进行分类，见表 10-2。根据 ABC 分类，进一步编制 ABC 分类表，见表 10-3。

通过对企业的库存进行分类，有利于企业对不同类别的存货按不同的要求进行控制和管理。

表 10-1 某企业库存需求情况表

库存品名称	年需求量/kg	单价/(元/千克)	金额/元
a	9 000	8	72 000
b	95 000	8	760 000
c	4 000	4	16 000
d	50 000	4	200 000
e	1 000	10	10 000
f	125 000	5	625 000
g	20 000	5	100 000
h	20 000	8	160 000
i	5 000	5	25 000
j	2 500	7	17 500
合计	—	—	1 985 500

表 10-2 计算表

库存品名称	金额/元	累计金额/元	累计百分比	类别
b	760 000	760 000	38.3%	A
f	625 000	1 385 000	69.7%	A
d	200 000	1 585 000	79.8%	B
h	160 000	1 745 000	87.9%	B
g	100 000	1 845 000	92.9%	B
a	72 000	1 917 000	96.5%	C
i	25 000	1 942 000	97.8%	C
j	17 500	1 959 500	98.7%	C
c	16 000	1 975 500	99.5%	C
e	10 000	1 985 000	100%	C

表 10-3 ABC 分类表

类别	品种数	该类库存品占据全部库存品种的百分比	每一类的金额/元	该类库存品金额占据全部库存金额的百分比
A	2	20%	1 385 000	69.7%
B	3	30%	460 000	23.2%
C	5	50%	140 500	7.1%
合计	10	100%	1 985 000	100%

10.3 经济订货批量法

10.3.1 经济订货批量的概念

经济订货批量(Economic Order Quantity，EOQ)是指通过费用分析求得在库存总费用最小时的每次订购批量，用以解决独立需求物品的库存控制问题。企业的合理存货量标准是既能满足生产经营活动的正常进行，又使存货耗费的总成本最低，这个合理的存货量取决于经济订购批量的确定，于是 EOQ 在实际中得到了广泛的应用。

10.3.2 经济订货批量法的基本原理

在企业年消耗量固定的情况下，一次订货量越大，订货次数就越少，每年花费的总订货成本就越低。因此，从订货费用的角度看，订货批量越大越好。但是，订货批量的加大必然使库存保管费用增加，所以从保管费的角度看，订货批量越小越好。订货费与保管费呈现此消彼长的关系，由于库存的每次订购数量直接影响到库存总成本，因此经济订货批量是使年度总成本为最小时的订货批量。

经济订货批量模型中的年度总成本主要包括以下 4 种费用。

1. 订货成本(订货费)

订货成本是指订货过程中发生的与订货有关的全部费用，包括办公费、差旅费、订货手续费、通信费、招待费以及订货人员的工资等。订货成本可分为固定性订货成本和变动性订货成本两部分。固定性订货成本是指与采购次数和数量没有直接联系的，用于维持采购部门正常活动所需要的有关费用，如采购机构的管理费、采购人员的工资等。变动性订货成本是指与订货数量没有直接关系，但随订货次数的变动而变动的费用，如差旅费、运输费等。订货成本与订货量的多少无关，而与订货次数有关。要降低订货成本，就需减少订货次数。

2. 存储成本(库存保管费)

存储成本又称为持有成本，是指存货在储存过程中发生的费用。存储成本包括货物占用资金应付的利息、货物损坏变质的支出、仓库折旧费、维修费、仓储费、保险费、仓库保管人员工资等费用。

存储成本按照其与存货的数量和时间关系，分为固定性存储成本和变动性存储成本两部分。固定性存储成本是指在一定时期内总额相对稳定，与存货数量和时间无关的存储费用，如仓库折旧费、仓库人员工资等。变动性存储成本是指总额随着存货数量和时间的变动而变动的有关费用，如仓储费、占用资金的利息等。

3. 进货与购买成本(采购成本)

进货与购买成本是指在采购过程中所发生的费用，包括所购物资的买价和采购费用。

该成本取决于进货的数量和进货的单位成本。在没有数量折扣的条件下，进货与购买成本是企业无法控制的成本。

4. 缺货成本(缺货费)

缺货成本是指当存储供不应求时引起的损失，如失去销售机会的损失、停工待料的损失、临时采购造成的额外费用以及延期交货不能履行合同而缴纳的罚款等。从缺货损失的角度考虑，存储量越大，缺货的可能性就越小，缺货成本也就越低。

各种成本与年度总成本的关系如图 10.2 所示。

经济订货批量 EOQ 是用于解决独立需求库存控制问题的一种模型。基本公式是

年度总成本=年度采购成本+年库存保管费+年订货费+年缺货费

$$TC = DP + \frac{DC}{Q} + \frac{QK}{2} + \frac{VH}{2}$$

式中　TC——年度库存总成本；

D——年需要量；

Q——每次订货批量；

C——每次订货费；

P——产品价格；

K——单位产品年保管费；

$Q/2$——年平均存储量；

V——年缺货量；

H——缺少单位产品的年费用。

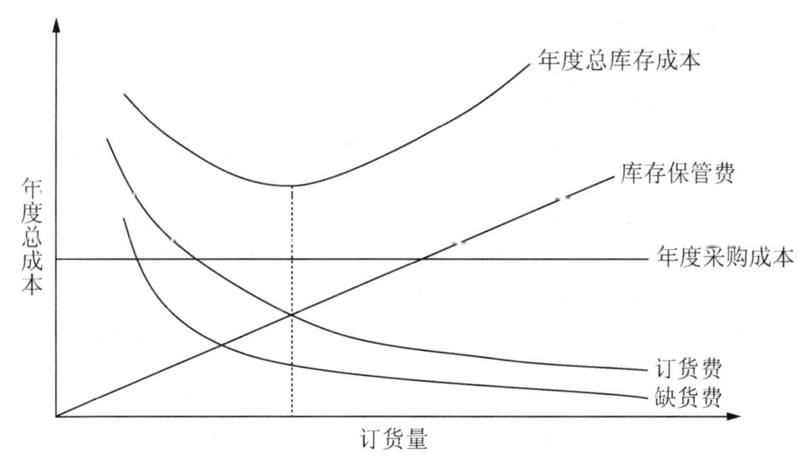

图 10.2　经济订货批量模型

10.3.3　经济订货批量的确定

由于假设条件不同，经济订货批量的具体形式也有区别，下面主要讨论经济订货批量的 3 种形式。

1. 不允许缺货的经济批量

为了确定经济订货批量，先做一些假设：需求均衡、稳定，年需求量为固定常数；存储成本和单价固定不变；订货提前期不变；每次订货批量一定；每次订货费用为常数；不存在缺货方面的问题；库存补充大过程瞬间完成。

由于 $TC = DP + \frac{DC}{Q} + \frac{QK}{2}$，

所以 $\frac{dTC}{dQ} = -\frac{DC}{Q^2} + \frac{K}{2}$

令 $\frac{dTC}{dQ} = 0$，

则 $-\frac{DC}{Q^2} + \frac{K}{2} = 0$

$Q^* = \sqrt{\frac{2DC}{K}} = \sqrt{\frac{2DC}{PF}}$

得年度订货次数 $N=R/Q$

订货周期 $T=360/N$

注：F 表示单位产品年保管费率(单位产品年保管费占单位产品采购价格的百分比)。

【例 10.2】某仓库一产品年需要量为 3 600 箱，单位产品年保管费为 8 元，每次订货成本为 400 元，求该产品的经济批量、经济订货次数及订货周期。

解 经济订购批量$=\sqrt{\frac{2DC}{K}} = \sqrt{\frac{2\times 3\ 600\times 400}{8}}$

$=600$(箱)

经济订货次数$=R/Q=3\ 600\div 600=6$(次)

订货周期 $T=360/N=360\div 6=60$(天)

年度总成本 $TC=900\times 3\ 600+400\times 3\ 600\div 600+8\times 600\div 2=3\ 244\ 800$(元)

2. 允许缺货的经济批量

实际工作中，企业的生产活动都是不均衡的，往往会由于生产或其他原因而临时增大用量。同时，企业从订货到货物到达有一个时间间隔，供货单位有时会因为各种原因而延期发货，从而不可避免地发生缺货。这时批量是指使采购成本、库存保管费、订货费、缺货费 4 者之和的总成本最小的批量。

$$经济订货批量=\sqrt{\frac{2DC}{K}} \cdot \sqrt{\frac{H+K}{H}}$$

【例 10.3】在【例 10.2】中，若假设该产品年单位缺货成本为 4 元，若其他条件不变，计算允许缺货的经济订货量是多少。

解 经济订购批量$=\sqrt{\frac{2DC}{K}} \cdot \sqrt{\frac{K+H}{H}}$

$=\sqrt{\frac{2\times 3\ 600\times 400}{8}} \cdot \sqrt{\frac{8+4}{4}}$

$\approx 1\ 040$(箱)

3. 有数量折扣的经济批量

以上是在物品采购单价不变的情况下进行的。但现实中为了鼓励购买者大批量采购通常采用数量折扣的办法，即购买者买进商品达到一定数量时可享受一定程度的价格优惠，一次订购量越多，折扣就越大。数量折扣对购买者的影响是：增加采购量，减少了采购成本，并由于采购量增大而减少了采购次数，从而降低了订货成本；但大量购买必然增加储备，增加储存成本。

因此，在有数量折扣的情况下，经济订购量应是采购成本、库存保管费、订货费之和达到最低水平的订货量。

由于订货批量达到折扣后，价格折扣点形成了成本函数的间断点，使总成本曲线不连续，不能像无价格折扣时那样用一阶导数来求出最低成本点。较简单的方法是采用“相关成本比较法”，通过计算对比不同单价下的相关成本选出相关成本最低的订货量作为经济订货批量。

【例 10. 4】在【例 10.2】中，该产品市场价格为每箱 900 元。当一次订货量达到 1 000 箱时可获 2%的折扣，一次订货量达到 1 500 箱时，可获 3%的折扣。计算该产品的经济批量。

解　经济订货批量$=\sqrt{\dfrac{2DC}{K}}=\sqrt{\dfrac{2\times3\,600\times400}{8}}$

=600(箱)

(1) 按经济订货批量计算的总成本

$$TC=DP+\frac{DC}{Q}+\frac{QK}{2}$$

=900×3 600+400×3 600÷600+8×600÷2

=3 244 800(元)

(2) 考虑一次订货 1 000 箱时数量折扣的总成本

$$TC=DP+\frac{DC}{Q}+\frac{QK}{2}$$

=882×3 600+3 600×400÷1 000+8×1 000÷2

=3 180 640(元)

(3) 一次订货 1500 箱时数量折扣的总成本

$$TC=DP+\frac{DC}{Q}+\frac{QK}{2}$$

=873×3 600+3 600×400÷1 500+8×1 500÷2

=3 149 760(元)

通过以上计算可知，在数量折扣为 3%，即订货量确定为 1 500 箱时，年度总库存成本最小。所以该产品的经济订货批量为 1 500 箱。

10.4　定量订货法

所谓定量订货法，是指当库存量下降到预定的最低库存数量(订货点 R)时，按规定数量

(一般以经济批量 EOQ 为标准)进行订货补充的一种库存控制方法。如图 10.3 所示，当库存量下降到订货点 R 时，企业马上按预先确定的订货量(Q)发出货物订单，经过提前期(LT)，收到订货，库存水平上升。

1. 订货点和订货量

定量订货法主要靠控制订货点和订货批量两个参数来控制订货进货，因此采用定量订货方式必须预先确定订货点和订货批量。

1) 确定订货点

根据影响订货点的 3 个因素，即订货提前期、平均需求量、安全库存来确定订货点，具体方法如下。

(1) 在需求和订货提前期确定的情况下。

在这种情况下，企业不需要设立安全库存，订货点由下式确定

$$订货点=\frac{订货提前期\times全年需求量}{365}$$

(2) 在需求和订货提前期都不确定的情况下。

$$订货点=平均需求量\times最大订货提前期+安全库存$$

$$安全库存=I\sqrt{最大订货提前期}\times需求变动值$$

式中 I——安全系数。

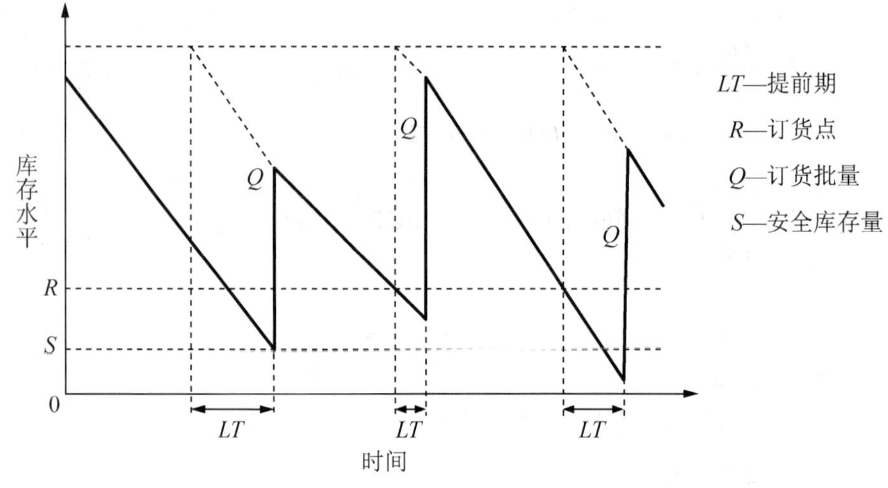

图 10.3 定量订货法

2) 确定订货批量

在定量订货法中，对于每一品种的商品每次订货批量都是相同的，所以每个品种都要制定一个订货批量，通常取经济订货批量为订货批量。其计算公式为

$$EOQ=\sqrt{\frac{2DC}{K}}$$

2. 定量订货法的作业程序

图 10.4 所示是定量订货法的一般作业程序。

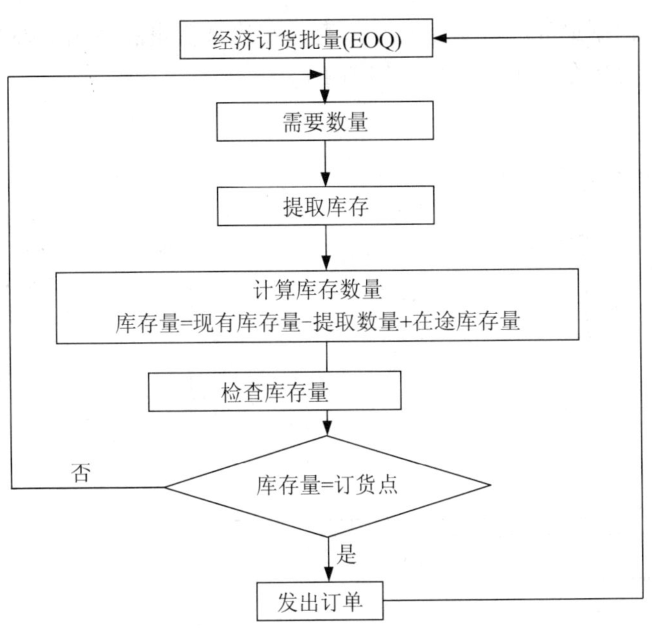

图 10.4　定量订货法的作业程序

3. 定量订货法的优缺点

定量订货法的优点是：由于每次订货之前都要详细检查和盘点库存(看是否降低到订货点)，所以能及时了解和掌握库存的动态；由于每次订货数量固定，且是预先确定好了的经济订货批量，因此该方法运用起来十分简便。

定量订货法的缺点是：经常对库存进行详细检查和盘点，工作量大且需花费大量时间，从而增加了库存保管维持成本；该方式要求对每个品种单独进行订货作业，这样会增加订货成本和运输成本。

4. 定量订货法的适用范围

基于上述的优点和缺点，定量订货法有一定的适用范围。通常在以下几种情况采用定量订货方式比较合适。

(1) 所储存的物资具备进行连续检查的条件；

(2) 价值虽低但需求数量大的物资以及不便于少量采购的物资；

(3) 易于采购的物资；

(4) 价格昂贵物资。

10.5　定期订货法

定期订货法是指按预先确定的订货间隔期进行订货补充库存的一种库存控制方式。企业根据过去的经验或经营目标预先确定一个订货间隔期，每经过一个订货间隔期就进行订货，每次订货数量都不同。定期订货法的原理是：预先确定一个订货周期和最高库存量，周期性检查库存，根据最高库存量、实际库存、在途订货量和待出库商品数量计算出每次订货批量，发出订货指令，组织订货，如图10.5所示。

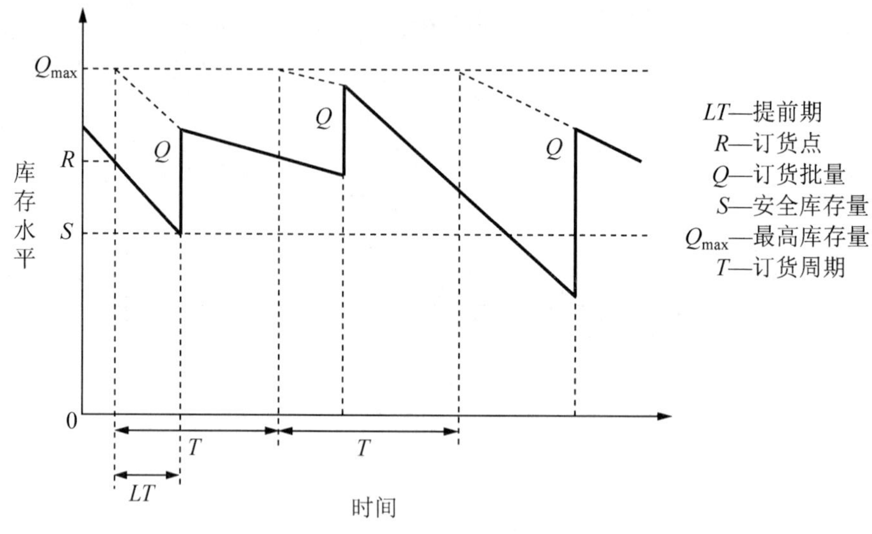

图10.5 定期订货法

1. 订货周期、最高库存量及订货量

定期订货法是基于时间的订货控制方法。它通过设定订货周期和最高库存量从而达到库存控制的目的。因此，定期订货法需要确定订货周期、最高库存量以及订货量。

1) 订货周期的确定

定期订货法中，订货周期决定着订货的时机，相当于定量订货法的订货点。订货周期表现为订货间隔期。定量订货法的订货间隔期可能不等，而定期订货法的订货间隔期总是相等的。

订货间隔的长短直接决定着最高库存量的大小，即库存水平的高低，因而决定了库存成本的多少。订货周期不能过长，否则就会使库存水平过高；订货周期也不能过短，否则订货批次太多会增加订货费用。

严格来说，定期订货法订货周期的制定应该使得在采用该订货周期订货过程中发生的年度总成本用最低。一般情况下，用经济订货周期公式来计算订货周期T。具体计算公式为

$$T=\sqrt{\frac{2C}{DK}}$$

式中 T——经济订货周期；

其他字母意思同前。

在实际操作中，经常结合供货商的生产周期或供应周期来调整经济订货期，从而确定一个合理的可行的订货周期。当然也可以结合人们比较习惯的时间单位，如周、旬、月、季、年来确定经济订货周期，从而与企业大生产计划、工作计划相吻合。

2) 最高库存量的确定

定期订货法的最高库存量计算公式为

$$Q_{max}=\overline{d}(T+LT)+S$$

式中 Q_{max}——最高库存量；

$\overline{d}$ ——$(T+LT)$ 期间的库存需求量平均值；

LT——平均订货提前期；

S——安全库存。

3）订货量的确定

定期订货法每次的订货数量是不固定的，订货批量的多少都是由当时实际库存量的大小决定的。每次订货量的计算公式为

$$Q_i = Q_{max} - Q_{ni} - Q_{ki} + Q_{mi}$$

式中 Q_i ——第 i 次订货的订货量；

Q_{max} ——最高库存量；

Q_{ni} ——第 i 次订货点的在途到货量；

Q_{ki} ——第 i 次订货点的实际库存量；

Q_{mi} ——第 i 次订货点的待出库货物数量。

2. 定期订货法的作业程序

图 10.6 所示是定期订货法的一般作业程序。

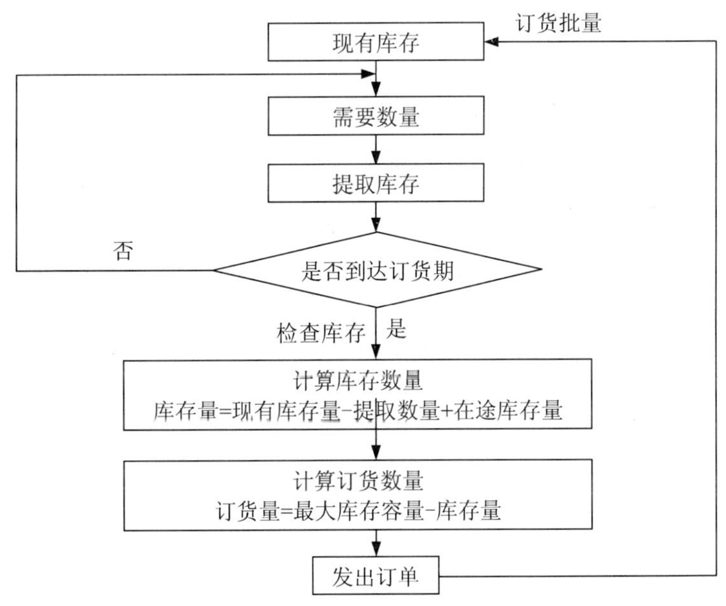

图 10.6 定期订货法的作业程序

3. 定期订货法的优缺点

定期订货法的优点：由于订货间隔期间确定，所以多种货物可同时进行采购，这样不仅可以降低订单处理成本，还可降低运输成本；这种方式不需要经常检查和盘点库存，可节省这方面的费用。

定期订货方式的缺点：为了应对需求的突然变动，需要较大的库存。

4. 定期订货物法的适用范围

定期订货法的订货时间固定，每次订货量不固定。根据这种特点，定期订货法适合在以下几种情况下采用。

(1) 需要定期盘点、采购或生产的物资；

(2) 具有相同供应来源的物资；

(3) 多种商品一起采购可以节省运输费用的物品；

(4) 供货渠道较少或外包给物流企业供应的物资。

10.6 MRP 库存控制方法

MRP(Material Requirement Planning)是一种以计算机为基础的生产计划和库存控制系统，它能保证在需要时供应所需的物料，并同时使库存保持在最低的水平。作为一种库存计划方法的改进，MRP 是企业依据市场需求预测顾客订单、编制生产计划，然后基于这个计划组成产品的物料结构表和库存状况，通过计算机计算出所需物料的数量和时间，从而确保物料加工进度和订货日程的一种管理技术。

1. MRP 库存控制法的原理

MRP 的中文意思是“物料需求计划”，它的目标是基于组织制造资源，实现按需准时生产。对于庞大而复杂的生产系统，MRP 计划的制订与执行具有很高的难度，必须有强有力的计算机软、硬件系统实行集中控制才能达到预想的效果，MRP 的逻辑原理如图 10.7 所示。

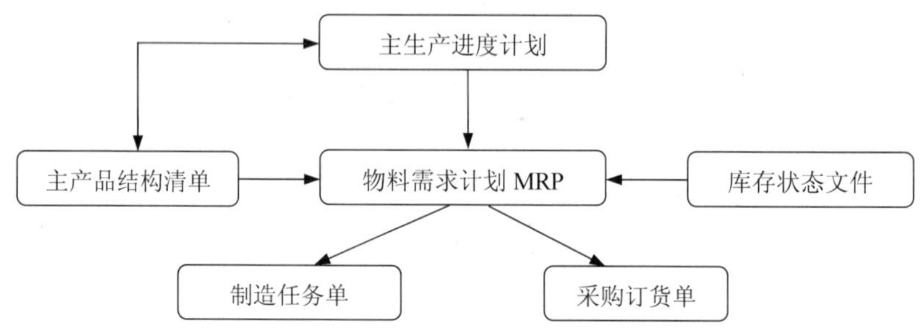

图 10.7 MRP 逻辑原理图

由 MRP 逻辑原理图可见，物料需求计划产生新产品投产计划和采购计划，生成制造任务单和采购订货单，再据此组织产品的生产和物资的采购。

2. MRP 库存控制法的特点

(1) 需求的相关性。在流通企业中各种需求往往是独立的，而在生产系统中，需求具有相关性。例如，根据订单确定了所需产品的数量之后，由新产品结构文件 BOM(Bill of Material)即可推算出各种零部件和原材料的数量，这种根据逻辑关系推算出来的物料数量称为相关需求。不但品种数量有相关性，而且需求时间与生产工艺过程也是相关的。

(2) 需求的确定性。MRP 的需求都是根据主生产进度计划、产品结构文件和库存文件精确计算出来的，品种、数量和需求时间都有严格要求，不可改变。

(3) 计划的复杂性。MRP 计划要根据主产品的生产计划、产品结构文件、库存文件、生产时间和采购时间，把主产品的所有零部件需要的数量、时间、先后关系等需要准确地计算出来。当产品的结构复杂、零部件数量特别多时，必须依靠电子计算机。

(4) MRP 的优越性。由于各个工序对所需要的物资都按精密的计划适时地足量供应，一般不会产生超量库存，对于在制品还可以实现零库存，从而可以节约库存费用。同时采用 MRP 技术有利于提高企业的管理水平。

3. MRP 库存控制法的应用

MRP 技术在库存管理时的应用主要是通过 MRP 处理生成采购任务清单来实现控制库存的目的。

1) MRP 的输入

MRP 的输入有以下 3 个文件。

(1) 主生产进度计划 MPS。主生产进度计划是 MRP 系统最主要的输入信息，也是 MRP 系统的主要依据。该计划来自于企业的年度计划，在 MRP 中用 52 周来表示。其基本原则是：主产品生产进度计划覆盖的时间长度要不少于其组成零部件中具有的最长的生产周期，否则，这样的主产品进度计划不能进行 MRP 系统的运行。例如，产品 A 生产计划见表 10-4。

表 10-4　产品 A 生产计划进度表

时期/周	1	2	3	4	5	6	7	8
产量/(件/周)	30	20	25		60		20	

(2) 主产品结构文件 BOM。主产品结构一般用树型结构表示，最上层是 0 级，即主产品级，然后是 1 级，对应主产品的一级零部件，如此逐级往下分解，最后一级为 n 级，一般是最初级的原材料或者外购零配件。每一层有 3 个参数：零部件名称、组成零部件的数值、相应的提前期(包括生产提前期和订货提前期)。例如主产品 A 的树型结构如图 10.8 所示。产品 A 由 2 个部件 B 和 1 个零件 C 装配组成，而部件 B 又由 1 个外购件 D 和 1 个零件 C 装配组成。产品 A、B、C、D 的提前期分别为 1 周、1 周、3 周、1 周，即装配 1 个产品 A 要 1 周时间(装配任务需提前 1 周下达)，装配一个 B 要提前 1 周下达任务单，生产 C 要提前 3 周下达任务单，而采购 D 产品要提前 1 周发出订货单。

(3) 产品库存状态文件。该文件包含有各个品种在系统运行提前期库存量的静态资料，但它主要提供并记录 MRP 运行过程中的实际库存量的动态变化过程。主要参数如下。

① 总需求量：是指主产品及其零配件在每一周的需要量。其中主产品的总需求量与主生产进度计划一致，而主产品的零部件的总需求量可以根据主产品生产进度计划和主产品结构文件推算得出。

② 计划到货量：是指根据正在执行中的采购订单或生产订单在未来某一时段将要入库或将要完成的数量。它不包括本次 MRP 运行生成的生产任务单和采购任务单中的产品。

③ 库存量：是指各周周末库存物品的数量。

本周末库存量=上周末库存量+本周到货量-本周需求量

上述 3 个文件即为 MRP 的主要输入文件。除此之外，为运行 MRP 还需要一些基础性的输入，其中包括物料编码、提前期、安全库存量。

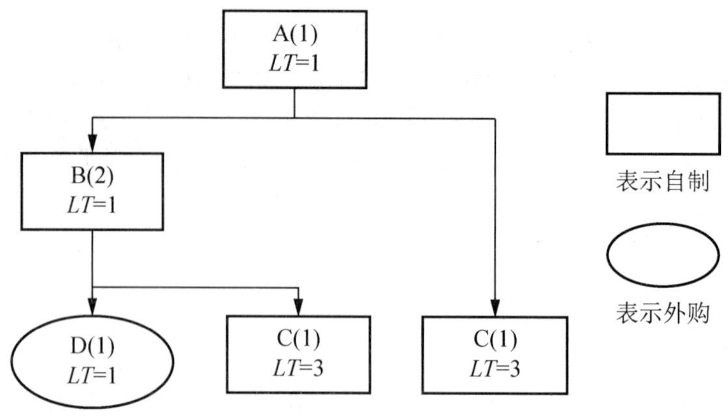

图 10.8　主产品 A 的树型结构图

2) MRP 的输出

MRP 的输出包括以下 3 个文件。

(1) 净需求量。净需求量是指系统需要外界在给定的时间提供的给定的物料数量，即生产系统需要什么物品、需要多少、什么时候需要。不是所有零部件每一周都有净需求的，只有发生缺货周才发生净需求量，某个品种某个时间的净需求量就是这个品种在这一时间的缺货量。所谓“缺货”，就是上一周的期末库存加上本期的计划到货量小于本期总需求量。

本周净需求量=本周总需求量-本周计划到货量-本周初库存量

MRP 在实际运行中，不是所有的负库存量都有净需求量。净需求量的计算可以这样确定：在现有库存量一栏中第一个出现的负库存量的周，其净需求量就等于其负库存量的绝对值。在其后连续出现的负库存量各周中，各周的净需求量等于其本周的负库存量减去上周的负库存量的差的绝对值。

(2) 计划接受订货量。它是为满足净需求量的需求应该计划从外界接受订货的数量和时间。

计划接受订货量=净需求量

(3) 计划发出订货量。它是指发出采购订货单或发出生产任务单进行生产的数量和时间。它在数量上等于计划接受订货量，时间上比计划接受订货量提前一个提前期。

由于 MRP 输出的参数是直接由 MRP 输入的库存文件参数计算出来的，因此为直观起见，常常把 MRP 输出与 MRP 输入的库存文件连接在一起，边计算边输出结果。

4. MRP 系统的计算示例

【例 10. 5】购买零件 A 的前置期时间是 4 周，A 现有数量为 42 件，在第 4 周的预计到达量为 20 件。已知对零件 A 的需求见表 10-5。用 MRP 系统计算表确定发出订单的时间和数量。计算结果见表 10-6。

表 10-5　零件 A 的需求量及时间

时间/周	1	2	3	4	5	6	7	8
总需求量		17	0	14	2	28	9	18

表 10-6 零件 A 的订货量及时间

时间/周	1	2	3	4	5	6	7	8
本周总需求量		17	0	14	2	28	9	18
本周计划到货量				20				
本周末库存量	42	25	25	31	29	1	-8	-26
净需求量		0	0	0	0	0	8	18
计划接受订货量							8	18
计划发出订货量			8	18				

本章小结

本章介绍了库存管理的有关知识，首先介绍了库存的基本知识法，如库存的概念与分类；其次在此基础上重点讲述了库存管理的方法，如 ABC 分类、经济订货批量法、定量订货法、定期订货法以及 MRP 库存控制方法，其中经济订货批量是库存管理重中之重。通过本章学习，学生应能够掌握库存管理的这几种常用方法，并能够根据实际问题和要求选用其中一种恰当的方法。

课后实训

ABC 分类库存控制实训

1. 实训目的：掌握 ABC 分类控制法。
2. 实训方式：实地调研。
3. 实训内容

(1) 到仓库收集库存物品的资料；

(2) 制作 ABC 分析表；

(3) 针对各类物品采取相应管理措施。

4. 实训实施步骤

(1) 组织学生到某企业的仓库进行参观，让学生收集仓库各种商品的品名、数量、单价等；

(2) 根据收集的资料(品名、数量、单价)制 ABC 分析表；

(3) 根据 ABC 分析表的结果，找出重要物资、一般物资、次要物资。

(4) 针对以上项目，让学生做出调研报告。

案例思考

三洋制冷的“零库存”

“准时制生产方式”，是在必要的时间，把必要的零部件按限定的数量送到下道工序指定位置的生产方式。

三洋制冷在 1995 年引进“准时制生产方式”时，进行了认真的研究和比较分析，把“准时制”和公司的实际情况相结合，提出了“零库存”的生产管理思想，作为公司产、供、销等生产经营活动的指导思想。“零库存”并非指数学上的完全没有库存，而是“尽量减少到最少到必需程度”的库存的意义。

从这一指导思想出发，三洋制冷首先改善内部生产流程，尽可能以最少的零部件和在制品库存来达到真正均衡生产。例如，在制造部里，为筒体加工提供筒盖部件的班组。通过推行“零库存”的生产管理思想，积极地和下一工序协商，从后向前反向计算所需加工工时，按需生产，从而在下道工序需要时，直接把部件吊装到正在组装的产品上投入使用，真正做到了准时生产。

制造部在取得了初步成果后发现，要想全面实施准时制生产方式是非常困难的。首先，制造部各工序实施准时制生产经常受到国内外物资供应不及时的干扰，造成生产中断。其次，由于国内市场充满着不确定性，制造部按照合同交货期准时完成的产品，由于各种原因却积压在库房内，无法按期发往用户处。这也给反对者以大力支持：“看吧，这种新方式不适合国情吧，真是没事找事。”此外，制造部内部也存在着对该生产方式一知半解、思想不统一、缺乏支持手段等问题，“准时制”生产方式很难得到顺利实施。

转机发生在 1999 年年底。随着当时中国宏观经济陷入低谷，市场形势突然变得非常严峻，由于公司此前的经营一直一帆风顺，对外部环境的变化缺乏预见性和充分的准备，经营上出现较大困难。在这种严峻的形势面前，公司的领导层终于下定决心，抛弃传统的生产管理观念，大力推行以“零库存”的生产管理思想为代表的先进管理方法，以取得经营管理工作的突破。为此，公司在 2000 年年初设立了生产管理部，负责公司与生产经营相关联活动的计划、组织、协调、控制、检查和考核等工作，把从合同签订直到产品完成出厂的整个流程交由生产管理部统筹管理，并由其承担产成品、在制品和原材料整个存货资金的控制工作。从此，“零库存”的生产管理思想才正式在三洋制冷得到大力推广。准时制生产方式在企业生产经营的主要流程中才得以正式实施，并逐年显示出巨大的成效来。

生产管理部成立以后迅速采取了应对措施，扭转了被动局面。首先与营销部门加强信息沟通，随时掌握市场动向，从压缩产成品库存入手，逐步盘活资金。对于新增合同，通过各地事务所定期确认交货期，不断调整生产进度，避免形成新的积压；对于依靠库存原材料难以满足生产的合同，则在事务所与用户谈判时就开始介入，根据谈判的进展状况和可靠程度，确定何时提前进行物资采购，以满足较短交货期的合同。通过这些主要对策，三洋制冷基本上解决了精益生产方式。与此同时，生产管理部开始了对原材料库存的整顿工作。借着 ERP(企业资源计划)系统投入使用的机会，生产管理部全面掌握了库存状况，避免了以前采购部门因为对库存实际数量掌握不清而盲目采购的情况。此外，根据销售部门的信息，有计划地对积压物资加以安排使用，仅对于短缺的物资才安排采购，从源头上开始对库存进行控制。经过艰苦的努力，生产管理部在当年圆满完成了库存的控制指标，“零库存”的生产管理思想初步得到了验证。

为了使“零库存”的生产管理思想得到进一步贯彻，避免存货资金出现反弹，生产管理部在 2001 年度加强了对采购计划的管理，重要物资由生产管理部直接下达采购计划，采购部门仅负责执行，从而基本上消除了采购部门超额采购的行为，有效地控制住了原材料库存。由于生产管理部可以随时掌握市场信息，又可以通过采购计划和生产计划对生产工作进行动态调整，公司的供产销走上了良性循环约道路。而更重要的收获是，绝大多数员工已经从心里接受了“零库存”的生产管理思想，并且从被动地服从指挥向主动参与过渡，为精益生产方式的全面实施做好了准备。

2002 年，三洋制冷正式引进精益生产方式，特别是花大力气推行“消除生产现场中的七种浪费”的活动。在对“七种浪费”进行分析后，生产管理部发现，虽然原材料库存已经大幅度下降，但仍有继续压缩的余地，为保证生产而保留的安全库存应该还可以削减。因此，其主动参与采购部同供应商的谈判，要求供应商努力缩短交货期，尽可能准时供货。

生产管理部分析了国外和国内成功实施“零库存”生产企业的经验，发现在某种程度上“零库存”的实施存在着一个误区，即主要生产企业的库存得到了大幅度压缩，甚至达到了“零库存”，但是真正的库存是被转移到供应商处了。也就是说主要生产企业实现“零库存”在某种程度上是以牺牲供应商的利益为代价的。能否找到一种两全其美的方法呢？生产管理部经过反复研究后，认为在目前的情况下很难找到一种完美的方法，这种情况只能在某种程度上加以改进。生产管理部通过努力，与供应商达成多种合作意向，把各种相关信息及时传递给供应商，通过长期、中期和短期的计划和信息更新迅速调整物资供应，从而既保证了生产，又压缩了公司内的原材料库存，还减少了供应商的库存积压。经过近几年的努力，物资供应工作出现了较大改观，公司在国际采购方面，与重要的供应商形成了战略合作伙伴关系。数家国外大供应商在大连保税区设立了保税库，根据预测为三洋制冷提供物资。这不仅使三洋制冷的库存得以下降，也确保了短交货期合同可以得到满足；在国内采购方面，大连地区的供应商已开始将物资直接运送到三洋制冷的生产工序旁，部分物资真正实现了“零库存”。准时制生产方式真正得到了贯彻落实，为公司的生产经营工作做出了重大贡献。

在三洋制冷“零库存”的生产管理思想从引进、实施、完善到发展，已经有 10 个年头了。期间，三洋制冷遇到了各种意想不到的困难，而且存在着大量的问题有待解决，甚至还会出现反复。但是，只要坚定信念，不断进行改进和完善。三洋制冷的生产方式改革就一定能够取得成功。

思考

1. 为了实现“零库存”，三洋制冷首先是从哪个方面着手进行改革的，你认为这样合适吗？

2. 一般来说，一个企业的“零库存”是建立在其他供应商的合作基础上的，三洋制冷是如何解决这个问题的？

3. 三洋制冷的“零库存”实施过程是一个艰难而又漫长的过程，你从中得到的最大收获是什么？

思考与练习

一、选择题

1. 库存在企业中的作用之一是可以平衡(　　)。
   A. 价格和订货周期的波动　　B. 订货量和订货点的波动
   C. 采购和运输的波动　　D. 供应与需求的波动

2．在定量订货法中，库存控制的关键因素是(　　)。

A．订货点和订货批量　　B．补货期间的库存水平

C．两次订货之间的时间间隔　　D．订货提前期和安全库存量

3．企业在途库存的多少取决于(　　)。

A．运输时间和该时间内的平均需求　B．订货周期和该时间内的总需求

C．订货提前期和运输规模　　D．运输时间和运输规模

4．独立需求最明显的特征是(　　)。

A．需求的对象和数量都是确定的，且数量是整数

B．需求的对象确定，但数量要通过预测方法估算

C．需求的对象和数量不确定，只能通过预测方法估计

D．需求的对象和数量是已知和确定的，并与订货批量无关

5．在以下关于库存管理目标的描述中，错误的描述是(　　)。

A．指定一个标准的库存水平，使库存占用的资金带来的收益比投入其他领域的更高

B．决定一个合适的库存水平，使库存占用的资金带来的收益比投入其他领域的更高

C．在达到顾客期望的服务水平的前提下，尽量将库存成本减少到可以接受的水平

D．在企业现有资源的约束下，以最合理的成本为用户提供所期望水平的服务

6．定量订货法比较适合于(　　)。

A．市场上供应变化大的物资的管理

B．高价值、供货渠道窄的物资的管理

C．市场上随时可能采购到的物资的管理

D．低价值、需求量小，但需求稳定的物资的管理

7．MRP 系统的输入部分中不包括(　　)。

A．库存文件　　B．原材料需求计划

C．主生产计划　　D．产品结构文件

8．按照控制对象价值的不同或重要程度的不同进行分类，A 类存货的(　　)。

A．品种种类占总品种数的比例约为 10%，价值占存货总价值的比例约为 70%

B．品种种类占总品种数的比例约为 20%，价值占存货总价值的比例约为 20%

C．品种种类占总品种数的比例约为 70%，价值占存货总价值的比例约为 10%

D．品种种类占总品种数的比例约为 70%，价值占存货总价值的比例约为 70%

9．ABC 分类法包括下述步骤，请选择它们正确的顺序。(　　)

(1) 将物品按年耗用金额从大到小进行排序

(2) 计算各种物品占用资金额占全部库存占用资金额的百分比进行累计

(3) 按照分类标准进行分类，确定 ABC 三类物品

A．(2)→(3)→(1)　B．(1)→(3)→(2)　C．(3)→(1)→(2)　D．(1)→(2)→(3)

10．某企业每年需要耗用某种物资 100 000 件，现已知该物资的单价为 20 元，同时已知每次的订货成本为 5 元，每件物资的年存储费率为 20%，年订货总成本是(　　)万元。

A．500　　B．1 000　　C．1 500　　D．2 000

11．MRP Ⅱ的特点是(　　)。

A．管理的系统性　　B．在恰当的时间订货

C．维持最低可能的库存水平　　D．计划充分且负荷均衡

12. 在 ABC 分类的库存策略中，A 类存货的库存控制策略是(　　)。
   A. 严密控制，每月检查一次　　B. 一般控制，每 3 个月检查一次
   C. 自由处理　　D. 严密控制，随时检查
13. 下列(　　)不是 MRP 系统的输出报告。
   A. 优先权的计划　　B. 主生产计划
   C. 互转件计划　　D. 工艺准备需求计划
14. MRP 系统具有的优点是(　　)。
   A. 最大限度地降低在制品库存　　B. 计划与实际不会产生偏差
   C. 鼓励作业提前完成　　D. 前置时间不随作业的优先顺序而变化
15. 关于 JIT 与 MRPⅡ，下列叙述中正确的是(　　)。
   A. JIT 管理的范围比 MRPⅡ小　　B. JIT 管理的范围比 MRPⅡ大
   C. JIT 管理的范围与 MRPⅡ一样　　D. JIT 适用于产品多变的生产环境

二、计算题

某企业每年需要耗用物资 14 400 件，该物资的单价为 0.40 元，存储费率为 25%，每次的订货成本为 20 元，本题中一年工作时间按 350 天计算，订货提前期为 7 天。

1. 经济订货批量是多少？
2. 一年应订几次货？
3. 订货点的库存储备量为多少？

三、简答题

1. 经济订货批量的成本构成有哪些？
2. 定量订货法和定期订货法的区别有哪些？
3. MRP 是如何运行的？
4. ABC 分类法的标准是什么？

四、案例分析题

万美佳是一个地处市郊的独立的小型超级市场。在过去的几年中，由于距离最近的竞争者与它相距 15km，所以优越的地理位置使其保持了较高的利润率。该超市由一个独立的建筑物构成，这个建筑物被平均分成零售陈列区和仓库区。仓库在建筑物的后部被用于储存安全库存。该超市的老板每周检查一次货架，决定哪些商品需要补充订货。在确定了当前库存的状态并考虑假定的安全库存后，老板就安排补货订单。订单数量建立在对每个货品的需求预测之上，并考虑到每一订单的经济订购批量。最近，一个开发商正在拆除附近的一个废弃工厂，并要修建一个大型综合零售店。据调查这个新零售店的宗旨是“保证高质量服务、价格低廉”，并采用 JIT 采购、VMI 和射频技术控制库存。该零售店的占地面积是万美佳的 7 倍，但它们的仓库面积一样大。

依据本案例分析企业确定安全库存的依据有哪些？

第 11 章 仓储与配送成本管理

知识目标

(1) 掌握仓储与配送成本的构成；
(2) 掌握 KPI 指标。

技能目标

(1) 能计算仓储和配送成本；
(2) 能控制仓储和配送成本。

引导案例

库存管理中的信息化建设

在对某企业的审计中，审计人员发现该企业物流方面存在很多问题，后亲历企业的成功改造。该企业在库存管理以及物流方面存在管理手段落后，库站分散、信息沟通不畅，同类设备多、备件重复储备、数据“孤岛”无法共享等问题。这些问题有其单位自身的特性，但大部分属于我国企业库存管理上的共性问题。企业决定尝试通过信息化建设加强对物流网络管理。企业以计算机网络技术为手段，通过再造业务流程，建立规章制度，整合管理资源，扁平化管理和软件研发，通过开发已实现“数字化物流”系统，同时通过接口开发与企业的财务系统互联，努力实现企业资金流、物流、信息流和业务流的“四流合一”。

从物资管理自身需求来看，一是分散的物资管理会造成库存流动资金占用较大，企业上年度库存流动资金占用 1.86 亿元；二是库存积压物资庞大，重复采购，由于信息不能共享，同类储备很难综合调剂，积压物品将影响生产成本；三是手工记账无法高效准确地对物品进行分类管理，仓库盘点往往出现物品数量和账目不符的情况，管理人员多，工作效率低；四是单个微机库存管理，形成企业内部封闭的信息孤岛，很难全面及时地掌握库存物资的动态信息。

从物资使用单位需求来看，一是计划处理反馈不及时，计划上报后，是否正常处理、合同签订情况、供应商情况、到货情况使用单位不掌握，以致计划重复上报；二是对单位物资库存分布情况和实时成本情况无法监控，调剂成本的现象时有发生，成本不实；三是分散的采购和储备管理不能发挥集中采购的竞争优势；四是成本实时监控管理的要求越来越迫切，部分制造部门已经提出物资核算到车间班组机台的内部管理要求。

从监管的角度看，一是财务和业务没有实现一体化，不能及时准确地反映市场的价格变动情况、物资到货情况、估价入账的明细情况，财务核算不及时；二是管理手段的落后造成了管理机制上的漏洞，急需的物资进不来，不急需的长线物资占用库存，计划上报和预算管理脱节；三是供应商及付款管理不够规范；四是传统的手工统计方法、滞后的信息反馈难以满足现代化管理的需要。

通过对企业物流库存管理进行重新流程设计，实现了流程全程计算机规范化管理，由计算机控制物流工作。首先形成用料部门直接在内部网上提出物资需求计划，专业人员进行网上汇总，各级领导在网上审批，交库领用后的质量监控反馈在网上的闭环管理流程。其次规范招标采购流程，加强供应商管理，实现中标信息网上传递。同时约束合同标底、供应商，由计算机生成合同，依据合同按照生产进度需求合理交库。然后规范交库、应付款挂账的业务流程。交库单全部依据合同生成，应付款依据发票和验收入库单自动生成。通过上述流程规范了库房管理的业务流程，彻底甩掉传统的手工记账流程。同时审计建议配合新业务流程完善各项规章制度，形成各环节工作人员相互监督制约机制，加强系统制约功能。通过系统建设，预计库房流动资金周转速度将提高一倍，周转天数降低 46.4 天，节约库房流动资金占用 5 000 万元，节约银行利息 250 万元。

分析

上述案例给我们带来哪些启发？

11.1　仓储成本管理

11.1.1　仓储成本的构成

仓储成本包括发生在货物储存期间的各项费用支出，其中一部分用于仓储设施、设备投入和维护，另一部分用于仓储作业所消耗的材料费用和人工费用，还有一部分是货物自身产生的资金成本和风险成本以及自然损耗。由于仓库的服务范围和运作模式不同，仓储成本的内容和构成也不尽相同。一般来说仓储成本主要包括仓储运作成本和仓储存货成本两部分。仓储运作成本发生在仓储部门，并且由仓储部门控制；仓储存货成本发生在存货控制部门，并由存货控制部门控制。除此之外，一些企业还核算由于货物缺货和在途造成的机会成本。

1. 仓储运作成本

1) 仓储运作成本的构成

(1) 固定成本。主要包括房屋折旧(或房屋租金)、设备折旧、库房固定人工工资等。

(2) 变动成本。主要包括水费、电费、取暖费用(集中供热)、设备维修费用、工人加班费用、货损费用等。

2) 仓储运作成本的计算

(1) 固定成本的计算。仓储固定成本在每月的成本计算时相对固定，一般情况下与库存数量没有直接关系，资料可以从财务部门直接得到。部分资料要经过整理和分割以分清仓储部门的费用情况，如固定资产中只有仓储部门的固定资产折旧才可以计入仓储运作成本。

(2) 变动成本的计算。变动成本的计算是根据实际发生的运作费用计算的，如各月的水费、电费、取暖费用(集中供热)、设备维修费等，加班费和货损费用也可以按实际发生计算。

2. 仓储存货成本

仓储存货成本是由于存货而发生的除运作成本以外的各种成本，包括订货成本、资金占用成本和存货风险成本。

1) 订货成本

订货成本是指企业为了实现一次订货而发生的各种费用的总和，包括相关差旅费支出和办公费等支出等。订货成本中有一部分与订货次数无关，如常设机构的基本开支等，称为订货的固定成本；另一部分与订货的次数有关，如差旅费、通信费等，称为订货的变动成本。具体来讲，订货成本包括与下列活动相关的费用。

(1) 检查存货费用；

(2) 编制并提出订货申请费用；

(3) 对多个供应商进行调查比较，选择合适的供应商的费用；

(4) 填写并发出订单费用；

(5) 填写并核对收货单费用；

(6) 验收货物费用；

(7) 筹集资金和付款过程中产生的各种费用。

2) 资金占用成本

资金占用成本是为购买货品和保证存货而发生的资金成本。资金成本可以用公司投资的机会成本或投资期望值来衡量，也可以用实际发生的资金成本来计算。为了谨慎和方便，一般企业资金成本用银行贷款利息来计算。

3) 存货风险成本

存货风险成本是发生在货品持有期间的，由于市场变化、价格变化、货品质量变化所造成的企业无法控制的商品贬值、损坏、丢失和变质等成本。

3. 缺货成本

缺货成本是指由于库存供应中断而造成的损失，包括原材料供应中断造成的停工损失、产成品库存缺货造成的延迟发货损失以及丧失销售机会造成的损失，甚至还应包括商誉损失。缺货成本不是仓库存货实际发生的成本支出，而是进行库存决策的一种比较方法。例如生产企业以紧急采购代用材料来解决库存材料的中断之急，那么缺货成本就表现为紧急采购成本与正常采购成本之差。当企业某种产品缺货时，客户可能会购买该企业竞争对手的产品，这就会对该企业产生直接利润损失。如果因此失去客户，还可能为企业造成间接或长期损失。原材料、半成品或零配件的缺货还可能意味着机器空闲甚至停产，某些产品缺货可能引起企业市场占有率的降低和竞争能力的改变，因此对于缺货的管理已成为仓储成本管理的重要内容。

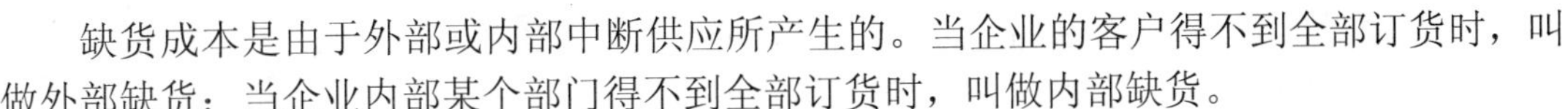

缺货成本是由于外部或内部中断供应所产生的。当企业的客户得不到全部订货时，叫做外部缺货；当企业内部某个部门得不到全部订货时，叫做内部缺货。

如果发生外部缺货，将导致以下情况的发生。

1) 延期交货

延期交货有两种形式，一种是缺货商品可以在下次订货时得到补充，另一种是利用快递延期交货。如果客户愿意等到下次订货，那么企业实际上没有什么直接损失。但商品延期交货会产生特殊订单处理费用。延期交货的特殊订单处理费用要比普通处理费用高。由于延期交货经常是小规模装运，而且延期交货商品可能需要利用速度快、收费较高的运输方式运送，因此延期交货成本可根据额外订单处理费用和额外运费来计算。

2) 失销

缺货可能造成一些用户转向其他供应商，也就是说许多公司都有生产替代产品的供应商，当一个供应商没有客户所需的商品时，客户就会从其他供应商那里订货，在这种情况下，企业的直接损失就是这种商品的毛利。除此之外，失销还包括当初负责相关销售业务的销售人员所付出努力的损失。需要指出的是，有时很难确定失销的总损失。例如许多客户习惯用电话订货，客户只是询问是否有货，而未指明要订货多少，如果这种产品没货，企业很难准确地知道损失的总量，而且很难估计一次缺货对未来销售的影响。

3) 失去客户

企业可能因缺货而失去客户，也就是说客户永远转向其他供应商。失去客户意味着企业也就失去了未来的一系列收入，这种缺货造成的损失很难准确估计。失去客户除了利润损失，还有商誉损失。如果企业失去的是主要客户或者大部分客户，那么企业可能就失去了存在的意义。

4. 在途存货成本

仓储成本主要包括仓库中货品的运作成本和存货成本，但有时在途成本也必须加以考虑。如果企业以目的地交货价销售商品，就意味着企业要负责将商品运达客户，当客户收到订货商品时，商品的所有权才转移。从财务的角度来看，在途商品仍是企业的库存，因为这种在途商品在交给客户之前仍然属于企业所有。

在途库存的资金占用成本一般等于仓库中库存的资金占用成本。在途库存一般与仓库运作成本不相关，但要考虑在途货物的保险费用。选择快速运输方式时，一般货物过时或变质的风险要小一些，因此仓储风险成本较小；否则仓储风险成本就较大。一般来说，在途存货成本要比仓库中的存货成本小。如果企业库存量以及在途时间和风险比较小，这部分成本可以忽略不计。

11.1.2 仓储成本的计算

仓储成本是物流成本的重要组成部分，其高低直接影响利润水平。因此合理控制仓储成本是企业物流管理的一项重要内容。

1. 计算仓储成本的目的

仓储成本是客观存在的。由于仓储成本的计算内容和范围没有一个统一的计算标准，加之不同企业的运作模式也各不相同，不同的企业有不同的计算方法，所以从企业经营的总体需求来讲，仓储成本的计算和信息的搜集主要为了满足以下几个方面的需要。

(1) 为各个层次的经营管理者提供仓储管理所需的成本资料；

(2) 为编制仓储预算以及预算控制提供所需的成本资料；

(3) 为制订仓储计划提供所需的成本资料；

(4) 为监控仓储管理水平提供各种成本信息；

(5) 为价格计算提供所需的成本资料。

仓储成本除了按物流活动领域、支付形态等类别分类外，还可以根据管理的需要进行分类，通过不同期间成本的比较、实际发生费用与预算标准的比较，并结合仓储周转数量和仓储服务水平，对仓储成本进行分析。

2. 仓储成本计算的一般方法

在计算仓储成本之前，需要明确仓储成本的计算范围。计算范围取决于成本计算的目的，如果要对所有的仓储活动进行管理就需要计算出所有的仓储成本。同样是仓储成本，由于所包括的范围不同，计算结果也不一样。如果只考虑库房本身的费用，不考虑仓储其他领域的费用，也不能全面反映仓储成本的全貌。每个企业在统计仓储费用时的口径不一致，往往缺乏可比性。因此，在讨论仓储成本的时候，首先应该明确成本计算所包括的范围。

在计算仓储成本时，原始数据主要来自财务部门提供的数据。因此，应该把握按支付形态分类的成本。在这种情况下，对外支付的保管费可以直接作为仓储成本全额统计，但对于企业内发生的仓储费用常常与其他部门发生的费用混合在一起的，需要从中剥离出来，如材料费、人工费、物业管理费、管理费、营业外费用等。

(1) 材料费。与仓储有关的包装材料、消耗工具、器具备品、燃料等费用，可以根据材料的出入库记录，将此期间与仓储有关的消耗量计算出来，再分别乘以单价便可得出仓储材料费。

(2) 人工费。人工费可以从仓储人员的工资、奖金、补贴等报酬的实际支付金额得到，以及由企业统一负担部分按仓储岗位人数分配后得到的金额计算出来。

(3) 物业管理费。物业管理费包括水、电、气等费用，可以根据设施上所记录的用量来获取相关数据，也可以根据建筑设施的比例和仓储人员的比例简单推算。

(4) 管理费。管理费无法从财务会计方面直接得到相关的数据，可以按人头比例简单推算。

(5) 营业外费用。营业外费用包括折旧、利息等。计算折旧首先要选择合适的折旧方法，然后根据设施设备的折旧年限和残值或残值率计算折旧，利息可以根据物流相关资产的贷款利率计算。

3. 仓储成本计算的其他方法

为了合理计算仓储成本，有效监控仓储过程中发生的费用来源，可以按仓库支付形式、按仓储运作项目或按使用对象等不同方法计算仓储成本。

(1) 按支付形式计算仓储成本。把仓储成本分别按仓储搬运费、仓储保管费、材料消耗费、人工费、仓储管理费、仓储占用资金利息等支付形态分类，就可以计算出仓储成本的总额。这样可以了解花费最多的项目，从而确定仓储成本管理的重点。

这种计算方法是从月度损益表中“管理费用、财务费用、营业费用”等各个项目中取出一定数值乘以一定的比率(仓储部门比率分别按人数平均、台数平均、面积平均、时间平均等计算出来)算出仓储部门的费用。再将仓储成本总额与上一年度的数值作比较，弄清楚增减的原因并制订整改方案。

(2) 按仓储活动项目计算仓储成本。按仓储活动项目计算仓储成本是将仓库中的各个运作环节发生的成本分别统计，如入库费用、出库费用、分拣费用、检查费用、盘点费用等。在仓库众多的情况下，采用按活动项目计算仓储成本的方法可以较容易地进行相互之间的比较，从而达到有效管理的目的。

(3) 按适用对象计算仓储成本。仓储成本的计算也可以按照仓库商品所适用的对象，按产品、地区的不同分别计算仓储成本，这就是一般所说的按适用对象计算仓储成本。按照不同地点计算仓储发生成本，并计算仓储成本占销售金额或毛收入所占比例，及时发现仓储过程存在的问题并加以解决。

11.1.3 仓储成本的控制

仓储成本具有经济上的合理性,因为仓储成本能平衡运输和生产采购成本。也就是说,储备一定数量的库存,企业常常可以调整经济生产批量和生产批次来降低生产运营成本。同时，储备库存也可以通过更大、更经济的运输批量来降低运输成本，保证营运总成本的节约。因此，企业在进行仓储成本控制时应权衡利弊，合理确定控制的策略和措施。控制仓储成本首先要对仓储费用的组成要素进行分析，有针对性地找出对影响费用最大的因素加以控制，以达到对症下药的目的。例如，在国外先进国家的仓储费用中，人工费用占到 50%以上，而目前我国仓储费用中的资产费用占据了相当大的一部分。控制仓储费用首先采取的措施应从快速见效的部分入手。但由于仓储成本与物流成本其他要素之间存在二律背反的现象，因此降低仓储成本要在保证物流总成本最低和不降低企业总体服务质量水平的前提下进行，常见的措施如下。

(1) 优化仓储布局，做到适度集中库存。

库存集中是指利用储存规模优势，以适度集中储存来代替分散的小规模储存，以实现仓储成本的优化。目前，包括海尔在内的许多企业通过建立大规模的物流中心，把过去零星库存集中起来进行管理，并对一定范围内的用户进行直接配送，从而显著降低了仓储成本。所以，进行适度库存集中可以提高对单个用户的保证能力，有利于采取机械化、自动化方式，有利于形成一定批量的干线运输，并有利于形成支线运输的始发点。但是，在进行仓库布局时要注意仓库的减少与库存的集中有可能会增加运输成本。因此企业要在运输成本、仓储成本和配送成本总和平衡的基础上，考虑仓库布局与集中储存，在总储存费与运输费之间取得最优。

(2) 合理选择适当的订货方式控制仓储成本。

不同的企业可以根据自身的特点。通过采用订货点控制法和经济订货批量控制法来安排货物的采购，以降低仓储成本。

① 使用订货点控制法控制库存。该方法管理方便，订货时间和订货量不受人为因素影响，可以保证库存管理的准确性，并便于按经济订货批量订货，节约库存成本。订货量确定后，便于按计划安排库内的作业活动，节约管理费用。但要注意的是使用订货点控制法不便于对库存进行严格的管理，所以只适合于单价比较便宜、不便于少量订货的物品，或通用性强、需求总量比较稳定的物品，或消费量计算复杂，品种数量多、库存管理量大的物品。

② 使用经济订货批量法控制库存。使用该方法要注意制定适当的订货策略，协调订货费用和库存费用之间的关系。订货批量的大小关系到订货费用和保管费用的高低。在一定

时期内，物资的总需量一定时，订货批量增大，订货次数就会减少，订货费用就会降低，然而保管费用会提高；若订货批量减小，保管费用就会降低，而订货次数就会增加，使得订货费用增加。企业应确定合理的订货批量使得订货费用和保管费用的和最小。

(3) 优化库存，降低存货成本

① 排除无用的库存。定期核查仓库中的货品，将长期不用、过期、过时的货品及时上报清理。无用的库存既占用空间，又浪费库房运作费用，要建立制度对无用库存货品进行及时处理。

② 减少库存量。仓储费用的发生与库存数量成正比例的关系，在满足存货保证功能的前提下，将存货数量减到最低无疑是减少仓储成本的最直接办法。库存数量的减少既要靠存货控制部门合理的计划、与客户和供应商的良好沟通，也要依靠仓储部门的良好管理。仓储部门快速的信息传递、准确的账物，都能为减少库存提供良好的帮助。

③ 对一些生产周期短、运输方便的货品实行 JIT 管理，减少库存成本。

(4) 利用 ABC 分类法控制存货成本。

ABC 分类管理就是将库存物品按品种和占用资金的多少分为特别重要的库存 A 类、一般重要的库存 B 类和不重要的库存 C 类 3 个等级，然后针对不同等级分别进行管理与控制。在对库存进行 ABC 分类之后，要根据企业的经营策略对不同级别的库存进行不同的管理和控制。

A 类库存物资数量虽少但对企业却最为重要，是最需要严格管理和控制的库存。企业必须对这类库存进行定时盘点，详细记录及经常检查分析物资使用、存量增减、品质维持等信息，加强进货、发货、运送管理，在满足企业内部需要和顾客需要的前提下维持尽可能低的经常库存量和安全库存量，加强与上下游企业合作，降低库存水平，加快库存周转率，最终达到控制库存成本的目的。

B 类库存居于一般重要的地位，对这类库存的管理强度介于 A 类库存和 C 类库存之间，对 B 类库存一般进行正常的例行管理和控制即可。

C 类库存物资数量最大但对企业的重要性最低，因而被视为不重要的库存。就库存成本控制而言，由于该类库存的价值不大，所以可以采取尽可能简单的管理方式以节约库存成本，如减少这类库存的管理人员和设施。

(5) 采用“先进先出”方式，减少仓储物的保管风险。

“先进先出”是储存管理的准则之一，它能保证每个被储存物的储存期不至过长，减少仓储物的保管风险。具体有效的“先进先出”方式主要有以下几种。

① 重力式货架系统。利用货架的每层形成贯通的通道，从一端存入物品，另一端取出物品，物品在通道中自行按先后顺序排队，不会出现越位等现象。贯通式(重力式)货架能非常有效地保证先进先出。

② “双仓法”储存。给每种被储存物都准备两个仓位或货位，轮换进行存取，再配以必须在一个货位中出清货物后才可以补充的规定，则可以保证实现“先进先出”。

③ 存取系统采用计算机管理。在存货时向计算机输入时间记录，编入一个简单地按时间顺序输出的程序，取货时计算机就能按时间给予指示，以保证“先进先出”。这种计算机存取系统还能将“先进先出”保证不做超长时间的存储和快进快出结合起来，即在保证“先进先出”的前提下，将周转快的物资随机存放在便于存储之处，以加快周转，减少劳动消耗。

(6) 提高储存密度，提高仓容利用率。

① 采取高垛的方法，增加储存的高度。

具体方法有采用高层货架仓库、集装箱等都可比一般堆存方法大大增加储存高度。

② 缩小库内通道宽度以增加有效储存面积。

具体方法有采用窄巷道式通道，配以轨道式装卸车辆，以减少车辆运行宽度要求；采用侧移式叉车、推拉式叉车，以减少叉车转弯所需的宽度。

③ 减少库内通道数量以增加有效储存面积。

具体方法有采用密集型货架，采用不依靠通道可进车的可卸式货架，采用各种贯通式货架，采用不依靠通道的桥式起重机装卸技术等。

除此之外，利用计算机系统提高仓储作业效率，及时准确地反馈仓储信息，加强管理也是极其必要的。

11.2 配送成本管理

11.2.1 配送成本的构成

配送是与市场经济相适应的一种先进物流方式，是物流企业按用户订单或配送协议进行配货，经过科学统筹规划，在用户指定的时间将货物送达用户指定地点的一种供应方式。从整个物流系统来讲，配送几乎包括了所有的物流功能要素，是物流活动的一个缩影或在某小范围中物流全部活动的体现，是配送企业重要的作业环节。配送成本就是完成配送活动需要付出的代价，是配送过程中所支付的费用总和。

一般的配送集装卸搬运、包装、保管、运输于一体，通过一系列物流活动将货物送达目的地。特殊的配送则还要以流通加工活动为支撑。严格来讲，整个物流活动若没有配送环节就不能成为完整的物流活动。

配送的主体活动是配送运输、拣选、配货及配载。拣选配货是配送的独特要求，也是配送中有特点的活动。以送货为目的的配送运输是最后实现配送的主要手段，从这一点出发，常常将配送看成运输中的一种。

根据配送流程及配送环节，配送成本实际上包含配送运输费用、拣选费用、配装及流通加工费用等，其成本应由以下费用构成。

1. 配送运输费用

1) 车辆费用

车辆费用指从事配送运输生产而发生的各项费用。具体包括驾驶员及助手等工资及福利费、燃料、轮胎、修理费、折旧费、养路费、车船使用税等项目。

2) 营运间接费用

营运间接费用是指营运过程中发生的不能直接计入各成本计算对象的站、队经费。具体包括站、队人员的工资及福利费、办公费、水电费、折旧费等内容，但不包括管理费用。

2. 拣选费用

1) 拣选人工费用

拣选人工费用是指从事拣选工作的作业人员及有关人员工资、奖金、补贴等费用的总和。

2) 拣选设备费用

拣选设备费用是指拣选机械设备的折旧费用及修理费用。

3. 配装费用

1) 配装材料费用

常见的配装材料有木材、纸、自然纤维和合成纤维、塑料等。这些包装材料功能不同，成本相差很大。

2) 配装辅助费用

除上述费用外，还有一些辅助性费用，如包装标记、标志的印刷、拴挂物费用等的支出。

3) 配装人工费用

配装人工费用是指从事配装工作的工人及有关人员的工资、奖金、补贴等费用总和。

4. 流通加工费用

1) 流通加工设备费用

流通加工设备因流通加工形式不同而不同，购置这些设备所支出的费用以流通加工费用的形式转移到被加工产品中去。

2) 流通加工材料费用

流通加工材料费用是指在流通加工过程中，投入到加工过程中的一些材料消耗所需要的费用，即流通加工材料费用。

3) 流通加工人工费用

在流通加工过程中从事加工活动的管理人员、工人及有关人员工资、奖金等费用的总和。

实际应用中，应该根据配送的具体流程归集成本，不同的配送模式其成本构成差异较大。相同的配送模式下，由于配送物品的性质不同，所以其成本构成差异也很大。

知识链接

配送成本的特点

配送成本是物流成本的一个组成部分，具有物流成本的特点。

1. 配送成本隐蔽性

多数配送成本通常混杂在运输成本、销售成本和一般经营费用当中，会计对这些成本和费用进行核算时，难于将配送成本单独计算，提供完整的配送成本信息。

2. 配送成本消减具有乘数效应

假设某配送企业销售 10 000 元的货物，其配送成本为 1 000 元。如果配送成本降低 10%，就可以得到 100 元利润。如果该配送企业的销售利润率为 5%，则创造 100 元利润需增加 2 000 元的销售额，即降低 10%的配送成本所起的作用相当于销售额增加 20%。

3. 配送成本的效益背反

配送成本是由若干项构成的，如送包装成本、装卸搬运成本、拣选成本等，如要减少包装成本，需简化包装，则增加了装卸搬运的难度和货物损坏，导致总的成本增加。

11.2.2 配送成本的计算

配送成本费用的计算是涉及多环节的成本计算，首先应对每个环节计算成本，再汇总计算总成本。总成本是指成本计算期内成本计算对象的成本总额，即各个成本项目金额之和。配送成本费用总额是由各个环节的成本组成。其计算公式为

配送成本=配送运输成本+拣选成本+配装成本+流通加工成本

1. 配送运输成本的核算

配送运输成本的核算是指将配送车辆在配送运输过程中所发生的费用按照规定计入配送对象或运输成本项目。

1) 配送运输成本的数据来源

(1) 工资及职工福利费。根据“工资分配汇总表”和“职工福利费计算表”中各车型分配的金额计入成本。

(2) 燃料。根据“燃料发出凭证汇总表”中各车型耗用的燃料金额计入成本。配送车辆在本企业以外的油库加油，其领发数量不作为企业购入和发出处理的，应在发生时按照配送车辆领用数量和金额计入成本。

(3) 轮胎。轮胎外胎采用一次摊销法的，根据“轮胎发出凭证汇总表”中各车型领用的金额计入成本；采用按行驶公里提取法的，根据“轮胎摊提费计算表”中各车型应负担的摊提额计入成本。发生轮胎翻新费时，根据付款凭证直接计入各车型成本或通过待摊费用分期摊销。内胎、垫带根据“材料发出凭证汇总表”中各车型成本领用金额计入成本。

(4) 修理费。辅助生产部门对配送车辆进行保养和修理的费用，根据“辅助营运费用分配表”中分配各车型的金额计入成本。

(5) 折旧费。根据“固定资产折旧计算表”中按照车辆种类提取的折旧金额计入各分类成本。

(6) 养路费及运输管理费。配送车辆应缴纳的养路费和运输管理费，应在月终计算成本时，编制“配送营运车辆应缴纳养路费及管理费计算表”，据此计入配送成本。

(7) 车船使用税、行车事故损失和其他费用。如果是通过银行转账、应付票据、现金支付的，根据付款凭证等直接计入有关的车辆成本；如果是在企业仓库内领用的材料物资，根据“材料发出凭证汇总表”、“低值易耗品发出凭证汇总表”中各车型领用的金额计入成本。

(8) 营运间接费用。根据“营运间接费用分配表”计入有关配送车辆成本。

2) 配送运输成本计算表

配送企业月末应编制配送运输成本计算表，以反映配送运输总成本和单位成本。配送运输总成本是指成本计算期内成本计算对象的成本总额，即各个成本项目金额之和；单位成本是指成本计算期内各成本计算对象完成单位周转量的成本额。

2. 拣选成本的核算

拣选成本是指拣选机械及人工在完成货物拣选过程中所发生的各种费用。

1) 拣选成本项目和内容

(1) 拣选直接费用。拣选直接费用包括：工资，指按规定支付给拣选作业工人的标准工资、奖金、津贴等；职工福利费，指按规定的工资总额和提取标准计提的职工福利费；修理费，指拣选机械进行保养和修理所发生的费用；折旧费，指拣选机械按规定计提的折

旧费；其他费用。

(2) 拣选间接费用。这是指配送拣选管理部门为管理和组织拣选生产，需要由拣选成本负担的各项管理费用和业务费用。

2) 拣选成本的计算方法

配送环节的拣选成本的计算方法是指拣选过程所发生的费用按照规定的成本计算对象和成本项目并计入拣选成本的方法。

(1) 工资及职工福利费。根据“工资分配汇总表”和“职工福利费计算表”中分配的金额计入拣选成本。

(2) 修理费。辅助生产部门对拣选机械进行保养和修理的费用，根据“辅助生产费用分配表”中分配的拣选成本金额计入成本。

(3) 折旧费。根据“固定资产折旧计算表”中按照拣选机械提取的折旧金额计入成本。

(4) 拣选间接费用。根据“配送管理费用分配表”计入拣选成本。

(5) 其他。根据“低值易耗品发出凭证汇总表”中拣选成本领用的金额计入成本。

3. 配装成本的计算

配装成本是指在完成配装货物过程中所发生的各种费用。

1) 配装成本项目和内容

(1) 配装直接费用。配装直接费用包括：工资，指按规定支付的配装作业工人的标准工资、奖金、津贴；职工福利费，指按规定的工资总额和提取标准计提的职工福利费；材料费用，指配装过程中消耗的各种材料，如包装纸、箱、塑料等；辅助材料，指配装过程中耗用的辅助材料，如标志、标签等；其他费用，指不属于以上各项的费用，如配装工人的劳保用品费等。

(2) 配装间接费用。这是指配送配装管理部门为管理和组织配装生产所发生的各项费用，由配装成本负担的各项管理费用和业务费用。

上述配装直接费用和配装间接费用构成了配装成本。

2) 配装成本的计算方法

配送环节的配装活动是配送的独特要求，其成本的计算方法，是指配装过程中所发生的费用按照规定的成本计算对象和成本项目进行计算的方法。

(1) 工资及福利费。根据“工资分配汇总表”和“职工福利费计算表”中分配的配装成本的金额计入成本。

“职工福利费计算表”是依据“工资结算汇总表”确定的各类人员工资总额按照规定的提取比例计算后编制的。

(2) 材料费用。根据“材料发出凭证汇总表”、“领料单”及“领料登记表”等原始凭证，将配装成本耗用的金额计入成本。

直接材料费用中，材料费用数额是根据领料凭证汇总编制“耗用材料汇总表”确定的。在归集直接材料费用时，凡能分清某一成本计算对象的费用应单独列出，以便直接计入该配装对象的成本计算单中；属于几个配装成本对象共同耗用的直接材料费用，应当选择适当的方法分配计入各配装成本计算对象的成本计算单中。

(3) 辅助材料费用。根据“材料发出凭证汇总表”、“领料单”中的金额计入成本。

(4) 配装间接费用。根据“配送间接费用分配表”计入配装成本。

(5) 其他费用。根据“材料发出凭证汇总表”、“低值易耗品发出凭证”中配装成本领用的金额计入成本。

物流配送企业月末应编制配送环节配装成本计算表以反映配装过程发生的成本费用总额。配装作业是配送的独特要求，只有进行有效的配装才能提高送货水平，降低送货成本。

4. 流通加工成本的核算

1) 流通加工成本项目和内容

(1) 直接材料费。

流通加工的直接材料费用是指流通加工过程中直接消耗的材料、辅助材料、包装材料以及燃料和动力等费用。与工业企业相比，在流通加工过程中的直接材料费用占流通加工成本的比例不大。

(2) 直接人工费用。

流通加工成本中的直接人工费用是指直接进行加工生产的生产工人的工资总额和按工资总额提取的职工福利费。生产工人工资总额包括计时工资、计件工资、奖金、津贴和补贴、加班工资、非工作时间的工资等。

(3) 制造费用。

流通加工制造费用是配送中心设置的生产加工单位为组织和管理生产加工所发生的各项间接费用。主要包括流通加工生产单位管理人员的工资及提取的福利费，生产加工单位房屋、建筑物、机器设备等的折旧和修理费、生产单位固定资产租赁费、机物料消耗、低值易耗品摊销、取暖费、水电费、办公费、差旅费、保险费、试验检验费、季节性停工和机器设备修理期间的停工损失以及其他制造费用。

2) 流通加工成本项目的归集

(1) 直接材料费用的归集。

直接材料费用中，材料和燃料费用数额是根据全部领料凭证汇总编制的“耗用材料汇总表”确定的，外购动力费用是根据有关凭证确定的。

在归集直接材料费用时，凡能分清某一成本计算对象的费用应单独列出，以便直接计入该加工对象的成本计算单中；属于几个加工成本对象共同耗用的直接材料费用，应当选择适当的标准，分配计入各加工成本计算对象的成本计算单中。

(2) 直接人工费用的归集。

计入成本中的直接人工费用的数额是根据当期“工资结算汇总表”和“职工福利费计算表”来确定的。

“工资结算汇总表”是进行工资结算和分配的原始依据。它是根据“工资结算单”按人员类别(工资用途)汇总编制的。“工资结算单”应当依据职工工作卡片、考勤记录、工作量记录等工资计算的原始记录编制。

“职工福利费计算表”是依据“工资结算汇总表”确定的各类人员工资总额按照规定的提取比例计算后编制的。

(3) 制造费用的归集。

制造费用是通过设置制造费用明细账，按照费用发生的地点来归集的。制造费用明细账按照加工生产单位开设，并按费用明细账项目设专栏组织核算。流通加工制造费用表的格式可以参考工业企业的制造费用表的一般格式。由于流通加工环节的折旧费用、固定资产修理费用等占成本比例较大，其费用归集尤其重要。

11.2.3 配送成本的控制

1. 加强配送的计划性

在配送活动中，临时配送、紧急配送或无计划的随时配送都会大幅度增加配送成本。临时配送由于事先计划不善，未能考虑正确的装配方式和恰当的运输路线，到了临近配送截止时期时不得不安排专车单线进行配送，造成车辆不满载、里程多。紧急配送往往只要求按时送货，来不及认真安排车辆配装及配送路线，从而造成载重和里程的浪费。而为了保持服务水平，又不能拒绝紧急配送。但是如果认真核查并有调剂准备的余地，紧急配送也可纳入计划。随时配送对订货要求不做计划安排，有一笔送一次。这样虽然能保证服务质量，但是不能保证配装与路线的合理性，也会造成很大浪费。

为了加强配送的计划性，需要制定配送申报制度。所谓配送申报制度，就是零售商店订货申请制度。解决这个问题的基本原则是：在尽量减少零售店存货、尽量减少缺货损失的前提下相对集中各零售店的订货。应针对商品的特性制定相应的配送申报制度。

(1) 对鲜活商品应实行定时定量申报、定时定量配送。为保证商品的鲜活，零售店一般一天申报一次，商品的量应以当天全部销售完为度。实行定时定量申报的商品，在商品量确定以后，分店除特殊情况外不必再进行申报。由配送中心根据零售店的定量每天送货。

(2) 对普通商品应实行定期申报、定期配送。定期申报是指零售店定期向配送中心订货，订货量为两次订货之间的预计需求量。例如每七天订一次，每七天送一次货。问题的关键是如何确定合理的时间间隔。时间太长，每次的发货量必定很多，这无疑将配送中心的存货分散到零售店储备；时间太短，每次发的货太零星，既增加了配送难度，也增加了配送次数。一个合理的时间间隔应该在保持较少的库存而又不缺货的前提下，集中零售店的订货。在实际操作中应通过数据来分析和经验来确定。

2. 确定合理的配送路线

配送路线合理与否对配送速度、成本、效益影响很大，因此采用科学方法确定合理的配送路线是配送的一项重要工作。确定配送路线可以采用各种数学方法和在数学方法基础上发展和演变出来的经验方法。无论采用何种方法都必须满足一定的约束条件。

(1) 满足所有零售店对商品品种、规格和数量的要求。

(2) 满足零售店对货物到达时间范围的要求。

(3) 在交通管理部门允许通行的时间内进行配送。

(4) 各配送路线的商品量不超过车辆容积及载重量的限制。

(5) 要在配送中心现有的运力允许的范围之内配送。

3. 进行合理的车辆配载

各零售店的销售情况不同，订货的品种也往往不一致。这就使一次配送的货物可能有多个品种，这些货物不仅包装形态、运输性能不一，而且密度差别较大，有的甚至相差甚远。密度大的商品往往达到了车辆的载重量，但体积空余很大；密度小的商品达到车辆的最大体积时，达不到载重量。单装实重或轻泡商品都会造成浪费。如果实行轻重商品配装，既会使车辆达到满载，又充分利用车辆的体积，大大降低运输费用。

11.2.4　降低配送成本的策略

1. 混合策略

混合策略是指配送业务一部分由企业自身完成，其他的业务则由第三方物流完成。这种策略的基本思想是：采用纯策略的配送方式超出一定程度不仅不能取得规模效益，反而还会造成规模不经济；而采用混合策略，合理安排企业自身完成的配送和外包给第三方物流完成的配送，能使配送成本最低。例如，美国一家干货生产企业为满足遍及全美的 1 000 家连锁店的配送需要，建造了 6 座仓库，并拥有自己的车队。随着经营的发展，企业决定扩大配送系统，计划在芝加哥投资 700 万美元再建一座新仓库，并配以新型的物料处理系统。该计划提交董事会讨论时却发现这样不仅成本较高，而且就算仓库建起来也还是满足不了需要。于是，企业把目光投向租赁公共仓库，结果发现如果企业在附近租用公共仓库，增加一些必要的设备，再加上原有的仓储设施，企业所需的仓储空间就足够了，但总投资只需 20 万元的设备购置费、10 万元的外包运费，加上租金，也远没有 700 万元之多。

2. 差异化策略

差异化策略的指导思想是当企业拥有多种产品线时，不能对所有产品都按同一标准的顾客服务水平来配送，而应按产品的特点、销售水平来设置不同的库存、不同的运输方式以及不同的储存地点。忽视产品的差异性会增加不必要的配送成本。例如，一家生产化学品添加剂的公司，为降低成本，按各种产品的销售量比重进行分类：A 类产品的销售量占总销售量的 70%以上，B 类产品占 20%左右，C 类产品则为 10%左右。对 A 类产品，公司在各销售网点都备有库存，B 类产品只在地区分销中心备有库存而在各销售网点不备有库存，C 类产品连地区分销中心都不设库存，仅在工厂的仓库才有存货。经过一段时间的运行，事实证明这种方法是成功的，企业总的配送成本下降了 20%。

3. 合并策略

1) 配送方法上的合并

企业在安排车辆完成配送任务时，充分利用车辆的容积和载重量，做到满载满装，是降低成本的重要途径。由于产品品种繁多，所以不仅包装形态、储运性能不一，而且在容重方面也往往相差甚远。一车上如果只装容重大的货物，往往是达到了载重量，但容积空余很多；只装容重小的货物则相反，看起来车装得满，实际上并未达到车辆载重量。这两种情况实际上都造成了浪费。实行合理的轻重配装、容积大小不同的货物搭配装车，就可以不但在载重方面达到满载，而且也充分利用车辆的有效容积，取得最优效果。最好是借助计算机计算货物配车的最优解。

2) 共同配送

共同配送是一种产权层次上的共享，也称集中协作配送。它是几个企业联合，集小量为大量，共同利用同一配送设施的配送方式。其标准运作形式是在中心机构的统一指挥和调度下，各配送主体以经营活动(或以资产为纽带)联合行动，在较大的地域内协调运作，共同对某一个或某几个客户提供系列化的配送服务。这种配送有两种情况：第一种是中小生产、零售企业之间分工合作实行共同配送，即同一行业或在同一地区的中小型生产、零售企业单独进行配送的运输量少、效率低的情况下进行联合配送，不仅可减少企业的配送费用、配送能力得到互补，而且有利于缓和城市交通拥挤，提高配送车辆的利用率；第二

种是几个中小型配送中心之间的联合，针对某一地区的用户，由于各配送中心所配物资数量少、车辆利用率低等原因，几个配送中心将用户所需物资集中起来，共同配送。

4. 延迟策略

传统的配送计划安排中，大多数的库存是按照对未来市场需求的预测量设置的，这样就存在着预测风险，当预测量与实际需求量不符时，就出现库存过多或过少的情况，从而增加配送成本。延迟策略的基本思想就是对产品的外观、形状及其生产、组装、配送应尽可能推迟到接到顾客订单后再确定。一旦接到订单就要快速反应，因此采用延迟策略的一个基本前提是信息传递要非常快。

一般说来，实施延迟策略的企业应具备以下几个基本条件。

(1) 产品特征：模块化程度高，产品价值密度大，有特定的外形，产品特征易于表述，定制后可改变产品的容积或重量；

(2) 生产技术特征：模块化产品设计、设备智能化程度高、定制工艺与基本工艺差别不大；

(3) 市场特征：产品生命周期短、销售波动性大、价格竞争激烈、市场变化大、产品的提前期短。

实施延迟策略常采用两种方式：生产延迟(或称形成延迟)和物流延迟(或称时间延迟)。而配送中往往存在着加工活动，所以实施配送延迟策略既可采用形成延迟方式，也可采用时间延迟方式。具体操作时，常常发生在诸如贴标签(形成延迟)、包装(形成延迟)、装配(形成延迟)和发送(时间延迟)等领域。例如，美国一家生产金枪鱼罐头的企业就通过采用延迟策略改变配送方式，降低了库存水平。历史上这家企业为提高市场占有率曾针对不同的市场设计了几种品牌，产品生产出来后运到各地的分销仓库储存起来。由于顾客偏好不一，几种品牌的同一产品经常出现某种品牌的畅销而缺货，而另一些品牌却滞销压仓。为了解这个问题，该企业改变以往的做法，在产品出厂时都不贴标签就运到各分销中心储存，当接到各销售网点的具体订货要求后才按各网点指定的品牌标志贴上相应的标签，这样就有效地解决了此消彼长的矛盾，从而降低了库存。

5. 标准化策略

标准化策略就是尽量减少因品种多变而产生的附加配送成本，尽可能多地采用标准零部件、模块化产品。如服装制造商按统一规格生产服装，直到顾客购买时才按顾客的身材调整尺寸大小。采用标准化策略要求厂家从产品设计开始就要站在消费者的立场去考虑怎样节省配送成本，而不要等到产品定型生产出来了才考虑采用什么技巧降低配送成本。

11.3 关键运作指标控制

KPI(Key Performance Indicator)即关键运作指标，是通过对组织内部某一流程的输入端、输出端的关键参数进行设置、取样、计算、分析，衡量流程绩效的一种目标式量化管理指标，是把企业的战略目标分解为运作的远景目标的工具，是企业绩效管理系统的基础。KPI是现代企业中普遍受到重视的绩效考核方法。

KPI的核心观念是设定与企业流程相关的标准值，定出一系列的对企业发展、经营有提示、警告和监控作用的标准衡量指标，然后对实际经营过程中产生的相关指标实际值与预先设定的标准值进行比较和评估，并分析原因，找出解决的方法和途径，从而对企业的

流程做相应的调整和优化，以使未来的实际绩效指标值可以达到令决策者满意的程度。

建立企业 KPI 体系首先要明确企业的战略目标，找出企业的业务重点和方向。然后找出这些关键业务领域的 KPI，针对不同的作业环节和不同层次制定不同的 KPI，确定实现目标的工作流程，分解出各部门级的 KPI，并确定评价指标体系。

KPI 指标体系确立之后，还需要设定评价标准。一般来说，指标指的是从哪些方面衡量或评价工作，解决“评价什么”的问题；标准指的是各个指标应该分别达到什么样的水平，解决“被评价者怎样做，做多少”的问题。

善用 KPI 考评企业将有助于企业组织结构集成化，提高企业的效率，精简不必要的机构、流程和系统。

11.3.1 建立仓储与配送管理指标体系的意义和原则

仓储与配送的各项生产经营活动都与其经济效益有着密切的联系，同时现代仓库与配送的各项经济技术考核指标也是其经营管理成果的集中体现，是衡量现代仓库管理与配送水平高低的尺度，是考核各项工作成绩的重要手段。因此，建立和健全一整套行之有效的考核指标体系，对于加强现代仓储与配送管理、提高经济效益有着十分重要的意义。

1. 建立仓储与配送管理指标体系的意义

1) 有利于提高经营管理水平

经济核算中的每个指标均反映了现代仓储与配送管理中的一个侧面，而一个有效的、完整的指标体系能反映管理水平的全貌，通过对比分析就能找出工作中存在的问题，提高管理水平。随着物流业的大发展，仓储与配送企业的竞争也日趋激烈。要使所经营的现代仓储与配送企业能始终立于不败之地，就必须优化管理、增强自身的竞争力、加强经济核算。

2) 有利于落实经济责任制

经济核算的各项指标是实行现代仓储与配送经济核算的依据，也是衡量各岗位工作好坏的尺度。要推行现代仓储与配送管理的经济责任制，就必须实行按劳取酬，建立并完善经济核算制度。

3) 有利于加快仓储与配送企业的现代化建设

经济核算会促进现代仓储与配送企业优化劳动组织，改变人浮于事、机构臃肿的状况，从而提高劳动效率，降低活劳动的成本。经济核算又能促进企业改进技术装备和作业方法，找出仓储与配送作业中的薄弱环节，对消耗高、效率低、质量差的设备进行革新、改造，并有计划、有步骤地采用先进技术，提高仓储与配送机械化、自动化水平，逐步实现现代化。

4) 有利于增加配送的经济效益

现代仓储与配送是独立核算的企业，其经济效益的好坏已成为直接关系到能否生存的大事。因此，加强经济核算、找出仓储与配送管理中存在的问题、降低成本、提高效益、应成为现代仓储与配送企业的首要任务之一。

经济核算是现代仓储与配送企业一项长期的重要工作，须常抓不懈、不断提高。

2. 建立仓储与配送管理指标体系的原则

为了使现代仓储与配送管理的考核工作能顺利进行，确保各项考核指标的合理、有效，在制定指标体系时，必须遵循以下原则。

1) 科学性和实用性

仓库与配送考核指标体系要具有科学性和实用性。科学性原则是指考核指标体系应能客观、真实地反映仓储与配送管理的水平，符合经济规律；实用性原则是指考核、评价指标体系的方法、内容应与仓库与配送中心现实情况相适应，能如实反映仓库与配送中心实际经营水平。

2) 标准化

考核的内容、核算的指标标准规范才能使评价结果具有公正性，约束人为因素和随意性，形成合理的竞争机制。

3) 综合性

综合性指标体系中反映的内容应综合、全面，各指标之间应互相联系、互相制约，从而达到互相协调、互相补充的要求。考核评价的指标必须把影响仓储与配送管理的各种因素全面、系统地反映出来。

4) 可比性

严格保持对比指标的可比性是计算和分析指标的基本原则。所谓指标的可比性，就是对比的两个指标是否符合所针对项目的要求。可比性要求在企业内部可比，也要与企业外部各企业间具有可比性，并应在一段时间内保持相对稳定，不易经常变动。

11.3.2 仓储与配送管理指标体系

仓库与配送中心担负着生产经营所需各种货物的收发、储存、保管保养等多项业务职能，而这些活动与生产经营及其经济效益密切相关。仓储与配送活动的各项考核指标是仓储与配送管理成果的集中反映，是衡量仓储与配送管理水平高低的尺度，也是考核、评估各方面工作和各作业环节工作成绩的重要手段。因此，指标考核对加强仓储与配送管理工作、提高管理的业务和技术水平是十分必要的。

仓储管理与配送部门经济技术指标可分为货物的效益、货物的质量、货物的效率和货物的经济性指标。

1. 货物的效益指标

货物的效益指标是反映配送中心容量、能力及货物储存数量的指标。核算这一指标的作用在于掌握仓储与配送管理水平、衡量仓储与配送能力、挖掘保管人员潜力、提高仓储与配送效能。常见的货物储存效益指标如下。

1) 期间货物吞吐量

期间货物吞吐量是反映仓库与配送中心工作数量的指标，也是计算其他指标的基础和依据。其计算公式为

期间货物吞吐量=期间货物总进库量+期间货物总出库量+期间货物直拨量

货物吞吐量也叫货物总周转量，一般以“吨”或“箱”等为计量单位。期间货物吞吐量指标常常以“年”为计算周期。

2) 单位面积储存量

单位面积储存量是反映仓库与配送中心面积利用效率的指标。它一方面与仓库与配送中心规划和周转量有关，另一方面与货物的储位规划和堆放方式有关。

单位面积储存量=日平均储存量÷库房或货场使用面积

2. 货物的质量指标

货物的质量指标可以反映仓储与配送工作的质量和效率，反映货品耗损情况以及仓库与配送中心设备的安全性和可靠性。常见的货物储存的质量指标如下。

1) 账物差异率

账物差异率是指在货物盘点时，仓库与配送中心货物保管账面上的货物储存数量与相应库存实有数量的相互符合程度。

账物差异率=账物差异笔数(件数、重量)÷储存货物总笔数(件数、重量)×100%

2) 配送差错率

配送差错率反映配送的准确程度和服务质量。

配送差错率=配送差错累计笔数÷配送累计总笔数×100%

或

配送差错率=配送差错件数(重量)÷期内配送总件数(重量)×100%

3) 货物的损耗率

货物损耗率反映货物保管(配送)的实际情况，尤其是那些易挥发、失重或破碎的货物，应制定相应标准。

货物损耗率=货物损耗额÷货物保管(配送)总额×100%

或

货物损耗率=货物损耗额÷期内货物储存(配送)总量×100%

4) 平均保管(配送)损失

保管(配送)损失的计算范围包括因保管(配送)不善造成的霉变残损、丢失短少、超定额损耗及不按规定验收、错收、错付而发生的损失等。通过核算保管(配送)损失可以进一步追查损失的事故原因，核实经济责任，使损失降低到最小。

平均保管(配送)损失=保管(配送)损失金额÷平均储存量

5) 平均拣选时间

平均拣选时间反映仓储与配送服务质量和配送效率。

平均拣选时间=拣选时间总和÷拣选总笔数

6) 货物及时验收(配送)率

货物及时验收(配送)率=期内及时验收(配送)笔数÷期内收货(配送)总笔数×100%

7) 设备完好率

设备完好率=完好设备台日数÷设备总台日数×100%

8) 配送门店满足率

配送门店满足率=门店订单满足数÷门店订单总数

3. 货物的效率指标

1) 仓库与配送中心利用率

仓库与配送中心面积和容积利用率是衡量和考核仓库与配送中心利用程度的指标，表明仓库与配送中心的利用效率，是反映仓库与配送中心管理水平的主要指标之一，考核这项指标可以反映仓库与配送中心的使用是否合理，也可以挖潜多储，进一步提高仓库与配送中心的利用效率。

仓库(配送中心)面积利用率=仓库(配送中心)的有效堆放面积÷仓库(配送中心)总面积×100%

仓库(配送中心)容积利用率=报告期平均库存量÷库房点总容量×100%

2) 仓库与配送中心生产效率

仓库(配送中心)生产效率指标可以反映仓库(配送中心)的劳动生产率。

仓库(配送中心)生产效率=全年货物出入库总量÷仓库(配送中心)全员年工日总数

3) 资金使用效率

资金使用效率指标主要用于考核仓库与配送中心的资金使用情况，反映资金的利用水平及使用效果。

单位货物固定资产平均占用量=报告期固定资产平均占用量÷报告期平均货物储存量

单位货物流动资金平均占用量=报告期流动资产平均占用量÷报告期平均货物储存量

流动资金周转次数=年仓储业务总收入÷全年流动资金平均占用额

流动资金周转天数=360÷流动资金周转次数

或

流动资金周转天数=全年流动资金平均占用额×60÷年仓储业务总收入

4) 货物周转速度

货物周转速度反映仓储与配送效率。在保证货物供应的前提下应尽量降低储存量，从而加快货物的周转速度，提高仓储与配送的效率。

货物年周转次数=全年货物消耗总量÷全年货物平均储存量

货物周转天数=360÷货物年周转次数

或

货物周转天数=全年货物平均储存量×360÷全年货物消耗总量

或

货物周转次数=全年货物平均储存量÷货物平均日消耗量

【例 11.1】某仓储企业 KPI 应用实例，见表 11-1。

表 11-1　某仓储企业 KPI 应用实例

KPI 模块	KPI 描述	采集方法
运营	库存准确率	根据盘点时差错率计算
	订单满足率	可由完全满足的订单占总订单的比例计算
	平均每小时拣货数量	可分箱拣、零拣、整托盘计算
收货	日平均收货托盘数量	一定时间段内收货的托盘数/总收货天数
	日平均收货件数	一定时间段内收货的件数/总收货天数
退货	日平均收货托盘数量	一定时间段内收货的托盘数/总收货天数
	日平均收货件数	一定时间段内收货的件数/总收货天数
库存	库存准确度	在一定时间段的循环盘点历史记录中：循环盘点总差异量(绝对值加总，正负差异都按正差异累加)/循环盘点期望总数量
	库存缩水度	在一定时间段的循环盘点历史记录中：循环盘点总缩水量(正负差异相互抵消)/循环盘点期望总数量
	库存周转率	一定时间段内日平均发货件数/总平均库存件数
	仓库使用率	使用容量/仓库总容量(选取库位体积或重量或件数)
	空闲库位率	空闲库位数/总库位数
拣货	拣货速率	日平均拣货件数
出库	订单出货率	一定时间段内日成功出货的订单数/总订单数
	按时出货率	对于订单有 ship date 控制的：ship date 之内发货的订单数/总订单数
	日出货量	一定时间段内出货的件数/总天数

4. 货物的经济性指标

1) 平均储存(配送)费用

平均储存(配送)费用可以综合反映仓储与配送的经济性。

平均储存(配送)费用=每月储存(配送)费用总额÷月平均储存(配送)量

2) 利润总额

利润总额是反映仓库与配送中心管理水平的主要指标之一，是反映企业经济效益的综合指标。

利润总额=报告期仓库总收入额-同期仓库(配送中心)总支出额

或

利润总额=仓库(配送中心)营业收入-储存成本和费用-税金+其他业务利润±营业外收支净额

3) 资金利润率

资金利润率反映仓库(配送中心)资金的利用效果。

资金利润率=利润总额÷(固定资产平均占用+流动资金平均占用)×100%

4) 收入利润率

收入利润率=利润总额÷仓库(配送中心)营业收入×100%

5) 每吨货物利润

每吨货物利润=报告期利润总额÷报告期货物储存(配送)总量

本 章 小 结

本章分为 3 部分，第一部分首先介绍了仓储成本的构成和计算，然后介绍了仓储成本控制的相关内容；第二部分首先介绍了配送成本的构成和计算，然后介绍了配送成本控制的相关内容；第三部分介绍了仓储与配送管理过程中常用的 KPI 指标。通过本章学习，学生应该了解仓储与配送成本管理的相关知识，掌握仓储与配送成本计算与控制的方法，理解和熟练使用 KPI 进行仓储成本管理。

课后实训

仓储企业岗位要求调查

分组去仓储(配送)企业调研，了解仓储与配送成本控制的现状和措施，并撰写调研报告。

案例思考

IBM 仓储管理解决方案

随着业务量的不断增长和客户需求的不断提升，仓储管理也面临着越来越大的挑战。如何降低存货投资，加强存货控制，降低物流和配送费用，提高空间、人员和设备的使用率，缩短订单流程和补库时间，成为各个仓储部门共同关心的问题。

面对新的需求，IBM 仓储管理解决方案应运而生，为仓储管理带来划时代的变革。

传统的仓储管理运作包括收货、上架、补货、拣货、包装、发货。在目前的竞争环境下，企业必须不断改进以适应供应链竞争的需要。现代仓储管理已经转变成履行中心，它的功能包括：传统的仓储管理、交转运/在途合并、增值服务流程(组合/装配、包装/贴标、一对一营销等)、退货、质量保证和动态客户服务。

WMS 按照常规和用户自行确定的优先原则来优化仓库的空间利用和全部仓储作业。对上通过 EDI 等电子媒介与企业的计算机主机联网，由主机下达收货和订单的原始数据，对下通过无线网络、手提终端、条码系统和射频数据通信(RFID)等信息技术与仓库的员工联系。上下相互作用，传达指令、反馈信息并更新数据库，同时生成所需的条码标签和单据文件。

一个 WMS 的基本软件包支持仓储作业中从进货站台直到发货站台的全部功能。除此之外，WMS 还能提供更多的附加支持，包括存货补充、循环盘存、班组工作实时监管等。更先进的 WMS 还能连接自动导向车(AGV)、输送带、回转货架和高架自动储存系统(AS/RS)等，而最近的新趋势则是与企业的其他管理系统相结合，如运输管理系统(TMS)、订单管理系统(OMS)和企业资源规划调度系统(ERP)等，使之融入企业的整体管理系统之内。

使用 WMS 会给仓库带来下列 5 方面切实的效果。

(1) 减少生产停机时间；

(2) 避免错误拣货而导致生产延迟；

(3) 降低拣货周期，实现对市场变化的快速响应；

(4) 仓库的存货调度的全面可见；

(5) 优化人员、设施和设备的成本。

这些效果无疑会带给仓库明显的效益：空间利用率能提高 20%，物理盘点的执行成本能大幅度减少，发运准确度达到 95%(托盘运输的公司可以超过 99.9%的准确度)，计费性退货减少 80%，安全存货降低，劳动力成本节约最多可得 40%。这些最终都为仓库带来巨大的经济效益。

思考

IBM 仓储管理解决方案为仓储管理带来哪些好处？

思考与练习

一、单项选择题

1．仓储设备的折旧属于(　　)。

A．固定成本　　B．变动成本　　C．资金占用成本　　D．在途持有成本

2．资金占用成本属于(　　)。

A．仓储运作成本　　B．仓储存货成　　C．缺货成本　　D．在途存货成本

3．库存品种占库存品种总数的 5%～10%，而其占用资金金额占库存金额的 60%～70%的物资是(　　)。

A．A 类物资　　B．B 类物资　　C．C 类物资　　D．D 类物资

4．下列(　　)是货物储存的效益指标。

A．期间货物吞吐量　　B．账物差异率

C．平均保管损失　　D．设备完好率

5．设备维修费是(　　)。
A．固定成本　B．变动成本　C．资金占用成本　D．在途持有成本

二、多项选择题

1．个别认定法又称(　　)。
A．个别计价法　B．分批认定法　C．具体辨认法　D．先进先出法
2．仓储成本包括(　　)。
A．仓储运作成本　B．仓储存货成本　C．缺货成本　D．在途存货成本
3．下列(　　)属于仓储成本。
A．材料费　B．人工费　C．物业管理费
D．管理费　E．营业外费用
4．仓储成本按入库费用、出库费用、分拣费用、检查费用、盘点费用分类不属于(　　)。
A．按仓储活动项目计算仓储成本　B．按支付形式计算仓储成本
C．按适用对象计算仓储成本　D．按配送活动项目计算仓储成本
5.确认销售商品收入的条件有(　　)。
A．企业已将商品所有权上的主要风险和报酬转移给买方
B．与交易相关的经济利益能够流入企业
C．相关的收入和成本能够被可靠地计量
D．签订销售合同

三、判断题

1．缺货一定会有损失。(　　)
2．资金占用成本可能是实际发生的成本，也可能是一种机会成本。(　　)
3．订货成本和存货成本此增彼减。(　　)
4．先进先出法可以降低企业货物存储风险，应普遍采用。(　　)
5．在途存货成本可以忽略不计。(　　)
6．加强配送成本控制应加强配送的计划性。(　　)

四、填空题

1．仓储运作成本主要包括__________和__________两部分。
2．缺货主要产生__________、__________和__________3 种后果。
3．配送成本主要包含__________、__________、__________和__________4 项成本内容。
4．仓储成本的计算方法主要有__________、__________和__________3 种。

五、思考题

1．仓储成本的构成包含哪些内容？
2．仓储成本控制的重要性有哪些表现？
3．仓储成本控制有哪些原则？
4．仓储成本控制有哪些方法？
5．计算 KPI 指标有什么现实意义？
6．降低配送成本的策略有哪些？
7．实施延迟策略的企业应具备哪些基本条件？

第 12 章　仓储和配送安全管理

知识目标

(1) 掌握仓库与配送中心安全管理的各项要求；
(2) 掌握火灾的种类及灭火的几种方法；
(3) 理解仓库与配送中心安全管理的内容。

技能目标

(1) 能够使用常用的灭火器；
(2) 能够使用常用的防盗和防火报警器。

引导案例

多举措保仓储安全

江苏省张家港保税区长江国际港务有限公司(简称长江国际)是经营液体化工品和油品的码头仓储企业，码头装卸和储罐存放的大部分是危险化学品。2007 年 1～12 月份，长江国际 3 个长江泊位及内河泊位靠泊船舶 765 艘次，码头吞吐量 254.6 万吨，泊位利用率 80.6%，接卸货物总量 212.71 万吨。公司已连续 15 年未发生一起重大安全生产事故，多次被评为苏州市和张家港市安全生产先进企业。

要抓好安全生产工作，如果没有相应的硬件投入，相当于纸上谈兵。近年来，长江国际先后投入 1 000 多万元用于完善消防、安全设施、进行事故隐患整改等。

1. “四合一”工程

长江国际投入 400 多万元，对视频监控系统、液位监管系统、应急广播系统、可燃气体报警系统进行了改造建设和系统整合，现场所有信息都传输到中控室。中控室是公司的安全环保监管中心，安全环保管理和应急处置实现了科学化、信息化。

(1) 视频监控系统。公司在库区新增了 26 个日夜型视频监控探头，视频监控系统基本实现了对码头、罐区和装车栈台的全方位、全覆盖监控，消除了公司现场监管的盲区。

(2) 液位监控系统。这套系统的安装既配合了海关监管需要，也便于公司加强对库区重大危险源的监管。2006 年，长江国际对 1#库区储罐液位监控系统进行了改造，并完成了 1#、2#库区液位监控系统整合工程。现中控室可 24h 对公司 64 台储罐的液位、温度进行实时监控，对罐内货物数量进行量化分析。

(3) 应急广播系统。为了在事故状态下迅速地作出应急反应，使公司应急预案有效运行，长江国际在库区安装了应急广播系统设置了 27 个应急广播点，使广播系统覆盖整个库区。外部指令可通过拨打指定号码直接利用广播系统传达到库区内的所有人员。应急广播系统加强了中控室与各作业点、作业点与作业点之间的联系，使应对突发事件的通信联络能力得到很大提高。

(4) 可燃气体报警系统。如果说中控室是人的大脑，可燃气体报警系统就像人的鼻子。现场的可燃气体浓度一旦超标，信息就会通过系统直接传输到中控室，再由中控室作出应急反应。

2. 完善环保应急设施

公司积极进行“以新带老”改造，增建了 2 个 $250m^3$ 应急事故池，用于发生意外事故(如火灾、严重泄漏)时对泄漏的高浓度废水和应急处理时产生的消防尾水进行收集，防止给环境带来更大的污染。

3. 认真整改安全隐患

2007 年 5 月，公司对安全检查中发现的部分储罐、管线有锈蚀的现象积极组织整改，投入 100 万元用于码头和储罐区防腐工程。防腐工程于 2008 年 1 月底完工，公司库容库貌焕然一新。为了消除船舶靠泊作业时、员工上下码头前沿靠泊桩时可能落入江中这一安全隐患，公司在 2#库区码头前沿的靠泊桩上加装了平台，提高了靠泊作业的安全性。此外，为了消除进料作业时因船岸距离较大，连接船岸之间的物料软管可能会因长距离悬空发生破裂的安全隐患，公司投入 60 万元将原 2#泊位的悬柱吊进行拆除，重新加装 2 台新的吊机，使港口作业时船岸卸货软管达到双点悬吊的规范作业要求，确保了码头软管的吊装安全。

分析

长江国际是如何确保仓储安全的？

12.1　安全管理规章制度

12.1.1　仓库和配送中心安全管理的意义

仓库和配送中心的安全管理是其他一切管理工作的基础和前提，具有十分重要的意义。仓库与配送中心的安全管理主要包括现代仓库与配送中心设施、设备、储存商品等物质的安全管理及仓库与配送中心保管人员的人身安全管理两大方面。仓库与配送中心不安全的因素很多，如火灾、水灾、爆炸、盗窃、破坏等，此外还有放射性物品、腐蚀性物品、有毒物品等均会造成对现代仓库与配送中心管理人员人身安全和财产安全的威胁。所有这些不安全的因素，只有努力克服和预防，才能保证现代仓库与配送中心的安全，也才能使仓库与配送中心的生产活动得以正常进行。

安全对于现代仓库与配送中心来说具有特殊的重要意义。因为，仓库与配送中心是商品重要的集散地，也是储藏和保管商品的场所，其价值和使用价值均很高，一旦发生火灾或爆炸等严重的灾害，不仅仓库与配送中心的一切设施可能被毁坏，而且在仓库与配送中心中的所有商品也全部变成一堆废品，其损失之大远远超过一般厂房的火灾。因此，现代仓库与配送中心的安全工作应该位于一切管理工作的首位，必须警钟长鸣，做好一切防范工作。

在现代仓库与配送中心的安全工作中，造成不安全的因素主要有两大类：一类是由管理人员认识上的局限性造成的，如对某些化学物品、危险品、易燃品、腐蚀品的性质不了解，对某些商品储存的规律没有完全掌握，以致发生事故；另一类是由于管理人员素质不高引起的，如有的仓库与配送中心管理人员失职，也有的管理人员贪图小利而出卖仓库与配送中心利益，还有个别仓库与配送中心领导官僚主义严重等等。对于第一类因素的克服方法是加强对仓库与配送中心保管人员的培训，让上岗的每一位保管人员都能较全面地掌握各类商品的特性及储存、保管的方法。对于第二类因素的克服方法是努力提高仓库与配送中心管理人员的素质，增强仓库与配送中心管理人员的道德素养和工作责任感。对于腐败成风、不学无术的个别管理人员及仓库与配送中心领导则应该采取必要的措施，如下岗、开除、直至追究刑事责任。总之，必须杜绝一切不安全的因素，确保仓库与配送中心的安全生产。

12.1.2 仓储与配送安全管理的思想和要求

1. 仓储与配送安全管理的思想

仓库与配送中心安全管理是现代管理科学的分支，它是运用现代科学手段预测事故发生的可能，掌握事故发生的规律，给出定性、定量的标准，从而制定出保障安全的措施，防患于未然。怎样认识仓库与配送中心安全管理将直接关系到各项安全管理制度的制定和落实，因此，树立正确的仓库与配送中心安全管理的思想观念十分重要。

(1) 仓库与配送中心安全管理是一门科学。

过去人们常常以为安全管理是一种常识，安全管理的任务就是不断总结这类常识，避免类似事故再度发生。而事故的发生各不相同，仅靠常识的简单积累显然无法认定事故发生的本质。安全管理不是一般性的常识积累，而是一门科学，仓库与配送中心安全管理必须从科学角度出发，综合应用多门学科知识去解决。

(2) 仓库与配送中心安全管理是系统管理。

如果把仓库与配送中心中某些事物的安全问题孤立起来看，往往难以全面分析事故的隐患。把仓库与配送中心看成一个有机整体，应用安全工程知识，分析系统内存在的危险因素，进而采取相应的措施，使仓库与配送中心在效能上综合达到最佳安全状态，这是传统安全观念的一个突破。其目的就是使分散的部门、组织有机地联系起来，共同实现系统安全的目标。

(3) 仓库与配送中心安全管理重在预防。

安全管理的目的是要预防事故发生，而不是事后补救或查处事故责任人。预防仓库与配送中心事故发生有两点要求：一是找出仓库与配送中心系统的薄弱环节和危险所在，以便限期改正；二是对各种作业方案能否满足系统安全要求进行评价。

(4) 仓库与配送中心安全分析与评价要逐步定量化。

过去的仓库与配送中心安全管理主要是定性分析，经验管理，落实起来主观因素影响大。将仓库与配送中心安全管理中的一些非定量化问题逐步采取定量方法研究，可以把安全管理从抽象的概念转化为具体数量标准，在数量变化规律中确定危险性大小及可能导致损害的严重程度，进而选择最优化的安全管理措施方案。

2. 现代仓库与配送中心安全的要求

1) 健全规章制度

为了确保仓库与配送中心人、财、物的安全，必须建立和健全消防、保卫、保密、安全操作等规章制度，并设专人负责。

2) 落实规章制度

应建立和健全各项安全制度相应的执行、监督机制，组织日常检查、定期检查、节假日重点检查等，真正把各项安全制度落到实处。

3) 建立消防队伍

必须培养一支消防队伍，设立专职或兼职的消防人员，仓库与配送中心领导中应有人分管消防工作。配备相关的消防设备，并确定专人负责。

4) 严格管理着火源

应严格管理各类火种、火源、电源等，严禁各类火种及易燃品带入仓库与配送中心。储货区与生活区应该严格隔离，储货区内不允许居住家属。

5) 建立值班制度

应建立警卫值班和干部值宿制度，重要的仓库与配送中心、危险品仓库与配送中心还须配备武装警卫人员。仓库与配送中心应组织巡逻和夜间值班，严防偷窃和破坏。门卫要加强对进出仓库与配送中心的车辆、人员及商品的检查，凭进出仓的有效凭证放行，并做好登记工作。

6) 遵守操作程序和规则

现代仓库与配送中心中装卸、搬运、堆垛及各种机械设备操作使用时，必须严格遵守操作程序和规则，防止各类工伤事故的发生。

7) 遵守保密

储存商品的品名、数量、规格、种类等，仓库与配送中心管理人员必须严格保密。

原料储存不当 仓库失火

1. 事故经过

2001 年 7 月 12 日 23 时左右，某公司值班人员发现原料仓库冒出烟雾，值班人员判断可能是原料仓库里面堆放的硫磺起火，于是立刻向公司总调度室报告，同时也向公司领导做了报告。公司领导接到报告后立即组织人员进行扑救。据了解，该仓库存放有 400t 硫磺、31t 氯酸钾，在仓库的一角还堆放有 100t 水泥。由于燃烧物是硫磺和氯酸钾，遇高温时就变成液态，绿色的火苗随着液化的化学物质流动，火苗高时竟蹿起 1 尺多。

7 月 13 日 1 时许，消防队到达起火地点参与扑救。采取的灭火办法一是降温扑救，二是用编织袋装上泥土在仓库东、南、西面砌起矮墙，防止液态的硫磺外流。直到 5 时左右，火势才得到初步控制。10 时 40 分，经过 11 个小时的奋战，大火才被完全扑灭。值得庆幸的是，整个起火爆炸过程并无人员伤亡。

事后人们才知道，在爆炸现场东面 120m 处有一个液化气站，西面 80m 处有 1

个 5 000L 的煤气储存罐，南面 80m 处是化工厂的一个煤气储存罐，如果大火蔓延到这 3 处地方，很可能会引发特大爆炸，后果将更加严重。

2. 原因分析

这起事故的起因是化学品的自燃。就化学品的存放而言，把硫磺和氯酸钾堆放在一个仓库内是极不科学的。氯酸钾是强氧化性物质，如果与强还原性物质混合就易发生燃烧或爆炸，而硫、磷都是强还原性物质。氯酸钾遇明火或者高温都有可能发生燃烧，严重的还能发生爆炸。

3. 防范措施

(1) 规范安全管理，对管理人员和仓库保管人员进行相关的化学品知识培训，使他们掌握基本的常识。

(2) 合理安排仓库布局。仓库附近设有液化气站、煤气储存罐，距离分别只有 80m 和 120m，原料仓库的火灾很有可能引发液化气站、煤气储存罐的爆炸，仓库布局时要全面考虑这些因素。

(3) 从本次事故中吸取教训。据了解，该公司过去也因为同样的原因发生过事故，但由于火势较小，很快就扑灭，管理人员并没有重视，消除隐患。所以这次有关领导一定不能忽视，要从中吸取教训，避免再次发生类似事故。

12.1.3 仓储与配送安全管理的内容

1. 出入口和要害部位

仓库与配送中心大门是仓库与配送中心与外界的连接点，是仓库与配送中心地域范围的象征，也是仓库与配送中心承担货物保管责任的分界线。大门守卫是维持仓库与配送中心治安的第一道防线。大门守卫负责开关大门，限制无关人员、车辆进入，接待入库办事人员并实施身份核实和登记，禁止入库人员携带火源、易燃易爆物品入库，检查入库车辆的防火条件，指挥车辆安全行驶、停放，登记入库车辆，检查出库车辆，核对出库货物和物品放行条和实物，并收留放行条，查问和登记出库人员携带的物品，特殊情况下查扣物品、封闭大门。对于危险品仓、贵重物品仓、特殊品储存仓等要害部位需要安排专职守卫看守，限制人员接近，防止危害、防止破坏和失窃。

2. 巡逻检查

由专职保安员不定时、不定线、经常地巡视整个仓库与配送中心每一个位置的安全保卫工作。巡逻检查中发现不符合治安保卫制度要求的情况，应采取相应的措施处理或者通知相应部门处理。

3. 防盗设施、设备使用

仓库与配送中心的防盗设施大至围墙、大门，小到门锁和防盗门、窗，都应根据法规规定和治安保管的需要设置和安装。仓库与配送中心使用的防盗设备除了专职保安员的警械外，主要有视频监控设备、自动警报设备、报警设备，仓库与配送中心应按照规定使用所配置的设备，专人负责操作和管理，确保设备的有效运作。

4. 治安检查

治安责任人应经常检查治安保卫工作，督促照章办事。治安检查实行定期检查与不定

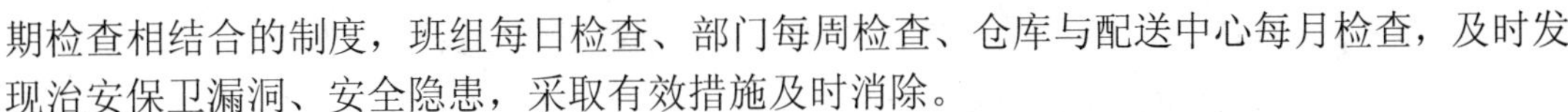

期检查相结合的制度，班组每日检查、部门每周检查、仓库与配送中心每月检查，及时发现治安保卫漏洞、安全隐患，采取有效措施及时消除。

5. 治安应急

治安应急是仓库与配送中心发生治安事件时，采取紧急措施防止和减少事件所造成的损失的制度。

12.1.4 仓储与配送安全管理制度

仓储和配送安全管理制度体系，是指按照仓储和配送安全管理系统构成的要求，将指导工作的原则性准则与方法进行高度概括性的汇总，从而形成一套行之有效、完整的管理制度。仓储管理制度是确保仓储和配送管理工作正常进行的坚实基础。

仓库与配送中心管理制度需要依据国家法律和法规，并结合仓库与配送中心管理的实际需要，以保证仓库与配送中心生产高效率进行，实现安全仓储和配送，防止治安事故的发生。仓库与配送中心管理制度既有独立的规章制度(如安全防火责任制度，安全设施设备保管使用制度，门卫值班制度，车辆、人员进出仓库与配送中心管理制度，保卫人员值班巡查制度等)，同时也有合并在其他制度之中的制度(如仓库与配送中心管理员职责，办公室管理制度，车间作业制度，设备管理制度等规定的治安保卫事项)。

12.2 仓库与配送中心消防管理

12.2.1 火灾知识

1. 火灾的危害

火灾是仓库与配送中心的灾难性事故。仓库与配送中心集中储存着大量的商品，从仓库与配送中心不安全的因素及危害程度来看，火灾造成的损失最大，它可以在很短的时间内使整个仓库与配送中心变成一片废墟，不仅造成仓储和配送货物的损害，还损毁仓库与配送中心设施，而且产生的有毒气体直接危及生命安全。因此，仓库与配送中心安全工作的重中之重是防火灭火。

2. 燃烧的基本原理

1) 燃烧的含义

所谓燃烧，是指可燃物分解或挥发出的可燃气体与空气中的氧剧烈化合，同时发出光热的反应过程。在这种化学反应中，通常要发出光和火焰，并放出大量的热。

2) 燃烧三要素

燃烧必须同时具备三要素：可燃物、助燃物和着火源。只有它们相互作用时，燃烧才能发生。

(1) 可燃物是指在常温条件下能燃烧的物质，包括一般植物性物料、油脂、煤炭、蜡、硫磺、大多数的有机合成物等。

(2) 助燃物是指支持燃烧的物质，包括空气中的氧气、释放氧离子的氧化剂。

(3) 着火源则是物质燃烧的热能源，实质上就是引起易燃物燃烧的热能。

3. 仓库与配送中心火灾的火源

1) 明火与明火星

生产、生活活动中所使用的灯火、炉火，气焊气割的乙炔火，打火机、火柴火焰，未熄灭的烟头、火柴梗的火星，内燃机械、车辆的排烟管火星，以及飘落的未熄灭的爆竹等。

2) 自燃

自燃是指物品自身的温度升高，达到自燃点时，即使没有外界火源也能发生燃烧的现象。容易发生自燃的物质有粮食、煤炭、化纤、棉花、部分化肥、油污的棉纱等。

3) 雷电与静电

雷电是带有不同电荷的云团接近时瞬间发生的放电现象而形成的电弧，电弧的高能量能造成易燃物的燃烧。静电则是因为感应、摩擦使物体表面集结大量电子，向外以电弧的方式传导的现象，同样也能使易燃物燃烧。液体容器、传输液体的管道、工作中的电器、高压电气、运转的输送带、强无线电波等都会发生静电现象。

4) 电火

由于用电超负荷，电线短路、漏电引起的电路电火花，电气设备的电火花、电气设备升温也会引起燃烧。

5) 化学火灾和爆炸性火灾

由于一些化学反应会释放较多的热，有时甚至直接燃烧，从而引起火灾，如活泼轻金属遇水的反应和燃烧、硫化亚铁氧化燃烧、高锰酸钾与甘油混合燃烧等引起的火灾，具有爆炸性的物品在遇到冲击、撞击发生爆炸而引起的火灾，一定浓度的易燃气体、易燃物的粉尘遇到火源也有可能引发爆炸。

6) 聚光

太阳光的直接照射会使物体表面温度升高，如果将太阳光聚合，形成强烈的光束会导致温度升高而引起易燃物燃烧。镜面的反射、玻璃的折射光都可能造成聚光现象。

7) 撞击和摩擦

金属或者其他坚硬的非金属在撞击时会引发火花，引起附近的易燃物品的燃烧。物体长时间摩擦也可能升温导致燃烧。

8) 人为破坏

人为恶意将火源引入仓库与配送中心而引起火灾。人为故意引火是一种犯罪行为，纵火人要受到刑事处罚。

4. 仓库与配送中心火灾的种类

对火灾进行分类是为了有效地防止火灾发生和有针对性地灭火。根据货物燃烧特性可把火灾分为 4 类。

1) 普通火灾

普通可燃固体所发生的火灾，如木料、化纤、棉花、煤炭等。普通火虽然燃烧扩散较慢，但会深入燃烧物内部，灭火后重燃的可能性极高。普通火灾应使用水进行灭火。

2) 电气火灾

电器、供电系统漏电所引起的火灾，以及具有供电的仓库与配送中心发生火灾。其特征是在火场中还有供电存在，可能有使员工触电的危险。另外，由于供电系统的传导，还会在电路的其他地方产生电火源。因此在发生火灾时，要迅速地切断供电，采用其他安全方式照明。

3) 油类火灾

各种油类、油脂发生燃烧引起的火灾。油类属于易燃品，且具有流动性，快着火的油的流动会迅速扩大着火范围。油类轻于水，会漂浮在水面随水流动，因此不能用水灭火，只能采用干粉、泡沫等灭火手段。

4) 爆炸性火灾

具有爆炸性的货物发生的火灾，或者火场内有爆炸性物品，如易发生化学爆炸的危险品、会发生物理爆炸的密闭容器等都可造成爆炸性火灾。爆炸不仅会加剧火势、扩大燃烧范围，而且更危险的是直接造成人身安全的危害。发生这类火灾首要的工作是保证人身安全，迅速撤离人员。

12.2.2 防火

1. 防火工作

仓库与配送中心的防火工作应从以下几方面着手。

1) 储存管理

(1) 库房内物品储存要分类、分堆，堆垛与堆垛之间应当留出必要的通道，主要通道的宽度一般不应少于 2m。

(2) 能自燃的物品和化学易燃物品堆垛应当布置在温度较低、通风良好的场所，并应当有专人定时测温。

(3) 遇水容易发生燃烧、爆炸的化学易燃物品不得存放在潮湿和容易积水的地点。

(4) 受阳光照射容易燃烧、爆炸的化学易燃物品不得在露天存放。

(5) 易燃、可燃物品在入库前应当有专人负责检查，对可能带有火险隐患的物品应当存放到观察区，经检查确认无危险后，方准入库或归垛。

(6) 储存易燃和可燃物品的库房、露天堆垛附近不准进行试验、分装、封焊、维修、动用明火等可能引起火灾的作业。

(7) 库房内不准设办公室、休息室，不准住人，不准用可燃材料搭建阁层。

(8) 库房内一般不应当安装采暖设备。

(9) 库区和库房内要经常保持整洁。

2) 装运管理

(1) 装卸化学易燃物品必须轻拿轻放，严防震动、撞击、重压、摩擦和倒置。

(2) 进入易燃、可燃物品库区的蒸汽机车和内燃机车必须装置防火罩。

(3) 进入库区的汽车、拖拉机必须戴防火罩，并不准进入库房。

(4) 对散落、渗漏在车辆上的化学易燃物品必须及时清除干净。

(5) 各种机动车辆在装卸物品时，排气管的一侧不准靠近物品。

3) 电源管理

(1) 库房内一般不宜安装电器设备。

(2) 储存化学易燃物品的库房应当根据物品的性质安装防爆、隔离或密封式的电器照明设备。

(3) 各类库房的电线主线都应当架设在库房外，引进库房的电线必须装置在金属或硬质塑料套管内，电器线路和灯头应当安装在库房通道的上方，与堆垛保持安全距离，严禁在库房屋顶架线。

(4) 库房内不准使用碘钨灯、日光灯、电熨斗、电炉、电烙铁、电钟、交流收音机和电视机等电器设备，不准用可燃材料做灯罩，不应当使用超过 60W 的灯泡。灯头与物品应当保持安全距离。

(5) 库房内不准架设临时电线。

(6) 库区的电源应当设总闸和分闸，每个库房应当单独安装开关箱。

(7) 在库区及库房内使用电器机具时，必须严格执行安全操作规程。

(8) 电器设备除经常检查外，每年至少应当进行两次绝缘检测，发现可能引起短路、发热和绝缘不良等情况时必须立即修理。

4) 火源管理

(1) 库区内严禁吸烟、用火，严禁放烟花、爆竹和信号弹。

(2) 金属火炉距可燃物不应当小于 1.5m。

(3) 金属烟囱距可燃墙壁、屋顶不应当小于 70cm，距可燃屋檐不应小于 10cm，高出屋檐不应小于 30cm。

(4) 不准用易燃液体引火。

5) 消防设施

(1) 仓库与配送中心区域内应当按照《建筑设计防火规范》(GB 50016—2008)的规定，设置消防给水设施，保证消防供水。

(2) 消防器材设备应当有专人负责管理，定期检查维修，保持完整好用。

2. 防火方法

1) 控制可燃物

通过减少或者不使用可燃物、将可燃物质进行难燃处理来防止火灾,如仓库与配送中心建筑采用不燃材料建设、使用难燃电气材料，易燃货物使用难燃包装、用难燃材料覆盖可燃物等。通过通风的方式使可燃气体及时排除，通过洒水减少可燃物扬尘等措施来控制可燃物。

2) 隔绝助燃物

对于易燃品采取封闭、抽真空、充惰性气体、浸泡不燃液体等方式，或表面涂刷不燃漆、不燃涂料的方式使易燃物不与空气直接接触来防止燃烧。

3) 消除着火源

通过使发生火灾的着火源不在仓库与配送中心内出现来实现防火的目的。由于仓库与配送中心不可避免储存可燃物，隔绝空气的操作需要较高的成本，所以仓库与配送中心防火的核心就是防止出现着火源。消除着火源也是灭火的基本方法。

12.2.3 灭火

1. 灭火方法

火灾需要可燃物、助燃物和着火源三要素共同作用才能发生，如果缺少任何一个要素都不能形成火灾。防火和灭火工作就是使三者分离，不互相发生作用。灭火是可燃物已发生燃烧时采取终止燃烧的措施，常见的灭火方法有下列几种。

1) 冷却法

将燃烧物的温度降低到燃点以下，使其不能汽化，从而阻止燃烧。常用冷却法为用大量冷水、干冰等降温。

2) 窒息法

使火附近的氧气含量减少，使燃烧不能继续。窒息法有封闭窒息法(如将燃烧间密闭)、充注不燃气体窒息法(如二氧化碳、水蒸气等)、不燃物遮盖窒息法(如用黄沙、惰性泡沫、湿棉被等覆盖着火物灭火)。

3) 隔绝法

将可燃物减少、隔离的方法。当发生燃烧时，将未着火的货物撤离，从而避免火势扩大。隔绝法是灭火的基本原则，一方面可减少受损货物，另一方面能起到控制火势的作用。当发生火灾时，首要的工作就是将火场附近的可燃物撤离或者用难燃材料将其隔离。

4) 化学抑制法

通过多种化学物质在燃烧物上的化学反应，产生降温、隔绝氧气等效果，消除燃烧。

5) 综合灭火法

火灾的危害性极大，而且当火势迅猛时基本无法控制。发生火灾时要及时采取各种能够采用的灭火方式共同进行，提高灭火的能力。如采取封闭库房和库外喷水降温同时进行，货物搬离附近火场和释放灭火剂同时进行。

在共同使用多种灭火方式时，要注意避免所采用的手段互相干扰，降低灭火效果。如采用泡沫灭火时不能用水冲，除非有大量的水源能够代替不足的泡沫；酸性灭火剂不能与碱性灭火剂共同使用。另外还要防止造成人员伤害，如释放惰性气体时必须把现场人员撤离。

发生火灾拨打 119

《中华人民共和国消防法》第四十四条对报警作了明确规定：“任何人发现火灾都应当立即报警。任何单位、个人都应当无偿为报警提供便利，不得阻拦报警。”仓库与配送中心应装有准确可靠的报警系统，一旦仓库与配送中心中某处发生火情，报警装置能及时准确地报警，仓库与配送中心保卫部门就能迅速报告消防队和通知全体仓库与配送中心职工，以便及时组织扑救，避免火势的蔓延。

仓库与配送中心在起火之后的十几分钟内是一个关键时刻。把握住这个关键时刻有两条：一是利用现场灭火器材及时扑救，二是立即拨通“119”火警台报警，以便调集足够的力量尽早地控制和扑灭火灾。不管火势大小，只要发现失火就应立即报警。报警越早，损失越小。报警内容包括以下几个方面。

1. 发生火灾的详细地址

包括街道名称、门牌号码，高层建筑要讲明第几层楼等；农村发生火灾要讲明县名、乡(镇)名、村庄名称等。

2. 起火场所

如库房、油库、露天堆场等。库房着火应讲明为何建筑物，如砖木结构、钢筋水泥结构、高层货架仓库等。尤其应注意讲明起火物是何物，如液化石油气、汽油、

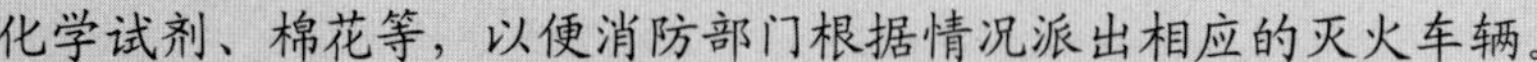

化学试剂、棉花等，以便消防部门根据情况派出相应的灭火车辆。

3. 火势情况

如冒烟、有火光、火势猛烈，有多少房屋着火等。

4. 联系方式

报警人要报明自己的电话号码、姓名，以便联系。报警后应有人到路口接消防车到达火场。

2. 消防器材、设备及使用范围

1) 灭火器材及使用范围

灭火器是一些轻便的容器，内装灭火剂。根据所装的灭火剂来命名的，常见的灭火器有下列几种。

(1) 干粉灭火器。内装干粉，如碳酸氢钠粉。碳酸氢钠粉是干燥、易流动、不燃、不结块的粉末，主要起着覆盖窒息的作用，还能阻止燃着的液体的流动。

(2) 泡沫灭火器。内装泡沫，又分为空气泡沫和化学泡沫。由于泡沫较轻，在可燃物的表面覆盖起着阻隔空气的作用，使燃烧停止。泡沫灭火器主要用于油类火灾，也可以用于普通火灾的灭火。

(3) 二氧化碳灭火器(又称为干冰灭火器)。利用液态的二氧化碳在汽化时大量吸热造成降温冷却，同时二氧化碳本身具有窒息作用可以用来灭火。二氧化碳最适用于电气设备、气体燃烧引发的火灾，以及办公地点、封闭仓室发生火灾的灭火。二氧化碳灭火的优点是它可以及时气化、不留痕迹，不会损坏未燃烧的物品。但二氧化碳对人体同样具有窒息作用，在使用时要注意防止对人体造成的伤害。

(4) 1211 灭火器。内装“1211”，即二氟一氯一溴甲烷，是一种无色透明的不燃绝缘液体。1211 灭火剂通过高压液化存储在高压钢瓶内。

2) 其他消防设施和设备

(1) 消防水系统。水是仓库与配送中心消防的主要灭火剂。水在灭火时有冷却和窒息作用。当水形成喷雾状时，能使某些燃烧物质的反应速度下降，还能降低某些爆炸物品的爆炸能力；当水形成柱状时，有一股冲击力能破坏燃烧结构，把火扑灭。水还有冷却易燃物质、防止火势蔓延的作用。因此，仓库与配送中心中应有足以保证消防用水的给水、蓄水、泵水的设备，以及水塔、消防供水管道、消防车等。当库场中无自来水设备、距自然水源又远时，则必须修建水池以储备消防用水。有自来水设备的仓库与配送中心要按面积大小合理设置消火栓，应保证在每一个可能着火点上有不少于两个水龙头可进行灭火。

(2) 砂土。砂土覆盖在燃烧物上可隔绝空气，能起窒息作用，从而使火熄灭。砂土可用以扑救电气设备及液体燃料的初起火灾，也可用于扑灭酸碱性物资的火灾和过氧化剂及遇水燃烧的液体和化学危险品的火灾。因此，仓库与配送中心中应备有砂箱。但须注意的是，爆炸性物品(如硫酸铵等)不可用砂土灭火，而应用冷却法灭火，可用水浸湿的旧棉絮、旧麻袋覆盖在燃烧物上，防止火势蔓延。

不能用水对反应剧烈的化学危险品(如电石、金属钾、保险粉等)进行灭火，也不能用于比水轻、不溶于水的易燃液体(如汽油、苯类物品)的灭火。

(3) 自动消防设备。常见的自动消防设备有离子烟感火灾探测报警器、光电烟感报警器、温感报警器、紫外火焰光感报警器、红外火焰光感报警器和自动喷洒灭火装置等。

此外仓库与配送中心还可购置一些斧、钩等器材，统一设置在消防工具站，以防备用。

3) 常见灭火器材的使用

(1) 干粉灭火器。有手提式和推车式两种。使用手提式灭火器灭火时，先拔去保险销，一只手握住喷嘴，对准火苗根部，另一只手提起提把，然后拉起拉环或压下压把即可喷射。灭火时人要保持直立，不可水平或颠倒使用。

使用推车式灭火器灭火时，使用前首先要颠倒数次，使干粉松动，然后取出喷管，伸展软管，再用双手紧握喷管，用力压紧喷枪开关，随后拉出保险销，将手柄推到垂直位置或提起提环，对准火焰根部喷射推进。

(2) 二氧化碳灭火器。有手提式和推车式两种。

手提式的使用：用右手拔去保险销，并按下压把即可灭火。

推车式的使用：先去掉铅封，按逆时针方向旋转手轮即可灭火。

(3) 泡沫灭火器。手提式的使用方法：一种是手提提环，距火源 6～8m，将筒体颠倒，让射流对准燃烧物；另一种是拉出保险销，将喷嘴对准火源根部，按下压把，喷泡沫灭火。

推车式的使用方法：先按逆时针方向转动手轮，将螺杆升到最高位置，使瓶盖完全开启，然后将筒体倾倒，使拉杆触地，对准火源，手持喷筒，扳开阀门，喷射灭火。

(4) 1211 灭火器。灭火时对着着火物释放，通过降温、隔绝空气、形成不燃覆盖层灭火。其灭火的效率比二氧化碳高 3～4 倍，适合于油类火灾、电气火灾的扑灭。

(5) 消防水带。使用方法：取出消防水带(一般为 20m)；展开消防水带，一个接头靠近消防栓，另一个接头尽量靠近火源；将靠近消防栓的接头接上消防栓，另一头接上喷枪；打开消防栓开关供水；紧握喷枪，对准火源喷射推进。注意每次使用完后都要用清水洗净、晾干。

3. 灭火工作的组织指挥与逃生

在灭火的过程中要注意服从命令听指挥，听从库领导的安排，配合消防队员灭火；组织仓库与配送中心职工警戒火场，保护现场，保护国家财产，防止坏人的破坏活动；注意安全，避免不必要的伤亡。

火灾发生后，首先要了解火场有无被困人员及被困地点和抢救通道，以便进行安全疏散。组织指挥人员应保持镇静，通过警铃、电话、广播等方式向火灾现场内的人员发出警报，组织有序疏散。疏散时烟雾较浓，可采用低姿势行走，或匍匐穿过浓烟区的方法，因为地面烟雾相对比较稀薄。若有条件可用湿毛巾堵住嘴、鼻，或用短呼吸法，迅速撤出烟雾区。若自身着火，不能奔跑，应就地倒下打滚，把身上的火焰压灭，也可用湿麻袋、毯子灭火，或跳入池塘中将身上的火熄灭。

为了最大限度地减少损失，火场上的物资应有组织地疏散。首先应疏散那些可能扩大火势和有爆炸危险的物资，如火灾附近的汽油、柴油桶，充装有气体的钢瓶以及易燃、易爆和有毒物品等；其次疏散性质重要、价值昂贵的物资，如档案资料、珍贵文物、高级仪器等；还应及时疏散影响灭火的物资，如怕水物资(糖、电石)等。

4. 灭火的一些要求

1) 电气设备初起火灾的扑救

(1) 低压电器设备起火时应立即切断电源。

(2) 使用 1211 灭火器、干粉灭火器、二氧化碳灭火器灭火，因这些灭火器都不会导电，在无法切断电源时也可以带电灭火，但不能使用具有导电性的水或酸碱灭火器或泡沫灭火器灭火。

(3) 当闸刀开关的绝缘层遭到破坏时，最好利用绝缘杆或干燥竹竿拉开闸刀，进行断电作业。

(4) 若是250V以下的电源，可穿上绝缘鞋或戴上绝缘手套，用断电剪将电线剪断，并在断裂处用绝缘胶布包好，防止发生短路。

2) 有毒气体的防范

在火场上经常会遇到的有毒气体是因供氧不足而产生的一氧化碳以及氯化氢、二氧化硫、氧化物等燃烧产物，在一些特别场所还会散发出乙炔气、石油气、煤气、氨气、氯气等。火场的燃烧物和一些有毒气体对人身有很大危害，有的气体还有着火、爆炸的危险，必须采取防毒安全措施。

(1) 应查清毒气的种类和扩散范围，以便采取对策；

(2) 对已出现的各种有毒气体，可用喷雾水进行驱赶。

人应尽量站在上风方向，借助风的作用增强驱赶效果，又能有效防止人员中毒。有条件时，可使用各种呼吸保护器具或用湿毛巾、口罩等简便器材进行防护，若出现头昏、恶心、呼吸困难等症状时应及时进行救护。

3) 化学危险品火灾的扑救

化学危险品的防火灭火工作有其特别重要的意义。一般情况下，爆炸品引起的火灾主要用水扑救，氧化剂起火大多可用雾状水扑救，也可用二氧化碳灭火器、泡沫灭火器、沙土扑救。

易燃固体失火，一般可用水、砂土和泡沫灭火器等扑救。易燃液体失火，用泡沫灭火器最为有效，也可用干粉灭火器、砂土、二氧化碳灭火器扑救。由于绝大多数易燃液体都比水轻，且不溶于水，故不能用水扑救。

腐蚀性商品中，碱类和酸类的水溶液着火可用雾状水扑救，但遇水分解的多卤化合物、氯磺酸、发烟硫酸等不能用水扑救，只能用二氧化碳灭火器扑救，有时也可用砂土灭火。遇水燃烧的商品起火只能用干砂土和二氧化碳灭火器扑救，自燃性商品起火可用大量水和其他灭火器料，压缩气体起火可用砂土、二氧化碳灭火器、泡沫灭火器扑救，放射性物品着火可用大量水或其他灭火器扑救。

12.2.4 仓库与配送中心消防管理措施

(1) 普及防火知识。坚持经常性的防火宣传教育，普及消防知识，不断提高全体仓库与配送中心职工防火的警惕性，让每个职工都学会基本的防火灭火方法。

(2) 遵守《建筑设计防火规范》。新建、改建的仓库与配送中心要严格遵照《建筑设计防火规范》的规定，不得擅自搭建违章建筑，也不得随意改变建筑的使用性质。仓库与配送中心的防火间距内不得堆放可燃物品，不得破坏建筑物内已有的消防安全设施，消防通道、安全门、疏散楼梯、走道要经常保持畅通。

(3) 易燃、易爆的危险品仓库与配送中心必须符合防火防爆要求。凡是储存易燃、易爆物品的危险品仓库与配送中心，进出的车辆和人员必须严禁烟火；储存危险品应专库专储，性能相抵触的商品必须严格分开储存和运输，作业时轻拿轻放，防止剧烈震动和撞击。易燃、易爆危险品仓库与配送中心内应选用不会产生电火花的电器开关，该类专库须由专人管理。

(4) 电气设备应始终符合规范的要求。仓库与配送中心中的电气设备不仅安装时要符合规定要求，而且要经常检查，一旦发现绝缘损坏要及时更换，不应超负荷，不应使用不合规格的保险装置。电气设备附近不能堆放可燃物品，工作结束应及时切断电源。

(5) 明火作业须经消防部门批准，方可动火。若需电焊、气割、烘烤取暖、炉灶、安装锅炉等，要有防火安全措施，并须有关的消防部门批准，才能动火工作。

(6) 配备适量的消防设备和火灾报警装置。根据仓库与配送中心的规模、性质、特点，配备一定数量的防火灭火设备及火灾报警器，按防火灭火的要求分别布置在明显和便于使用的地点，并定期进行维护和保养，使之始终保持完好状态。

(7) 遇火警或爆炸应立即报警。如遇仓库与配送中心发生火情或爆炸事故，必须立即向当地的公安消防部门报警。事故过后，应根据“三不放过”的原则，认真追查原因，严肃处理事故责任者，并以此教育广大职工。“三不放过”原则即指事故原因不清不放过；事故责任者和应受教育没有受到教育的不放过；没有采取防范措施的不放过。

12.3　防盗和安全作业管理

12.3.1　防盗工作

为了确保物资安全，对仓库与配送中心来说，除了防火以外，防盗和防破坏也很重要。防盗工作是仓库与配送中心安全管理中必不可少的重要组成部分。现代仓库与配送中心的防盗工作主要是负责仓库与配送中心日常的警戒和保卫，即守仓和护仓的工作。其主要任务是，日夜轮流守卫仓库与配送中心，防止坏人盗窃和破坏；掌握进出库人员的情况，做好防盗和登记工作，阻止闲人入库；守护仓库与配送中心大门，严禁火种、易燃、易爆等危险品带入仓库与配送中心；核对出库凭证，检查出库商品与出库凭证是否相符；在现代仓库与配送中心发生各种灾难时，负责仓库与配送中心的保卫、防盗工作。

负责现代仓库与配送中心防盗工作的人员一般有两大类：一类是守护员，或称为护仓员、卡口人员，属于仓库与配送中心负责人直接领导，通常为专职人员；另一类是防盗人员，即经济警察，属于仓库与配送中心和公安部门双重领导，常配备一定的武器。在大型仓库和特种仓库一般均设有防盗员、防盗班、甚至防盗中队。

仓库与配送中心的防盗人员应充分发挥护仓保库的重要作用，坚守岗位，认真做好以下工作，贯彻防盗文明岗的规范。

(1) 分段负责，确保仓库与配送中心安全。

仓库与配送中心分管安全的负责人可根据整个仓库与配送中心的地理位置、地形、地貌及分布情况，分区分段划定值勤岗哨和巡逻范围，分段负责，以确保整个仓库与配送中心的安全。在划定区域内，守护员和防盗人员要担负起仓库与配送中心该区域的安全。在非工作时间，尤其是在夜间，值班的警护人员要严格把守住仓库与配送中心的大门，未经仓库与配送中心负责人批准(如夜间加班作业等)，一律不准擅自进入仓库与配送中心。

(2) 严格遵守防盗制度。

仓库与配送中心防盗人员必须严格遵守仓库与配送中心的警护卫制度，坚守仓库与配送中心阵地。专职仓库与配送中心防盗员应驻守仓库与配送中心，工作时间不得随意离开仓库与配送中心，即使有事外出也应请假，得到准许后方可外出，并且必须按时返库，以确保仓库与配送中心防盗岗位始终有专职防盗人员守护。为保证防盗人员的休息，可设立专供防盗人员休息的寝室，并可采用三班制轮休的方法。

(3) 熟悉周边情况，做到心中有数。

仓库与配送中心防盗人员不仅应对仓库与配送中心中人员及设备、商品储存情况了如指掌，而且还应与仓库与配送中心周边的单位、居委会及当地公安部门建立经常的联系制度，熟悉四周的人员情况及动态，以利于仓库与配送中心的保卫、防盗工作开展。

(4) 加强学习，提高素质。

仓库与配送中心的防盗人员应努力进行政治学习，提高革命的警惕性、组织性和纪律性，以提高自身的政治素质。同时，仓库与配送中心的警护卫人员还应努力进行业务学习，可以邀请当地的公安部门有关人员来库讲授防盗的专业知识和进行有关的军事训练。

此外，仓储和配送企业必须根据现场实际环境和安全防范要求，合理地选择和安装各种防盗报警设备，才能更好地达到安全防范的目的。

仓储技术区的安全管理

仓储技术区是库区重地，应严格安全管理。技术区周围设置高度大于 2m 的围墙，上置钢丝网，高 1.7m 以上，并设置电网或其他屏障。技术区内道路、桥梁、隧道等通道应畅通、平整。

技术区出入口设置日夜值班的门卫，对进出人员和车辆进行检查和登记，严禁易燃易爆物品和火源带入。

技术区内严禁危及货物安全的活动(如吸烟、鸣枪、烧荒、爆破等)，未经上级部门的批准，不准在技术区内进行参观、摄影、录像或测绘。

12.3.2 安全作业

仓库与配送中心安全作业，是指在物资进出仓库与配送中心装卸、搬运、储存、保管过程中，为了防止和消除伤亡事故、保障职工安全和减轻繁重的体力劳动而采取的措施。作业安全涉及货物的安全、作业人员人身安全及仓库与配送中心设备、设施的安全。这些安全事项都是仓库与配送中心的责任范围，所造成的损失都是 100%由仓库与配送中心承担，因此说作业安全管理是经济利益的组成部分。

1. 安全作业管理

作业安全管理从作业设备和场所、作业人员两方面进行管理，一方面消除安全隐患，减少不安全的系统风险；另一方面提高人员对安全的防范意识和责任心。

(1) 安全操作管理制度化。

安全作业管理应成为仓库与配送中心日常管理的重要项目，通过制度化的管理保证管理的效果，制定科学合理的各种作业安全制度、操作规程和安全责任制度，并通过严格的监督确定员工能够有效并充分地执行安全操作管理制度。

(2) 加强劳动安全保护。

劳动安全保护包括直接和间接对员工实行的人身保护措施。仓库与配送中心要遵守《中华人民共和国劳动法》的规定，保证每日 8h、每周不超过 44h 的工时制，依法安排加班，给员工以足够的休息时间，包括合适的工间休息；提供合适和足够的劳动防护用品，如高强度工作鞋、手套、安全帽、工作服等，并督促作业人员使用和穿戴。

(3) 重视作业人员资质管理和业务培训。

仓库与配送中心应对员工进行仓库与配送中心安全作业教育和操作培训，保证上岗员工都掌握作业技术与规范。从事特种作业的员工必须经过专门培训并取得特种作业资格才能上岗作业，且只能按证书规定的项目进行操作，不能混岗作业。

安全作业宣传和教育是仓库与配送中心的长期性工作，作业安全检查是仓库与配送中心安全作业管理的日常性工作，通过严格的检查、不断的宣传，严厉地对违章和忽视安全行为的惩罚强化作业人员的安全责任意识。

2. 安全作业的基本要求

1) 人力安全操作基本要求

(1) 人力操作仅限制在轻负荷的作业。男工人力搬举货物每件不超过 80kg，距离不大于 60m；集体搬运时每个人负荷不超过 40kg；女工不超过 25kg。

(2) 尽可能采用人力机械作业。人力机械承重也应在限定的范围，如人力绞车、滑车、拖车、手推车等不超过 500kg。

(3) 只在适合作业的安全环境进行作业。作业前应使作业人员清楚明白作业要求，让员工了解作业环境，指明危险因素和危险位置。

(4) 作业人员按要求穿戴相应的安全防护用具，使用合适的作业工具进行作业。

(5) 合理安排工间休息。每作业 2h 至少有 10min 休息时间，每 4h 有 1h 休息时间，并合理安排生理需要时间。

(6) 必须有专人在现场指挥和安全指导，严格按照安全规范进行作业指挥。

2) 机械安全作业要求

(1) 使用合适的机械、设备进行作业。尽可能采用专用设备作业，或者使用专用工具。使用通用设备必须满足作业需要，并进行必要的防护，如货物绑扎、限位等。

(2) 所使用的设备具有良好的工况。设备不得带病作业，特别是设备的承重机件，更应无损坏，符合使用的要求。应在设备的许可负荷范围内进行作业，决不超负荷运行，危险品作业时负荷还需减少 25%。

(3) 设备作业要有专人进行指挥。采用规定的指挥信号，按作业规范进行作业指挥。

(4) 汽车装卸时，注意保持安全间距。汽车与堆物距离不得大于 2m，与滚动物品距离不得小于 3m。多辆汽车同时进行装卸时，直线停放的前后车距不得小于 2m，并排停放的两车侧板距离不得小于 1.5m。汽车装载应固定妥当、捆扎牢固。

(5) 载货移动设备上不得载人运行。叉车不得直接叉运压力容器和未包装货物。移动设备在载货时需控制行驶速度，不得高速行驶。货物不能超出车辆两侧 0.2m，禁止两车共载一物。

(6) 移动吊车必须在停放稳定后方可作业。除了连续运转设备如自动输送线外，其他设备需停止稳定后方可作业，不得在运行中作业。

3) 安全技术

(1) 装卸搬运机械的作业安全。

① 要经常定期地对职工进行安全技术教育，从思想认识上提高其对安全技术的认识。

② 组织职工不断学习普及仓储和配送作业技术知识。

③ 各项安全操作规程是防止事故的有效方法。

(2) 仓库与配送中心储备物资保管保养作业的安全。

① 作业前要做好准备工作，检查所用工具是否完好。

② 作业人员应根据危险特性的不同穿戴相应的防护服装。

③ 作业时要轻吊稳放，防止撞击、摩擦和震动，不得饮食和吸烟。

④ 工作完毕后要根据危险品的性质和工作情况，及时洗手、洗脸、漱口或淋浴。

(3) 仓库与配送中心电气设备的安全。

① 电气设备在使用过程中应有可熔保险器和自动开关。

② 电动工具必须有良好的绝缘装置，使用前必须使用保护性接地。

③ 高压线经过的地方必须有安全措施和警告标志。

④ 电工操作时，必须严格遵守安全操作规程。

⑤ 高大建筑物和危险品库房要有避雷装置。

(4) 仓库与配送中心建筑物和其他设施的安全。

对于装有起重行车的大型库房、储备化工材料和危险物品的库房，都要经常检查维护，各种建筑物都得有防火的安全设施，并按国家规定的建筑安全标准和防火间距严格执行。

4) 劳动保护制度

劳动保护是为了改善劳动条件、提高生产的安全性、保护劳动者的身心健康、减轻劳动强度所采取的相应措施和有关规定。劳动安全保护包括直接和间接施行于员工人身的保护措施。仓库与配送中心要遵守《中华人民共和国劳动法》的劳动时间和休息规定，依法安排加班，保证员工有足够的休息时间。提供合适和足够的劳动防护用品，如安全帽、手套、工作服、高强度工作鞋等，并督促作业人员使用和穿戴。具体做法如下。

(1) 要批判“事故难免论”的错误思想。重要的是要提高各级领导干部的安全思想认识和安全技术知识以及各班组安全员的责任心，使其认识到不安全因素是可以被认识的，事故是可以控制的，只要思想重视，实现安全作业是完全可能的。

(2) 建立和健全劳动保护机构和规章制度。专业管理与群众管理相结合，把安全工作贯穿到仓库与配送中心作业的各个环节，对一些有害有毒工种要建立保健制度，实行专人、专事、专责管理，推行安全生产责任制。并建立群众性的安全生产网，大家管安全，使劳动保护收到良好效果。

(3) 结合仓库与配送中心业务开展劳保活动。要根据上级指示结合仓库与配送中心具体情况，制定有效的预防措施。做到年度有规划、季度有安排、每月有纲要，使长计划与短安排结合。同时还要经常检查，防止事故的发生。仓库与配送中心要经常开展安全检查，清查潜在的不安全因素，及时消除事故的隐患，防患于未然。

(4) 经常组织仓库与配送中心职工开展文体活动，丰富职工精神生活，增强体质，改善居住条件等，这些都将对劳动保护起着重要的作用。

除此之外，还应采用具有较高安全系数的作业设备、作业机械，作业工具应适合作业要求，作业场地必须具有合适的通风、照明、防滑、保暖等适合作业的条件。不进行冒险作业和不安全环境的作业，在大风、雨雪影响作业时暂缓作业，避免人员带伤病作业。

12.4　仓库与配送中心其他的安全管理

1. 防台风

我国所滨临的西北太平洋是热带气旋生成最多的地区，平均每年约有 30 个，其中 7～10 月份最多，其他月份较少，因而我国将此段时间称为台风季节。台风有一部分在我国登陆，主要分布在 5～10 月份，12～4 月份基本上不在我国登陆。在我国登陆的地点主要集中在华南、华东地区，华北、东北极少。西北路径的台风经常在华东登陆后又回到东海，成为转向路径，这种台风的危害较大。一般台风在登陆后会迅速地转为热带低气压或者温带低气压，风力减弱，但是仍然还会随气流向内陆移动。

在华南、华东沿海的区地仓库与配送中心都会受到台风的危害。处在这些地区的仓库与配送中心要高度重视防台工作，避免这种灾难性天气对仓库与配送中心造成严重的危害。仓库与配送中心应设置专门的防台办公室或专门人员负责研究仓库与配送中心的防台工作，制定防范工作计划，接收天气预报和台风警报，与当地气象部门保持联系，组织防台检查，管理相关文件，承担台汛期间防台联络组织工作。在台汛期间，建立通讯联络、物资供应、紧急抢救、机修、排水、堵漏、消防等临时专业小组。

对于台风，应做好以下几方面的预备措施。

(1) 积极防范。台风并不是年年都在一个地区登陆，防台工作是一项防范未然、有备无患的工作。企业要对员工，特别是领导干部进行防台宣传和教育，促使其保持警惕，不能麻痹。

(2) 全员参与。台风可以造成仓库与配送中心的损害不仅是仓储和配送物质，还包括仓库与配送中心建筑、设备、设施、场地、树木，以及物料备料、办公设施等一切财产和生命安全，还会造成环境污染危害。防台抗台工作是所有员工的工作，需要全员参与。

(3) 不断改善仓库与配送中心条件。为了使防台抗台取得胜利，需要有较好的硬件设施和条件；提高仓库与配送中心设施设备的抗风、防雨、排水防水浸的能力；减少使用简易建筑，及时拆除危房危建和及时维修加固老旧建筑、围墙；提高仓库与配送中心、货场的排水能力，注意协调仓库与配送中心外围避免对排水的阻碍；购置和妥善维修水泵等排水设备，备置堵水物料；牢固设置仓库与配送中心、场地的绑扎固定绳桩。

2. 防汛

洪水和雨水虽然是一种自然现象，但时常会对货物的安全储存带来不利影响，所以应认真做好仓库与配送中心防汛工作。

(1) 建立组织。汛期到来之前，要成立临时性的短期工作机构，在仓库与配送中心领导者的领导下具体组织防汛工作。

(2) 积极防范。平时要加强宣传教育，提高职工对自然灾害的认识；在汛期职工轮流守库，职能机构定员驻库值班，领导现场坐镇，以便在必要时统一指挥、积极组织抢救。

(3) 加强联系。仓库与配送中心防汛组织要主动争取上级主管部门的领导，并与气象电台联系了解汛情动态、预见汛情发展，克服盲目性，增强主动性。

除此之外，还要注意对陈旧的仓库与配送中心改造排水设施，提高货位；新建仓库与配送中心应考虑历年汛情的影响，使库场设施能抵御雨汛的影响。

3. 防雷

雷电是大自然中雷云之间或雷云对地之间的大规模放电现象。雷云放电会产生雷电流，雷电流除具有电流的一般的特性外，还有发生时间短(微秒级)、幅值高(几百千安)的特点，因此雷电流的瞬间功率是巨大的。正因为雷电流的特殊性，使得雷电有其特殊的破坏力，常常给人类带来巨大损失。雷击可以把建筑物劈裂、使架空的电线短路、引起森林大火，还会造成人员的直接伤亡。

仓库与配送中心是商品储运和检修的场所，一旦受到雷击，就会造成重大损失。因此，必须采取相应的防雷措施，保护仓库的安全。常见的防雷装置有避雷针、避雷线、避雷网、避雷带及避雷器等。一般应在易受雷击部位安装避雷装置，使被保护库房和突出库房屋面的物体均处于接闪器的保护范围之内；仓库内的金属制品和突出屋面的金属物应接到防雷电感应的接地装置上；低压架空线宜用长度不小于 50m 的金属铠装电缆直接埋地引入，入户端电缆的金属外皮应与防雷接地装置相连，电缆与架空线连接处还应装置阀型避雷器。

此外仓储与配送企业应在每年雷雨季节来临之前对防雷措施进行全面检查。主要应检查的方面有：建筑物维修或改造后是否改变了防雷装置的保护情况；有无因挖土方、铺设管线或种植树木而挖断的接地装置；各处明装导体有无开焊、锈蚀后截面过小而导致损坏折断等情况；接闪器有无因接受雷击而熔化或折断；避雷器磁套有无裂缝、碰伤、污染、烧伤等；引下线距地 2m 一段的绝缘保护处理有无破坏；支持物是否牢固，有无歪斜、松动；引下线与支持物的固定是否可靠；断接卡子有无接触不良；木结构接闪器支柱或支架有无腐蚀；接地装置周围土壤有无塌陷；测量全部接地装置的流散电流。

4. 防震

为搞好仓库与配送中心防震工作，应做以下几点。

(1) 首先在仓库与配送中心建筑上，要以储存物资的价值大小为依据，审视其建筑物的结构、质量状况，从保存物资的实际需要出发，合理使用物力财力，进行相应的加固。新建的仓库与配送中心，特别是多层建筑、现代化立体仓库与配送中心，更要结合当地地质结构类型，预见地震的可能性，在投资上予以考虑，做到有所准备。

(2) 在情报信息上，要密切注视毗邻地区及地震部门预测和预报资料。

(3) 在组织抢救上，要做充分的准备。当接到有关部门地震预报时，要建立必要的值班制度和相应的组织机构，当进入临震时，仓库与配送中心领导要通盘考虑、全面安排、合理分工、各负其责，做好宣传教育工作，动员职工全力以赴做好防震工作。

5. 防静电

爆炸物和油品应采取防静电措施。静电的安全应设懂有关技术的专人管理，并配备必要的检测仪器，发现问题及时采取措施。所有防静电设施都应保持干净，防止化学腐蚀、油垢玷污和机械碰撞损坏。每年应对防静电设施进行 1～2 次的全面检查，测试应当在干燥的气候条件下进行。

本 章 小 结

本章首先介绍了仓储与配送中心安全管理的有关内容，强调了规章制度的建设的必要性，并在此基础上重点介绍了消防管理，涉及火灾知识、防火和灭火的相关知识；其次介绍了防盗和安全作业的知识；最后介绍了防洪涝、台风、雷电、地震等情况。通过本章的学习，学生一方面能认识到仓储与配送安全管理的重要性，另一方面能掌握安全情况相应的应对方法。

课后实训

灭火器的使用

1. 熟悉灭火器的种类。
2. 针对特定的火灾，选用适当的灭火器，要求正确操作。

案例思考

宜昌市塔河粮库火灾原因分析

1991 年 3 月 26 日，湖北省宜昌市粮油储运公司宝塔河粮食仓库因雷击引起重大火灾，烧毁库房 3 057m^2、大米 12.6 万公斤、麻袋 8 580 条、空调机 40 台，直接经济损失 42.7 万元。这起火灾是新中国成立以来湖北省粮食仓库发生的最大的一起火灾。

1. 起火经过

3 月 26 日凌晨 1 时左右，下着大雨、刮着大风，一声炸雷后，宝塔河粮库库区内照明全部熄灭。两名值班经济民警到配电室查看情况，不久就听到有人喊“失火了”，值班经济民警发现 3 号仓方向有浓烟，连忙打电话向消防队报警。市消防支队立即调集全市 3 个公安消防队，7 个企业专职消防队共 17 台消防车、150 名消防队员赶到火场。消防队到达火场时，整栋仓库已大面积燃烧，火势猛烈，1、2、3 号仓一片火海，并引燃了储存在两栋库房之间通道上的 227 万公斤粮食的露天堆垛，严重威胁其他库房的安全。市委、市政府和市公安局领导亲临火场视察火情，指挥灭火战斗。凌晨 3 时左右，大火基本被控制，5 时左右明火被全部扑灭。

2. 起火原因

居住在库区附近的目击者艾某介绍，26 日凌晨 1 点多，她听到一声炸雷后，就看到 2、3 号粮仓之间冒出一团红色的火，接着仓库就冒出浓烟；目击者孙某、陈某等介绍，26 日凌晨 1 时 10 分，一声炸雷后，库区内照明全部熄灭，几分钟后，仓库起火。气象部门提供的资料表明，26 日 0 点 23 分宜昌市出现雷电活动，一直持续至 1 点 54 分，雷电活动时间与目击者提供的时间完全吻合。另外，据供电部门技术鉴定：该库配电室空气开关因瞬时外过电压而烧毁，其动力负荷开关均未送电，只有照明开关处于闭合状态，除火灾引起的电气设备损坏外，其他部分均未遭受绝缘损坏，因而排除了电气火灾的可能性。结合当时的气象情况认定为雷击起火，起火部位在2、3号仓之间。

3. 对火灾原因的进一步探讨

这场大火烧得比较蹊跷，从发现雷击到整栋仓库大面积起火，只不过几分钟时间，燃烧程度也比较均衡，究竟是什么原因使火灾燃烧蔓延如此迅速?这起火灾的直接原因是雷击引起，但究竟是哪一种雷击现象呢?

根据形状的不同，雷电大致可分为片状、线状和球状3种形式。片状雷电是在云层间产生的，对人们影响不大；线状雷能量较小，而且一闪即逝。即使击中粮库，在大雨倾盆时刻一般不容易直接引起仓库着火；球状雷则是一种特殊雷电现象，其能量较高，约有400万焦耳，其运动速度约2m/s，存在的时间一般为3～5s。球状雷有几千甚至上万摄氏度的高温，因而是一种紫色或红色的发光球体，直径从几毫米到几十米不等。所以，从目击者的证言和现场勘查情况来看，这起火灾是由球状雷击中仓库引起的。另外，这次雷击除了球状雷之外，还有感应雷的作用。球状雷具有很高的电压和很大的电流，又是在极短暂的时间内发生的，因此在雷击粮仓时，在粮仓周围的空间将产生强大的瞬时交变电磁场，使处在磁场内的金属产生感生电动势，如金属物成闭合回路，则会产生感应电流。宝塔河粮库是五十年代兴建的砖木结构建筑，1、2、3号仓于1988年改为控温粮仓，该粮仓用8号铁丝网架上铺厚双层聚苯乙烯泡沫作仓库吊顶，铁丝网架中的铁丝纵横交错，形成了闭合回路，因此，粮库遭受雷击时，铁丝网架上瞬时出现较大的感应电流。每个铁丝网架网孔由纵横交错的4根铁丝组成，每两根铁丝只是相互接触，在相互接触处存在很大的电阻，而铁丝网架又未作接地处理，强大的感应电流通过铁丝相互接触处时因接触电阻过大产生电火花引燃保温用的聚苯乙烯泡沫。由于聚苯乙烯泡沫容易燃烧，耐热性差，铁丝网架又将1、2、3号仓库连成一片，从而导致了整栋仓库同时起火燃烧。所以，除球状雷直接雷击2、3号仓之间引起火灾外，整栋粮仓也因感应雷的作用而瞬间同时着火。

4. 几点体会

(1) 火灾事故调查工作在火灾发生后应立即展开。粮库火灾发生后，调查组迅速访问了最先发现火灾的人和报警者。住在粮库库区的市粮油储运公司汽车队职工艾某、仓库职工张某和市米面厂职工谭某等在接受访问时都提到在一声雷响后，他们分别发现了一团红火击在2～3号粮仓间，接着仓库冒烟起火。他们的证言为调查组迅速查明火灾原因、确定起火部位等提供了第一手资料。

(2) 要依靠科学技术手段进行调查，注意物证的收集工作。在这次火灾现场勘查过程中，相关人员发现该库配电室空气开关被烧毁。经过供电部门的技术鉴定和电气专家认定，此空气开关是“因瞬时外过电压而烧毁”，即强大的雷击电流在瞬间内将空气开关烧毁。技术鉴定和专家认定为查明火灾原因提供了科学依据。

(3) 火灾调查人员必须熟悉消防知识，掌握一定的专业技能，实事求是，尊重科学，才能从错综复杂、杂乱无章的火场中发现起火点，查明起火原因。在这次火灾调查过程中，相关人员利用雷电火灾的原理，圆满地解释了粮库火灾过程中的一系列现象，使火灾调查工作得以顺利进行。

? 思考

如何防止火灾的发生？

思考与练习

一、单项选择题

1．下面不是仓库与配送中心灭火的基本方法有(　　)。

A．通风法　　B．隔离法　　C．冷却法　　D．窒息法

2．以下(　　)属于常用的灭火剂。

A．盐水　　B．水　　C．氯化钾　　D．干粉

3．自动报警灭火控制装置有多种类型，按自动化程度来分，可分为(　　)。

A．全自动报警灭火系统　　B．半自动报警灭火系统

C．手动报警灭火系统　　D．感应报警灭火系统

4．危险品分类包装中Ⅲ类包装指能盛装(　　)度危险性货物。

A．高度　　B．中度　　C．低度　　D．任何

5．火灾种类根据燃烧物质及其燃烧特性可以分为(　　)类。

A．二　　B．三　　C．四　　D．五

二、多项选择题

1．下列(　　)的灭火方法属于冷却法。

A．清水灭火器　　B．干粉灭火器　　C．二氧化碳灭火器

D．泡沫灭火器　　E．1211 灭火器

2．下列(　　)引起的初起火灾不能用水扑灭。

A．普通火　　B．油类火　　C．电气火

D．图书　　E．油脂火

3．燃烧三要素指的是(　　)。

A．可燃物　　B．助燃物　　C．着火源

D．电源　　E．电线

4．灭火的方法主要有(　　)。

A．冷却法　　B．窒息法　　C．隔离法

D．化学抑制法　　E．以上都是

5．油类和油脂类发生燃烧，应采用(　　)灭火器灭火。

A．清水灭火器　　B．干粉灭火器　　C．二氧化碳灭火器

D．泡沫灭火器　　E．1211 灭火器

三、判断题

1．可燃金属燃烧的火灾属于 C 类火灾，如钾、钠、镁等的燃烧。　　(　　)

2．用泡沫作为灭火剂，其作用主要是隔离作用，同时也有一定的冷却作用。(　　)

3．根据《建筑灭火器配置设计规范》规定，手提式灭火器宜设置在挂钩、托架或灭火器箱内，其顶部离地面高度应小于 1.5m，底部离地面高度不宜小于 0.15m。　　(　　)

4．自然风险是指由于自然界的运动和变化给生命和财富造成伤亡和损失的现象，例如

暴风雪、暴乱、洪水等。 (　　)

5．仓库与配送中心的着火源比较多。 (　　)

四、思考题

1．现代仓储安全管理的重要意义是什么？

2．现代仓库与配送中心安全的要求有哪些？

3．现代仓库与配送中心防火工作的措施是什么？

4．燃烧的 3 个必备条件是什么？具体内容是什么？

5．报警的内容主要应包括哪些？

6．灭火的基本方法是什么？

7．常用的灭火器材有哪几种？使用的范围是什么？如何使用？

8．灭火工作中应如何逃生及有组织地疏散火场上的物质？

9．电气设备初起火灾应如何扑救？

10．火灾探测器分为哪些种类？

第 13 章　仓储与配送信息技术

(1) 了解条码技术、射频技术、EDI 技术、GPS、GIS 等仓储与配送信息技术;
(2) 掌握仓储与配送管理信息系统的组成和基本功能。

(1) 能够制作和应用条形码;
(2) 能够初步应用各种仓储与配送信息技术。

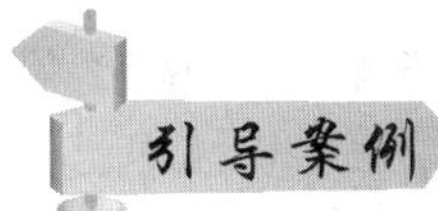

沃尔玛的信息化

美国人山姆·沃尔顿于 1962 年创立沃尔玛百货有限公司。在短短几十年间，它由一家小型折扣商店发展成为世界上最大的零售企业。在沃尔玛实现短时间发展壮大、超越对手、坐上世界零售企业的头把交椅的各种因素中，强大的物流信息系统起着至关重要的作用。沃尔玛每年能够满足全球 4 000 多家连锁店对 8 万多种商品的配送需要，每年的运输总量超过 78 亿箱，总行程达 6.5 亿千米。所有这一切，没有完善的物流信息系统是根本不可能实现的。

早在 20 世纪 80 年代初期，沃尔玛就在建立自己的一个卫星系统后利用一种统一的 UPC 代码(Universal Product Code，通用产品代码)对货品进行管理。经理们选择一件商品，扫描一下该商品的 UPC 代码，不仅可以知道商场目前有多少这种商品、订货量是多少，而且知道有多少这种产品正在运输到商店的途中，会在什么时候运到。这些数据都通过主干网和通信卫星传递到数据中心。管理人员能实时地对销售情况、物流情况等进行监控，还可知道当天回收多少张失窃的信用卡，信息卡认可体系是否正常工作，并监督每日做成的交易数目。沃尔玛的数据中心也与供应商建立了联系，实现了快速反应的供应链管理。厂商通过运营系统进入沃尔玛的计算机分销系统和数据中心，直接从 POS 得到某供应商的商品流通动态信息，如不同店铺及不同商品的销售统计数据、沃尔玛各仓库的调配状态、销售预测、电子邮件与付款通知等，以此作为安排生产、供货和送货的依据。整个运作过程协调有序，通过该信息系统，管理人员掌握到第一手资料，并对日常运营与企业战略做出分析和决策。

思考

沃尔玛如何利用信息技术？

13.1 仓储与配送信息技术介绍

应用于仓储与配送中的信息技术，通常包括计算机技术、网络技术、信息分类编码技术、自动数据采集和条码技术(Bar Code)、射频识别技术(RF)、电子数据交换技术(EDI)、全球定位系统(GPS)、地理信息系统(GIS)等。

13.1.1 条码技术

条码(又称条形码)是由一组宽度不同、反射率不同的条(对光线反射率较低的部分)和空(对光线反射率较高的部分)按规定的编码规则组合起来，用以表示一定的字符、数字及符号组成的信息。条形码是一种可印制的机器语言，它采用二进制数的概念，由 1 和 0 表示编码的特定组合单元。常用的条形码由一组字符组成，如数字 0～9、字母 A～E 或一些专用符号。条码系统是由条码符号设计、制作及扫描阅读组成的自动识别系统。

在进行辨识的时候，用条码阅读机扫描，得到一组反射光信号。此信号经光电转换后变为一组与线条、空白相对应的电讯号，经解码后还原为相应的数字。条码辨识技术已相当成熟，其读取的错误率约为百万分之一，首读率大于 98%，是一种可靠性高、输入快速、准确性高、成本低、应用面广的资料自动收集技术。

条码的起源

20 世纪 40 年代，美国的乔·伍德兰德和伯尼·西尔沃两位工程师就开始研究用代码表示食品项目及相应的自动识别设备，并于 1949 年获得了美国专利。20 世纪 70 年代左右，条码得到实际应用和发展。现在，世界上绝大多数的国家和地区都已普遍使用条码技术，而且它正在快速地向世界各地推广。

早期的条码图案并不是现在的样子，而像微型射箭靶，被叫做“公牛眼”代码。靶式的同心圆是由圆条和空绘成圆环形。在原理上，“公牛眼”代码与后来的条码很相近，遗憾的是当时的工艺和商品经济还没有能力印制出这种码。

直到 10 年后，乔·伍德兰德作为 IBM 公司的工程师成为北美统一代码 UPC 码的奠基人。再后来，以吉拉德·费伊塞尔为代表的几位发明家于 1959 年提请了一项专利，描述了数字 0～9 中每个数字可由 7 段平行条组成。但是这种码使机器难以识读，人读起来也不方便。不过这一构想促进了后来条形码的产生与发展。不久，E·F·布宁克申请了另一项专利，将条码标识在有轨电车上。20 世纪 60 年代西尔沃尼亚发明的一个系统被北美铁路系统采纳。这两项是条形码技术最早期的应用。

1. 条形码的分类和使用

根据编码方式的不同，条形码可以分为一维条码、二维条码和多维条码。

1) 一维条码

(1) 一维条码的结构。一个完整的条码的组成次序依次为：静区(前)、起始符、数据符(中间分割符，主要用于 EAN 码、校验符)、终止符、静区(后)。图 13.1 所示为 EAN 一维条码的结构。

图 13.1 EAN 一维条码

(2) 常见的一维条码。世界上约有 225 种一维条码，每种一维条码都有自己的一套编码规则，规定每个字母(可能是文字或数字)是由几个线条(Bar)及几个空白(Space)组成以及字母的排列。国际上广泛使用的条形码种类有以下几种。

① EAN/UPC 码(商品条形码，用于在世界范围内唯一标识一种商品，在超市中最常见)；

② 39 码、128 码、93 码(可表示数字和字母，在管理领域应用最广)；

③ ITF25 码(在物流管理中应用较多)；

④ 库德巴码(多用于在血库、图书馆、照相馆和包裹等的跟踪管理)。

其中，EAN 码是当今世界上广为使用的商品条形码，已成为电子数据交换的基础；UPC 码主要在美国和加拿大使用。因此，我国产品销往美国、加拿大时应使用 UPC 码，而出口到其他国家和地区时则需使用 EAN 码。在各类条形码应用系统中，39 码因其可采用数字与字母共同组成的方式而在各行业内部管理上被广泛使用。

(3) 一维条码的制作。EAN-13 通用商品条形码(如图 13.1 所示)共 13 位数，一般由厂商识别代码、商品项目代码和校验码组成。其中厂商识别代码通常由 7～9 位数字组成，前三位为国家代码；商品项目代码由 3～5 位数字组成，校验码为 1 位数字。

① 国家代码是用来标识国家或地区的代码，赋码权在国际物品编码协会。如 00～09 代表美国、加拿大，45～49 代表日本，690～692 代表中国大陆，471 代表中国台湾地区，489 代表中国香港地区。国家代码的第一码，即 EAN-13 的最左边第一个数字是不用条码符号表示的，称为导入值。图 13.1 中 730 即为国家代码，7 为导入值。

知识链接

校验码的计算方法

(1) 从代码位置序号 2 开始，所有偶数位的数字代码求和；

(2) 将步骤(1)的和乘以 3；

(3) 从代码位置序号 3 开始，所有奇数位的数字代码求和；

(4) 将步骤(2)与步骤(3)的结果相加；

(5) 用大于或等于步骤(4)所得结果且为 10 最小整数倍的数减去步骤(4)所得结果，其差即为所求校验码的值；

示例：代码 690123456789X 校验码的计算过程见表 13-1。

表 13-1 代码 690123456789×校验码的计算过程

步骤	位置序号	13	12	11	10	9	8	7	6	5	4	3	2	1
1. 自右向左顺序编号	代码	6	9	0	1	2	3	4	5	6	7	8	9	X
2. 从序号 2 开始求出偶数位数字之和①	9+7+5+3+1+9=34 ①													
3. ①×3=②	34×3=102 ②													
4. 从序号 3 开始求出奇数位数字之和③	8+6+4+2+0+6=26 ③													
5. ②+③=④	102+26=128 ④													
6. 用大于或等于结果④且为 10 最小整数倍的数减去④，其差即为所求校验码的值	130−128=2 校验码 X=2													

小练习：登录中国物品编码中心网站(www.ancc.org.cn)，应用校验码计算工具检查某一维条形码的编制是否正确。

② 制造厂商代码由各个国家或地区的物品编码组织赋权，在我国由国家物品编码中心赋予制造厂商代码。图 13.1 中 1234 即为厂商代码。

③ 商品代码是用来标识商品的代码，由厂商自由编定，生产企业按照规定条件自己决定在自己的何种商品上使用哪些阿拉伯数字为商品条形码。图 13.1 中右侧数据符表示的 56789 即为商品代码。

④ 校验码通过自我校验商品条形码中左起第 1～12 数字代码的正确性以防止条码扫描器误读。

⑤ 辅助码不代表任何资料，长度较一般资料长。图 13.1 中起始符、分割符、终止符即为辅助码。

商品条形码的编码遵循唯一性原则，以保证商品条形码在全世界范围内不重复，即一个商品项目只能有一个代码，或者说一个代码只能标识一种商品项目。不同规格、不同包装、不同品种、不同价格、不同颜色的商品只能使用不同的商品代码。

商品条形码的标准尺寸是 37.29mm×26.26mm，放大倍率是 0.8～2.0。当印刷面积允许时，应选择 1.0 倍率以上的条形码，以满足识读要求。放大倍数越小的条形码印刷精度要求越高，当印刷精度不能满足要求时，易造成条形码识读困难。

由于条形码的识读是通过条形码的条和空的颜色对比度来实现的，所以一般情况下，只要能够满足对比度(PCS 值)的要求的颜色即可使用。通常采用浅色作空的颜色，如白色、橙色、黄色等，采用深色作条的颜色，如黑色、暗绿色、深棕色等。最好的颜色搭配是黑条白空。根据条形码检测的实践经验，红色、金色、浅黄色不宜做条的颜色，透明、金色不能作空的颜色。

在实际应用中，条形码通过相应的软件编制，再应用条形码打印机打印出来粘贴在商品上供条码阅读器读取。

2) 二维条码

二维条码(2-Dimensional Bar Code)是用某种特定的几何图形按一定规律在平面(水平和垂直方向的二维空间)分布的黑白相间的图形记录数据符号信息。在代码编制上巧妙地利用构成计算机内部逻辑基础的 0、1 比特流的概念，使用若干个与二进制相对应的几何形体来表示文字数值信息，通过图像输入设备或光电扫描设备自动识读以实现信息自动处理。二维条码除具有普通条码的优点外，还具有对不同行的信息自动识别功能及处理图形旋转变化等特点。

(1) 二维条码的结构。根据编码原理不同，二维条码主要分为堆叠式和矩阵式两大类。

① 堆叠式(又称堆积式、层排式或行排式)二维条码的编码原理是建立在一维条码的基础上，将一维条码的高度变窄，再根据需要堆成多行。其在编码设计、校验原理、识读方式等方面都继承了一维条码的特点，识读设备与条码印刷与一维条码技术兼容，但由于行数增加，对行的辨别、译码算法与软件则与一维条码有所不同。较具代表性的堆叠式二维条码有 PDF417(如图 13.2 所示)、Code16K、Supercode、Code49 等。

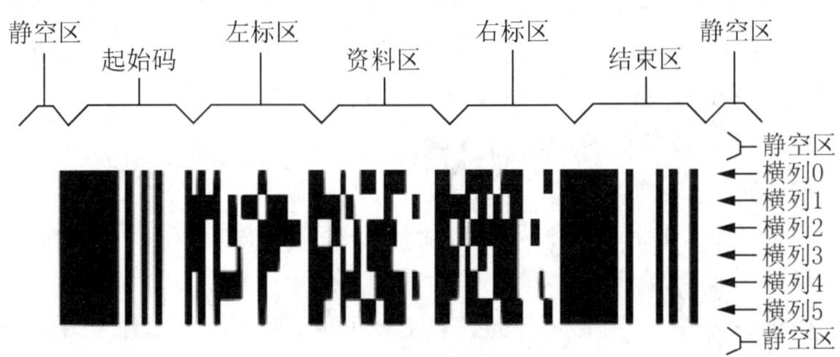

图 13.2 PDF417 二维条码

② 矩阵式二维条码(又称棋盘式二维条码)是在一个矩形空间通过黑、白像素在矩阵中的不同分布进行编码。在矩阵相应元素位置上，用点(方点、圆点或其他形状)的出现表示二进制 1，点的不出现表示二进制的 0，点的排列组合确定了矩阵式二维条码所代表的意义。矩阵式二维条码是建立在计算机图像处理技术、组合编码原理等基础上的图形符号自动识读处理码制，已经不适合用“条码”称之。具有代表性的矩阵式二维条码有 Data Matrix(如图 13.3 所示)、Maxi Code(如图 13.4 所示)、Vericode、QR Code(如图 13.5 所示)等。

图 13.3 Data Matrix 二维条码

图 13.4 Maxi Code 二维条码

图 13.5 QR Code 二维条码

(2) 常见的二维条码。在目前几十种二维条码中，常用的二维条形码主要有 PDF417 码、49 码、16K 码、Data Matrix 码和 Maxi Code 码等。

美国 Symbol 公司于 1991 年正式推出名为 PDF417 的二维条码，简称 PDF417 条码，即“便携式数据文件”。PDF417 条码是一种高密度、高信息含量的便携式数据文件，是实现证件及卡片等大容量、高可靠性信息自动存储、携带并可用机器自动识读的理想手段，广泛应用于美国亚利桑那州等十多个州的护照、身份证、行车证、军人证、健康证、保险卡等。

知识链接

条码的设计

一维条码虽然提高了资料收集与资料处理的速度，但由于受到资料容量的限制，其仅能标识商品而不能描述商品，因此相当依赖数据库。在没有了预先建立的数据库或不便联网的地方，一维条码很难派上用场。因此，储存量较高的二维条码技术受到大家的欢迎。由于二维条码具有高密度、大容量(根据不同的编码技术，容量是一维的几倍到几十倍，从而可以存放个人的自然情况及指纹、照片等信息)、抗磨损(在损污 50%的情况下仍可读取完整信息)、保密防伪性强等优点，从而拓宽了条码的应用领域。

一维条码最大资料长度通常不超过 15 个字元，多用以存放关键索引值(Key)，仅可作为一种资料标识，不能对产品进行描述。此外，一维条码有一个明显的缺点，即垂直方向不携带资料，故资料密度偏低。当初这样设计有两个目的。

(1) 为了保证局部损坏的条码仍可正确辨识；

(2) 使扫描容易完成。

要提高资料密度，又要在一个固定面积上印出所需资料，可用以下两种方法来解决。

(1) 在一维条码的基础上向二维条码方向扩展；

(2) 利用图像识别原理，采用新的几何形体和结构设计出二维条码。

前者发展出堆叠式的二维条码，后者则发展出矩阵式(Matrix)二维条码，构成现今二维条码的两大类型。

二维条码的新技术在 20 世纪 80 年代晚期逐渐被重视，在资料储存量大、资讯随着产品走、可以传真影印、错误纠正能力高等特性下，二维条码在 20 世纪 90 年代初期已逐渐被使用。

Data Matrix 二维条码原名 Data Code，由美国国际资料公司(International Data Matrix，ID Matrix)于 1989 年发明。Data Matrix 二维条码是一种矩阵式二维条码，其最大特点就是“小”，能在 25mm2 面积上编码 30 个数字，因此被广泛用于标示集成电路、药品等小件物品。另外在制造业的流水线生产过程中，打印生成 Data Matrix 也较容易。

知识链接

条码技术的发展

1970 年美国超级市场 Ad Hoc 委员会制定出通用商品代码 UPC 码，许多团体也提出了各种条码符号方案。UPC 码首先在杂货零售业中试用，这为以后条形码的统一和广泛采用奠定了基础。次年布莱西公司研制出布莱西码及相应的自动识别系统用以库存验算，这是条形码技术第一次在仓库管理系统中的实际应用。1972 年蒙那奇·马金等人研制出库德巴(Code Bar)码，至此美国的条形码技术进入新的发展阶段。

1973 年美国统一编码协会(简称 UCC)建立了 UPC 条码系统，实现了该码制标准化。同年，食品杂货业把 UPC 码作为该行业的通用标准码制，为条码技术在商业流通销售领域里的广泛应用起到了积极的推动作用。1974 年 Intermec 公司的戴维·阿利尔博士研制出 39 码，很快被美国国防部所采纳，作为军用条码码制。39 码是第一个字母、数字式相结合的条码，后来广泛应用于工业领域。

1976 年在美国和加拿大超级市场上，UPC 码的成功应用给人们以很大的鼓舞，尤其是欧洲人对此产生了极大兴趣。次年欧洲共同体在 UPC-A 码基础上制定出欧洲物品编码 EAN-13 和 EAN-8 码，签署了“欧洲物品编码”协议备忘录，并正式成立了欧洲物品编码协会(简称 EAN)。到了 1981 年，由于 EAN 已经发展成为一个国际性组织，故改名为国际物品编码协会 (简称 IAN)。但由于历史原因和习惯，至今仍称为 EAN(后改为 EAN-international)。

日本从 1974 年开始着手建立 POS 系统，研究标准化以及信息输入方式、印制技术等，并在 EAN 基础上，于 1978 年制定出日本物品编码 JAN。同年日本加入了国际物品编码协会，开始进行厂家登记注册，并全面转入条码技术及其系列产品的开发工作，10 年之后成为 EAN 最大的用户。

从 20 世纪 80 年代初，人们围绕提高条码符号的信息密度开展了多项研究。128 码和 93 码就是其中的研究成果。128 码于 1981 年被推荐使用，而 93 码于 1982 年使用。这两种码的优点是条码符号密度比 39 码高出近 30%。随着条码技术的发展，条形码码制种类不断增加，因而标准化问题显得很突出。为此先后制定了军用标准 1189，交叉 25 码、39 码和库德巴码 ANSI 标准 MH10.8M 等。同时一些行业也开始建立行业标准以适应发展需要。此后，戴维·阿利尔又研制出 49 码，这是一种非传统的条码符号，它比以往的条形码符号具有更高的密度(即二维条码的雏形)。接着特德·威廉斯推出 16K 码，这是一种适用于激光扫描的码制。到 1990 年年底，共有 40 多种条形码码制，相应的自动识别设备和印刷技术也得到了长足的发展。

从 20 世纪 80 年代中期开始，我国条形码技术的研究和推广应用逐步提到议事日程。1988 年 12 月 28 日，经国务院批准，国家技术监督局成立了中国物品编码中心，该中心的任务是研究、推广条码技术，同时组织、开发、协调、管理我国的条码工作。

(3) 二维条码的特点和应用。二维条码具有储存量大、保密性高、追踪性高、抗损性强、备援性大、成本便宜等特点，这些特点特别适用于表单、保密、追踪、证照、盘点、备援等方面。

① 表单应用。公文表单、商业表单、进出口报单、舱单等资料的传送交换，减少人工重复输入表单资料，避免人为错误，降低人力成本。

② 保密应用。商业情报、经济情报、政治情报、军事情报、私人情报等机密资料的加密及传递。

③ 追踪应用。公文自动追踪、生产线零件自动追踪、客户服务自动追踪、邮购运送自

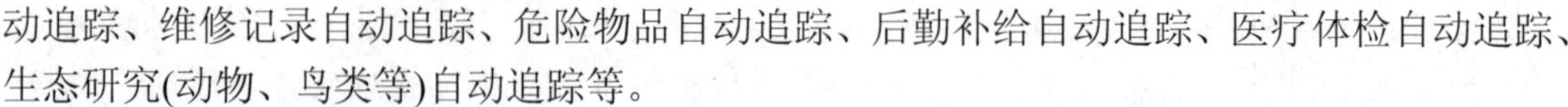

动追踪、维修记录自动追踪、危险物品自动追踪、后勤补给自动追踪、医疗体检自动追踪、生态研究(动物、鸟类等)自动追踪等。

④ 证照应用。护照、身份证、挂号证、驾照、会员证、识别证、连锁店会员证等证照的资料登记及自动录入，发挥随到随读、立即取用的资讯管理效果。

⑤ 盘点应用。物流中心、仓储中心、联勤中心的货品及固定资产的自动盘点，发挥立即盘点、立即决策的作用。

⑥ 备援应用。文件表单的资料若不愿或不能以磁碟、光碟等电子媒体储存备援时，可利用二维条码来储存备援，携带方便、不怕折叠、保存时间长，又可影印传真，做更多备份。

知识链接

二维条码在运输行业的应用

一个典型的运输业务过程通常经历供应商——货运代理——货运公司——客户等几个环节，在每个环节中都牵涉到发货单据的处理。发货单据含有大量的信息，包括发货人信息、收货人信息、货物清单、运输方式等。单据处理的前提是数据的录入，人工键盘录入的方式存在着效率低、差错率高的问题，已不能适应现代运输业的要求。二维条形码在这方面提供了一个很好的解决方案，将单据的内容编成一个二维条形码打印在发货单据上，在运输业务的各个环节使用二维条形码阅读器扫描条形码，信息便录入到计算机管理系统中，既快速又准确。在美国，虽然 EDI 应用革新了业务流程的核心部分，但是它却忽略了流程中的关键角色——货运公司。许多 EDI 报文对于货运商来说总是迟到，以至于因不能及时确认准确的装运单信息而影响了货物运输和客户单据的生成。美国货运协会(ATA)因此提出了纸上 EDI 系统：发送方将 EDI 信息编成一张 PDF417 条形码标签提交给货运商，通过扫描条形码，信息立即传入货运商的计算机系统。这一切都发生在恰当的时间和恰当的地点，使得整个运输过程的效率大大提高。

2. 条码识读设备

条码阅读器是用于读取条码所包含的信息的设备，条码阅读器的结构通常包括：光源、接收装置、光电转换部件、译码电路、计算机接口。它们的基本工作原理为：由光源发出的光线经过光学系统照射到条码符号上面，被反射回来的光经过光学系统成像在光电转换器上，使之产生电信号，电信号经过电路放大后产生一模拟电压，该模拟电压与照射到条码符号上被反射回来的光成正比，再经过滤波、整形，形成与模拟信号对应的方波信号，经译码器解释为计算机可以直接接收的数字信号。

普通的条码阅读器通常采用 3 种技术：光笔、CCD 阅读器、激光扫描仪。它们都有各自的优缺点，没有一种阅读器能够在所有方面都具有优势。

1) 光笔

光笔是最先出现的一种手持接触式条码阅读器，也是最为经济的一种条码阅读器。使用时，操作者需将光笔接触到条码表面，通过光笔的镜头发出一个很小的光点，当这个光点从左到右划过条码时，在“空”部分，光线被反射，“条”的部分，光线将被吸收，因此在光笔内部产生一个变化的电压，这个电压通过放大、整形后用于译码。

优点：与条码接触阅读，能够明确哪一个是被阅读的条码；阅读条码的长度可以不受限制；成本较低；内部没有移动部件，比较坚固；体积小，重量轻。

缺点：使用光笔会受到各种限制，比如在有一些场合不适合接触阅读条码；另外只有在比较平坦的表面上阅读指定密度的、打印质量较好的条码时，光笔才能发挥它的作用；而且操作人员需要经过一定的训练才能使用，如阅读速度、阅读角度以及使用的压力不当都会影响它的阅读性能；因为它必须接触阅读，当条码在因保存不当而产生损坏，或者上面有一层保护膜时，光笔都不能使用；光笔的首读成功率低及误码率较高。

2) CCD 阅读器

CCD 为电子耦合器件(Charg Couple Device)，较适合近距离和接触阅读，价格没有激光扫描仪贵，而且内部没有移动部件。

CCD 阅读器使用一个或多个 LED，发出的光线能够覆盖整个条码，条码的图像被传到一排光探测器上被每个单独的光电二极管采样，由邻近的探测器的探测结果为“黑”或“白”区分每一个条或空，从而确定条码的字符。换言之，CCD 阅读器不是阅读每一个条或空，而是条码的整个部分，并转换成可以译码的电信号。

优点：与其他阅读器相比，CCD 阅读器的价格较便宜，阅读条码的密度广泛，容易使用。重量比激光扫描仪轻，而且不像光笔只能接触阅读。

缺点：CCD 阅读器的局限在于它的阅读景深和阅读宽度，在需要阅读印在弧形表面的条码(如饮料罐)时候会有困难；在一些需要远距离阅读的场合，如仓库领域，也不是很适合；CCD 的防摔性能较差，因此产生的故障率较高；在所要阅读的条码比较宽时，CCD 也不是很好的选择，信息很长或密度很低的条码很容易超出扫描头的阅读范围，导致条码不可读；而且某些采取多个 LED 的条码阅读器中，任意一个的 LED 故障都会导致不能阅读；大部分 CCD 阅读器的首读成功率较低且误码概率高。

3) 激光扫描仪

激光扫描仪是各种扫描器中价格相对较高的，但它所能提供的各项功能指标最高，因此在各个行业中都被广泛采用。

激光扫描仪的基本工作原理为：激光扫描仪通过一个激光二极管发出一束光线照射到一个旋转的棱镜或来回摆动的镜子上，反射后的光线穿过阅读窗照射到条码表面，光线经过条或空的反射后返回阅读器，由一个镜子进行采集、聚焦，通过光电转换器转换成电信号，电信号将通过扫描器或终端上的译码软件进行译码。

激光扫描仪分为手持与固定两种形式。手持激光扫描仪连接方便简单、使用灵活；固定激光扫描仪适用于阅读量较大、条码较小的场合，可有效解放双手工作。

优点：激光扫描仪可以用于非接触扫描，通常情况下，在阅读距离超过 30cm 时激光扫描仪是唯一的选择；激光阅读条码密度范围广，并可以阅读不规则的条码表面或透过玻璃或透明胶纸阅读，因为是非接触阅读，不会损坏条码标签；有较先进的阅读及解码系统，首读识别成功率高、识别速度相对光笔及 CCD 更快，而且对印刷质量不好或模糊的条码识别效果好；误码率极低(仅约为三百万分之一)；激光阅读器的防震、防摔性能好。

缺点：价格相对较高，但从购买费用与使用费用的总和计算，与 CCD 阅读器区别不大。

13.1.2 射频识别技术

射频识别技术(Radio Frequency Idenfication，RFID)是一种利用射频通信实现的非接触式自动识别技术。其基本原理是利用射频信号和空间耦合(电感或电磁耦合)或雷达反射的传输特性实现对被识别物体的自动识别。RFID 技术与互联网、通信等技术相结合，可实现全球范围内物品跟踪与信息共享。

1. RFID 的优势

从其技术原理上讲，RFID 有诸多的优势，具体表现在以下几个方面。

1) 非接触式数据读/写

通过 RFID 解读器(Reader)，可不需接触直接读取标签信息至数据库内，且可一次处理多个标签，并可以将物流处理的状态写入标签，供下一阶段物流处理的读取判断之用。

2) 形状易小型化和多样化

RFID 标签在读取上不受尺寸大小与形状的限制，不需要为了读取精确度而增加投入。

3) 环境适应性强

传统条形码的载体是纸张，一受到脏污就会看不到，但 RFID 标签对水、油和药品等物质却有很强的抗污性，在黑暗或脏污的环境中也可以读取 RFID 标识的数据。

4) 可重复使用

由于 RFID 标签储存电子数据可以反复擦写，因此可以回收标签重复使用。

5) 穿透性强

在被覆盖的情况下，RFID 能够穿透纸张、木材和塑料等非金属或非透明的材质，并能够进行穿透性通信。

6) 数据的记忆容量大

一维条形码的容量是 50 字符，二维条形码最大的容量可储存 2～3 000 字符，RFID 标签最大的容量则有数兆。随着记忆载体的发展，数据容量也有不断扩大的趋势。

7) 安全性高

由于 RFID 承载的是电子信息，其数据内容可经由密码保护，使其内容不易被伪造。

射频技术与条形码是两种不同的技术，有不同的适用范围，时有重叠。最大的区别是条形码是“可视技术”，扫描仪在人的指导下工作只能接收它视野范围内的条形码；而射频识别不要求看见目标，射频标签只要在接收器的作用范围内就可以被读取。条形码本身还具有其他缺点：如果标签被划破、污染或是脱落，扫描仪就无法辨认目标；条形码只能识别生产者和产品，不能辨认具体的商品，贴在所有同一种产品包装上的条形码都一样，无法辨认哪些产品先过期。概念上两者很相似，目的都是快速准确地确认追踪目标物体。主要的区别在于有无写入信息或更新内存的能力。条形码的内存不能更改。射频标签不像条形码，它特有的辨识器不能被复制。标签的作用不仅仅局限于视野之内，因为信息是由无线电波传输，而条形码必须在视野之内。由于条形码成本较低，有完善的标准体系，已在全球散播，所以已经被普遍接受，从总体来看，射频技术只被局限在有限的市场份额之内。目前，多种条形码控制模版已经在使用之中，在获取信息渠道方面，射频也有不同的标准。

RFID 与条形码的功能比较见表 13-2。

表 13-2 RFID 与条形码的功能比较

功能项目	RFID	条形码
读取数量	可同时读取多个标签信息	只能一次读取一个标签信息
远距离读取	不需要光线就可以读取或更新	需要光线
信息容量	存储信息的容量大	容量小
读写能力	信息可以被反复覆盖	条形码信息不可更新
读取方便性	标签形状可以随意，即使被覆盖也不影响读取信息	条形码读取时需要可见并且清楚
信息正确性	可传输信息作为物品跟踪与保全的依据	需要人工读取，有人为疏失的可能性
坚固性	在严酷、恶劣、污染环境中仍可正确读取信息	条形码被污染或表面破损后就无法读取信息
高速读取	可以高速移动读取	移动中读取有所限制

2. RFID 系统组成

RFID 系统至少由电子标签、读写器两部分组成。

1) 电子标签

电子标签(Tag)(如图 13.6 所示)是射频识别系统的数据载体，由标签专用芯片和内置标签天线组成，通过标签天线和读写器进行通信。标签相当于条码技术中的条码符号，用来存储需要识别传输的信息。依据电子标签供电方式的不同，电子标签可以分为有源电子标签(Active Tag)、无源电子标签(Passive Tag)和半无源电子标签(Semi-passive Tag)。有源电子标签内装有电池，无源射频标签没有内装电池，半无源电子标签(Semi-passive Tag)部分依靠电池工作。电子标签依据频率的不同可分为低频电子标签、高频电子标签、超高频电子标签和微波电子标签。依据封装形式的不同可分为信用卡标签、线形标签、纸状标签、玻璃管标签、圆形标签及特殊用途的异形标签等。RFID 标签具有体积小、容量大、寿命长、可重复使用等特点，可支持快速读/写、非可视识别、移动识别、多目标识别、定位及长期跟踪管理。

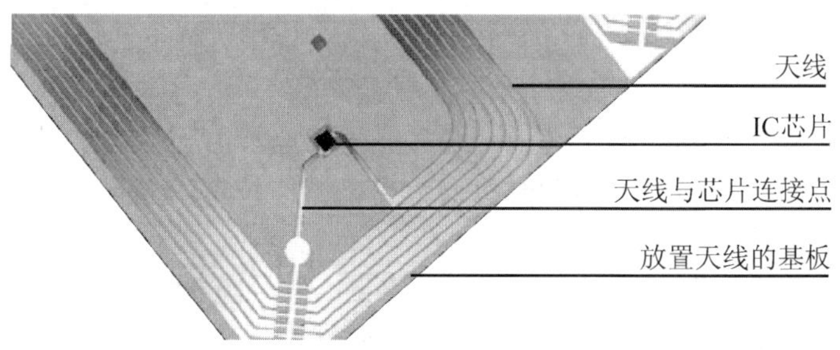

图 13.6 电子标签

知识链接

射频识别技术起源和发展的历程表

这项技术诞生于第二次世界大战期间，当时英国主要用来识别进入机场的是否为己方的飞机。现代战争中RFID的应用更加普及，美伊战争期间，美国国防部在军用物资箱上装置RFID标签，到前线扫描一下就知道里面装了什么，大大缩短了物流时间。RFID技术的发展可按10年期划分如下。

1941～1950年，雷达的改进和应用催生了RFID技术，1948年哈里·斯托克曼发表的“利用反射功率的通信”奠定了射频识别RFID的理论基础。

1951～1960年，早期RFID技术的探索阶段，主要处于实验室实验研究。

1961～1970年，RFID技术的理论得到了发展，开始了一些应用尝试。

1971～1980年，RFID技术与产品研发处于一个大发展时期，各种RFID技术测试得到加速，出现了一些最早的RFID应用。

1981～1990年，RFID技术及产品进入商业应用阶段，各种规模应用开始出现。

1991～2000年，RFID技术标准化问题日趋得到重视，RFID产品得到广泛采用，RFID产品逐渐成为人们生活中的一部分。

2001至今，标准化问题日趋为人们所重视；RFID产品种类更加丰富，有源电子标签、无源电子标签及半无源电子标签均得到发展，电子标签成本不断降低，规模应用行业扩大；RFID技术的理论得到丰富和完善，单芯片电子标签、多电子标签识读、无线可读可写、无源电子标签的远距离识别、适应高速移动物体的RFID正在成为现实。

2) RFID读写器

RFID读写器(Reader)也称阅读器，是读取(或写入)标签信息的设备。RFID读写器通过天线与RFID电子标签进行无线通信可以实现对标签识别码和内存数据的读出或写入操作。典型的阅读器包含有高频模块(发送器和接收器)、控制单元以及阅读器天线。

3. RFID技术的应用

RFID技术利用无线电波来传送识别信息，不受空间限制，可快速地进行物品识别和货物追踪。通过对多种状态下(高速移动或静止)的远距离目标(物体、设备、车辆和人员)进行非接触式的信息采集实现物品的自动识别和智能化管理。由于RFID技术免除了跟踪过程中的人工干预，在节省大量人力的同时可极大提高工作效率，满足了信息流量不断增大和信息处理速度不断提高的需求。

目前RFID技术的应用已经相当广泛，最常见的领域包括如下。

(1) 物流仓储。如航空运输的行李识别、货物追踪，仓储管理应用，港口应用，邮政包裹，快递运输管理。UPS、DHL和Fedex等国际物流巨头都在积极试验RFID技术。

(2) 交通运输。如高速公路的收费系统、出租车管理。

(3) 物料处理。如工厂的物料清点、物料控制系统，垃圾回收处理、废弃物管控系统。

(4) 门禁管理。如人员出入门禁监控、管制及上下班人事管理。

(5) 资产回收。如货柜、台车、笼车等可回收容器管理。

(6) 医疗应用。如医院的病历系统、危险或管制的生化物品管理、血液管理、医疗器械管理，病人身份识别等。

(7) 防盗防伪应用。如超市、图书馆或书店的防盗管理，贵重物品(烟、酒、药品)的防伪，票证的防伪等。

(8) 动物监控。如畜牧动物管理、宠物识别、野生动物生态的追踪。

(9) 自动控制。如汽车、家电、电子业生产数据实时监控，质量追踪，自动化生产，个性化生产。

(10) 联合票证。如实现多种用途的智能型储值卡、饭卡等。

13.1.3　电子数据交换技术

电子数据交换技术(Electronic Data Interchange，EDI)是一种将商业或行政事务处理按照一个公认的标准形成结构化的事务处理或报文数据格式，从计算机到计算机的电子传输方法。由于 EDI 的使用可以完全取代传统的纸文件的交换，所以也称为“无纸贸易”或“电子贸易”。

1. EDI 系统的组成

构成电子数据交换系统的 3 个要素是标准、通信和软件。

1) EDI 标准

EDI 标准是整个 EDI 最关键的部分，这是因为 EDI 是以事先商定的报文格式进行数据传输和信息交换的。EDI 标准主要分为基础标准、代码标准、报文标准、单证标准、管理标准、应用标准、通信标准、安全保密标准。其中最重要的标准是单证标准，包括单证格式标准、所记载的信息标准和信息描述标准。目前，UN/EDIFACT 标准已占据全球 EDI 标准的主导地位。

2) 数据通信网

为了传递文件，必须有一个覆盖面广、高效安全的数据通信网作为其技术支撑环境。由于 EDI 传输的是具有标准格式的商业或行政有价文件，因此除了要求通信网具有一般的数据传输和交换功能之外，还必须具有格式校验、确认、跟踪、防篡改、防窃、电子签名、文件归档等一系列安全保密功能，并且在用户间出现法律纠纷时能够提供法律证据。如今，EDI 的许多业务已转移到互联网上进行。通信网目前有分组交换数据网(PSDV)、电话交换网(PSTN)、数字数据网(DDN)、综合业务数据网(ISDN)、卫星数据网(VSAT)、数字数据移动通信网。

3) 软件

计算机应用是实现 EDI 的内部条件。EDI 不是简单地通过计算机网络传送标准数据文件，它还要求对接收和发送的文件进行自动识别和处理。从 EDI 的角度看，一个用户的计算机系统可以划分为两大部分：一部分是与 EDI 密切相关的 EDI 子系统，包括报文处理、通信接口等功能；另一部分是企业内部的计算机信息处理系统，一般称之为 EDP(Electronic Data Process)。EDI 是电子数据处理 EDP 的延伸，企业的 EDP 搞得越好，使用 EDI 的效率就越高。

知识链接

EDI 技术发展过程

20 世纪 60 年代末，美国在航运业首先使用 EDI。1968 年美国运输业许多公司联合成立了一个运输业数据协调委员会(TDCC)，研究开发电子通信标准的可行性。早期 EDI 是点对点，靠计算机与计算机直接完成通信的。

20 世纪 70 年代，数字通信网的出现加快了 EDI 技术的成熟和应用范围的扩大，出现了一些行业性数据传输标准并建立行业性 EDI，例如，银行业发展的电子资金汇兑系统(SWIFT)；美国运输业数据协调委员会(TDCC)发展了一整套有关数据元目录、语法规则和报文格式，即 ANSLX.12 的前身；英国简化贸易程序委员会(SIMPRO)出版了第一部用于国际贸易的数据元目录(UN/TDED)和应用语法规则(UN/EDIFACT)，即 EDIFACT 标准体系。20 世纪 70 年代 EDI 应用集中在银行业、运输业和零售业。

20 世纪 80 年代 EDI 应用迅速发展，美国 ANSIX.12 委员会与欧洲一些国家联合研究国际标准。1986 年欧洲和北美 20 多个国家代表开发了用于行政管理、商业及运输业的 EDI 国际标准(EDIFACT)。随着增值网的出现和行业性标准逐步发展成通用标准，EDI 的应用和跨行业 EDI 的发展不断加快。

20 世纪 90 年代出现了 Internet EDI，使 EDI 从专用网扩大到因特网，降低了成本，满足了中小企业对 EDI 的需求。

我国自 1990 年开始，国家计委、科委将 EDI 列入“八五”国家科技攻关项目，例如外经贸部国家外贸许可证 EDI 系统，中国对外贸易运输总公司、中国外运海运/空运管理 EDI 系统等。1991 年 9 月由国务院电子信息系统推广应用办公室牵头会同国家计委、科委、外经贸部、国内贸易部、交通部、邮电部、电子部、国家技术监督局、商检局、外汇管理局、海关总署、中国银行、人民银行、中国人民保险公司、税务局、贸促会 16 个部委、局(行、公司)发起成立“中国促进 EDI 应用协调小组”，同年 10 月成立“中国 EDIFACT 委员会”并参加亚洲 EDIFACT 理事会。EDI 已在国内外贸易、交通、银行等部门广泛应用。1993 年起实施“金关工程”，即对外贸易信息系统工程，它是 EDI 技术在外贸领域的应用的试点，网络和服务中心建设已取得重要成果。“九五”期间，海关、交通、商检及商业的 EDI 应用项目被列为国家重点项目。

2. EDI 系统的应用

EDI 将贸易过程的各个环节(包括海关、运输、银行、商检、税务等部门)有机地连接起来，实现了全部业务的自动化。EDI 的应用仅限于贸易部门，它在制造、运输、零售、医疗以及政府行政管理部门也都有着广泛的应用。

(1) EDI 应用于金融、保险和商检。可以实现对外经贸活动的快速循环和可靠的支付、降低银行间转账时间、增加可用资金的比例、加速资金流动、简化手续、降低作业成本。

(2) EDI 应用于海关业务。可加速货物通关、提高对外服务能力、减轻海关业务的压力、防止人为弊端、实现货物通关自动化和国际贸易的无纸化。

(3) EDI 应用于税务部门。可实现纳税申报的自动化，既方便快捷，又节省人力物力。

3. EDI 系统在仓储与运输业中的应用

(1) 生产企业通过 EDI 系统能更好地理解并满足客户的需要，制订出供应计划，达到降低库存、加快资金流动的目的。

(2) 在运输行业，EDI 系统始用于集装箱远洋运输，后逐渐推广到其他运输方式。使用 EDI 在货主、承运人、收货人及其他相关单位之间传递信息可以大大提高运输效率及运输服务水平。还可充分利用运输设备、仓位，为客户提供高层次和快捷的服务，加速仓储货物的提取及周转。

(3) 采用 EDI 能实现货运单证的电子数据传输，可用于传递货单、发票、海关申报单、进出口许可证等凭证，描绘货物的品种、数量、重量、尺寸以及其他相关重要信息。

(4) 可以进行统计工作，计算出运营成本、净利润、周转率、总收入等信息并进行收益分析。

EDI 和电子信箱的联系与区别

EDI 技术是电子信箱技术的自然发展，电子信箱的应用和发展大大提高了人们的办公效率，将它应用于商业事务的愿望促进了 EDI 技术的发展。

从通信的角度来说，EDI 和电子信箱是相似的，但是它们也有比较明显的区别。电子信箱是通过交换网络将人与人联系起来，使人和人之间可以通过交换网络快速准确地交换信息。而 EDI 则是通过交换网络将两个计算机系统联系起来，例如将服装进出口公司的计算机系统与海关的计算机系统联系起来，以此简化报关手续。所以，EDI 是计算机之间通过交换网络传递商务信息。此外，电子信箱与 EDI 的另一不同是电子信箱存储和传递的信息是用户(人)之间的信息，这种信息只要人能读懂即可，不要求有一定格式。而 EDI 通信不一样，EDI 通信的双方是计算机，是计算机上的软件。软件之间的通信需要格式化信息内容，因为 EDI 通信内容主要是贸易中的文件和报表，使格式化信息成为可能。

虽然电子信箱传递的是普通的信件，EDI 传递的是文件、表格，但是无论传递的是何种内容的信息都要将这些待传递的内容装入信封，写上收信人地址，贴足邮票，丢入邮筒，也就是说通信的过程是一样的。

13.1.4 全球定位系统和地理信息系统

1. 全球定位系统

全球定位系统(Global Positioning System，GPS)是美国从 20 世纪 70 年代开始研制的，历时 20 年，耗资 200 亿美元，于 1994 年全面建成，具有在海、陆、空进行全方位实时三维导航与定位能力的卫星导航与定位系统。

1) GPS 的组成

GPS 是美国第二代卫星导航系统。它是在子午仪卫星导航系统的基础上发展起来的，采纳了子午仪系统的成功经验。和子午仪系统一样，全球定位系统由空间部分、地面监控部分和用户接收机三大部分组成。

(1) 空间部分——GPS 卫星星座。

由 21 颗工作卫星和 3 颗在轨备用卫星组成 GPS 卫星星座，记作(21+3)GPS 星座。24 颗卫星均匀分布在高度约 2.02 万千米的 6 个近圆形轨道平面内，运行周期约为 11 小时 58 分，轨道倾角为 55 度，各个轨道平面之间相距 60 度。卫星的分布使得在全球的任何地方、任何时间都可观测到 4 颗以上的卫星，并能保持良好定位解算精度的几何图形(DOP)。这就提供了在时间上连续的全球导航能力。

(2) 地面控制部分——地面监控系统。

地面监控系统包括 4 个监控站、1 个上行注入站和 1 个主控站。监控站设有 GPS 用户接收机、原子钟、收集当地气象数据的传感器和进行数据初步处理的计算机。监控站的主要任务是取得卫星观测数据并将这些数据传送至主控站。主控站设在范登堡空军基地，它对地面监控部实行全面控制。主控站主要任务是收集各监控站对 GPS 卫星的全部观测数据，利用这些数据计算每颗 GPS 卫星的轨道和卫星钟改正值。上行注入站也设在范登堡空军基地，它的任务主要是在每颗卫星运行至上空时把这类导航数据及主控站的指令注入卫星。

(3) 用户设备部分——GPS 信号接收机。

接收机硬件和机内软件以及 GPS 数据的后处理软件包构成完整的 GPS 用户设备。GPS 接收机的结构分为天线单元和接收单元两大部分。对于测地型接收机来说，两个单元一般分成两个独立的部件，观测时将天线单元安置在测站上，接收单元置于测站附近的适当地方，用电缆线将两者连接成一个整机。也有的将天线单元和接收单元制作成一个整体，观测时将其安置在测站点上。

GPS 接收机一般用蓄电池做电源，同时采用机内机外两种直流电源。设置机内电池的目的在于更换外电池时不中断连续观测。在用机外电池的过程中，机内电池自动充电。关机后，机内电池为 RAM 存储器供电，以防止丢失数据。

2) GPS 的应用

GPS 的应用首先表现在精确的定位上。静态定位中，GPS 接收机在捕获和跟踪 GPS 卫星的过程中固定不变，接收机高精度地测量 GPS 信号的传播时间，利用 GPS 卫星在轨的已知位置解算出接收机天线所在位置的三维坐标。而动态定位则是用 GPS 接收机测定一个运动物体的运行轨迹。GPS 信号接收机所位于的运动物体叫做载体(如航行中的船舰，空中的飞机，行走的车辆等)。载体上的 GPS 接收机天线在跟踪 GPS 卫星的过程中相对地球而运动，接收机用 GPS 信号实时地测得运动载体的状态参数(瞬间三维位置和三维速度)。

这项结合太空卫星与通信技术的科技除了能提供精确的定位之外，对于速度、时间、方向及距离也应能准确提供信息，运用的范围相当广泛。全球定位系统具有性能好全天候、自动化、精度高、应用广的特点，是迄今最好的导航定位系统，深受各个行业数据采集和资源监测人员的青睐。随着全球定位系统的不断改进，硬、软件的不断完善，其应用领域正在不断地开拓，目前已深入人们的日常生活。

2. 地理信息系统

地理信息系统(Geographic Information System，GIS)是在计算机支持下，对具有拓扑关系的空间数据及其属性进行查询、运算、分析、表达的综合性技术系统。它可以对空间数据按地理坐标或空间位置进行各种处理、对数据进行有效管理、研究各种空间实体及相互关系。

1) GIS 的组成

一般的 GIS 应包括 4 个基本部分：计算机系统(硬件、软件)、地理数据库系统、系统维护与应用人员。

其中，利用 GIS 的物流分析软件可分为 4 个模块：交通路线模块、网络物流模块、设施定位模块和辅助决策模块。

(1) 交通路线模块。

物流网络中，会涉及交通路线的选择问题，即物流网络中最优路径的选择。它是指从起始点出发寻找到达终点的最优等效长度。对于它的选择首先要确定影响最优路径的因素，如几何距离、道路质量等，采用层次分析法，确定每条道路的权值，之后才能确定最优路径。

(2) 网络物流模块。

仓库和运输线共同组成了物流网络，仓库处于网络的节点上，节点决定着线路。如何根据供求的实际需要并结合经济效益等原则，在既定区域内设立多少个仓库，每个仓库的位置，以最小的代价将货物从 *N* 个仓库运到 *M* 个客户，均可利用 GIS 的网络分析来解决。

(3) 设施定位模块。

商家的服务和销售市场范围具有一定的空间分布形式，因此机构设施的布局是物流管理所面临的问题，其合理程度直接影响利润的获取。设施位置的选择包括位置的评价和优化。评价是对于现有设施的位置分布模式的评价，而优化是对于最佳位置的搜寻。地理位置的合理布局实质上就是在距离最小化和利润最大化两者之间寻求平衡点。

(4) 辅助决策模块。

物流系统与企业有着最直接的联系，对市场的分析可以帮助企业制订正确的生产和销售计划。GIS 提供空间和属性信息，通过这些可以获得客户资料以及与企业相关的综合数据，如用户的地理分布、所在区域的交通状况等。在空间数据上集成各种信息，并以此为基础进行消费趋势分析、目标市场分析等，为管理者提供决策支持。

2) GIS 的应用

GIS 的应用领域很广，包括交通、能源、农林、航空、地矿、测绘、水利、城市规划和管理、土地信息系统和地籍管理、生态、环境管理与模拟、国土资源利用和分布式地理信息应用等。

3. GIS/GPS 在仓储与配送领域的应用

通过 GIS、GPS、无线通信技术和计算机监控管理系统的有效结合，实现车辆跟踪和交通管理等许多功能。

1) 车辆跟踪

利用 GPS 和电子地图可以实时显示车辆的实际位置，并任意放大、缩小、还原、换图；可以随目标移动，使目标始终保持在屏幕上；可以实现多窗口、多车辆、多屏幕同时跟踪，对重要车辆和货物进行跟踪运输。

2) 提供出行路线的规划和导航

规划出行路线是汽车导航系统的一项重要辅助功能，包括自动线路规划和人工线路设计。

(1) 自动线路规划：由驾驶员确定起点和终点，由计算机软件按照要求自动设计最佳行驶路线，包括最快的路线、最简单的路线、通过高速公路路段次数最少的路线等。

(2) 人工线路设计：由驾驶员根据自己的目的地设计起点、终点和途经点等，自动建立线路库。线路规划完毕后，显示器能够在电子地图上显示设计线路，并同时显示汽车运行路径和运行方法。

3) 信息查询

为用户提供主要物标，如旅游景点、宾馆、医院等数据库，用户能够在电子地图上根据需要进行查询。查询资料可以文字、语言及图像的形式显示，并在电子地图上显示其位置。同时，监测中心可以利用监测控制台对区域内任意目标的所在位置进行查询，车辆信息将以数字形式在控制中心的电子地图上显示出来。

4) 话务指挥

指挥中心可以监测区域内车辆的运行状况，对被监控车辆进行合理调度。指挥中心也可随时与被跟踪目标通话，实行管理。

5) 紧急援助

通过 GPS 定位和监控管理系统可以对遇有险情或发生事故的车辆进行紧急援助。监控台的电子地图可显示求助信息和报警目标，规划出最优援助方案，并以报警声、光提醒值班人员进行应急处理。

知识链接

Google Earth

Google 于 2005 年 6 月推出了 Google Earth 系列软件。Google Earth 以三维地球的形式把大量卫星图片、航拍照片和模拟三维图像组织在一起，使用户从一个个新的角度浏览地球。Google Earth 的数据来源于商业遥感卫星影像和航片，包括 Digital Globe 公司的 Quick Bird，IKOONOS 及法国的 SPOTS。全球地貌影像的有效分辨率至少为 100m，通常为 30m，视角海拔高度(Eye Alt)为 15km 左右，针对大城市、著名风景区、建筑物区域会提供分辨率为 1m 和 0.6m 左右的高精度影像，视角高度(Eye Alt)分别约为 500m 和 350m。目前提供高精度影像的城市集中在北美和欧洲以及其他地区的重要城市。

Google Earth 客户端软件提供了 3 个版本：个人免费版、Plus 版、Pro 版。个人免费版提供了全球的地貌影像、3D 数据和重点城市的高精度卫星拍摄的影像，具有查询餐馆、旅馆和行车线路的功能，还能将建筑物进行精确的模拟 3D 演示，能够实现多图层灵活查询功能，并保存搜索结果(提供地点书签记录功能，并且允许导入和导出)；Plus 版除有个人免费版的功能外，还支持 GPS 数据接口导入、影像高精度打印、E-mail 客户服务、注释提供草图简绘、csv 文件数据输入等功能；Pro 版支持视频电影生成、高精度打印、GIS 数据导入、GDT 交通计量数据导入、NRB 商务信息数据等功能。

Google Earth 还提供了一个企业级的解决方案，用于在企业内部部署 Google Earth 应用。Google Earth 企业解决方案包含 3 个主要部分：一是 Google Earth Fusion，负责将用户的矢量数据、栅格数据、影像数据以及 GIS 常用的数据格式集成到 Google Earth；二是 Google Earth Server，负责将用户请求的数据使用流传输技术发送给客户端软件；三是 Google Earth 企业客户端(EC-Enterprise Client)，负责向客户展现、打印地球影像，创建和共享地标(Placemarks)。

Google Earth 包含全球大部分地区的真彩色遥感影像，并根据用户观察视角不同即时发送给用户不同分辨率的图像。用户可以通过鼠标点击、拖拽来控制飞行高度、方向、角度，也可以通过点击导航板或键盘控制。Google Earth 除了浏览的功能外，还具有量测功能，包括位置星测、高程量测、距离量测和垂直跨大率(Vertical Exaggeration)调整。

Google Earth 具有 3 个突出特点：一是可以显示矢量数据地标，包括点、线、面等几何类型；二是具有栅格图像叠加的功能，允许用户将本机上或从网上下载下来的地图图片叠加到 Google Earth 上，并且可以调整图片的透明度，此功能可以方便用户进行深入的观察和分析；三是具有三维虚拟模型，提供了一些城市的三维模型，允许用户使用三维对象，但三维模型的表示能力远没有 Google Earth 地标灵活，Google Earth 地标是 Google Earth 最吸引人的地方。

用户可以创建和分享地标，这给 Google Earth 带来了很大的灵活性，也给 Google Earth 带来了更多的信息。每个人都可以在 Google Earth 上某个地点、线段、区域上定义自己的地标，加入自己的知识，并且用户可以发布和共享地标信息。这样，Google Earth 就成为一个具有空间标识的信息载体，大量信息以地标的形式集成到 Google Earth 上。这些地标内容丰富，包含文字解说、照片等信息。目前网络上已经有很多共享地标，用户可以直接下载，加入到自己的 Google Earth 软件。Google Earth 4 已经支持中文地标。

13.2 仓储与配送管理信息系统

现代物流中的仓储与配送管理信息系统结合了科学的资源计划管理思想和现代物流管理思想，是一套建立在企业资源管理平台基础上的，以计划调度为中心、以降低企业成本和创造客户价值为目标的物流企业管理信息系统。

13.2.1 仓储与配送管理系统的组成

一般地，仓储与配送管理信息系统包括仓储业务管理子系统和配送业务管理子系统。

1. 仓储业务管理子系统

(1) 进货管理。包括货物到达预测、进货验收、进货差异处理、存储货位指派、上架单生成和回填等功能。

(2) 存货管理。包括库位整理、保质期管理、库存预警、库内补货等功能。

(3) 出货管理。包括拣货单生成和回填、配货登记、出货验收、出库登记等功能。

(4) 盘点管理。包括盘点周期设定、盘点清单生成和回填、盘盈盘亏处理等。

(5) 流通加工与包装管理。包括加工工艺定义、包装定义、包装单生成和回填、加工单生成和回填等。

2. 配送业务管理子系统

(1) 车辆动态管理。包括车辆可用状态设定、车辆可用状态查询、车辆动态报告和查询等功能。

(2) 派车计划管理。根据车辆情况、配送要求和配送内容，安排车辆按照一定路线和顺序配送一定的商品。

(3) 行车日志管理。记录运输配送的过程及其发生的成本。

(4) 配送事故管理。包括记录配送事故的发生和直接损失、赔偿处理登记和查询、责任处理登记和查询等功能。

(5) 货物交接管理。记录货物交接情况，并安排被拒收或者未送达货物的处理情况。

(6) 货物中转管理。对于需要经过在临时仓库中转后再运输和配送的作业过程进行管理，包括货物临时堆存管理、临时卸货登记、货物分拣装车等功能。

13.2.2 仓库管理系统

1. 仓库管理系统的功能

仓库管理系统即 WMS(Warehouse Management System)。在物流供应链的管理中，库存不只是生产和销售的措施，而且作为一种供应链的平衡机制，库存协调着整个供应链。现代企业面临着许多不确定因素，它们来自供方或是生产方或是客户，对企业来说处理好库存管理与不确定性关系的唯一办法是加强企业之间信息的交流和共享，增加库存决策信息的透明性、可靠性和实时性。这正是 WMS 能帮助企业解决的问题。

WMS 作为整个仓储运作管理的核心，除了管理仓库作业的结果记录、核对外，最大的功能是对仓库作业过程的指导和规范。它不但对结果进行处理，更是通过对作业动作的指导和规范保证作业的准确性、速度及相关数据的记录自动登入计算机系统，增加仓库的效率、管理透明度、真实度，降低成本。例如通过无线终端指导操作员给某订单发货，当操作员提出发货请求时，终端提示操作员应到哪个具体的仓库货位取出指定数量的几种商品、扫描货架和商品条码核对是否正确，然后送到接货区，录入运输单位信息，完成出货任务。重要的是包括出货时间、操作员、货物种类、数量、产品序列号、承运单位等信息在货物装车的同时已经通过无线方式传输到了计算机信息中心数据库。

2. 仓库管理系统的的分类和应用

WMS 是仓储管理信息化的具体形式。根据功能不同，可分为以下 3 类。

(1) 基于典型的配送中心业务的应用系统，广泛应用于销售物流(如连锁超市的配送中心)、供应物流(如生产企业的零配件配送中心)。北京医药股份有限公司的现代物流中心就是这样的一个典型。该系统的目标是落实国家有关医药物流的管理和控制标准 GSP 等，优化流程，提高效率。系统包括进货管理、库存管理、订单管理、拣货、复核、配送、RF 终端管理、商品与货位基本信息管理等功能模块，通过网络化和数字化方式，提高库内作业控制水平和任务编排。该系统把配送时间缩短了 50%，订单处理能力提高了一倍以上，还取得了显著的社会效益，成为医药物流的一个样板。此类系统多用于制造业或分销业的供应链管理中，也是 WMS 中最常见的一类。

(2) 以仓储作业技术的整合为主要目标的系统，解决各种自动化设备的信息系统之间整合与优化的问题。武钢第二热轧厂的生产物流信息系统即属于此类。该系统主要解决原材料库(钢坯)、半成品库(粗轧中厚板)与成品库(精轧薄板)之间的协调运行问题，若协调运作不当将不能保持连续作业，不仅空置生产力，还浪费能源。该系统的难点在于物流系统与轧钢流水线的各自动化设备系统要无缝连接，使库存成为流水线的一个流动环节，也使流水线成为库存操作的一个组成部分。各种专用设备均有自己的信息系统，WMS 不仅要整合设备系统，也要整合工艺流程系统，还要融入更大范围的企业整体信息化系统中去。此类系统涉及的流程相对规范、专业化，多出现在大型 ERP 系统之中，成为一个重要组成部分。

(3) 以仓储业的经营决策为重点的应用系统，其鲜明的特点是具有非常灵活的计费系统、准确及时的核算系统和功能完善的客户管理系统，为仓储业经营提供决策支持信息。华润物流有限公司的润发仓库管理系统就是这样的一个案例。此类系统多用于一些提供公共仓储服务的企业中，其流程管理、仓储作业的技术共性多、特性少，所以要求不高，适合对多数客户提供通用的服务。该公司采用了一套适合自身特点的 WMS 以后，减少了人工成本，提高了仓库利用率，明显增加了经济效益。

13.2.3　仓储与配送管理信息系统的应用

目前，仓储与配送管理信息系统的应用已经较为普及。以下通过案例了解仓储与配送管理信息系统在某主体仓库的应用。

该主体仓库所利用的建筑面积为 3 200m2，高 5.5m。有 5 个巷道，其中 4 个双伸位巷道，一个单伸位巷道。货位尺寸约 1.5m×1.5m×1.1m，总共 3 000 个，最高 7 层。货箱尺寸为 1.2m×0.5m×0.7m，毛重 215kg。托盘尺寸为 1.20m×1.00m×0.08m，每个托盘上放 2 个货箱。仓库的吞吐能力为每小时 120 个货位。入库每小时 80 个货位，出库 40 个货位每小时。

1. 入库作业

在进货区入口和存货区入口处安装阅读器。在进货区工作人员对货物进行接收，并将货物相关信息通过无线通信设施传送到办公区的数据处理服务器，打印出相应的电子标签。其中，标签已经写入了有关该货物的信息，如包括名称、重量、批号、序号、订购客户、生产线、生产日期等信息。货物进行打捆后，粘贴上电子标签。当叉车载着托盘和货物经过进货区入口时，阅读器会自动读取货物上电子标签的信息，把该货物信息传送到办公区的数据处理服务器，形成入库单，并在前方显示屏上显示出货物的名称、在货架上的具体位置(即货格)等信息，然后由计算机系统控制输送系统将托盘送到指定的巷道的入库货格上，再由巷道车将托盘上的货箱送到指定的货位。

2. 出库作业

根据出库作业单将数据输入到仓库管理系统中去，按出库原则(如先进先出等)下达出库作业指令。巷道车按指令将指定货位上的货物送到出库货格上，再由输送系统将其送到指定的出库站台上。在存储区的出口处安装阅读器，当装有货物的拣货车或者叉车经过存储区出口而进入发货区时，位于出口处的阅读器就会自动识别读取货物上的标签数据，并把数据传送到办公区的数据处理服务器，与原先的订单比较，进行校验处理，然后形成出库清单。

3. 货物运输

在运输货车的挡风玻璃上安装电子标签，在门哨处安装阅读器。当货物进入发货区后，把货物装入合适的容器或进行指定的包装，准备装车运输。向车辆司机的标签内写入所运

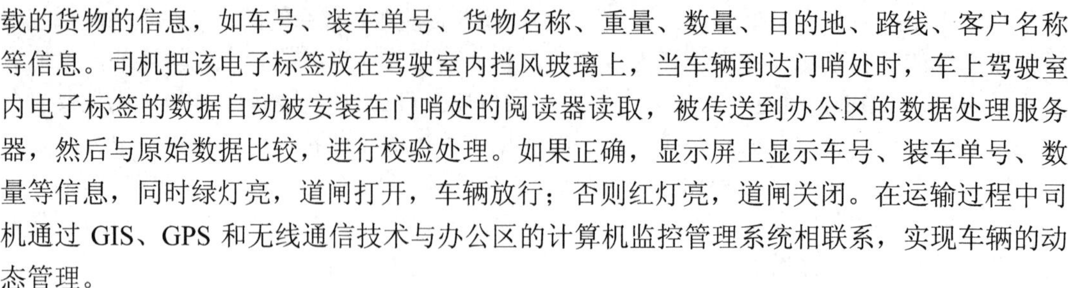

载的货物的信息，如车号、装车单号、货物名称、重量、数量、目的地、路线、客户名称等信息。司机把该电子标签放在驾驶室内挡风玻璃上，当车辆到达门哨处时，车上驾驶室内电子标签的数据自动被安装在门哨处的阅读器读取，被传送到办公区的数据处理服务器，然后与原始数据比较，进行校验处理。如果正确，显示屏上显示车号、装车单号、数量等信息，同时绿灯亮，道闸打开，车辆放行；否则红灯亮，道闸关闭。在运输过程中司机通过 GIS、GPS 和无线通信技术与办公区的计算机监控管理系统相联系，实现车辆的动态管理。

4. 盘点

为了进一步确定所存储货物的实际数量与数据处理服务器内的数据是否一致，需要定期对存储区进行盘点作业。工作人员可以通过手持式阅读器对存储区内的货物单件进行信息采集。采集后的数据通过无线传输装置或者串行接口传送到数据处理服务器，并通过管理软件形成盘库数据，自动与入库数据进行比较，并提供差错处理。存储区中，工作人员采集数据模型。

5. 叉车、托盘、搬运车、拣货车辆管理

在物流设备存放区的入口和出口处均安装阅读器，在叉车、托盘、搬运车、拣货车辆上安装电子标签，在存储区中的每个小区的入口和出口处均安装阅读器。当叉车、托盘、搬运车、拣货车辆从物流设备存放区出去，在存储区中各个小区进行作业时，其上的标签信息就会自动被安装在各小区出口处和入口处的阅读器读取，办公区的数据处理服务器根据所接收到的标签信息，对该设备进行监控和调度，并在电子地图上显示其大概位置。

6. 人员管理

在电子标签中写入工作人员的有关数据信息，并带在工作人员身上。当工作人员在配送中心来回作业时，通过安装在各个区的阅读器自动读取人员身上电子标签信息，数据处理服务器获取该信息后，记录工作人员运行时间及轨迹，并把数据上传至数据管理总部，用于生成工作人员工作考核表。

上述案例主要是通过射频技术实现数据采集。条形码技术在其他的仓储与配送信息管理系统中也在被广泛使用，或是和射频技术一起被应用。从案例中可以看到信息技术的重要性，也可以看到仓储与配送管理信息系统是现代物流管理的一个重要组成部分，在物流中发挥着积极的作用。

本 章 小 结

本章首先介绍了仓储与配送中应用的信息技术，它包括基于各种通信方式基础上的移动通信手段、全球卫星定位系统(GPS)、地理信息系统(GIS)、计算机网络技术、条形码技术、射频技术、信息交换技术等现代尖端科技；其次介绍了仓储与配送管理系统，包括仓储业务管理子系统和配送业务管理子系统。

课后实训

熟悉物流信息技术

1. 登录 http://www.mayacode.com，自助生成包含个人信息的二维条码。
2. 分成几个小组到物流企业及仓储配送中心现场观摩不同物流信息技术的应用。

案例思考

物　联　网

不经意间，一个新鲜的概念“物联网”突然铺天盖地而来。

物联网最早于 1999 年提出，即把所有物品通过射频识别等信息传感设备与互联网连接起来，实现智能化识别和管理。2005 年 11 月 17 日，在突尼斯举行的信息社会世界峰会上，国际电信联盟(ITU)发布了《ITU 互联网报告 2005：物联网》，正式提出了物联网的概念。

物联网概念的问世打破了之前的传统思维。过去的思路一直是将物理基础设施和 IT 基础设施分开，一方面是机场、公路、建筑物，而另一方面是数据中心、个人电脑、宽带等。而在“物联网”时代，钢筋混凝土、电缆将与芯片、宽带整合为统一的基础设施。在此意义上，基础设施更像是一块新的地球工地，世界的运转就在它上面进行，其中包括经济管理、生产运行、社会管理乃至个人生活。

1. 物联网：中国拥有国际话语权

虽然早已被提出，但物联网产业此前发展缓慢，直到金融危机爆发，许多国家才将其当成确立全球竞争优势的关键战略。以美国为例，IBM 提出“智慧地球”概念并形象地描绘“互联网+物联网=智慧地球”后，奥巴马便将“智慧地球”定位为振兴经济的重点战略。

而物联网在国内流传源于 2009 年 8 月温家宝总理的讲话，他在无锡视察时指出：“计算机和互联网产业大规模发展时，我们因为没有掌握核心技术而走过一些弯路。在传感网发展中，要早一点谋划未来。”

物联网此后上升为国家战略。

温家宝总理对“物联网”应用提出了 3 点要求：一是把传感系统和 3G 中的 TD 技术结合起来；二是在国家重大科技专项中加快推进传感网发展；三是尽快建立中国的传感信息中心。工信部日前透露，我国传感网标准体系已形成初步框架，向国际标准化组织提交的多项标准提案被采纳。

目前，我国的无线通信网络已覆盖了城乡。无线网络是实现物联网必不可少的基础设施，安置在动物、植物、机器和物品上的电子介质产生的数字信号可随时随地通过无处不在的无线网络传送出去。“云计算”技术的运用使数以亿计的各类物品的实时动态管理变得可能。

而在物联网这个全新产业中，我国的技术研发水平处于世界前列，具有重大的影响力。中科院先后投入数亿元，在无线智能传感器网络通信技术、微型传感器、传感器端机、移动基站等方面取得了重大进展，目前已拥有从材料、技术、器件、系统到网络的完整产业链。在世界传感网领域，中国与德国、美国、韩国、英国一起，成为国际标准制定的主导国之一。

2. 下一个万亿级信息产业引擎

对于物联网在国内市场空间，易观国际预测，仅“产业排头兵”RFID 领域，今年国内市场规模就将达 50 亿元，年复合增长率为 33%，其中电子标签超过 38 亿元、读写器接近 7 亿元、软件和服务达到 5 亿元的市场格局。而业内人士估计，中国物联网产业链今年就能创造约 1 000 亿元产值，并成为下一个万亿级信息产业引擎。

物联网产业链大致可分 3 个网络段：首先是传感网络，通过以二维码、RFID(射频识别技术)、传感器为主的网络，实现对“物”的识别；其次是传输网络，主要通过互联网、广电网、通信网或下一代网络，实现数据传输与计算；最后进入应用网络，即输入输出控制终端，可基于现有的手机、PC 等终端。

对应这 3 个网络段，物联网产业链涉及信息识别、传感器、智能芯片、电信运营和通信设备 5 个环节，相关产业节点上的公司将分阶段受益物联网产业的发展。

分析机构普遍预测，未来物联网发展将经历 4 个阶段：2010 年之前 RFID 被广泛应用于物流、零售和制药领域，2010～2015 年进入物体互联阶段，2015～2020 年进入物体半智能化，2020 年之后进入物体全智能化。这也意味着物联网的经济效益短期内很难完全体现。

思考

物联网能给我们带来什么？

思考与练习

一、选择题

1. 物流信息技术不包括(　　)。
   A. 条形码技术　　B. 电子数据交换 (EDI) 技术
   C. 全球定位系统 (GPS)　　D. 空间探测技术
2. 条、空的(　　)颜色搭配可获得最大对比度，所以是最安全的条码符号颜色设计。
   A. 红白　　B. 黑白　　C. 蓝黑　　D. 蓝白
3. (　　)是商品条码。
   A. 39 码　　B. 库德巴码　　C. ITF 码　　D. EAN 码
4. 条码扫描译码过程是(　　)。
   A. 光信号——数字信号——模拟电信号
   B. 光信号——模拟电信号——数字信号
   C. 模拟电信号——光信号——数字信号
   D. 数字信号——光信号——模拟电信号
5. 根据射频标签工作方式分为(　　)、被动式和半被动式 3 种类型。
   A. 主动式　　B. 只读式
   C. 一次性编程只读式　　D. 可重复编程只读式

6．RF 手持终端技术在物流配送应用中的优点，下述不确切的是(　　)。

A．提高在库货品资料的准确性

B．提高物流中心的作业效率

C．减少文件处理工作，做到办公无纸化

D．提高物流的使用价值

7．ECR 即(　　)。

A．快速反应　　B．高效消费者响应

C．连续补货　　D．价值链驱动

8．GPS 全球定位系统在现代物流中的主要应用不包括(　　)。

A．配送车辆的自定位、跟踪调度、陆地救援

B．内河及远洋轮船的最佳航程和安全航线的测定，航向的实时调度、监测及水上救援

C．航空的空中交通管理、精密进场着陆、航路导航和监控

D．设施定位模型，用于确定一个或多个设施的位置

9．(　　)是指企业间利用通信网络(VAN 或互联网)和终端设备以在线连接(on-line)方式进行订货作业和订货信息交换的系统。

A．POS　　B．ERP　　C．EDI　　D．EOS

10．典型配送中心管理信息系统的体系结构中，完成供货商与配送中心之间、配送中心与各分店之间商品的运输配送业务，这是(　　)子系统。

A．订单处理系统　　B．配货系统

C．运输配送系统　　D．库存管理系统

二、简答题

1．仓储与配送信息技术主要包括哪些内容？

2．什么是 EDI？EDI 的作用有哪些？

3．简述条形码的优点及其在物流服务业中如何应用。

4．什么是 RFID 技术？RFID 技术应用能为企业带来哪些效益？

5．GPS/GIS 技术的结合应用给仓储与配送服务带来了什么？

6．简述 WMS 的功能和应用。

参 考 文 献

[1] 刘军，左生龙. 现代仓储作业管理[M]. 北京：中国物资出版社，2006.
[2] 高本河，等. 仓储与配送管理基础[M]. 深圳：海天出版社，2004.
[3] 曾宏，王兰会. 仓库管理人员岗位培训手册[M]. 北京：人民邮电出版社，2007.
[4] 向海峡，等. 仓储物流员[M]. 北京：中国劳动社会保障出版社，2006.
[5] 陈修齐. 现代仓储与配送管理[M]. 北京：电子工业出版社，2008.
[6] 李洛嘉. 模拟库管员岗位实训[M]. 北京：高等教育出版社，2006.
[7] 蔡改成. 仓储与库存管理实务[M]. 武汉：武汉理工大学出版社，2007.
[8] 孙秋高. 仓储管理实务[M]. 上海：同济大学出版社，2007.
[9] 杜朝晖. 仓储与配送[M]. 哈尔滨：哈尔滨工业大学出版社，2008.
[10] 花永剑. 仓储管理实务[M]. 杭州：浙江大学出版社，2008.
[11] 王煜洲，等. 仓储管理实务[M]. 北京：人民交通出版社，2007.
[12] 李松庆. 物流学[M]. 北京：清华大学出版社，2008.
[13] 马俊生，王晓阔. 配送管理[M]. 北京：机械工业出版社，2008.
[14] 劳动和社会保障教材办公室. 配送物流员[M]. 北京：中国劳动社会保障出版社，2006.
[15] 贾争现，刘康. 物流配送中心规划与设计[M]. 北京：机械工业出版社，2004.
[16] 刘伟. 物流管理概论[M]. 北京：电子工业出版社，2007.
[17] 郑克俊. 仓储与配送管理[M]. 北京：科学出版社，2006.
[18] 储雪俭. 物流管理概论[M]. 北京：高等教育出版社，2005.
[19] 邬星根. 仓储配送与管理[M]. 上海：复旦大学出版社，2005.
[20] 吉亮，初倍. 物流成本[M]. 成都：西南交通大学出版社，2008.
[21] 曾益坤. 物流成本管理[M]. 北京：知识产权出版社，2006.
[22] 李松庆. 物流学[M]. 北京：清华大学出版社，2008.
[23] 汤齐，谢芳，王亚超. 物流技术基础[M]. 北京：中国铁道出版社，经济科学出版社，2008.
[24] 申金升，卫振林，纪寿文，徐杨. 现代物流信息化及其实施[M]. 北京：电子工业出版社，2006.
[25] 冯耕中. 物流信息系统[M]. 北京：机械工业出版社，2009.
[26] 马跃月，艾比江，陈全君. 物流管理与实训[M]. 北京：清华大学出版社，2008.
[27] 陈达强，等. 配送与配送中心运作与规划[M]. 杭州：浙江大学出版社，2009.
[28] 谭刚，姚振美. 仓储与配送管理[M]. 北京：中央广播电视大学出版社，2005.
[29] 宋玉. 仓储实务[M]. 北京：对外经济贸易大学出版社，2004.
[30] 张远昌. 仓储管理与库存控制[M]. 北京：中国纺织出版社，2004.
[31] 孙慧. 仓储运作与管理[M]. 重庆：重庆大学出版社，2008.
[32] 谢鹏，洪友祥. 库存管理[M]. 武汉：武汉理工大学出版社，2008.
[33] 潘迎宪. 物流仓储管理[M]. 成都：四川大学出版社，2006.